Poética do Drama Moderno

Coleção Estudos
Dirigida por J. Guinsburg

Equipe de realização – Tradução: Newton Cunha, J. Guinsburg e Sonia Azevedo; Revisão de tradução: J. Guinsburg e Marcio Honorio de Godoy; Edição de texto: Iracema A. de Oliveira; Revisão: Marcio Honorio de Godoy; Sobrecapa: Sergio Kon; Produção textual: Luiz Henrique Soares, Elen Durando e Juliana Sergio; Produção: Ricardo W. Neves, Sergio Kon e Lia N. Marques.

Jean-Pierre Sarrazac

POÉTICA DO DRAMA MODERNO
DE IBSEN A KOLTÈS

 PERSPECTIVA

Título original em francês
Poétique du drame moderne: De Henrik Ibsen à Bernard-Marie Koltès
© Éditions du Seuil, 2012

CIP-Brasil. Catalogação na Publicação
Sindicato Nacional dos Editores de Livros, RJ

S258p
    Poética do drama moderno : de Ibsen a Koltès / Jean-Pierre Sarrazac ; [tradução Newton Cunha , J. Guinsburg , Sonia Azevedo]. – 1. ed. – São Paulo : Perspectiva, 2017.
    368 p. ; 23 cm. (Estudos ; 348)

    Tradução de: Poétique du drame moderne : de Henrik Ibsen à Bernard-Marie Koltès
    Inclui índice
    ISBN: 9788527311069

    1. Teatro francês (Literatura). I. Cunha, Newton. II. Guinsburg, J. III. Azevedo, Sonia. IV. Título. V. Série.

17-42227
    CDD: 842
    CDU: 821.133.1-2

01/06/2017   02/06/2017

Direitos reservados em língua portuguesa à
EDITORA PERSPECTIVA LTDA.

Av. Brigadeiro Luís Antônio, 3025
01401-000 São Paulo SP Brasil
Telefax: (011) 3885-8388
www.editoraperspectiva.com.br

2017

À memória de Bernard Dort
(1929-1994)

*Agradeço a Paul Fave por sua ajuda,
por sua leitura atenta e seus conselhos.*

Sumário

Uma Forma Aberta xv

Capítulo I
O DRAMA NÃO SERÁ REPRESENTADO 1
    O Drama Recusado 2
    Fim do Belo Animal 8
    Retorno de um Drama 14
    A Desdramatização I: Retrospecto, Antecipação 19
    A Desdramatização II:
    Optação*, Repetição-Variação, Interrupção 29

Capítulo II
DRAMA DA VIDA:
O NOVO PARADIGMA 41
    Trocar a Medida 43
    O Infradramático 52

A Vida Alienada................................60

Ver a Vida 71

Capítulo III
DRAMA-DA-VIDA: OS EXEMPLOS 79

Romance Dramático 82

A Cena Sem Fim 93

Drama em Estações........................... 103

Crônica Épica 115

Fim (Fins) de Jogo 124

Jogo de Sonho, Diálogos dos Mortos
e Outros Metadramas 133

Capítulo IV
A IMPERSONAGEM............................... 145

A Personagem Sem Caráter 149

A Passagem ao Neutro 155

Coralidade(s) 162

Personagem Reflexiva, Personagem-Testemunha... 175

Um Jogo de Máscaras 184

Capítulo V
UMA NOVA PARTILHA DAS VOZES 197

O Outro Diálogo 199

Polílogo 205

Diálogo das Lonjuras 212

O Sobre-Diálogo 221

Um Novo Espaço Dialógico 234

Capítulo VI
A PULSÃO RAPSÓDICA 241

    Fantasmas de Peças 243

    O Transbordamento 249

    O Retorno do Rapsodo 257

    Figuras do Rapsodo........................... 261

    Discordâncias................................. 273

Capítulo VII
DO JOGO DO ATOR NO DRAMA 285

    Introduzir o Jogo 286

    Para Onde Leva o Jogo? 296

    A Cerimônia................................... 304

    A Performance.................................313

    Possibilidades Para as "Possibilidades"............ 322

O DRAMA FORA DOS LIMITES 331

Índice de Autores Dramáticos e das Peças 335

Um drama é o que chamo um drama

HEINER MÜLLER

Uma Forma Aberta

Alguns acharão que o propósito esteja ultrapassado, a menos que aí vejam uma provocação, mas não creio que seja tarde para ainda falar de "literatura dramática". Com a condição, é claro, de jamais separar este objeto – o texto de teatro em sua existência literária – daquilo que, desde há muito tempo, chamo de "devir cênico": aquilo que, nele, pede pelo teatro, pela cena. A ponto de aquilo que está em jogo no texto em questão, ou seja, o drama, a forma dramática em seu conjunto, poder se tornar secundário relativamente à sua existência cênica. Pirandello emprega a expressão "peça a ser feita", com esse pensamento dissimulado, sintomático da modernidade teatral, de que apenas no palco é que o drama, literalmente, pode acontecer.

Peter Szondi, cujo pensamento inspirou minha pesquisa, concluiu sua *Teoria do Drama Moderno* (1956) com essa fórmula encorajadora: "A história da literatura dramática moderna não possui o último ato; a cortina ainda não caiu." Que me seja, pois, permitido acrescentar um capítulo não a essa história – a perspectiva aqui é poética, estética, e não histórica –, mas ao que Szondi designa como "teoria do drama moderno". Em sua concepção, o drama da época moderna surge na Renascença, deixando no esquecimento todo o teatro medieval, tanto o religioso (mistérios, milagres, paixões) quanto o profano (moralidades e gêneros cômicos). O nascimento do drama moderno constitui uma espécie de gesto prometeico, pelo qual o homem do Renascimento quer "constatar e refletir sobre a sua existência, reproduzindo as relações entre os homens". O princípio desse novo drama pode ser resumido em três palavras: uma *ação interpessoal* no *presente* (em sua própria *presença*). Por meio da representação de um conflito entre um certo número de personagens, essa ação, esse *drama*, está destinado a exaltar a capacidade de decisão do homem moderno, quer dizer, o exercício de sua liberdade. A forma dramática assim refundada é toda ela ação e diálogo. Desse fato, o teórico exclui da esfera do drama, que ele define como "primário e absoluto", o *Theatrum Mundi* barroco e as peças históricas de Shakespeare, na medida em que elas se remetem à crônica histórica ou contêm partes narrativas que se relacionam com a esfera do épico.

No entanto, o verdadeiro objeto da *Teoria do Drama Moderno* não é o reino do drama absoluto entre o Renascimento e os anos de 1880, mas a crise dessa forma a partir da virada do século xx. Contemporâneo do Brecht do *Pequeno Órganon Para o Teatro*, cujo magistério teórico se expande pelo mundo, Szondi é obnubilado pelo devir épico do drama. Ele reconhece, com honestidade e discernimento, as qualidades literárias, dramatúrgicas e filosóficas dos teatros de Ibsen, Tchékhov, Strindberg e de outros autores; mas no que se refere ao futuro do drama, ele aposta numa série de soluções que vão do expressionismo a Arthur Miller. Soluções no centro das quais ele depõe a "forma épica do teatro", teorizada pelo fundador do Berliner Ensemble. De um ponto de vista pós-moderno, poder-se-ia dizer que Szondi continua marcado pelo espírito teleológico que caracteriza o pensamento de Hegel e uma boa parte da estética marxista, Lukács à frente. Para ele, a crise do drama não poderia ser resolvida a não ser em três tempos. Primeiramente, fazer com que os pilares legados pela tradição do drama – ação no presente, relação interpessoal e diálogo – apresentem fissuras e comecem a desabar. Em seguida, tentativas de salvamento, de colmatagem, em que a forma dramática antiga, o "drama absoluto", se esforce por conter elementos novos que tenham uma dimensão épica. Enfim, as "tentativas de solução" já evocadas, no sentido de um teatro épico.

Se há um ponto sobre o qual Szondi se mostra inquebrantável é em sua fé hegeliano-lukacsiana da identidade entre forma e conteúdo. Ora, é preciso render-se à evidência; o espírito teleológico pós-hegeliano, tanto quanto o dogma da identidade entre forma e conteúdo, sobreviveu. À luz da evolução dos escritos dramáticos após cinquenta anos, doravante estamos inclinados a pensar em termos de coexistência e de tensões necessárias, aquilo que Szondi e Brecht, em seu tempo, consideravam como contradições a serem ultrapassadas entre conteúdos novos e formas antigas. Desde então, para compreender as mutações da forma dramática entre os anos de 1880 e o momento presente, fomos levados a fazer intervir um fator sobre o qual Szondi, Lukács ou Hegel nunca teriam pensado: o "reino da desordem". Devemos ter em conta o fato de que, depois de Ibsen, Strindberg e de Tchékhov, até Kane, Fosse, Lagarce ou Danis, as dramaturgias moderna e contemporânea jamais deixaram de acolher a desordem.

Ao gênio de Beckett, o mérito de ter encarado o monstro. Para o autor de *Esperando Godot* (1949), trata-se de "admitir a desordem" no seio da criação teatral: "Só podemos falar do que temos diante de nós, e agora há apenas o caos […] Ele está aí e é preciso deixá-lo entrar." Mas, precisa Beckett, "a forma e a desordem permanecem separadas, uma não se reduz à outra. Eis por que a própria forma se torna uma preocupação: porque ela existe como problema independente da matéria que ela acomoda. Encontrar uma forma que acomode o caos, tal é, na atualidade, a missão do artista"[1].

Se a forma existe "enquanto fenômeno independente da matéria que ela acomoda", os criadores, ocupados em produzir formas suscetíveis de acomodar o caos, são arrastados a um corpo a corpo permanente com essa desordem fundamental. Daí a impressão de entropia, de "caos" – é por essa palavra que Pirandello designará a desordem sabiamente organizada de suas peças – que se experimenta com frequência na leitura

---

1   Samuel Beckett confidencia a Tom F. Driver, em Pierre Melèse (org.), *Beckett*, Paris: Seghers, 1966, p. 138-139. (Coll. Teatro de Tous les Temps, n. 2.)

dos textos dramáticos escritos hoje em dia, impressão que só chega a dissipar-se em sua passagem para a cena.

A desordem com a qual se encontram confrontados Beckett e tantos outros autores é a massificação consubstancial à sociedade industrial e que se agrava no mundo pós-industrial; é a perda do sentido num universo pós-moderno; é o estado geral do planeta no momento da globalização. É a devastação generalizada. É o eco sem fim de Auschwitz e de Hiroshima. Mas, se olharmos mais atrás, é forçoso constatar que os autores do início do século XX, os que foram contemporâneos da Primeira Guerra Mundial, como expressionistas, surrealistas, dadaístas, Artaud..., não tiveram que gerir menos que seus sucessores essa inadequação fundamental, esse divórcio original entre forma e conteúdo que engendra o princípio de desordem. E se poderia retroagir a Schopenhauer, a Nietzsche e à morte de Deus, que conduziram certas obras da virada do século XX, por exemplo *O Caminho de Damasco* (1898-1904), de Strindberg, à beira da implosão.

Victor Hugo pressentira o cataclismo estético, assegurando que lhe era necessário inventar um mundo novo para cada uma de suas peças. Entre o fim do século XIX e o início deste XXI, tudo se passa como se a forma dramática, vítima de uma espécie de colapso, não parasse de desabar sobre si mesma. A cada novo *opus*, o drama deve se reinventar para se reerguer. Ora, esse reerguimento não se pode produzir senão em ruptura com os princípios de unidade e de organicidade que fundamentam o modelo aristotélico-hegeliano do drama e seu avatar, a "peça bem-feita" do século XIX. A partir de agora, é com a desordem que se deve contar; é a desordem, aquilo que mina as regras sacrossantas e todo o espírito de unidade, que precisa entrar em cena. Poder-se-ia aplicar a um grande número de peças escritas entre os anos de 1880 e os dias atuais o que disse Nietzsche do diálogo socrático: "ele flutua entre todas as formas de arte, entre a prosa e a poesia, entre o relato, o lirismo e o drama; ele até mesmo viola a mais antiga lei que exigia a unidade da forma, do estilo e da língua"[2]. Tudo se passa como se Platão retornasse a Aristóteles. Não o Platão que exclui o teatro da República,

---

2 Friedrisch Nietzsche, "Socrates et la tragédie", *Commerce*, v. XIII, automne, 1927, p. 29.

mas aquele que dá sua preferência à arte do rapsodo – gênero misto, combinando "mimese" e "diegese" – sobre a arte do ator.

Um drama é o que chamo um drama, a fórmula de Heiner Müller que pus como epígrafe deste livro, merece um comentário. Todos podem constatar, e isso após alguns decênios (na França, a prática do "teatro-narrativo" de Antoine Vitez fez um grande número de êmulos; na Alemanha, a noção de "texto-material" suplanta, com frequência, a de peça de teatro), que os encenadores de teatro habitualmente escolhem montar textos não dramáticos. Alguns, e não os menores, por exemplo François Tanguy, do Théatre du Radeau, são apresentados pela crítica como "escritores de palco", que procedem por montagem de citações de proveniências diversas: romanescas, filosóficas, documentais... Paralelamente, a denominação de autor dramático perdeu seu prestígio entre os autores de peças, que acham mais nobre ou mais exato serem chamados de "escritores de teatro". O que era, segundo a expressão de Henri Gouhier, "uma arte em dois tempos", tende a se converter em arte de um só tempo, o tempo do "palco". Em suma, a fronteira entre drama e não drama, ao menos nas declarações, jamais foi tão nebulosa quanto hoje. Embora já tenha sido em alguns momentos da história do teatro e, principalmente, sem nem mesmo invocar a época medieval, no *Fausto* de Goethe, n'*Os Antepassados*, de Mickiewicz, no *Axël*, de Villiers de L'Isle-Adam e, mais comumente, naquelas obras designadas, na virada do século XX, como "poemas dramáticos".

Alguns, entre os quais Hans-Thies Lehmann, que forjou o vocábulo "pós-dramático", veem nesse processo os signos evidentes da morte do drama. Eles se posicionam assim seja na linha de Adorno, que considera que *Fim de Festa*, peça de Beckett, teria realizado a autópsia do cadáver do drama, seja na óptica do Brecht mais radical, o dos anos de 1920, que "esperava da sociologia que ela liquidasse o drama atual". Peter Szondi, que conhece a evolução de Brecht, é mais sutil do que Adorno e, sobretudo, de que seu próprio mestre Lukács, que denuncia o espírito decadente de Strindberg e considera que existem períodos favoráveis e outros desfavoráveis ao drama – como o fim do século XIX e o início do XX. Szondi é claramente mais aberto: ele substitui a noção de crise pela de decadência e fala de "período de transição", de preferência a período desfavorável, chegando mesmo a conceder, a propósito de Ibsen dramaturgo, mas também de Stendhal romancista, de Cézanne pintor e de um músico como Wagner, que "mesmo uma situação transitória permite a mais alta perfeição"[3]. O teórico, no entanto, estabelece um limite: as obras de tais criadores "não poderiam ser tomadas como modelos pelos artistas que os sucederam". Em outros termos, essas obras, em particular os dramas de Maeterlinck, de Ibsen e de Hauptmann, não seguem o sentido da história.

Deve-se entender que não subscrevo, de modo algum, essa ideia da morte do drama e da entrada do teatro numa era resolutamente "pós-dramática". E é precisamente sobre esse ponto que a fórmula aparentemente evasiva e seguramente provocativa de Heiner Müller, *um drama é o que chamo um drama*, se revela o mais precioso dos viáticos: pensar o alargamento do drama – do lado do épico, mas também do lírico, e até mesmo do diálogo filosófico, do documento e do testemunho –, de preferência a ruminar sua morte e deplorar, à maneira de Lehmann, seu encolhimento e sua incapacidade de dar conta do mundo no qual vivemos.

O novo texto do teatro [afirma o crítico alemão] é frequentemente um texto que deixou de ser dramático [...] pouco importa se a razão [de sua suposta obsolescência] resida em sua usura, no fato de que finge um modo de agir que, aliás, não se reconhece em qualquer lugar, ou então que pinte uma imagem obsoleta dos conflitos sociais e pessoais.[4]

O risco aqui assumido é o de passar por neoaristotélico. Mas o próprio Brecht não conheceu uma desventura semelhante quando, em seu famoso "quadro de Mahagonny", opôs à forma dramática sua própria "forma épica" do teatro, terminando por confessar, numa nota de pé de página, que só se tratava de um "deslocamento de acentuação" em relação à dramaturgia aristotélica?... Subscrevo com prazer a ideia de um simples deslocamento de acentuação. Tanto mais que ela me reenvia a esta reflexão de Kierkegaard:

---

3 Peter Szondi, *Théorie du drame moderne*, Belval: Circé, 2006, p. 74. (Coll. Penser Le Théâtre.)
4 Hans-Thies Lehmann, *Le Théatre postdramatique*, Paris: L'Arche, 2002, p. 20.

não é apenas por humilde polidez nem por velho hábito que se retorna à estética de Aristóteles, e qualquer pessoa seguramente o admitirá, conhecendo um pouco a estética moderna e podendo ver com que exatidão aderimos aos princípios de *kínesis* estabelecidos por Aristóteles, e que ainda regem a nova estética. Mas, quando vamos a esses princípios, a dificuldade reaparece, pois as definições são inteiramente gerais e pode-se muito bem estar de acordo com Aristóteles num sentido e em desacordo noutro [5].

É sob um duplo motivo que temos necessidade de voltar a Aristóteles: uma primeira vez, para saber o que é a forma dramática, e de onde vem; uma segunda, para tentar compreender aonde vai, por que e como em certos momentos de sua história – como a época das Luzes e a do nascimento do drama burguês, no cruzamento do naturalismo e do simbolismo – ela conhece uma mutação e se transforma, deslocando suas fronteiras. Não se trata mais de "superação", no sentido hegeliano-marxista, mas de "transbordamento". Eis por que preferiria falar, em se tratando dos anos de 1880, nos quais Szondi vê os inícios da crise do drama, de uma "ruptura", permitindo a instauração de um novo paradigma, de um drama com forma mais aberta e livre, ou, numa palavra, mais "rapsódico". O historiador e filósofo das ciências Thomas Kuhn revela, no desenvolvimento das artes e da literatura, tanto quanto no das ciências, "uma sucessão de períodos ligados à tradição e pontuados por rupturas não cumulativas", e assinala a "periodização em termos de rupturas revolucionárias em estilo, gosto e na estrutura institucional".[6] Kuhn nota igualmente que a "transição de um paradigma em crise para um novo, do qual pode surgir uma nova tradição [...] está longe de ser um processo cumulativo obtido por meio de uma articulação do velho paradigma. É antes uma reconstrução da área de estudos a partir de novos princípios"[7].

Minha hipótese é de que as bases do que chamo "drama moderno" – entendamos: "drama da modernidade" – foram estabelecidas naqueles anos de 1880, momento de ruptura na

---

5 Søren Kierkegaard, *Ou bien...ou bien...*, Paris: Gallimard, p. 109. (Coll. Tel, n. 85.)
6 T.S. Kuhn, *La Structure des révolutions scientifiques*, Paris: Flammarion, 1972, p. 282. (Coll. Champs Sciences, n. 791.) Ed. bras.: *A Estrutura das Revoluções Científicas*, 12. ed., São Paulo: Perspectiva, 2013, p. 321. (Col. Debates)
7 Ibidem, p. 124. Ed. bras., p. 169.

história do drama. E isso, como sugere Kierkgaard, em acordo e desacordo com Aristóteles. Contra e a favor de Aristóteles, numa vasta empresa de desconstrução do modelo aristotélico-hegeliano. Preciso, além disso, que em meu espírito essa denominação de "drama moderno" é extensiva ao drama contemporâneo, e até mesmo ao imediatamente contemporâneo. E isso na medida em que me parece que a criação dramática do presente sempre se apoia sobre esses novos fundamentos que sempre cava com mais vigor. Para ser mais concreto, penso haver, no plano dramatúrgico, infinitamente menos distância entre uma peça de Sarah Kane ou de Jon Fosse e uma peça de Strindberg do que entre o último drama romântico ou o último drama burguês, e não importa que peça de Strindberg ou de Tchékhov. Penso existir ondas sucessivas da modernidade do drama, sendo a última a que consiste em dissipar as ilusões teleológicas "modernas", talvez chamadas "pós-modernas". Guardemo-nos de isolar o contemporâneo, de excluí-lo desse novo paradigma do drama, cuja instauração remonta à virada do século xx. Ser contemporâneo, antes de tudo, é situar-se mais próximo de sua própria origem. E a origem da criação dramática contemporânea nós a encontramos justamente na ruptura, na mudança de paradigma que se produziram com autores como Ibsen, Strindberg, Tchékhov, Pirandello, Brecht... De fato, eu estaria tentado a opor ao "breve século xx" dos historiadores da política e dos eventos planetários, que corre a partir do fim da Primeira Guerra Mundial até a Queda do Muro do Berlim, o "longuíssimo século xx" da nova forma dramática, que se estende dos anos de 1880 aos dias de hoje, e talvez além.

Existe uma acepção muito antiga, revelada por Joseph Danan, uma acepção quase anódina do vocábulo "dramaturgia", à qual eu gostaria de voltar a dar sua importância na paisagem do drama moderno e contemporâneo. É a de "catálogo das peças de teatro". Ao longo deste livro, empregarei, pois, a palavra "drama" no sentido amplo que lhe dá a primeira acepção de Littré: "Toda peça de teatro." Em *Savannah Bay*, Marguerite Duras sugere que "tudo comunica no teatro, todas as peças entre elas". Dessa utopia de Duras, o presente ensaio empresta sua linha de conduta: tornar comunicantes, como se diria dos aposentos de uma casa, sem preocupação com períodos nem datas, todas as peças que permitam definir o novo paradigma da forma dramática, sejam de Strindberg ou de Kane, de Lagarce ou de Tchékhov. É uma forma de lembrar, no início deste livro, e mais uma vez citando Szondi, que aqui não se trata de uma "história do drama moderno", mas de um "trabalho que procura ler, em alguns exemplos, as condições de seu desenvolvimento".

Capítulo I
O Drama Não Será Representado

Pirandello é um espírito travesso. Um domingo de manhã, hora em que ele concede audiência a suas personagens, apresentam-se, devidamente munidos de um drama familiar, seis pretendentes dos mais interessantes. Ora, contra toda expectativa, o escritor "recusa" essas personagens. Ninguém ignora a sorte desses seres brutalmente dispensados. Ei-los transformados em personagens virtuais e rejeitados ao limbo da criação dramática. A sequência é conhecida: o autor de *Seis Personagens à Procura de um Autor* (1921), conforme explica no prefácio escrito três anos após a peça, só se ocultou num primeiro momento para melhor acolher essas famosas personagens, mas para acolhê-las na qualidade de personagens "rejeitadas": "quis representar seis personagens à procura de um autor. E justamente porque o autor à procura de quem elas são não existe, o drama não será representado. O que será mostrado, ao contrário, é a comédia dessa espera inútil, com tudo o que ela contém de trágico pelo fato de que seis personagens serão rejeitadas"[1].

---

1 O conjunto das citações do prefácio de Pirandello remete-se a Luigi Pirandello, *Écrits sur le théâtre et sa littérature*, Paris: Gallimard, 1990, p. 61-80. (Coll. Folio Essais, n. 122.)

O dramaturgo utiliza-se aqui de um procedimento retórico que se encontra no coração de sua dramaturgia: a "preterição" – fingir não querer dizer (ou fazer) o que, por outro lado, se diz (ou se faz) com muito mais força. A verdade, se ainda podemos falar em verdade a propósito do "relativista" Pirandello, é que não são tanto as personagens que não convêm ao autor, e sim a eventualidade de ter que assumir "seu" drama, seu drama "vivido".

Isso nos lembra um outro caso, no qual Diderot esteve envolvido. À diferença de Pirandello, o autor do *Filho Natural* (1757) se apressou em responder ao pedido do assim chamado Dorval e tornou-se o escriba de seu drama familiar. Qual evolução, quais elementos novos podem justificar o fato de que o autor de *Seis Personagens* tenha querido recusar uma encomenda que seu ilustre predecessor honrou com tanto zelo?

Em ambos os casos, existe a criação de um mito literário baseado na "visita" de uma personagem ou de um conjunto delas. Nos dois casos, o contrato consiste em erigir em obra de arte um drama vivido. Mas enquanto Diderot age com excepcional cuidado e exatidão – ao menos é isso que ele reivindica em seu prefácio e o que confirmam as *Conversações Sobre o Filho Natural* –, Pirandello se dedica a decepcionar a expectativa das seis personagens e, particularmente, a do Pai e a da Enteada, que insistem para que ele aceite levar à cena suas relações tão conflituosas.

Mas, alguém poderá objetar, ele satisfaz aos solicitantes, apesar de tudo! Ele finalmente as pôs em cena, as seis personagens. A peça está aí para atestar isso. E, além de tudo, trata-se de uma obra-prima! Minha resposta é que elas foram postas em cena, e, ao mesmo tempo, não. Poderia mesmo ocorrer que, nesta aporia, se encontre inscrito o segredo da evolução da forma dramática e das profundas mutações que ela conheceu desde a virada do século XX, e que continua a conhecer até os dias de hoje.

O DRAMA RECUSADO

Voltemos mais uma vez ao prefácio de Pirandello, que se apresenta a si mesmo como "um escritor de natureza mais propriamente filosófica", para quem "jamais foi suficiente representar uma figura de homem ou de mulher, por mais excepcional e característica que ela seja, pelo simples prazer de representá-la; ou de contar uma história particular, alegre ou triste, pelo simples prazer de contá-la". "Filosófico", aqui, deve ser entendido principalmente no sentido de "ético", sendo a vocação de todo grande teatro a de realçar o que Aristóteles chama "o sentido do humano" e, para esse fim, se interrogar sobre o não humano e/ou sobre o inumano do humano.

Eis, portanto, que, com o mesmo objetivo, o de colocar o teatro a serviço da filosofia, dois autores tomam caminhos ou, ao menos, adotam posições diametralmente opostas, com um século e meio de distância. O primeiro pressupõe retranscrever fielmente o drama, tal como Dorval lhe contou; o segundo, fingindo desfazer-se de uma responsabilidade, põe em cena a impossibilidade de unificar num só drama os testemunhos parciais que as seis personagens trazem em palavras e atitudes. É preciso dizer que a questão da forma dramática não se põe mais no espírito do dramaturgo-filósofo Pirandello da mesma maneira que na do filósofo-dramaturgo Diderot. Não se trata mais simplesmente de reformar o drama – o autor do *Filho Natural* põe a sua reforma sob a bandeira do natural e do doméstico; ele pretende substituir os caracteres pelas condições e as reviravoltas teatrais por quadros, continuando a respeitar as famosas unidades – trata-se desta feita de constatar o "estado crítico" do drama, ou seja, da caducidade da forma dramática em sua concepção aristotélico-hegeliana. Recusando em definitivo as seis personagens menos do que a perspectiva única de um drama "entre" elas, Pirandello antecipa a necessidade estética e filosófica de "transgredir o drama". E, a fim de transgredir a forma dramática, dedica-se a isso com ardor:

> E o drama dessas personagens, representado não como estaria organizado em minha imaginação, se fosse acolhido, mas representado tal como é, como drama recusado, não poderia ser traduzido em minha peça a não ser como "situação" e por meio de alguns desenvolvimentos, e não podia vir à luz senão através de alusões, tumultuosamente e em desordem, em elipses violentas, de modo caótico: continuamente interrompido, desviado, contradito e até mesmo negado por uma das seis personagens e não vivido por duas dentre elas.

Sob o "caos" denunciado por Pirandello, não podemos senão pressentir uma nova ordem, ao menos uma nova lógica de composição, ou de de-composição, da forma dramática. Em todo caso, uma lógica bastante diferente dessa "ordem na desordem" que, segundo Ricoeur, caracteriza a tragédia vista por Aristóteles. Com Pirandello, passamos da lógica aristotélico-hegeliana do drama àquela de uma fragmentação do drama. E se fosse preciso arriscar uma fórmula que resumisse a atitude criadora de Pirandello – e mais geralmente dos dramaturgos da modernidade –, poderia dizer que se trata de uma "desordem organizadora".

Fator desencadeador da desordem entrópica de *Seis Personagens à Procura de um Autor* é a irrupção das ditas personagens no teatro e a interrupção do ensaio apenas começado. Desde o instante em que as personagens recusadas por Pirandello transferem ao diretor e aos atores o comando que elas gostariam de passar ao autor, a mudança de rumo da forma dramática tem início. Mudança que vai terminar numa verdadeira inversão do processo de criação teatral. Não estando completa e acabada, mas ainda "por se fazer", a peça permanece, ao longo da representação, num estado experimental e incoativo. É o "Ponto" quem anota as palavras das personagens: "O Diretor: [...] Mas será preciso sempre alguém que o escreva! [o drama] / O Pai: Não – que o transcreva, quando muito [...]; O Diretor (*prossegue falando com o Ponto*): Siga as cenas à medida que forem representadas, e procure registrar as falas, ao menos as mais importantes!"[2]

Não nos deixemos pegar pela armadilha do teatro sobre o teatro: a revolução pirandelliana não se situa nessa dupla exibição de personagens de atores confrontados a personagens de personagens; ela consiste inteiramente no fato de que o autor de *Seis Personagens* considera que essa peça anunciada como "a ser feita" é, na verdade, uma "peça a ser desfeita", um modelo de peça "bem-feita" a ser desfeita. E, ainda por cima, ele se utiliza disso.

Das "cenas" que o Diretor lhe pedia para anotar as réplicas, por fim o Ponto só recolherá uma, mas capital: a cena de "reconhecimento" em que a Mãe surpreende seu marido prestes a

---

[2] L. Pirandello, *Six Personnages en quête d'auteur*, Paris: Gallimard, 1997, p. 76, 82 (Coll. Folion 1063.). Ed. bras.: *Seis Personagens à Procura de um Autor*, em J. Guinsburg (trad. e org.), *Pirandello: Do Teatro no Teatro*, São Paulo: Perspectiva, 2009, p. 206, 209. (Col. Textos 11.)

fazer amor com sua enteada no prostíbulo de Madame Pace. Outra cena do drama vivido virá no final da peça sob a forma de um acontecimento incontrolado e incontrolável: a cena de "efeito violento" do afogamento da menina no jardim, seguido pelo suicídio do adolescente... Dessas duas cenas, a primeira será continuamente adiada e sua representação irá tornar-se impossível; a segunda será objeto de uma espécie de *raptus* – outro tipo de escamotagem –, o virtual da vida transbordando repentinamente o real do teatro. Além desses dois vestígios da tragédia antiga, a peça de Pirandello se apresenta como um canteiro de demolição: atritos e controvérsias entre a trupe e as "personagens", disputas e polêmicas pondo em discussão as próprias personagens, recusas de participação de uns e de outros, temporizações e dilações diversas, digressões sobre a realidade e a ilusão do Diretor e do Pai. Tudo se passa em *Seis Personagens à Procura de um Autor* como se o comentário tomasse o lugar da ação. Como se o comentário-parasita devorasse esse organismo vivo que é o drama. Assim se exprime a tendência filosófica do dramaturgo, no que ele mesmo chama "a sombra do drama":

O DIRETOR: Vamos ao fato, vamos ao fato, meus senhores! Isto são discussões!
O PAI: Pois não, sim senhor! Mas um fato é como um saco – vazio, não para em pé. Para que fique de pé, é preciso antes fazer entrar nele a razão e os sentimentos que o determinaram.
[...]
O DIRETOR: [...] Eu gostaria de saber, porém, desde quando se viu uma personagem que, saindo de seu papel, se tenha metido a perorá-lo como o senhor faz, e a propô-lo, a explicá-lo. Sabe me dizer? Eu nunca vi isso.
O PAI: Nunca viu, senhor, porque os autores escondem, de hábito, o tormento de sua criação [...] Imagine, para uma personagem, a desgraça que lhe disse, de ter nascido viva da fantasia de um autor que, em seguida, lhe quis negar a vida, e diga-me se essa personagem deixada assim, viva e sem vida, não tem razão de se pôr a fazer o que nós estamos fazendo, agora, aqui [...].[3]

Trabalho de sapa que tem por desafio a desconstrução da forma dramática, ao menos dessa forma canônica em torno da qual o Diretor e sua trupe tentam erigir um muro.

---

3   Ibidem, p. 67-68 e 125-126. Ed. bras., p. 202 e 230.

O DIRETOR: [...] Não é possível que uma personagem se coloque, assim, tão à frente, e se sobreponha às outras, tomando conta da cena. É preciso conter todas num quadro harmônico, e representar aquilo que é representável! [...] fazer vir para fora só aquele tanto que é necessário, em relação com os outros; e mesmo naquele pouco dar a entender toda a outra vida que permanece dentro! Ah, muito cômodo seria se cada personagem pudesse, num bom monólogo ou... sem mais... numa conferência, vir despejar diante do público tudo o que lhe ferve por dentro![4]

Não é apenas a ação linear que se encontra quebrada, interrompida, contradita; é a própria unidade do drama, o microcosmo dramático. O dispositivo do teatro sobre o teatro de *Seis Personagens* rompe irremediavelmente em dois o pequeno universo da obra: de um lado, as personagens com seus dramas vividos; de outro, os membros da trupe de teatro. Supõe-se que os segundos se tornarão, graças a seus talentos, os operadores dos primeiros que, não obstante, não cessam de recusar as pretensas leis de sua arte. Sob esse ponto de vista, não é apenas a forma dramática que Pirandello faz aqui explodir; é, igualmente, a ideologia subjacente a essa forma. Para o Diretor, é evidente que a conveniência interdita a representação da cena incestuosa entre o Pai e a Enteada em casa de Madame Pace; ora, quando a Enteada coloca em questão as convenções da representação, isso vai permitir contornar o interdito, ultrapassar os limites da *mímesis* por meio do recurso da *diegésis* – relato e comentário do drama vivido pelas personagens.

A ENTEADA: Mas não, senhor! Veja – quando lhe disse que era preciso que eu não pensasse estar vestida assim, sabe como me respondeu, ele? "Ah, está bem! Então vamos tirar, vamos tirar já este vestidinho!"
O DIRETOR: Bonito! Ótimo! Para fazer o teatro todo ir para o ar!
A ENTEADA: Mas é a verdade!
O DIRETOR: Mas que verdade, faça-me o favor! Aqui estamos no teatro! A verdade, até um certo ponto![5]

A estratégia de Pirandello aparece então claramente: perder para ganhar com excelência, sacrificar todas as cenas a

---

[4] Ibidem, p. 112. Ed. bras., p. 224.
[5] Ibidem, p. 109-110. Ed. bras., p. 223.

serem feitas, todas as preparações, tudo o que poderia lembrar essa "peça bem- feita", da qual o Diretor e a trupe se fazem os defensores, para se focalizar na única cena, na cena impossível. De certa forma, Pirandello ratifica as convicções expressas trinta anos antes por Strindberg, segundo as quais a forma do futuro é uma *forma breve* (ou ao menos tendente à brevidade). O autor de *Senhorita Júlia* (1888) intima os jovens dramaturgos a romper com o dogma da "peça bem-feita" e a doravante circunscrever a peça em seu centro nevrálgico, em seu núcleo irradiante – "Deem-me o núcleo!".

Resta perguntar se o trabalho de desconstrução da forma dramática operada em *Seis Personagens* é consubstancial do teatro sobre o teatro, ou se é suscetível de se reproduzir em outras peças e em outros dispositivos. De fato, o elemento decisivo é a cisão do microcosmo dramático, que bem se produz em outras peças de Pirandello. Tomemos *Henrique IV* e *Vestir os Nus* (1922), que seguem a *Seis Personagens* e não pertencem à famosa trilogia do teatro sobre o teatro; de um lado, o drama vivido, com a corte do pseudo-Henrique IV, ou o pequeno mundo de Ersília, a protagonista de *Vestir os Nus*; de outro, os "operadores" do drama, seja os visitantes de Carlo di Noli, aliás Henrique IV, e aqueles que acolhem Ersília após a sua primeira tentativa de suicídio, o escritor Ludovico Nota, a dona da pensão Honória e o jornalista Alfredo Cantavalle. Essas duas últimas peças não são menos dramas de segundo grau, "metadramas", do que *Seis Personagens* ou do que *Esta Noite se Representa de Improviso* (1928). Em *Henrique IV*, em *Vestir os Nus* e em outras peças de Pirandello, há duas castas de personagens: as que viveram o drama e continuam a vivê-lo pela eternidade e aquelas que exercem um olhar sobre o drama. O dramaturgo tenta em vão representar com sutileza os sentimentos de simpatia ou mesmo de empatia dos segundos para com os primeiros – Ludovico Nota se persuade de estar enamorado de Ersília, a pária, e pensa por um momento em fazê-la sua companheira –, e a fronteira parece intransponível. A dramaturgia iconoclasta de Pirandello confirma a análise de Peter Szondi, segundo a qual a famosa unidade dialética do objetivo e do subjetivo, sobre a qual repousava a concepção aristotélico-hegeliana da forma dramática, está desde então rompida. Nós entramos – e isso bem antes de Pirandello, desde os anos de 1880 – na era de uma dramaturgia de distanciamento entre o drama vivido e os operadores do drama. Peter Szondi alinha esses últimos na categoria do que chama "sujeito épico", sujeito sob o olhar de quem o drama vivido pelas personagens se objetiva. Mas além de o conceito de sujeito épico modificar os destinos do drama moderno, num sentido bem brechtiano, eu observaria que, em certos autores, a fronteira entre drama vivido e posição do olhar sobre o drama, a do operador do drama, não permanece assim tão intransponível quanto parece nas obras de Pirandello acima examinadas. É notadamente o caso do Strindberg das peças oníricas, em que a personagem-observadora – que se trata, em *O Sonho* (1901), de Agnes, filha de Indra, que desce à Terra para ver como se comportam os humanos, ou do velho Hummel de *A Sonata dos Espectros* (1907), novo Asmodeu que revela o que se passa por detrás da fachada de um imóvel – irão se desdobrar em personagem-sonhadora, que observa o drama, e em personagem-sonhado, que vive e que sofre.

FIM DO BELO ANIMAL

O trabalho de sapa que efetua o drama pirandelliano visa, em primeiro lugar, a fábula*, o *mito*, que é o fecho de abóbada da teoria aristotélica do drama. Isso quer dizer, como se pode entender com frequência, que as peças modernas e contemporâneas são desprovidas de fábula? A resposta a essa pergunta seria nuançada e complexa. Ela suscita uma outra interrogação: se é verdade que na *Poética* a fábula se define pelo conjunto das ações que se completam numa tragédia, o que, no teatro moderno e contemporâneo, é a ação? Também ela tende a desaparecer?

O que é certo é que os princípios reguladores da fábula, que poderiam ser resumidos à trilogia aristotélica "ordem, extensão, completude", e que se exprimem metaforicamente por meio da

---

* Enredo, história ou intriga literariamente imaginada, ou seja, a de uma sequência de eventos interligados e coerentes, reunindo assuntos e seus motivos de conflito. Aristóteles, em sua *Poética* (VI), diz textualmente: "Está na fábula a imitação da ação. Chamo fábula a reunião ou disposição das ações". Newton Cunha, *Dicionário Sesc, a Linguagem da Cultura*, São Paulo: Perspectiva, 2001 (N. da T.).

metáfora do "belo animal", do "ser vivo", "nem muito grande nem muito pequeno" e "bem proporcionado em todas as partes", não são postos em cena. A peça não é mais esse organismo do qual a fábula seria a "alma", e que sempre avançaria conforme um processo linear definido por um começo, um meio e um fim. Além disso, a fábula, no sentido aristotélico, não era apenas um organismo, era também um "sistema". Sistema no interior do qual a relação cronológica entre os fatos, entre as ações, estava largamente determinada por uma relação causal que encadeava as ações umas nas outras, que instaurava uma instabilidade crescente numa situação *a priori* estável, estendia o conflito ao máximo, provocava a catástrofe e o retorno da fortuna. Hegel acrescentaria: e chegava a um "apaziguamento final".

Ora, com o drama moderno, esse princípio se torna obsoleto: *o sistema de fatos se desfaz*. A lógica aristotélico-hegeliana, que poderíamos qualificar de "bio-lógica" (sempre o "belo animal"), é substituída por uma lógica analítica, em que os fatos e as ações vão se encontrar espaçados entre si e passarão pelo crivo desse comentário que Pirandello chama de "crítica *sui generis*".

Brecht leva essa lógica ao máximo, cuja concepção da fábula não corresponde mais simplesmente ao "desenrolar dos fatos tirados da vida em comum dos homens, tal como poderia se concluir na realidade", mas "aos processos ajustados, nos quais se exprimem as ideias dos inventores da fábula sobre a vida em comum dos homens". Edward Bond vai além: "O autor deve fornecer um sentido à história, ou, dito de outra forma, o que ele dramatiza não é tanto a história quanto a interpretação ou análise que ela suscita."[6]

A fábula está sempre no coração do espetáculo, mas ela não está mais ordenada nem visível em toda a sua extensão, nem completa. Ela se torna até mesmo, algumas vezes, invisível. De fato, como bem viu Tomachevski nos anos de 1920, a fábula se cinde em duas: de um lado, a fábula-"material", que corresponde à história linear tal como poderia ser reconstituída *a posteriori*; de outro, a fábula-"assunto", ou esse "material" tal como

---

6 B. Brecht, Petit Organon pour le théâtre, *Écrits sur le theater*, t. II, Paris: L'Arche, 1979, p. 48; Edward Bond, A Note on Dramatic Method, *The Bundle*, London: Methuen, 1978.

a composição – ou a decomposição – da peça faz aparecer[7]. Em resumo, o enunciado e a enunciação. Ora, os dispositivos de enunciação das dramaturgias moderna e contemporânea, fundamentadas numa desconstrução da forma canônica do drama, são mais complexos. O questionamento, sempre essa tendência filosófica, que encontramos em Pirandello, Brecht, Strindberg ou Beckett, invade a "ficcionalização" e contribui para redistribuir o material em função das interrogações do fabulador. Poder-se-ia dizer, num sentido quase judiciário, que a fábula é processada. Os eventos intervêm menos conforme seu encadeamento do que a favor de uma espécie de "reconstituição", ela própria a serviço de uma "instrução". Daí o fato de que a fábula, conjunto de ações acabadas numa peça, não procede mais a uma concatenação das mencionadas ações, como na forma aristotélico-hegeliana, aparecendo agora em pedaços, dispersa, disseminada no texto. Daí o "caos", ao menos aparente, reivindicado por Pirandello em nome de praticamente todos os autores marcantes após os anos de 1880.

Mas a ordem não é o único critério aristotélico que o drama moderno e contemporâneo subverte. A extensão e a completude não são menos visadas. Mal compreendida, a noção de "fatia da vida", elaborada na época naturalista-simbolista por Jean Jullien, autor dramático e teórico, deve ser reinterpretada como afirmação da incompletude e da tendência fundamental à brevidade das novas obras. Por incompletude, ou "obra aberta", no sentido dado por Umberto Eco e Volker Klotz, o sentido é claro: nada de começo, meio e fim; nada mais do que um fragmento. É o fim do belo animal e de seu último avatar, a peça bem-feita. "Portanto, é apenas uma fatia da vida que podemos pôr em cena; sua exposição será feita pela própria ação e o desfecho será apenas uma parada facultativa que deixará, para além da peça, o campo livre às reflexões do espectador."[8] Contemporâneos de Jullien, Strindberg e Maeterlinck praticam a "fatia da vida" – no sentido atual de fragmento – com extremo radicalismo. O primeiro defende a "cena única" e se sobressai

---

7 Boris Tomachevski, Thématique, em Tzvetan Todorov, *Théorie de la littérature*, Paris: Seuil, 1965, p. 263-307. (Coll. Tel Quel)
8 Jean Jullien, *Le Théâtre vivant, essai théorique et pratique*, Paris: Charpentier et Fasquelle, 1892, p. 13.

pelos começos de peças *in media res*. Assim, em *Credores* (1888), com o subtítulo *Um Ato*, entre Gustavo, o antigo marido incógnito de Tekla, e um jovem pintor, Adolfo, o novo marido, "a batalha de cérebros", até a morte psíquica ou física, está em pleno andamento há seis horas quando a cortina se levanta:

Adolfo e Gustavo, perto da mesa da direita. Adolfo modela uma figura de cera sobre um pequeno cavalete; suas duas muletas estão ao seu lado.
ADOLFO: E tudo isso eu devo a você.
GUSTAVO (*fumando um charuto*): Vejamos, o que é você está dizendo?
ADOLFO: Não há nenhuma dúvida. Nos primeiros dias, após a partida da minha mulher, fiquei estendido num sofá, sem força, só pensando em seu retorno. É como se ela tivesse levado minhas muletas, e eu não pudesse me mexer. Depois de ter dormido alguns dias, me senti melhor, reencontrei meus espíritos; meu cérebro, que funcionava como se estivesse com febre, se acalmou, ideias antigas voltaram à superfície, o desejo de trabalhar, a necessidade de criar me invadiu, meu olho reencontrou uma visão clara e aguda... e depois você veio.
GUSTAVO: É, você dava pena quando te encontrei...
[...]
GUSTAVO: [...] Escute! (*Ele tira o relógio.*) Falamos durante seis horas e sua mulher vai voltar logo. E se nós parássemos para que você descanse um pouco?
ADOLFO: Não, não me deixe. Eu não ousaria ficar sozinho.[9]

O paradoxo da tendência à brevidade é que ela pode dar lugar a peças muito longas e potencialmente sem fim. Strindberg não vai demorar a propor, a partir de 1898, uma dessas obras sem limites, *O Caminho de Damasco*, na verdade uma trilogia, concluída em 1904. Ao mencionar "obras sem limites", quero dizer tratar-se de obras abertas a tal ponto que são suscetíveis de serem continuadas perpetuamente. Peça de procura e de errância, organizada em torno da personagem O Desconhecido, que procura, em vão, seu lugar e bem-estar nesse mundo.

Quanto a Maeterlinck, em suas famosas peças curtas, e em particular em *Interior* (1894), ele pratica a ablação tanto do fim quanto do início. Não mais exposição nem resolução do conflito. Em sentido estrito, nem mesmo conflito. *Interior* começa

---

9 August Strindberg, *Créanciers, Théâtre complet*, t. II, Paris: L'Arche, 1982, p. 325 e 328.

com uma troca de informações entre duas personagens bastante secundárias relativamente ao drama (uma jovem acaba de se afogar, talvez se trate de um suicídio?), mas que confiscam, no entanto, todo o diálogo da peça: postados em frente à casa dos pais, o Velho e o Desconhecido não se decidem a contar-lhes a trágica notícia e nos fazem partícipes dessa irresolução. A obra termina no momento em que o Velho entra por fim na casa para dar a terrível notícia e perturbar assim, definitivamente, a quietude do lar. Mas de modo algum somos confrontados com a catástrofe e o desenlace de um drama segundo o modelo aristotélico-hegeliano. De fato, a catástrofe nos foi anunciada desde o início[10] e, se há desenlace, ele está perfeitamente descentrado, pois não assistimos senão ao relato e à reação do Desconhecido e da Multidão, eles mesmos espectadores longínquos de uma cena inteiramente muda que encerra o drama:

O DESCONHECIDO: Silêncio! ... Ainda não foi dito...
Vê-se que a mãe interroga o velho com angústia. Ele diz algumas palavras ainda; depois, bruscamente, todos os demais se levantam e parecem interpelá-lo. Ele faz então um sinal afirmativo com a cabeça.
O DESCONHECIDO: Ele disse... Ele disse tudo de uma vez só.
VOZES NA MULTIDÃO: Ele disse, ele disse!
O DESCONHECIDO: Não se entende nada.
VOZES NA MULTIDÃO: Eles estão saindo. Estão saindo.
Confusão no jardim. Todos se precipitam para o outro lado da casa e desaparecem, com exceção do Desconhecido, que permanece nas janelas. Na sala, a porta por fim se abre em dois batentes e todos saem ao mesmo tempo. Percebe-se o céu estrelado, o gramado e a fonte sob o clarão da lua, enquanto, no meio do quarto abandonado, a criança continua a dormir serenamente no sofá. Silêncio.
O DESCONHECIDO: A criança não acordou!
Ele também sai. Fim.[11]

A forma sem começo, sem fim ou meio impõe-se desde então como matriz do drama moderno. Aliás, quer se trate de uma forma breve, em sentido estrito, à maneira de *Interior*, de *A Mais Forte* e de *Pária* (1889), de Strindberg, ou de uma forma

---

10 Cf. Hélène Kuntz, La Catastrophe sur la scène moderne et contemporaine, *Études théâtrales*, Louvain-la-Neuve, v. 23, 2002.
11 Maurice Maeterlinck, *Intérieur*, *Théâtre*, Paris/Genève: Slatkine, 1979, p. 199.

mais longa, verdadeiro "monstro dramático", como o sabe produzir Strindberg, os expressionistas, Brecht ou o Claudel, de *Sapato de Cetim* (1921). Peças ao mesmo tempo enormes, dando conta da trajetória de vida das personagens, e bem pequenas, na medida em que não param de se fragmentar. Obras como *O Caminho de Damasco* ou *O Sonho* (1901) se apresentam como as primeiras historicamente, mas seguindo as trilhas do *Fausto* de Goethe e do teatro medieval, que fazem montagens de formas breves, quase independentes, ou, ao menos, largamente autônomas entre si.

"Montagem", o termo é frouxo... A fábula não existe mais na forma orgânica da conformidade com o belo animal; ela se faz objeto de montagem. É assim que as peças modernas e contemporâneas escapam ao fabulismo linear do modelo aristotélico-hegeliano, totalmente esgotado. O que sobreviveu não foi a fábula – contrariamente a uma lenda tenaz, ela continua a existir –, a fábula no "sentido clássico", com começo e fim. A sentença de Heiner Müller é, a esse respeito, inapelável: "Não creio que uma história que tenha cauda e cabeça (a fábula, no sentido clássico) ainda possa se aproximar da realidade." Doravante, todas as operações são permitidas na fábula, inclusive as mais violentamente cirúrgicas.

Nessa passagem de uma fábula clássica a uma moderna, que procede por saltos, por elipses, com frequência muito lacunar em aparência, a forma breve teve o papel de verdadeiro laboratório. Ela contribuiu para revirar a ordem da ação dramática: na forma clássica, a situação era o elemento menor que devia produzir o elemento maior, quer dizer, a ação; nas formas novas, a *situação* tem primazia sobre a ação. Há simbiose entre a forma breve e a concepção, que geralmente se atribui a Maeterlinck, de um teatro *estático*.

Se as obras modernas gostam de suspender a ação, de imobilizar, não é com o propósito de fazê-la desaparecer, mas para torná-la mais vibrante e visível. O estatismo aparente de muitas dramaturgias não tem outra função senão a de permitir ao espectador ter acesso aos detalhes infinitesimais da ação dramática. Fazer ver as microações, pondo-as sob a lupa ou sob o microscópio, tal é, se ouso dizer, o objetivo. Maeterlinck pretendia estabelecer o trágico moderno na base não das infelicidades que podem sobrevir, mas sobre da felicidade, do caráter terrível da confrontação entre a felicidade humana e a finitude. Isso quer dizer que ele abolia toda a ação de seu teatro? Não visava antes uma redefinição da ação dramática? Redefinição pela qual ela seria suscetível de aproximar, numa certa medida, Nietzsche de Aristóteles. O autor do *Nascimento da Tragédia* lança uma importante dúvida a respeito da doxa em matéria de ação teatral: "Concepção do 'drama' enquanto ação./ Essa concepção é muito ingênua: o mundo e o hábito do olho aqui decidem./ Mas, enfim, se refletirmos de modo mais espiritual, o que não é ação? O sentimento que se declara, a compreensão de si, não são ações?"[12]

De resto, se nos referirmos a Roselyne Dupont-Roc e a Jean Lallot, exigentes comentadores da *Poética*, no espírito de Aristóteles, a ação, a práxis, não se refere apenas àquilo que hoje chamamos de "ação", mas recobre também os *estados*, notadamente a infelicidade ou a felicidade. A ação é a passagem de um estado a outro. Ora, em matéria de felicidade e de infelicidade, as épocas moderna e contemporânea se caracterizam por uma total ambivalência. Uma contém a outra, reciprocamente. O que dá todo o seu valor à intuição de Maeterlinck sobre a necessidade de explorar, em sua extrema fragilidade e em toda a sua ambiguidade, o estado dito de "felicidade". Se a infelicidade se manifesta, não é mais como resultado de uma passagem, de uma "reviravolta da fortuna", mas como uma potência que sempre estava lá e que consumiu a pretensa felicidade.

RETORNO DE UM DRAMA

A rejeição pirandelliana ao drama não é, na verdade, uma rejeição. Vimos que ele obedece à lei da preterição: convém rejeitar, melhor dizendo, recusar a tradição do belo animal para promover um drama mais próximo ao mundo. Mais filosófico, de alguma maneira. Sob esse ponto de vista, uma fórmula do prefácio de *Seis Personagens à Procura de um Autor* poderia ser erigida como divisa de uma grande maioria de autores

---

12 F. Nietzsche, *La Naissance de la tragédie: Fragments posthumes*, Paris: Gallimard, 1977, p. 162. (Coll. Folio Essais, n. 32.)

dramáticos do século XX e início do XXI: "Esse drama, eu não o representei; representei um outro."

A nossa questão, doravante, é, pois, a de destrinchar qual pode ser esse outro drama, ou esse *outro* do drama. Um drama reformado, refundado, como se produziu no Século das Luzes, ou então um não drama, uma espécie de morte do drama, com autópsia da forma dramática, como o pretende Adorno em seu estudo sobre *Fim de Jogo*? Desde a minha introdução, especifiquei que, contrariamente a Adorno e a alguns de seus herdeiros, adquiri a convicção, por força de estudar as evoluções da forma dramática a partir dos anos 1880 até os dias de hoje, que essa última, de colapso a restabelecimento ou, caso se prefira, de "crise" a "retomada" quase instantânea, não para de se reinventar. E é Strindberg que nos propõe uma metáfora surpreendente desse processo de reinvenção no prefácio de *Senhorita Júlia*; tendo jogado no fogo o manuscrito de uma de suas obras em cinco atos, *O Fora da Lei*, viu sair das cinzas da peça sacrificada uma nova peça, inteira, num só ato. Nessa variante da lenda de Fênix, o renascimento se desdobra numa metamorfose. E aqui é a metamorfose que importa.

Antes de dar um nome a esse outro drama, o que será objeto do próximo capítulo, gostaria de tentar examinar com mais precisão as operações que permitem o restabelecimento desse outro drama, certamente diferente, mas que procede da desconstrução da forma antiga. A primeira dessas operações consiste, indubitavelmente, em pôr em causa o que Peter Szondi chama de caráter "primário" do drama, que deve oferecer ao espectador a ilusão de que o acontecimento dramático ocorre diretamente diante de si, num presente absoluto. Ora, assistimos a uma *secundarização* generalizada da forma dramática: tudo já está consumado quando a peça começa. Como nota Daniel Danis na didascália inaugural de *Cinzas de Pedras* (1992), "o drama já aconteceu". Assistimos, mais uma vez, ao drama *vivido* pelas personagens.

Tratando-se dos *Seis Personagens*, é evidente que o seu drama vivido está sujeito à anterioridade e que a "peça a ser feita" não poderia ser senão a retomada ou a repetição – e, em certa medida, o fracasso da retomada ou da repetição – desse drama. A catástrofe – entendamos, a morte das duas crianças – no final da peça que fecha o drama das personagens é, na peça de Pirandello, apenas um efeito da composição circular. O *outro drama* é um drama secundário, um jogo com o passado, o retorno, forçosamente *crítico*, sobre um drama primário. Do drama vivido, o autor conserva apenas o fantasma, que retorna ao palco. Estamos diante daquilo que designei acima como "metadrama", em relação ao qual o drama vivido exerce a função de drama-objeto.

Pode-se agora perguntar se Pirandello, assim como outros adeptos do metadrama, antes e depois dele, não se situa nesse veio surgido no final do século XIX, no mesmo momento em que aparece o romance policial, em que o escritor e, por detrás dele, o leitor ou o espectador, se encontram na posição do detetive que conduz uma investigação, revela indícios (lembremo-nos de que, para Pirandello, o drama das personagens "só podia se manifestar por indícios"), recolhe testemunhos contraditórios, confissões verdadeiras ou falsas, procede a confrontações entre as personagens e algumas vezes se perde no labirinto das investigações. *Investigadores*, é bem assim que nos aparecem as personagens-operadoras de *Seis Personagens à Procura de um Autor*, ou ainda de *Vestir os Nus*: o Diretor de teatro (sob essa óptica, um pouco na posição de psicanalista), que tenta ao mesmo tempo refrear a enxurrada das argumentações *pro domo* das personagens e ajudá-las com uma palavra senão verdadeira, ao menos compatível com a concepção tradicional do drama; Ludovico Nota, que pretende transformar o drama vivido por Ersília num romance de sua própria invenção – enquanto ela fazia amor com seu amante, o Cônsul, a filha deste aqui, por quem Ersília era responsável, na qualidade de ama, caía de um terraço e morria.

Investigadores, é também assim que podemos considerar, ao menos num primeiro momento, antes que oscilem do estatuto de personagem-observador para o de personagem-agente, certas personagens de Strindberg, tais como Agnes, em *O Sonho*, o Estranho, em *A Casa Queimada* (1907), ou, no primeiro ato, o Velho da *Sonata dos Espectros* (1907). Já evoquei brevemente a figura aparentemente onisciente do Velho Hummel, escrutando através das janelas a intimidade dos habitantes e revelando suas faltas passadas; o Estranho da *Casa Queimada* se parece ainda mais a um êmulo de Dupin ou de Sherlock Holmes; seu olhar vasculha nos escombros ainda fumegantes da casa queimada;

aliás, menos para descobrir o culpado de um eventual incêndio criminoso (os habitantes da casa e outras pessoas da rua se encarregam de designar o bode expiatório) do que para reconstituir o passado coletivo do imóvel onde outrora ele nascera. A peça tem início com um inspetor que engata o processo de pesquisa e termina com o Estranho que pronuncia o julgamento definitivo das investigações e de outros processos:

POLICIAL (*vestido em trajes civis, entra.*): Tudo está bem apagado?
PEDREIRO: Em todo caso, não se vê mais fumaça.
POLICIAL: Então vou lhe fazer ainda algumas perguntas. (*Um silêncio.*) Você nasceu no bairro?
PEDREIRO: Claro que sim! Faz 75 anos que moro nesta rua. Eu ainda não era nascido quando essa casa foi construída, e meu pai trabalhou nela; era pedreiro, como eu.
POLICIAL: Então você conhece todo mundo aqui?
PEDREIRO: A gente se conhece porque, o senhor vê, esta rua tem uma coisa de particular. Os que vieram morar aqui nunca conseguiram deixá-la; quer dizer, os que mudam terminam por voltar... quando os levamos para o cemitério, lá em baixo, no final da rua.
[...]
O ESTRANHO: A dívida está paga! O processo está arquivado, não se pode mais instruir o caso, as partes retiraram as queixas.
TINTUREIRO: Estou arruinado! (*sai*)
O ESTRANHO (*pega a coroa sobre a mesa*): Queria levar essa coroa ao cemitério e depositá-la sobre o túmulo de nossos pais, mas vou deixá-la aqui sobre as ruínas da nossa casa. A casa de minha infância. (*Uma prece silenciosa.*) E agora, retoma tua viagem.[13]

"Tudo está bem apagado?" É justamente quando tudo parece bem apagado, após a "fumaça" do drama vivido ter-se dissipado, que "outro drama" pode começar. Na mesma perspectiva, Agnes, filha de Indra, não desce entre os seres humanos para conhecer as razões de suas queixas a não ser quando eles já perderam todas as esperanças e só têm como preocupação maldizer a existência. Em todo caso, *depois do crime*. Antes de ela própria se deixar prender nas armadilhas dos desejos e dos sofrimentos humanos, antes de se tornar também uma pensionista dessa "casa de correção para crimes cometidos antes do

---

13 A. Strindberg, *La Maison brulée, Théâtre complet*, t. VI, Paris: L'Arche, 1986, p. 47, 83-84.

nascimento", Agnes registra as queixas e as reclamações desses estranhos seres humanos. Para fazer isso, ela não hesita em se introduzir, quase como o faria Simenon, na intimidade das pessoas que investiga; na Ópera, onde a infelicidade humana está particularmente concentrada, ela toma o lugar da concierge.

AGNES (*dirigindo-se à concierge*): Empreste-me seu xale. Vou me sentar aqui para ver passar os filhos dos homens. Mas fique atrás de mim, para me manter informada (*Põe o xale e se senta no lugar da concierge*)
CONCIERGE: Devolva o meu xale, agora.
AGNES: Não, não, amiga. Vá descansar que eu a substituo. Quero me instruir... e ver se a vida é tão penosa quanto se diz.
CONCIERGE: Nesse posto não se pode adormecer, nem de noite nem de dia.
AGNES: Não se tem o direito de dormir? Mesmo de noite?
CONCIERGE: Claro que se tem o direito... se se chega a adormecer, o cordão em torno do braço... pois há vigias noturnos que fazem a ronda e se revezam a cada três horas.
AGNES: Mas isso é horrível!
CONCIERGE (*à Agnes*): Você acha? Nós estamos contentes por ter um lugar como esse. Se você soubesse o quanto me invejam![14]

Quanto a *John Gabriel Borkman* (1894), penúltima peça de Ibsen, é qualificada justamente de "drama analítico", pois a ação é constituída unicamente por uma espécie de retorno do passado a um presente dos mais inertes e mortíferos. Aqui, não estamos mais no tempo da investigação policial – John Gabriel foi julgado por suas malversações financeiras e purgou sua pena na prisão –, mas além, no tempo de uma clausura quase definitiva em que o protagonista, que tinha o perfil e as ambições de um grande empreendedor filantrópico, e sua esposa Gunhild ruminam seus fracassos, ele no salão do primeiro andar e ela no térreo, tendo, acima de sua cabeça, o barulho dos passos de John Gabriel, que ali não para de dar voltas. Não é apenas a revelação de eventos do passado que, como em *Édipo Rei* de Sófocles, vem alimentar a ação dramática; é o próprio passado, em bloco, que toma conta do presente e o vampiriza.

Somente a tonalidade desse comparecimento do passado irá conhecer uma modificação no decorrer da peça: de uma

14 Idem, *Le Songe, Théâtre complet*, t. V, p. 313, 316.

esperança de revanche e de reabilitação puramente encantatória, passa-se a uma clara desesperança e, depois, nos últimos instantes da peça, a uma espécie de reclusão e de alívio quase místico ligado à morte de John Gabriel Borkman e à reconciliação de Gunhild e de sua irmã Ella Rentheim, respectivamente esposa e mulher outrora amada – depois sacrificada em nome dos negócios – de John Gabriel Borkman. Desde o primeiro ato, diante de uma Ella muito doente e tendo ido visitar-lhe, procurando trazer-lhe de volta Ehrart, o filho do casal que ela criou, Gunhild constata uma existência inteiramente voltada para o passado, para a falta e a culpabilidade: "Sim, é assim que vivemos, Ella. Desde que foi liberado. E que foi enviado para mim. Após longos oito anos."[15] De seu lado, Ella, confrontada no segundo ato com seu antigo amante, John Gabriel, o acusa de tê-la traído e de ter cometido contra ela um delito bem maior do que suas malversações: o "crime contra o amor".

Que a dimensão policial esteja muito marcada, ou que ela permaneça latente, como no caso de *John Gabriel Borkman* e na maior parte das peças modernas e contemporâneas, a separação ou o desdobramento da fábula dramática entre o nível da história do crime e o da investigação, ou seja, a *secundarização* do drama, encontra-se em toda parte. A unidade de tempo está definitivamente quebrada, o drama objeto – drama vivido – sendo rejeitado em uma anterioridade na qual se enxerta o metadrama. Para que haja investigação, ou ao menos o retorno ao drama vivido, há necessidade de um afastamento temporal; assim, temos os famosos oito anos de Borkman. A dimensão temporal intervém massiva, estrutural e tematicamente, e instaura a boa distância de uma dramaturgia do *retorno*.

A DESDRAMATIZAÇÃO I: RETROSPECTO, ANTECIPAÇÃO

Sabemos que Peter Szondi foca sua *Teoria do Drama Moderno* na intrusão de elementos épicos no contexto dramático. Esse

---

15 Henrik Ibsen, *John Gabriel Borkman, Les Douze dernières pièces*, t. IV, Paris: Imprimerie nationale, 1993, p. 117. (Le Spectateur français)

ponto de vista é incontestável: tanto a intervenção da temática temporal em Ibsen quanto a ingerência de personagens-operadoras (que Szondi qualifica de "sujeitos épicos") nas obras de Maeterlinck, de Strindberg e de Pirandello o atestam. Porém, essa tendência a integrar uma dimensão épica não corresponde, e não importa o que diga Szondi, a um esgotamento do elemento propriamente dramático. Ao contrário, assistimos, após alguns decênios, a uma relativa redramatização das peças de teatro. Fenômeno que remete à preferência outrora declarada de Sartre por um "teatro dramático bem perto do épico". Eis por que me separo de Szondi: o acento que ele põe sobre a passagem dialética do puro dramático para a diversidade das formas épicas do teatro – notadamente em Piscator, Brecht, Bruckner, Wilder –, eu deslocaria para a relação dramatização-desdramatização nas dramaturgias modernas e contemporâneas. Relação que inclui a questão do épico sem, no entanto, colocá-la sistematicamente em primeiro plano.

O que é preciso entender por *desdramatização*? Que o retorno ao drama e a uma catástrofe já advindas é também uma *reviravolta* do drama. Que o dispositivo de retorno revira o próprio sentido do drama. Que se terminou com a sacrossanta progressão dramática e, com ela, o famoso *continuum* dramático. Que a própria noção de conflito central ou, para retomar o vocabulário hegeliano, de "grande colisão dramática" está ela também revirada, cedendo lugar a uma série descontínua de microconflitos mais ou menos ligados uns aos outros. Eis aí os principais elementos de uma relativa desdramatização do drama, com os quais demonstrarei que ela não é, apesar disso, a morte do drama.

Doravante, uma peça não é mais escrita em função de seu fim, numa tensão crescente em direção ao desfecho, assim como recomendava Corneille, mas como uma série de momentos relativamente autônomos. Quer dizer, entre períodos de tensão propriamente dramática podem se intercalar períodos de relaxamento pertencentes ao épico. Para dar conta dessa particularidade de construção, não farei apelo à teoria de Szondi da ultrapassagem do dramático pelo épico, mas antes a uma proposição de Schiller, que eu chamaria de teoria do *contrapeso*. A Goethe, que era particularmente cuidadoso, ao menos no plano teórico, em evitar toda confusão entre poesia dramática e poesia épica, Schiller dá essa resposta numa carta de 26 de dezembro de 1797:

Por definição, é da essência da poesia transportar para o passado tudo o que é presente imediato e, idealizando, afastar tudo o que nos está realmente próximo; por consequência, ela constrange o poeta dramático a nos manter distanciados da realidade que sobre nós exerce sua ascendência, conferindo à nossa sensibilidade um certo grau de liberdade poética relativamente à matéria que põe em cena. De onde se segue que a tragédia, entendida em seu mais eminente sentido, sempre terá tendência a se elevar até o caráter épico e só assim alcançará a dignidade poética; inversamente, o poema épico terá sempre a tendência a descer até o drama, e apenas sob essa condição realizará plenamente o conceito genérico de poesia.[16]

Se for permitido supor uma ligeira diferença entre Goethe e Schiller, ela poderia ser admitida no fato de que o primeiro considera que o espectador de teatro permanece "numa tensão sensível constante", que lhe impede de "elevar-se até a reflexão"[17], enquanto o segundo não se conforma de que esse mesmo espectador possa permanecer acorrentado, à espera ansiosa do fim, ao presente evasivo do drama. De onde, sem no entanto "embaralhar as fronteiras" entre as duas espécies de poesia, o "contrapeso" épico necessário ao dramático, o "gênero" – a poesia – vindo reequilibrar a espécie – isto é, o drama.

O desvio por essa teoria do contrapeso – desvio que muito provavelmente foi feito por Brecht, nos permite melhor compreender o que há da desdramatização, da tensão entre um movimento do drama para frente, que persiste, e uma força de resistência, até mesmo contrária, que vem se interpor.

No "Ensaio Sobre a Poesia Épica e a Poesia Dramática", redigido por Goethe, mas concebido e assinado igualmente por Schiller, figura um conjunto de notas dos diferentes motivos "próprios" às obras épicas e dramáticas. Entre esses motivos, os "*progressivos*, que fazem avançar a ação", e "dos quais o drama

---

16 Johann Wolfgang von Goethe; Friedrich Schiller, *Goethe-Schiller: Correspondance, 1794-1805*, t. I, Paris: Gallimard, 1994, p. 507. Trad. bras., Claudia Cavalcante, *Correspondência (1794-1803) Entre Johann Wolfgang von Goethe e Friedrich Schiller*, São Paulo: Hedra, 2010.
17 Ibidem, p. 505.

se serve, por excelência", e os "regressivos, que afastam a ação de seu fim", e "dos quais se serve, quase que exclusivamente, o poema épico" (outros são os que *retardam*, os que *remontam ao passado* e os *antecipadores*). Se quisermos pensar na evolução do drama moderno e contemporâneo, essa concepção da obra como conjunto de motivos discretos nos parecerá muito mais adaptada do que a dialética hegeliana do dramático como ultrapassagem do épico (subjetividade) e do lírico (objetividade).

Assim, podemos constatar que, nas peças escritas entre 1880 e os dias de hoje, os motivos progressivos cedem terreno considerável aos motivos regressivos. A *retrospecção* se impõe como uma das operações fundamentais do novo processo de (de)composição dramática. Ela é uma das chaves do processo de desdramatização-redramatização. "Retorno a um drama anterior", já dissemos. Resta ver mais de perto como pode se efetuar esse retorno, que se poderia qualificar de *grande conversão* – no sentido de "movimento de virada" – da forma dramática...

Já no *Caminho de Damasco, I*, de Strindberg, o protagonista, que se chama "Desconhecido", mas que não deixa de ser um parente do Saul bíblico, percorre sete estações para frente – metade do caminho da via-crúcis – depois dá meia-volta – uma conversão, portanto – e retrocede. Mais tarde, uma peça inacabada do mesmo Strindberg, *A Ilha dos Mortos* (1907), começa com o acordar de um defunto que, tendo transposto o Aqueronte, mas sem ter ainda bebido a água do Letes, rio do esquecimento, retraça, por meio de um monólogo interior, pequenos acontecimentos e preocupações minúsculas de sua vida:

O cenário representa o célebre quadro de Böcklin, A Ilha dos Mortos. *A cena está vazia [...] O mestre, um homem de grande estatura, de fisionomia jupiteriana, barba e cabelos brancos, inteiramente vestido de branco, sai da aleia de ciprestes e desce em direção ao cais. Um barco negro, com um remador vestido de negro, e trazendo um caixão branco, perto do qual há uma silhueta branca, surge à esquerda.*
O MESTRE: Quem é?
A SILHUETA: Toma e lê!
O MESTRE (*recolhe a placa sobre o caixão e lê*): Eu o conheço. Um pobre diabo, acuado à morte pela vida... Não, não lhe faça medo. (*Depositam em terra o caixão.*). 62 anos de penas, de deveres, de aflições... nem flores nem coroas...

A SILHUETA: Diga as palavras!
O MESTRE: É preciso antes saudá-lo.
UM CORO INVISÍVEL: E Deus enxugará toda lágrima de seus olhos e a morte não mais estará presente, e não mais haverá nem luto, nem grito, nem dor, pois as primeiras coisas desapareceram.
O MESTRE (*ao morto*): Acorda!
O MORTO (*pondo-se sentado*): Que horas são, Ana? Não escutei o despertador? Ah, como dormi, como estou cansado! A primeira lição às seis e meia, está bem, mas antes tenho cinquenta cópias de matéria para corrigir da classe do segundo ano. O que mais ainda? Faturas? O açougueiro, o alfaiate, o livreiro...[18]

Veremos num capítulo posterior que a personagem do teatro moderno e contemporâneo se parece, com frequência, a um "morto que se põe sentado", sendo essa posição, por excelência, a da retrospecção. Duas dentre as últimas obras para teatro de Claudel, *O Livro de Cristóvão Colombo* (1927) e *Joana D'Arc Entre as Chamas* (1934), situam-se nesse promontório da morte, de onde a vida dos protagonistas pode ser apreendida por inteiro, num espírito retrospectivo e testamentário. Dramaturgia da "última hora", que tem a vantagem espaçotemporal de abraçar extensões imensas, para não dizer infinitas, e de considerar toda ação humana como acabada, quer dizer, como inteligível. Quando ele opera o desdobramento de seu protagonista, criando, ao lado do Cristóvão Colombo temporal, um outro Colombo intemporal, Claudel opta pelo olhar o mais retrospectivo – e também o mais filosófico – sobre os acontecimentos da vida do descobridor do Novo Mundo:

O EXPLICADOR: Cristóvão Colombo, Cristóvão Colombo, venha conosco! Venha conosco, Cristóvão!
COLOMBO: Quem sois que me chamais?
CORO: Nós somos a posteridade. Somos o julgamento dos homens. Venha ver o que fizestes, sem o saber! Venha ver o que descobristes, sem o saber! Sai desse lugar sórdido! Toma o teu lugar, toma o teu trono. Aqui nós te compreendemos. Aqui não te faremos mal! Basta um só passo para que estejas conosco! Só esse estreito limite que se chama morte![19]

18　A. Strindberg, *Théâtre complet*, t. VI, p. 125.
19　Paul Claudel, *Le Livre de Cristoph Colomb*, em *Théâtre*, t. II, Paris: Gallimard, 1965, p. 1133. (Coll. Bibliotèque de la Pléiade)

Quanto à didascália inaugural de *Joana D'Arc Entre as Chamas*, não se pode ser mais explícito: "Uma cena possui dois andares unidos por uma escada bastante íngreme. Na cena II, uma pilha de lenha e, no meio dela, um poste ao qual Joana está presa por correntes."[20] Desse terraço último, Joana D'Arc mede toda a sua existência e o seu sacrifício de santa e mártir. Mas o trono de onde se efetua a retrospecção pode ser menos alto e solene, como é o caso de Krapp, em *A Última Gravação de Krapp* (1959), de Beckett. Sentado em uma "mesinha", "de frente para a sala", o "velho abatido" revisita seu passado, escutando antigos registros em fitas magnéticas de sua própria voz, cada uma delas correspondendo a um de seus aniversários. De modo que o jogo com o passado seja explícito, a peça, que poderia ser um monólogo, se apresenta de fato como um diálogo entre o "Krapp" de 69 anos e a "Fita Magnética":

FITA (*voz forte, um pouco solene, manifestamente a de Krapp numa época anterior*): Trinta e nove anos hoje, sólido como uma... (*Querendo se colocar de modo mais confortável, derruba uma das caixas; xinga, desconecta o aparelho, balança a caixa, faz voltar a fita ao seu início, religa o aparelho, retoma a postura.*) Trinta e nove anos hoje, sólido como uma ponte, à parte o meu velho ponto fraco e, intelectualmente, tenho o direito de suspeitar, na (*ele hesita*)... crista da onda..., ou falta pouco[21].

A retrospectiva, com seu cortejo de rememorações, reminiscências e revivescências – ou, em Beckett, simplesmente a escuta ou reescuta de sua própria voz – inverte o sentido do drama. Ela permite à personagem, que rememora, efetuar saltos erráticos no tempo e no espaço. Ela fragmenta o drama, tornando a personagem estranha a si mesma. "KRAPP: Acabo de escutar esse cretino por quem me tomava há trinta anos, difícil de crer que tenha sido um tolo a esse ponto. Isso, ao menos, acabou. Graças a Deus."

Frequente no teatro moderno e contemporâneo, a antecipação é uma operação que remonta às origens (épicas) do teatro ocidental. Nós a encontramos nos famosos prólogos das

20 Idem, *Jeanne d'Arc au bûcher*, em *Théâtre*, t. II, p. 1217.
21 S. Becket, *La Dernière band*, Paris: Minuit, 1959, p. 13-14.

tragédias de Eurípides, e Lessing nota que eles revelam um autor "tão seguro de seu feito, que mostrava quase sempre adiantadamente aos espectadores o fim a que ele queria conduzi-los."[22] Na linha dos prólogos de Eurípides, a *antecipação* moderna não é menos desdramatizante do que a retrospecção... A partir do momento em que sabemos o que vai acontecer, nos sentimos libertos de um certo tipo de sentimento teatral ligado ao que Schiller, em seu texto de 26 de dezembro de 1797, denuncia como "perda de liberdade", "ansiedade permanente" e submissão a uma "potência estrangeira". Em resumo, como alienação. O drama moderno e contemporâneo está separado do mito, mas pode reencontrar nele, graças à antecipação, essa dimensão que consiste em convidar o espectador a fazer um retorno aos acontecimentos já conhecidos (sempre o retorno!). "Brecht", nota Benjamin a esse respeito, "perguntou-se se os acontecimentos que o teatro épico representa já não eram conhecidos."[23]

Da mesma maneira que os romances picarescos ou de aprendizagem, dão no início do capítulo, uma ideia sucinta mas exata dos acontecimentos que ali vão se desenrolar, Brecht, cuja inspiração não é estranha nem ao picaresco nem ao *Bildungsroman*, se acomoda a um conjunto de dispositivos antecipadores: prólogos, chamadas ao público, no estilo circense e de feiras, poemas introdutórios que funcionam como epígrafes, *canções*, painéis que anunciam por escrito aos espectadores o que vai ocorrer, comentários disseminados nas réplicas das personagens... Nessas peças-parábolas em particular, o dramaturgo tem o cuidado constante de antecipar-se à ação teatral, enunciado e enunciação. Assim, em *A Resistível Ascenção de Arturo Ui* (1941), o pregoeiro se entrega desde o começo da representação a um verdadeiro inventário dos acontecimentos da fábula:

Caros espectadores, nós apresentamos / Calem a boca, vocês aí do fundo! / Tire o chapéu, bela senhora! / A história dramática de *gângsters*. / Revelações inéditas sobre o caso escandaloso / da pseudossubvenção / dos pseudotrabalhos portuários. / Nós lhes mostramos também / as confissões de Hindsborough com seu testamento; / a ascensão de Arturo

---

[22] E.G. Lessing, *Dramaturgie de Hambourg*, Paris: Didier et Cie, 1869, p. 235.
[23] Walter Benjamin, *Essais sur Brecht*, Paris: La Fabrique, 2003, p. 39.

Ui em meio à baixa. / Verão como repercute / o tristemente famoso processo do incêndio, / a morte de Dollfoot, a dissipação da Justiça / os *gângsters* em família, ou a morte de Ernst Rome. / E, como apoteose, no último quadro, / finalmente os *gângsters* dominam Cícero. / Verão tudo isso ser representado pelos maiores atores...[24]

Antecipar a fábula, como Brecht bem viu, é "privar a cena de sua substância sensacional" e transferir a atenção dos espectadores – logo, sua capacidade de reflexão – para os atos (os *como?*) em suas motivações econômicas, sociais, políticas (os *porquês?*). Sob esse ponto de vista, a antecipação preenche a mesma finalidade da retrospecção: ela permite ao drama resistir ao fluxo dramático, impulsionando o movimento inverso. A contrafábula, se poderia dizer.

Para a arte de Brecht, tal como analisada por Benjamin, trata-se de suscitar um "espectador distenso", livre para sondar cada momento, cada *gestus* da peça e interrogar-se sobre o "estado das coisas" que lhe são apresentadas. Ali estamos no contexto de um teatro épico e crítico, que não tem a exclusividade da antecipação. Geralmente menos empregada do que em Brecht, a antecipação aparece em muitas dramaturgias, notadamente sob a forma da *titulação*. A partir do momento em que a estrutura orgânica – o belo animal – construída em atos (idealmente cinco) e em cenas é abandonada em proveito de um outro recorte, que faz intervir a montagem, cada unidade da peça se torna autônoma, constitui-se num quadro que reclama um título, uma legenda. Por exemplo, os de *Roberto Zucco* (1988), de Koltès, podem ser bastante antecipadores: I. A Evasão; II. Assassinato da Mãe; VIII. Logo Antes de Morrer; XIV. A Prisão. Numa peça que, por seu conteúdo, se aparenta ao gênero policial, essa operação quase constante de antecipação permite ao espectador tomar distância e não permanecer preso a uma "intriga", que é apenas uma ilusão.

Titular, ou antes, entretitular as sequências de uma peça permite antecipar o que vai ocorrer em cada sequência, segmentando a obra, desmembrando-a. Procedimento evidente nas dramaturgias em quadros que, à maneira de Brecht, avança

---

24 B. Brecht, *La Résistible Ascension d'Arturo Ui*, em *Théâtre complet*, t. V, Paris: L'Arche, 1976, p. 139.

I. O DRAMA NÃO SERÁ REPRESENTADO

por saltos, mas que se mostra mais secreta, mais sutil em escrituras como as de Danis ou de Lagarce, que, sem excluir a dimensão épica, se devotam à intimidade e devem, por isso, preservar um certo caráter orgânico, a fim de dar conta da vida cotidiana de um casal, de uma família, de um parente. À primeira vista, *Terra Oceano* (2006), "romance-falado" de Daniel Danis, se passa entre quatro paredes em que um pai, Antoine, acompanha os últimos dias de seu filho adotivo, Gabriel, atacado por uma doença fatal, e esse pai adotivo tem para si mesmo um "ainda assim, pai" na pessoa do tio Charles. *A priori*, um tema como esse requereria uma estrita progressão dramática. Ora, Danis não só introduz partes narrativas importantes como, além disso, indica à margem do diálogo, de modo dêitico, uma série de gestos ou de ações físicas que resumem antecipadamente o diálogo e o fragmentam: "tocar", "suspirar", "olhares", "nadar", "acolher", "tagarelar", "imergir", "choros" etc. Posto assim em perspectiva, o contínuo se converte em descontínuo. O que está entre quatro paredes se abre para o cosmos, para essa "terra oceânica", de onde emerge a utopia da morte de uma criança que seria, ao mesmo tempo, um renascimento espiritual.

O resultado dessa operação muito discreta de antecipação é que a unidade do drama encontra-se rompida por todas as cesuras que os intertítulos introduzem. A catástrofe final, a morte de Gabriel, é, de qualquer forma, frustrada pela antecipação constante, que se impõe como contraprogressão. Aliás, a cronologia é posta em desordem, e a cena da "compra do caixão [...] após a morte de Gabriel" precede um "sobressalto de retomada de vida, estimulando o rapaz a sair com Antoine e Dave". Danis pratica um tipo de montagem muito diferente daquela que se poderia dizer mecânica ou taylorista, e que encontramos nas peças de Brecht e numa grande parte das dramaturgias com tendência épica: uma montagem *no orgânico*. O dramaturgo quebequense é agudo: o fluxo dramático é regularmente interrompido, cortado, contrariado por essa operação que chamo de antecipação.

Outros procedimentos, que não a titulação, podem preencher a mesma função. Com Lagarce, os pontos de suspensão entre parênteses – [...] –, salpicados no texto, permitem ao mesmo tempo interromper o fluxo dramático (concluirei este capítulo com outra operação capital: a *interrupção*) e efetuar senão "pulos" ou saltos adiante, ao menos *reviravoltas*, como se diz do vento, do humor ou de uma corrente elétrica. Em *Nós, os Heróis* (1993), em que uma trupe ambulante de atores está sentada ao redor de uma mesa de refeição de noivado, as reviravoltas, quase permanentes, contribuem para desnaturalizar a peça e içá-la à condição de parábola – a vida como uma grande refeição – ao mesmo tempo que cria uma situação cômica baseada nas fricções irônicas entre os segmentos separados pelos "[...]" de Lagarce:

SENHOR TSCHISSIK (*a Eduardowa*): Ela é idiota. Você é idiota. Você é idiota? Se você não negar, todas as pessoas aqui, mesmo as mais bem-intencionadas, como eu, mesmo as pessoas mais bem-intencionadas em sua opinião, todo o mundo pensará, ou se autorizará a pensar, que você é idiota e vai abandoná-la.
[...]
A MÃE: Parece, eu li isso, parece que vai haver uma nova Guerra. Não entendi muito bem, pois não estava muito claro e eu não sei quem, com exatidão, a declarou e quem queria sofrê-la, mas haverá a Guerra, é o que pude compreender.
SENHORITA: É vinho francês!
OS DEMAIS: Ahhh!
[...]
A MÃE (*para Karl*): É a última vez que eu peço. Você não vai ficar lá, e eu não vou passar a tarde a lhe suplicar. É um grande insulto não se sentar, como todo o mundo. Um grande insulto e também uma prova de maldade. Você deve se comportar de outra maneira. Não quer?
KARL: Eu estou aqui com você porque nasci em seu meio, mas nada me liga a ele e dele nada me importa.[25]

O que indicam todos esses "[...]" a não ser a arbitrariedade da colocação de pedaço em pedaço de diferentes fragmentos – monólogos ou fragmentos de diálogos – e, mais largamente, uma espécie de desprendimento da ação na construção dramática. Lagarce salpica seus "[...]" pela peça e rompe com isso

---

25 Jean-Luc Lagarce, *Nous, les héros* (*version sans le père*), em *Théâtre complet*, t. IV, Besançon: Les Solitaires intempestifs, 2002, p. 172-173.

com a velha sintaxe dramática para impor a desordem erudita do *paradoxo*, da "simples" justaposição.

A DESDRAMATIZAÇÃO II: OPTAÇÃO*, REPETIÇÃO-VARIAÇÃO, INTERRUPÇÃO

Sabemos que, para Aristóteles, o papel do poeta trágico não é o de mostrar o que realmente se passou, mas "o que pode se passar, o que é possível". Ora, podemos constatar que os dramaturgos modernos e contemporâneos trabalham para alargar o campo do possível, dos possíveis, e para instaurar um diálogo entre o que é o que pode ser. Algumas vezes, até à vertigem. Confrontados respectivamente ao Diretor ou a Ludovico Nota, que procuram extrair de seus testemunhos contraditórios uma versão consensual e definitiva de seus dramas, as *Seis Personagens* e as personagens do drama vivido de *Vestir os Nus* – Ersília, o cônsul Grotti, o noivo Franco Laspiga – multiplicam as versões divergentes e incompatíveis entre si:

A ENTEADA: [...] mas eu quero representar o meu drama! O meu!
O DIRETOR (*aborrecido, sacudindo-se ferozmente*): Oh, enfim, o seu! Não há somente o seu, desculpe! Há também o dos outros! O dele – (*apontará o Pai*) – o de sua mãe.[26]

FRANCO: Você receia que ela não volte?
LUDOVICO: Isso depende. Se a finalidade de sua mentira estava nos "fatos", como você disse, tenho medo que ela não volte. Ela voltará se seu objetivo, como creio, estiver acima e além dos fatos. E então eu escreveria minha peça. Mas a farei, mesmo se ela não voltar.
FRANCO: Sem considerar os fatos?
LUDOVICO: Os fatos, os fatos! Meu caro senhor, os fatos são como os interpretamos; e, assim, no espírito não são fatos: pertencem à vida que aparece sob esse ou aquele aspecto. Os fatos são o passado, uma

---

* Palavra criada pelo autor (inexistente em francês e em português). Daí sua explicação: "Emprego *optação* no sentido de modo optativo, cujo equivalente francês se situaria entre o subjuntivo e o condicional e que tem por função exprimir uma possibilidade ou um desejo diferentes. Mais precisamente, a *optação*, tal como é concebido aqui, é uma operação do drama moderno que abre à ação dramática campos virtuais e/ou de pura subjetividade." (N. da T.)
26 L. Pirandello, *Six personnages en quête d'auteur*, op. cit., p. 111-112. Ed. bras., p. 223-224.

vez que a alma cedeu – você mesmo o dizia – e a vida os tenha abandonado. Eis aí por que não acredito nos fatos.[27]

Nessa réplica tardia do último ato de *Vestir os Nus*, o escritor Ludovico Nota, personagem que qualifiquei como "operador", marca uma evolução, uma diferença com relação ao Diretor de *Seis Personagens*: ele adota o ponto de vista de Pirandello face às suas personagens – notemos que ele não fala mais, a partir desse momento, em escrever um romance, mas teatro; ponto de vista que consiste em relativizar os fatos para *fazer aparecer a vida*. Para bem cumprir essa missão, o dramaturgo deve proceder com "a vida" um pouco como Sócrates o faz com a "verdade": é-lhe preciso, num primeiro momento, fazer nascer sua "verdade", quer dizer, sua opinião sobre os fatos, para em seguida confrontar essas diferentes "verdades". O processo dramatúrgico se detém ali e não chega evidentemente a uma verdade única sobre a vida... Um dramaturgo, um poeta, mesmo de tendência filosófica, como Pirandello, não é um filósofo; não é um homem do conceito, mas da metáfora flexível.

Contra a voz única do drama – esse "monologismo" que Bakhtin estigmatizou – Pirandello se dedica a relativizar os fatos, jogando com o princípio de incerteza, a pluralizar o sentido, a multiplicar os possíveis, até mesmo, algumas vezes, conduzindo seus espectadores para o impasse de um relativismo absoluto. Sempre é possível que um novo modo de composição se ofereça aos dramaturgos: substituir o desenvolvimento puramente sintagmático da ação pelo *desenrolar paradigmático* de suas possíveis alternativas.

De preferência a encadear ações, que procedem de decisões das personagens, formular hipóteses, jogar contraditoriamente com exemplos, situar-se no cruzamento dos sentidos, submeter os comportamentos humanos ao estudo, fazendo com que o teatro funcione então como um verdadeiro laboratório. É essa, ao menos, a atitude que Ernst Bloch saúda em Brecht. Para além da ideia de um teatro crítico, o filósofo da utopia concreta reconhece no promotor do teatro épico um experimentador que consegue multiplicar o que é por aquilo que poderia ser:

---

27 Idem, *Vêtir ceux qui sont nus*, Paris: Gallimard, p. 89. (Coll. Folio, n. 140.)

Diferentemente da literatura sem eco, o teatro épico faz um apelo particularmente insistente à meditação e à reflexão sobre as consequências antecipadas de certos atos [...] fazer do teatro uma instituição de verificação pelo exemplo. As atitudes e os acontecimentos são manipulados e submetidos a experiências gratuitas, destinadas a mostrar se são ou não possíveis de mudar a vida real. Pode-se, pois, afirmar que o que esse teatro brechtiano se propõe é determinar, por uma série de experiências, o exato comportamento a ser adotado.[28]

A esse respeito, Philippe Ivernel diria que Brecht "abre o campo do possível, enquanto circunscreve o do real", citando essa reflexão do próprio Brecht: "Além das ações dos homens, das que foram realmente feitas, existem as que poderiam ser feitas. Essas aqui permanecem inteiramente dependentes dos tempos das primeiras; delas existe uma história..."[29]

Tornar público no título que a ascensão de Arturo Ui é "resistível", é comprometer-se a excluir todo *fatum*, toda lógica aristotélica da tragédia e indicar, em cada quadro, em cada etapa da tomada de poder por Ui-Hitler, que o processo pode, ou poderia, ser travado. Em Brecht, o questionamento, a interpelação aos espectadores e a possibilidade de uma saída sempre predominam, mesmo no momento mais trágico, mesmo na morte, como no Quadro 9 de *Arturo Ui*:

Para Cícero. De um caminhão crivado de balas desce uma mulher coberta de sangue, que se adianta cambaleante para a boca de cena.
A MULHER: Socorro! Fique aí. Você tem que testemunhar! / Meu marido está lá dentro, morto. Ajudem! Ajudem! / Meu braço está quebrado... e o carro também! / Precisaria de uma tipoia para o meu braço... Eles nos matam / Como se partissem moscas ao meio. / Meu Deus, me ajudem! Ninguém!... Meu marido! / Assassinos! Mas eu sei quem deu o tiro. Foi Arturo Ui! / (*Freneticamente.*) / Ah monstro! / Lixo do lixo! Podridão que enche de horror a podridão! / Quem iria querer lavar nisso! Você o último dos piolhos! / E todos aceitam isso! / E estamos morrendo, nós! Este é Ui! Arturo Ui! / (*Na proximidade, uma rajada de metralhadora. A mulher*

---

28 *Le Principe espérance*, t. 1, Paris: Gallimard, 1976, p. 491. (Coll. Bibliotèque de Philosophie)
29 Brecht, apud Philippe Ivernel, Grande pédagogie: en relisant Brecht, em J.-P. Sarrazac (dir.), *Les Pouvoirs du théâtre: Essais pour Bernard Dort*, Paris: Editions Théâtrales, 1994, p. 222; a citação de Brecht encontra-se em B. Brecht, *Éscrits sur le théâtre*, t. I, Paris: L'Arche, 1972, p. 395.

entra em colapso.) Ui, e todos os outros. / Ei! Socorro! Ninguém para deter essa peste?[30]

"Ninguém para deter essa peste?" As últimas palavras da Mulher, no momento do último suspiro, não são "frenesi" nem sofrimento, mas apelo à resistência e à sabedoria. Sabedoria que consiste em recusar a dobrar-se à ordem dominante, em inventar uma alternativa, quer se trate da tirania nazista ou simplesmente do "grande costume" do qual parece impossível se livrar.

Brecht não poderia escrever *Aquele Que Diz Sim* sem, logo depois, prolongá-lo, corrigi-lo com *Aquele Que Diz Não* (1930). À fábula do menino que, para encontrar os remédios necessários à sua mãe, parte para um longo e perigoso périplo através das montanhas, também caindo doente e aceitando, por ser parte do "grande costume", ser sacrificado por seus companheiros de viagem e jogado no precipício, o dramaturgo das peças didáticas superpõe a fábula alternativa do menino que recusa "o grande costume" e dá meia-volta, ajudado por seus companheiros, prontos dessa vez a instaurar um "novo costume" e ir "Ao encontro do desprezo / Ao encontro das zombarias, fechando os olhos / Ninguém mais covarde do que o seu vizinho"[31].

Mais próximos a nós, um Gatti ou um Bond conservam a tradição dessa luta contra os fatos encabeçada, sobre bases bem diferentes, é verdade, por um Pirandello ou um Brecht. Bond declara que seu papel de escritor é o de "criar estruturas teatrais que permitam às pessoas refazer suas vidas de múltiplas maneiras". Gatti, numa de suas primeiras peças, *A Vida Imaginária do Gari Augusto G.*, empresta uma multiplicidade de existências virtuais a seu protagonista, que não é outro senão a representação do pai do autor. Em seu leito de hospital, Augusto, um gari de 46 anos, mortalmente ferido numa manifestação, vê desfilar toda sua vida, mas de uma forma totalmente fragmentada, por meio de quatro hipóstases, completamente autônomas, de si mesmo: o Augusto de nove anos, o de vinte e cinco, o de trinta e o de sessenta,

---

30 B. Brecht, *La Résistible ascension d'Arturo Ui: La Décision*, em *Théâtre complet*, t. v, 1971, p. 198-199.
31 Idem, *Celui qui dit oui, Celui qui dit non*, em *Théâtre complet*, t. II, p. 208.

também chamado "Augusto sem idade"... Sessenta anos, uma idade que o homem agonizante de 46 anos jamais alcançará e, no entanto, um futuro possível de Augusto Geai, tomado pela utopia de Gatti e por uma vontade de emancipação que mesmo a morte não pode vencer:

AUGUSTO G. SEM IDADE: Sessenta anos, não é fácil de alcançar. Você se lembra da greve em que apanhei da polícia? (Escória! E dizer que a maior parte é de filhos de operários). Achei que daquela vez estivesse tudo acabado [...] É preciso que eu chegue até a aposentadoria. É tudo o que eu posso ganhar na minha vida. E depois, meu filho estará crescido. Ele vai trabalhar no cinema, já que essa é sua vontade.[32]

O desafio do que chamo *optação* – gramática teatral do subjuntivo, do condicional, do optativo; em síntese, desses modos que, contrariamente ao indicativo, são convocados à interpretação – é o de insuflar a liberdade no que se relata do mundo. Esse procedimento optativo convém particularmente a autores fundamentalmente políticos, tais como Brecht, Bond ou Gatti. Mas também existe uma dramaturgia no condicional, num registro mais íntimo (que não exclui o político, mas não o traz ao primeiro plano). Penso, por exemplo, nas peças de Marguerite Duras, incontestavelmente mais próximas de Strindberg e de Pirandello do que de Brecht. Em *Agatha* (1981), secreta intimidade amorosa dentro de quatro paredes entre um irmão e uma irmã, é muito significativa dessa outra prática da *optação*:

ELA: Você nunca iria embora... eu sabia... nunca... você nunca poderia me deixar.
ELE (*baixo*): Nunca. Eu jamais poderia. Nunca poderia.
ELA: Nós ficaríamos ali onde estávamos, nos encontrando na vila Agatha.
ELE: Sim, ficaríamos naquele lugar, diante do mar.
Silêncio. Lentidão crescente.
ELA: Me veio à cabeça que alguma coisa diferente poderia se produzir entre você e eu. Como um novo começo de história.
ELE: Ir embora?
ELA: Não. (*Tempo.*)
ELE: A mudança não seria partir?

---

32 Armand Gatti, *La Vie imaginaire de l'ébouer Auguste G.*, Arles: Actes Sud, 1992, p. 24, 33, 34. (Coll. Répliques.)

ELA: Não. Você está de má-fé, como sempre, num momento ou noutro. Você sabe que a partida não seria nada mais do que uma saída da vila Agatha para o outro lado do mar ou mais adiante. Não, a mudança não seria ir embora. Eu queria poder lhe dizer o que seria, mas não sei.
ELE (*doçura, prudência*): Inventar? (*Tempo.*)[33]

Dessa dramaturgia no condicional, de Duras, *Destruir, Diz Ela* é, sem dúvida, uma das expressões mais elaboradas. Nessa obra, como em outras, Duras engana as classificações genéricas e é o próprio devir-teatro do texto que se põe no condicional. "No teatro" – lê-se na Nota para as Representações – "não haveria senão um só cenário [...] Um cenário abstrato seria preferível." De fato, um cenário abstrato seria melhor para valorizar essa operação constante de *optação*, de apelo a um "novo devir da história", que regesse as trocas entre as personagens:

> – Eu não lhe reconheceria ainda, diz Alissa [a Max Thor], não teríamos dito uma só palavra. Eu estaria nessa mesa. Você, em outra, sozinho, como eu – ela para –, não haveria Stein, não é? Ainda não? – Ainda não. Stein vem mais tarde. [...] Você sabe, diz Alissa [a Bernard Alione, marido de Elizabeth], com uma incomparável doçura, você sabe, nós poderíamos te amar, você também. / De amor, diz Stein. / – Sim, diz Max Thor. Poderíamos...[34]

Entre a *optação* e a *repetição-variação* a fronteira é das mais finas. *Aquele Que Diz Não* é apenas a repetição-variação, produtora de sentido, de *Aquele Que Diz Sim*, sendo os textos de uma e de outra peça idênticos em dois terços. Aliás, das quatro operações identificadas até o momento, a repetição-variação é certamente a mais presente e a mais sensível nas dramaturgias pós 1880. Com efeito, ela se situa no centro desse novo paradigma do drama ao qual fiz alusão e do qual tratarei no próximo capítulo. Daqui até lá, contentemo-nos em constatar que a repetição está onipresente na vida do homem moderno – frequentemente sentida como cotidiana e repetitiva. É Kierkegaard quem classifica a repetição de "poderosa potência"; e é a psicanálise que põe à luz uma "compulsão pela repetição", com efeitos mortíferos. Tentar conjurar a repetição vivida por uma repetição estética,

---

33 M. Duras, *Agatha*, Paris: Minuit, 1981, p. 35-36.
34 Idem, *Détruire dit elle*, Paris: Minuit, 1969, p. 43, 121.

criadora de variações, parece ser o procedimento central do dramaturgo moderno e contemporâneo. Durante a sua estada entre os humanos, Agnes, filha de Indra, vai se tornar, no decorrer dos encontros, a espectadora e, depois, numa certa medida, a atriz de uma longa série de microdramas mais ou menos equivalentes e semelhantes entre si. *O Sonho*, de Strindberg, já se apresenta, em sua estrutura geral, como obra repetitiva. Mas se isolamos cada um de seus dramas individuais, é para logo percebermos que esse drama reside justamente na repetição, produtora da infelicidade humana. Do mesmo modo que o *John Gabriel Borkman* de Ibsen dá os mesmos cem passos sobre a cabeça de sua esposa, o Oficial de *O Sonho* dá voltas diante da Ópera (um tempo simultaneamente infinito e finito, o tempo de uma vida), esperando Vitória, sua noiva, que nunca vem. Ancestral de Vladimir e de Estragão, o Oficial está destinado à esterilidade de uma existência privada de acontecimentos, a uma existência voltada à repetição:

O OFICIAL: Só conheço uma mulher! Vitória! Após sete anos, a espero aqui. Ao meio-dia, quando o sol chega ao nível das chaminés, e à tarde, quando a noite começa a cair... olhe ali, sobre o asfalto! Não se veem as pegadas do amante fiel?
[...]
O OFICIAL: Pois bem. Vou ensinar às crianças as lições que eu mesmo aprendi quando guri, e agora vou continuar a repetir as mesmas lições pelo resto da minha vida, sempre as mesmas lições: quanto são dois mais dois? E quatro dividido por dois? ... no fim, pegarei uma aposentadoria e passarei o resto do tempo sem nada para fazer, esperando as refeições e o jornal... até o momento de me conduzirem ao crematório...[35]

Tomar a repetição como a armadilha da arte da repetição, captá-la e musicalizá-la, até produzir-se a diferença e, portanto, o sentido: de Strindberg a Beckett, e mais além, impõe-se uma estética da repetição-variação. Em *O Sonho*, a queixa dos humanos, à qual faz eco o "Que pena ser um homem!" de Agnes, se transforma num canto coral que subentende toda a peça. E é através desse canto que os homens clamam (mas

---

35 A. Strindberg, *Le Songe*, em *Théâtre complet*, t. v, p. 314-337.

a quem? e o quê?) por essa repetição que os esmaga. De uma certa forma, a *repetitividade* contra a repetição.

Winnie, de *Dias Felizes* (1961), e tantas outras personagens de Beckett poderiam ser encontradas no caminho de Agnes, de Strindberg, entre essas criaturas que entoam, sob um céu vazio, seu hino repetitivo:

WINNIE (*voltando-se de frente, alegre*): Ah, ele vai me falar hoje, ó que belo dia vai ser! (*Um tempo. Termina a expressão feliz.*) Mais um. (*Um tempo.*) Bem, vejamos, onde eu estava? Ah, sim, meus cabelos, mais tarde, eles me ajudarão mais tarde. (*Um tempo.*) Eu pus (*põe a mão em sua touca*), sim, minha touca (*baixa as mãos*), não posso tirá-la agora. (*Um tempo.*) Dizer que existem momentos em que não se pode tirar a touca, pois sua vida depende disso.[36]

Destinada à finitude, a repetição, fase depressiva do divertimento pascaliano, é, no entanto, sem fim. Ela tem por função exaltar o que termina, transformá-lo num "ainda terminar", como nas primeiras palavras que bem poderiam ser as últimas de *Fim de Jogo* (1956):

CLOV (*olhar fixo, voz clara*): Terminado, está terminado, vai terminar, talvez vá terminar. (*Um tempo.*) Os grãos se juntam aos grãos, um a um, e um dia, de repente, é um monte, um pequeno monte, o monte impossível. (*Um tempo.*) Não podem mais me punir. (*Um tempo.*) Vou para minha cozinha, três metros por três metros por três metros, esperar que me assobiem. (*Um tempo.*) São boas dimensões; eu me apoiarei à mesa, olharei a parede enquanto espero que me assobiem.[37]

Do espaço linear da forma dramática tradicional, a operação de repetição-variação nos faz passar por um espaço circular, e mesmo em espiral. No nível da estrutura global, é o desdobramento da segunda parte de *Esperando Godot* (1949) sobre a primeira, com a pseudossimetria das entradas de Vladimir e de Estragão, de Pozzo e Lucky e da Criança, repetição cujas variações dizem respeito, como sempre em Beckett, às degradações físicas no curso da existência. Também é, particularmente em Genet, a instalação de um tempo cerimonial e, portanto,

---

36 Samuel Beckett, *Oh, les beaux jours*, Paris: Ed de Minuti, 1963, p. 29.
37 Idem, *Fin de partie*, Paris: Minuit, 1957, p. 15-16.

circular, em que um ritual do chá abre e fecha *As Criadas* (1947), com a diferença essencial de que, no fim, o chá está envenenado. Mas é no nível da microestrutura, no próprio diálogo, que a repetição melhor realiza sua obra. Constatamos isso em Beckett com os monólogos de Winnie, poderíamos observá-lo por meio do verso e do *leitmotiv* nos teatros de Thomas Bernhard ou de Fosse. Esses autores gostam de praticar uma espécie particularmente perfurante de repetição: a *litania*. Enquanto a Rainha da noite de *O Ignorante e o Louco* (1972), de Bernhard, canta em cena, o Doutor, que ficou no camarim, dirige ao Pai seu inventário interminável das diferentes fases de uma autópsia em medicina legal, pontuando seu recitativo com "você entende", de vez em quando pervertido por um "você vê", ou "você compreende". Inscrita na trama, no tecido conjuntivo de cada peça de Fosse, a repetição exerce inteiramente seu duplo poder, destruidor e *revelador*. O *leitmotiv* "alguém vai vir", que dá seu título a uma das primeiras obras do autor, é, por si só, o anúncio do drama e o próprio drama:

ELA: Agora chegamos perto de nossa casa / Perto de nossa casa / onde estaremos juntos / você e eu apenas / perto de nossa casa / onde você e eu estaremos / a sós / longe dos outros / A casa onde estaremos juntos / a sós, um perto do outro [...] Mas seremos deixados verdadeiramente a sós / É como se alguém estivesse lá / *Desesperado* / alguém está lá, alguém virá.
[...]
ELE: Você bem sabia que alguém viria / Eu também o sabia / Mas não queria saber / E você sempre soube / *Ele para, a olha. Enerva-se.* / Você queria que ele viesse / Você diz o tempo todo que não quer / que alguém venha / mas na realidade / é isso que você quer / *Ele balança a cabeça, desencorajado.*[38]

Retrospecção, antecipação, *optação*, repetição-variação, nenhuma dessas operações seria possível sem uma quinta, a *interrupção*, que já observamos e que é a única que permite a reviravolta do sentido da ação. Quer se trate dessa "parada facultativa" que constitui o fim da peça no quadro de uma "fatia de vida" do teatro estático de Maeterlinck – *A Intrusa*, *Os Cegos* (1890), *Interior* –, no qual o drama está presente desde o início

38 Jon Fosse, *Quelqu'un va venir*, Paris: L'Arche, 1999, p. 14, 36.

da representação e só pede para ser revelado, no sentido quase fotográfico, quer se trate dos dramas em estações de Ibsen – *Brand* (1865), *Peer Gynt* (1867) – e de Strindberg – *O Caminho de Damasco*, *O Sonho* –, das crônicas familiares que marcam a passagem dos dias e das estações de Tchékhov, das "digressões filosóficas" reivindicadas por Pirandello, das múltiplas falas dirigidas ao espectador e outros efeitos de distanciamento brechtiano e, indo mais além, de todas essas *rachaduras* que fragmentam a ação das peças contemporâneas em pequenas unidades relativamente autônomas (pedaços, movimentos, fragmentos, cenas simples numeradas etc.), o que ocorre é o fim do sistema do belo animal em que a ligação aparentemente orgânica dos atos e das cenas tinha por finalidade suturar a ação e garantir-lhe a unidade. A partir dos anos 1880, entramos no regime do *desliamento*. Princípio não aristotélico e, sobretudo, princípio de *irregularidade* que não era, evidentemente, desconhecido em épocas anteriores e notadamente em todos os lugares – drama elisabetano, *comédia* espanhola etc. – em que o teatro medieval continuava a exercer sua influência. Princípio com o qual é permitido se pensar que Diderot tenha sido o primeiro teórico moderno, aquele que ousou propor substituir o *coup de théâtre* (reviravolta inesperada) do modelo aristotélico, pela parada no *tableau* (quadro) – interrupção-temporização da ação. De Diderot a Brecht, só há um passo a esse propósito, que Benjamin ultrapassa:

O teatro épico, estima Brecht, não tem tanto que desenvolver as ações só para apresentar os estados de coisas [...] Essa descoberta (distanciamento) dos estados de coisas se faz pela interrupção dos desdobramentos. O exemplo mais primitivo: uma cena de família. De repente, entra um desconhecido. A mulher estava prestes a se apoderar de um enfeite de bronze para jogá-lo contra sua filha; o pai, prestes a abrir a janela para chamar um policial. Nesse instante, o desconhecido aparece na entrada. "Quadro", se costumava dizer por volta de 1900. O que significa: o desconhecido se encontra assim confrontado com a situação: fisionomias alucinadas, janela aberta, mobília bagunçada. Ora, existe um olhar diante do qual as cenas mais habituais da vida burguesa, elas também, não oferecem um aspecto muito diferente.[39]

---

39 Walter Benjamin, op. cit., p. 42.

Evidentemente, a descoberta – o pôr à mostra, gesto arqueológico – dos "estados de coisas" não é privilégio do teatro de Brecht. Esse olhar que interrompe pode adquirir muitas formas e até mesmo aquele, cômico-sério, de um olhar estrageiro... para si mesmo. Assim como o de Krapp, protagonista de *A Última Gravação de Krapp*, que escuta incrédulo as antigas gravações de si mesmo, que não para de "desligar o aparelho", de "ligá-lo novamente", "de avançar a fita", de "voltar a fita". Em síntese, praticar a interrupção mecanicamente assistida.

Cada autor tem a sua estratégia para que "a diferença se exprima", diria Deleuze. Como o constata "calmamente" Edgar, no último ato de *A Galinha d´Água* (1921), de Witkiewicz, que literalmente acaba de *matar*, pela segunda vez, a Galinha d'Água, aliás Élisabeth Flapy-Puselska: "Tudo isso já aconteceu uma vez, mas de modo um pouco diferente."[40]

---

40 Stanislaw Witkiewicz, *La Poule d'eau*, em *Théâtre complet*, t. III, Paris: L'Âge d'homme, 2001, p. 218.

Capítulo II
Drama da Vida: O Novo Paradigma

Quando Lukács põe-se a denunciar a decadência do drama no final do século XIX, ele aponta um responsável: Arthur Schopenhauer. Segundo o teórico húngaro, o teatro decadente da época naturo-simbolista confina-se naquilo que a filosofia alemã designa como "a representação do aspecto terrível da vida [...], o sofrimento indizível, a aflição da humanidade, o triunfo do mal, o reinado completo de derrisão do acaso e a queda irremediável dos justos e dos inocentes". Em outros termos, em vez de construir dramas baseados em um grande conflito, um grande choque dramático entre personagens típicas, na linhagem aristotélico-hegeliana, os dramaturgos decadentes – com Strindberg à testa, a quem Lukács trata de "metafísico burguês" – contentam-se em levantar em suas obras a constatação da "inanidade da vida":

Assim, Schopenhauer reduziu a colisão concreta, sócio-histórica, a uma ocasião mais ou menos fortuita que desencadeia a "tragédia universalmente humana" (a inanidade da vida em geral). Ele exprime aqui filosoficamente uma tendência que desde a metade do século precedente, adquire cada vez mais importância na literatura dramática e conduz com certeza cada vez maior à dissolução da forma dramática, à desintegração de seus elementos realmente dramáticos[1].

1 György Lukács, *Le Roman historique*, Paris: Payot, 1965, p. 134-135. (Coll. Bibliothèque historique.)

A esse veredicto, a posteridade inflige um estrito desmentido. As peças modernas e contemporâneas mais interessantes caracterizam-se em larga medida por essa mesma diluição ou essa mesma fragmentação do conflito, que Lukács podia deplorar nos defensores do naturalismo e do simbolismo. E é, de fato, a vida, a vida inteira, e não determinado episódio capaz de colocar em evidência um grande conflito, que os dramaturgos modernos e contemporâneos tendem a encenar. Ao drama agonístico sucede um drama de natureza mais ontológica (ou política). Uma fórmula de Maeterlinck dá realmente conta da mudança de perspectiva: "Não se trata de um momento excepcional da existência, mas da própria existência."[2] Isto, ainda que essa própria ideia de "existência" possa parecer fora de alcance para personagens que não levam mais que uma vida chã e fugaz. Para ilustrar, eu retomarei portanto, um título que pertence ao mesmo tempo à Restif de La Bretonne e à Valère Novarina e batizarei esse drama, esse novo paradigma do drama: *drama-da-vida*.

Quanto ao velho paradigma que o drama-da-vida vem substituir, eu o chamarei de *drama-na-vida*. Noção que terei a ocasião de definir com maior precisão, mas da qual importa, no momento reter que ela corresponde à concepção aristotélico-hegeliana do drama. A referida concepção se impôs no teatro ocidental entre a Renascença e o fim do século XIX: no drama-na-vida, a fábula não deve cobrir mais que um episódio limitado na vida de um herói, quer dizer, o tempo de uma inversão da sorte. O conceito de drama-na-vida não deixa de ter parentesco com aquilo que Szondi definiu como o "drama absoluto", ou seja, o "acontecimento interpessoal em sua presença". Ora, nós constataremos que o que distingue precisamente o drama-da-vida do drama-na-vida é que não há mais, a bem dizer, um "acontecimento". Que o interpessoal e o intersubjetivo cedem amiúde o passo ao intrassubjetivo ou a uma relação mediata do eu com o mundo. E, finalmente, que o presente da ação e a presença das personagens se veem a maior parte do tempo postos em perigo.

A fim de não sucumbir a um modo de pensar demasiado binário, eu direi que o drama-da-vida constitui uma *escapada* – no sentido de um "espaço disposto para uma passagem" – em

---

2   Maurice Maeterlinck, Le Tragique quotidian, *Le Trésor des humbles*, Bruxelles: Labor, 1986, p. 136.

relação ao drama-na-vida. O drama-da-vida, nos anos de 1880, no momento no qual se produziu a ruptura, não é tanto o próprio modelo aristotélico quanto uma espécie de censura ou de superego dramatúrgico que, em nome da "óptica" do teatro e da "peça bem-feita", segundo Scribe e Sarcey, vela – sobretudo na França – para que sejam respeitadas as famosas unidades – de tempo, de lugar e de ação – de há muito tempo obsoletas e nefastas ao desenvolvimento da forma dramática.

TROCAR A MEDIDA

Dos três critérios – ordem, extensão e completude – que, segundo o paradigma aristotélico, regiam a forma dramática, a extensão é aqui o primeiro a se considerar. O drama-da--vida caracteriza-se por uma mudança de *medida*. Por um lado, uma modificação profunda no ritmo interno do drama, do ritmo de sua (de)composição devida em grande parte às cinco operações – interrupção, retrospecção, antecipação, optação, repetição-variação – que eu defini no primeiro capítulo. De outro lado, um alargamento considerável da extensão, da amplitude diegética do drama. Aristóteles e, antes dele, os grandes trágicos gregos consideravam que a principal diferença entre a epopeia e o drama estava precisamente nessa questão da extensão. Para um autor da tragédia antiga não se tratava de escrever – encontra-se esse exemplo na *Poética* – uma "teseida"; um episódio da vida desse herói era amplamente suficiente para criar uma tragédia. Ora, desde o final do século XIX, as peças entram de bom grado em concorrência com o épico e seu avatar moderno, o romance. Com o romance, que é todo ele extensão e que tem a vocação de dar conta de uma vida em seu todo inteiro. Por certo, uma peça de teatro será sempre mais breve que um romance, mas um dos poderes mais surpreendentes de nossa arte não é o de fazer passar o camelo pelo buraco de uma agulha – quero dizer o maior dentro do menor? Acrescentarei por gracejo – mas será realmente isso? – que a mais breve das últimas peças de Beckett – digamos *Aquela Vez* (1974) ou *Solo* (1980) – pode rivalizar, no terreno do drama ou do romance de uma vida, com um romance de Proust, talvez mesmo com toda *La Recherche* (*Em Busca...*). Pois a operação de retrospecção termina por fazer com que o nascimento e a morte se apresentem, segundo a fórmula de Beckett, como "o mesmo instante" de teatro...

Seria, sem dúvida, artificial pretender que esta extensão do drama levada até os limites de uma vida completa é exclusividade absoluta do drama moderno e contemporâneo. Há precedentes, mas que pertencem seja à persistência de uma influência medieval, seja às primeiras interrogações, ao século das Luzes, sobre a necessidade de uma mudança de paradigma. Sem falar de Shakespeare, cuja dramaturgia está ainda aberta à ideia de um Teatro do Mundo e cujas personagens, se se acredita no Coro de *Henrique IV*, "atravessam os tempos e acumulam atos de muitos anos em uma hora de ampulheta", poder-se-ia citar Lope de Vega, que, em matéria de unidades de tempo e de lugar, conhecia bem Aristóteles, mas que, a fim de satisfazer seu público popular, se recusava a aplicá-lo:

Mas quantos hoje em dia fazem seu sinal da cruz / quando veem correr os anos numa ação / cujo termo convencionado é um dia artificial / que não tem a mesma duração matemática! / Considerando, no entanto, que, no teatro, a cólera / de um Espanhol sentado não se modera / a não ser que se lhe apresente em duas horas / tudo o que vai da Gênese ao julgamento final / penso, quanto a mim, uma vez que se trata de agradar / que é justo todo esforço que se consiga fazer.[3]

O que valem a Lope os raios olímpicos de Boileau na sua *Arte Poética*: "Um versejador sem perigo, além dos Pirineus / Na cena, um dia encerra anos. / Lá, amiúde, o herói de um espetáculo grosseiro, / Criança no primeiro ato é velho babão no último". Mas quem lhe permite também encontrar um eco e um tipo de comunidade de ambição com um autor atual como Novarina: "Todo escritor", escreve Philippe Sollers no seu prefácio em *O Drama da Vida* (1984), "um dia ou outro, sonha tudo recomeçar, desafiar a Bíblia e suas genealogias, escrever sua legenda de séculos, retomar a questão da geração e da origem."[4]

---

3 Lope de Vega, *L'Art noveau de faire les comédies*, Paris: Les Belles Lettres, 1992, p. 82. (Coll. Le Corps eloquente.)
4 Valère Novarina, *Le Drame de la vie*, Paris: Gallimard, 2003, p. 9. (Coll. Poésie.)

II. DRAMA DA VIDA: O NOVO PARADIGMA

A partir de meados do século XVIII, o problema da extensão do drama não cessa de se colocar e de alimentar a angústia e a má consciência dos dramaturgos. O modelo romanesco começa a assombrá-los. Não é certamente por acaso que, para evocar sua trilogia dramática, Beaumarchais fala do "romance da família Almaviva". Mas Diderot é mais explícito: bate sem cessar na questão das regras que ele não ousa verdadeiramente subverter: "Mas como conter, nas margens estreitas de um drama, tudo aquilo que pertence à condição de um homem? Onde está a intriga que pode abraçar esse objeto?".

Schiller será mais audacioso, estabelecerá as bases de uma primeira "romancização" do drama – para retomarmos o conceito bakhtiniano. Uma romancização ainda tímida, uma vez que ela parece combinar uma renúncia à cena e um recuo ao livro; o autor de *Os Salteadores* e de *Wallenstein* pretende libertar-se das "leis particulares do gosto teatral" escrevendo um "romance dramático", em vez de um "drama teatral" destinado à cena.

Esse "contrapeso" do épico em relação ao dramático, Schiller não se contenta em teorizá-lo; ele o pratica também. O que confirma uma carta a Goethe de 1º de dezembro de 1797 a propósito da tragédia *Wallenstein:*

Tenho como que a impressão de ter sido de algum modo invadido por uma espécie de gênio épico, o que explica talvez a poderosa influência que vosso contato exerceu sobre mim; mas eu não creio que ele faça mal às minhas qualidades dramáticas, e talvez tenha sido esse o único meio que permitiu dar a esta matéria prosaica um caráter poético.[5]

Meditando, bem no início do século XIX, sobre essa tragédia, Benjamin Constant a comparou às tragédias dos franceses, dando-lhe ao mesmo tempo uma nítida vantagem:

Os franceses, mesmo naquelas de suas tragédias que se fundam na tradição ou na história, não pintam senão um fato ou uma paixão. Os alemães, nas suas, pintam uma vida inteira.

---

5   Johann Wolfgang von Goethe; Friedrich Schiller, *Goethe-Schiller: Correspondance, 1794-1805*, t. I, Paris: Gallimard, 1994, p. 486. Trad. bras., Claudia Cavalcante, *Correspondência (1794-1803) Entre Johann Wolfgang von Goethe e Friedrich Schiller*, São Paulo: Hedra, 2010.

Quando digo que eles pintam uma vida inteira, eu não quero dizer que abraçam em suas peças toda a vida dos seus heróis. Mas que não omitem nelas nenhum acontecimento importante.

Detenhamo-nos um instante nessa reflexão. Para Constant é claro que, a fim de chegar a abarcar uma vida inteira é necessário, é indispensável derrogar as famosas "regras".

Aquilo que Diderot diz em sentido estrito [...] das diversas condições, deve se dizer, com mais verdade ainda, da ação da sociedade, tomada em seu conjunto; a paixão e os caracteres são acessórios: a ação da sociedade é o principal [...]. Tomando-se a ação da sociedade sobre o homem como a mola principal, a tragédia deve renunciar às unidades de tempo e lugar.[6]

"A ação da sociedade sobre o homem..." Julgar-se-ia estar ouvindo Brecht. Mudar a medida do drama não é somente estender, de fato *distender* a fábula de maneira que ela cubra a totalidade de uma vida humana, é também, e sobretudo, levar em conta uma vida mais ampla do que o exclusivo fio biográfico das personagens, que só as ações realizadas por elas. Benjamin Constant recusa aqui, de antemão, desde 1809, a divisão do dramático e do épico que Hegel vai efetuar em sua *Estética* e que Lukács continua a reivindicar no século XX: de um lado, a "totalidade dos objetos", do outro, a "totalidade do movimento". Segundo Hegel, a forma dramática está inteiramente do lado do *movimento*, ou seja, da relação interpessoal, das oposições dinâmicas e dos enfrentamentos no seio da colisão dramática. Tornado previsível por Diderot, Lessing, Goethe e Schiller, a mudança de paradigma do drama produzida na virada do século XX integra aquilo que Hegel designa como a propriedade do épico, a saber, a "totalidade dos objetos".

Do naturalismo à "grande forma épica do teatro" e, mais além, o drama-da-vida não se contenta em desenvolver a vida das personagens, mas dá a ver, de um modo quase descritivo a cargo tanto da encenação quanto da peça em si mesma, a ação do meio-ambiente sobre elas ou ainda, mais especificamente em Brecht, a interação do homem com a sociedade. Intitular

---

6   Benjamin Constant, *Quelques Réflexions sur la tragédie de Wallstein et sur le théâtre allemand et autres oeuvres*, Genève-Paris: Paschoud, 1809, p. XXXVI-IX.

uma peça *Ralé* (1902) ou ainda *O Jardim das Cerejeiras* (1904) é pôr em evidência desde o título a "totalidade dos objetos". Uma "totalidade dos objetos" que é convocada tanto na dramaturgia simbolista, quanto na dramaturgia naturalista, mesmo se ela aí assume aspectos e modos muito diferentes. O Homem, tal como é posto em cena nas dramaturgias simbolistas e, para além, nas expressionistas, está em relação constante com o cosmo. Com as forças invisíveis que tramam seu destino. Prova-o esse gesto constante de escuta ansiosa do espaço circundante que caracteriza as personagens de *A Intrusa* ou de *Os Cegos*:

O AVÔ (*trêmulo*): Oh!
O TIO: O que é?
A FILHA: Eu não sei bem ao certo; creio que seja o jardineiro. Não vejo bem, ele está na sombra da casa [...]
O AVÔ: Parece que sua foice faz muito barulho...
A FILHA: Ele ceifa em volta da casa. [...] Temo que ele acorde minha filha.
O TIO: Nós mal o ouvimos.
O AVÔ: Eu, eu o ouço como se ele ceifasse dentro de casa.
[...]
PRIMEIRO CEGO-DE-NASCENÇA: Relampeja!
SEGUNDO CEGO-DE-NASCENÇA: Creio que uma tempestade se ergue.
A CEGA-MAIS-VELHA: Creio que é o mar.
A VELHA-CEGA-DE-NASCENÇA: O mar.
TERCEIRA-CEGA-DE-NASCENÇA: O mar. Será que é o mar? Mas ele está a dois passos de nós! Ele está ao nosso lado! Eu o ouço em torno de mim! Deve ser outra coisa![7]

Um novo equilíbrio, forçosamente instável, tende a estabelecer-se no seio da forma dramática: a relação entre cada indivíduo e a sociedade torna-se preponderante com respeito à relação interpessoal. Mas esse equilíbrio pode ser rompido de propósito, com a vontade de se libertar completamente da forma dramática. É o caso do primeiro teatro-documentário de Piscator e, mais geralmente, das experiências piscatorianas de teatro épico dos anos de 1920. Para aquele que via a si mesmo antes de tudo como "engenheiro da cena", cercando-se de um coletivo de escritores entre eles Alfred Döblin, Léo Lania e... Bertolt Brecht, não tratava

---

7   M. Maeterlinck, *L'Intruse* e *Les Aveugles*, *Théâtre complet*, Gèneve: Slatkine, 1979, p. 214, 281.

nada menos do que "romper o esquema da ação dramática e (de) substituí-la pelo desenvolvimento épico do acontecimento"[8]. Após a Segunda Guerra Mundial, Piscator, que se torna então o encenador de um novo tipo de teatro-documentário cujos autores se chamam Hochhuth, Kipphardt e, sobretudo Weiss – o Weiss de *O Interrogatório* (1965) – revê um pouco seus julgamentos e torna-se menos hostil ao "teatro de autor". Nem por isso permanece menos firme em sua posição de substituir o microcosmo pelo macrocosmo, de dar a ver a totalidade dos objetos sem a mediação de uma fábula dramática. Repensando suas experiências dos anos de 1920, ele declarou ainda:

Tanto no plano ideológico quanto no plano formal, os autores estavam atrasados em relação à ideia que nós fazíamos do teatro [...]. Elas eram ainda e sempre serão peças, no verdadeiro sentido do termo, mas jamais a totalidade, jamais a árvore completa, das raízes à extrema ponta dos galhos, jamais a atualidade ardente que vos assalta a cada frase lida no jornal. O teatro permanecia sem cessar em atraso em relação ao jornal, ele não era suficientemente atual, ele não intervinha de maneira bastante ativa no imediato, ele era uma forma de arte congelada, determinada antecipadamente, limitada em seus efeitos.[9]

A rejeição da "peça" em nome de uma totalidade épica, não é um fenômeno único na história do teatro. A poderosa corrente do *teatro-narrativo* – iniciado por outro encenador comunista, Antoine Vitez – que emergiu nos anos de 1970 e que prossegue ainda hoje em dia, denuncia também a estreiteza da forma dramática e pretende, colocando diretamente em cena a matéria de um romance de Aragon, acessar a "totalidade dos objetos":

O teatro não é necessariamente o que está escrito na primeira ou na segunda pessoa: utilizar-se-á aqui a terceira pessoa e a prosa romanesca em si mesma. O ponto de partida é o romance de Aragon e não se acrescentará nada ao texto.
Como representar tudo? O todo? E não somente as personagens, mas também as ruas, as casas, o campo, os automóveis, a catedral de Basileia, a vida?[10]

---

8 Erwin Piscator, *Le Théâtre politique*, Paris: L'Arche, 1962, p. 59.
9 Ibidem, p. 41.
10 Antoine Vitez, Programme de *Catherine, Les Cloches de Bâle* d'Aragon, e *Écrits sur le théâtre*, t. II: *La Scène*, Paris: Gallimard, 1995, p. 458. (Coll. POL.)

Nós não ignoramos que o teatro e o drama atualmente levam muitas vezes vidas separadas e que se pode fazer teatro fora do drama, sem o drama. Com lucidez, Brecht remetia o teatro de Piscator, se não ao domínio do pós-dramático, ao menos do para-dramático. Ele chamava Piscator de "o autor de espetáculos" e designava-se a si mesmo como "o autor de peças". Seu teatro épico não se lhe apresentava como a negação do dramático, mas, antes, como uma evolução, como uma transformação dialética do dramático.

Sem adorar a posição maximalista de um Piscator, que consiste em substituir o microscosmo pelo macrocosmo, os autores dramáticos modernos tomam muita liberdade com respeito a esse microcosmo que era, na antiga concepção, responsável por conter o drama, todo o drama, sob a forma de uma relação interpessoal no presente. Eu já mostrei como autores, tais que Maeterlinck e Pirandello, podiam partir ao meio o microcosmo e abrir o drama de um lado para a natureza e, de outro, para o lado mundano e social. Em *Interior*, o *huis clos* familial é ao mesmo tempo surdo, mudo e cego a essa imensidade trágica – "jamais inativa" – que se prepara para submergi-lo tão logo o Pai, a Mãe e os outros filhos forem informados pelo Velho da novidade – a morte de sua filha:

O VELHO: Eles se creem protegidos... Fecharam as portas; e as janelas têm barras de ferro... Fortaleceram as paredes da velha casa; colocaram trancas nas três portas de carvalho... Eles previram tudo o que se pode prever...
O ESTRANGEIRO: Será preciso por fim dizer-lhes... Qualquer um poderia anunciá-lo bruscamente... Havia uma multidão de camponeses no prado onde a morta se acha... Se um deles batesse à porta [...].
O VELHO: E o infortúnio aumenta há mais de duas horas. Eles não podem impedi-lo de aumentar; e aqueles que o trazem não podem mais estancá-lo.[11]

A multidão macrocósmica pode ser também a da cidade grande. Como uma espécie de murmúrio contínuo, a "barulhenta" rua pirandelliana, cheia de escândalos – "Atropelaram um pobre velho, um pobre velho esmagado contra o muro!

11 M. Maeterlinck, *Intérieur, Théâtre complet*, Genève: Slatkine, 1979, p. 184-188.

Exatamente debaixo de nossas janelas![12]", exclama Onoria, a senhoria – pontuando com sua "gritaria" inquietante o primeiro ato de *Vestir Nus*; ela hipnotiza Ersília cujas primeiras palavras, ao final do ato, são justamente "A rua…". Quanto à estratégia de Brecht, embora muito diferente daquela dos dois autores precedentes, chega ao mesmo resultado. Em peças como *A Vida de Galileu* (1939-1956) ou *Mãe Coragem* (1939) há de fato um microcosmo – quer se trate da casa de Galileu, com sua filha Virgínia, sua governanta Madame Sarti, a filha dela, quer de alguns familiares dos quais Sagredo e Federzoni, o "polidor de lentilhas" ou da cantina de Anna Fierling, em torno da qual giram suas crianças e seus frequentadores, o Cozinheiro e o Capelão – mas esse microcosmo é radicalmente descentrado. Ele não se apresenta mais como o lugar onde um conflito pode se construir e se desconstruir. Ele assemelha-se mais a uma sala de ilusões, aberta aos quatro ventos, onde se percebe nada mais que um eco deformado daquilo que está por acontecer – o movimento da História – no mundo. Tudo se passa em outro lugar, nos bastidores. O insignificante microcosmo não é mais que o espaço de onde o macrocosmo nos é dado a ver, e de viés.

Objetar-se-á que existem peças de confinamento, *Interior* de Maeterlink, em certa medida, *A Casa de Bernarda Alba* (1936) de García Lorca, *Entre Quatro Paredes* (1944) e *Os Sequestrados de Altona* (1959) de Sartre, nos quais, por definição, o microcosmo se torna objeto de um fechamento absoluto. É verdade que as personagens de Sartre são todas absolutamente prisioneiras, seja desse inferno semelhante a um salão "estilo Segundo Império", seja da imensa casa do patriarca Von Gerlach. Do seu lado, Bernarda vela, sem o menor relaxamento, suas meninas prisioneiras. O final do segundo ato situa-se na porta da casa, entreaberta justo o suficiente para deixar passar gritos de horror: no exterior, sob os estímulos histéricos de Bernarda ("Matem-na!"), apedreja-se uma jovem infanticida enquanto no interior Adela "agarra convulsivamente seu ventre". Filha de Bernarda e duplo microscósmico da jovem apedrejada, Adela está grávida de Pepe, seu amante clandestino e condenada por este fato à morte.

12   L. Pirandello, *Vêtir ceux qui sont nus*, Paris: Gallimard, 1982, p. 22. (Coll. Folio, n. 1410.)

Mas o paradoxo dessas peças de enclausuramento é que a vedação do microcosmo nos remete de maneira estonteante ao macrocosmo proibido. O interior estagnante existe apenas para orientar nossa atenção para o exterior onde se dá o movimento do mundo. Do mesmo modo, em Sartre, a partir do momento em que as imagens remanescentes do mundo dos vivos não se vem mais imprimir mais na retina dos três mortos de *Entre Quatro Paredes*, o jogo está feito e só resta a Inês, Garcin e Estelle a litania dos eternos recomeços sempre iguais:

INÊS: E nós estamos juntas para sempre. (*Ela ri.*)
ESTELLE (*morrendo de rir*): Para sempre meu Deus, isso é engraçado! Para sempre! Garcin (*ri olhando-as*): Para sempre! (*Caem sentados, cada um em seu sofá. Um longo silêncio. Param de rir e se olham. Garcin se levanta.*)
GARCIN: Bem, continuemos![13]

As relações de total promiscuidade entre as personagens – "o inferno" do microcosmo – impedem toda possibilidade de uma autêntica relação interpessoal; elas permitem, em contrapartida, que se estabeleça um diálogo solitário entre cada personagem isolada e esse macrocosmo do qual ela permanecerá para sempre privada, mas que ela trata incessantemente de reinventar:

VOZ DE FRANTZ (*no gravador*): Séculos, eis o meu século, solitário e disforme, o acusado. Meu cliente se estripa com suas próprias mãos; aquilo que tomais por uma linfa branca é sangue: sem glóbulos vermelhos, o acusado morreu de fome. Mas eu vos direi o segredo dessa perfuração múltipla: o século teria sido bom se o homem não tivesse sido espreitado por seu inimigo cruel, imemorial, pela espécie carniceira que havia jurado sua perda, pela besta sem pelos e maligna, o próprio homem. Um e um são um, eis nosso mistério. A besta se ocultava, nós surpreendemos seu olhar, de repente, nos olhos íntimos de nossos próximos: então golpeamos: legítima defesa preventiva. Eu surpreendi a besta, eu golpeei, um homem caiu, em seus olhos moribundos eu vi a besta, sempre viva, eu mesmo.[14]

---

13 Jean-Paul Sartre, *Huis Clos* e *Les Mouches*, Paris: Gallimard, 1972, p. 94-95. (Coll. Folio, n. 807.)
14 Idem, *Les Séquestrés d'Altona*, Paris: Gallimard, 1960, p. 374. (Coll. Folio, n. 40.)

Dessa reclusão absoluta, Frantz von Gerlach, criminoso de guerra nos tempos do nazismo, declarado morto, sequestrado durante mais de dez anos por sua família e sequestrando-a em troca, nada mais resta ao fim da peça – em cinco atos: nostalgia sartriana da peça bem-feita, resistência ao modelo "drama-na--vida" – que um corpo "off", esmagado contra uma árvore e que uma voz testamentária registrou. Voz que se abre inteiramente ao exterior e que, tendo em vista os séculos vindouros, contém toda a catástrofe: a Segunda Guerra Mundial, Auschwitz, a desumanidade do homem. Nessa peça de enclausuramento, assim como nas outras duas citadas, o drama-da-vida pede para que lhe seja dado estender-se e extravasar-se. O microcosmo está como que atingido por uma hemorragia. O drama transborda do microcosmo. A corrente dramática quer se espalhar e perder-se na imensidão do macrocosmo. Mesmo nessas peças entre quatro paredes, de classicismo aparente – poder-se-ia às vezes pensar em Racine – o drama conhece uma profunda mudança de medida.

O INFRADRAMÁTICO

Mas essa mudança de medida do drama é acompanhada de outra mudança: uma mudança de *regime*. Como se os dramaturgos tivessem decidido que o motor do drama devesse doravante girar em outro ritmo e ao contrário.

Eu comecei por explicar, no começo do capítulo, porque me detive na oposição *drama-na-vida/drama-da-vida*. O conceito de drama-na-vida remete a um dispositivo que enquadra um episódio especialmente escolhido da vida de um herói, episódio que corresponde à passagem da felicidade ao infortúnio (ou ao contrário), que tem lugar no tempo daquilo que Sófocles chama um "dia fatal". O drama-*na*-vida é, portanto, estreitamente tributário do tempo humano; ele se desenrola sempre no sentido da vida, quer dizer, do nascimento para a morte; O drama-na-vida esposa a ideia altamente questionável de um ponto de vista moderno, de destino ou de fatalidade. O drama-*da*-vida voluntariamente leva a vida para trás, *contra a vida* de alguma forma.

II. DRAMA DA VIDA: O NOVO PARADIGMA

Além do mais, e para falar como Tchékhov[15], o drama-da-vida reúne, ao lado de outros mais salientes, todos esses acontecimentos minúsculos, ao fim insignificantes, que tornam uma "vida plana". De um drama-da-vida estão ausentes as grandes inversões da fortuna que faziam as tragédias e, mais largamente, os dramas-na-vida. Felicidade e infortúnio alternam-se sem cessar e às vezes se confundem. De sua parte, Maeterlinck demonstra sua preferência por uma dramaturgia sem grandes ações e não hesita em pregar, em seu célebre texto já evocado sobre "O trágico quotidiano", o que ele designa como a "tragédia da felicidade":

Há um trágico quotidiano que é bem mais real, bem mais profundo e bem mais conforme ao nosso ser real do que o trágico das grandes aventuras [...]. Não se trata aqui da luta determinada de um ser contra o outro, da luta de um desejo contra outro desejo ou do eterno combate da paixão e do dever. Tratar-se-ia, antes, de fazer ver a existência de uma alma em si mesma, em meio de uma imensidão que nunca é inativa.[16]

Passemos ao regime do *infradramático*. Não há mais heróis, porém, personagens muito comuns, como Beaumarchais já reivindicava. Não há mais mitos, mas o imprevisível da vida e, sobretudo, os *fait divers*, aqueles fatos do noticiário, dos quais Roland Barthes dizia que contêm "o inexplicável contemporâneo". Para qualificar esse registro do infradramático, poder-se-ia retomar a fórmula de Beckett, segundo a qual "algo segue seu curso". Não há mais progressão dramática. Nada de envolvimento e desenvolvimento. Nada de grande Catástrofe, mas uma série de (todas) pequenas catástrofes. A dramaturgia entrou nessa era – e nesse domínio – do quotidiano, que leva Tchékhov a dizer que "nada acontece" nas suas peças, e das quais Lukács, que não se resigna ao que os dramaturgos se contentem em expor "a terna banalidade da vida", deplora o poder decomposto:

O drama moderno no período de declínio geral do realismo segue a linha de menor resistência. Quer dizer que ele acomoda seus meios

---

15 No momento de corrigir as provas desse livro, encontro, na edição de março de 2012 do *Journal du Théâtre Nanterre-Amandiers*, uma citação de uma conferência de Anatoly Smelianski sobre "O Nascimento do Teatro de Arte de Moscou" onde ele justamente sugere que aquilo que interessava Tchékhov era "o drama da vida que não termina", não o "drama na vida".
16 M. Maeterlinck, *Le Trésor des humbles*, op. cit., p. 101.

artísticos aos aspectos mais insignificantes da matéria, aos momentos os mais prosaicos da vida quotidiana. Assim, a terna banalidade da vida torna-se artisticamente o tema que é configurado: ela sublinha precisamente os aspectos do assunto que são desfavoráveis ao drama. Produzem-se peças que do ponto de vista dramático situam-se num nível interior ao da vida que elas representam.[17]

O infradramático não mora somente na falta de estatura das personagens, dos acontecimentos e outros microconflitos; ele liga-se em parte *à subjetivação* e, portanto, à relativização que marca todos esses microacontecimentos e microconflitos. Em outros termos, muitas vezes é com um teatro íntimo e de conflitos intrassubjetivos, intrapsíquicos que estamos lidando. Dessa minoração pelo menos aparente e dessa quase invisibilidade do drama, ninguém melhor que Kierkegaard entendeu o alcance. Tentando fixar o "reflexo do trágico antigo no trágico moderno", ele compõe assim o retrato de uma Antígona moderna, subjetiva, "reflexiva",

[...] a reflexão uma vez desperta não arrastará Antígona para fora de seu sofrimento, mas a deixará no interior, ela transformará por si, a cada instante, o sofrimento em dor [...] Pois a angústia é uma reflexão e distingue-se, portanto, essencialmente do sofrimento. A angústia é o sentido pelo qual o ser se apropria da dor e a assimila. A angústia é a forma de movimento pela qual o tormento penetra no coração. Mas o movimento não é rápido como o de uma flecha, ele é sucessivo, ele não existe de uma vez por todas, ele está em perpétuo devir. Sua vida (a de "nossa Antígona" moderna) não se desenrola como a da Antígona grega, ela não se desenvolve para fora, mas para dentro, nela a cena não é exterior, porém interior, é uma cena espiritual.[18]

Reflexiva, a personagem situa-se pelo mesmo lance em um plano que a distancia com respeito à ação: ela não está mais presa em seu drama: ela se reencontra fora/dentro, e mesmo totalmente no exterior, na beira ou simplesmente "ao lado". Ao regime exterior e explosivo do antigo paradigma sucede o regime interior e implosivo do novo. E o que confere o poder implosivo ao drama-da-vida não é outra coisa senão o vazio da

---

17 G. Lukács, *Le Roman historique*, op. cit., p. 114-115.
18 Søren Kierkegaard, *Ou bien...ou bien...*, Paris: Gallimard, p. 120-121. (Coll. Tel, n. 85.)

existência de todos e de cada um, tal como o estigmatiza Verchinine em *As Três Irmãs* (1900): "Outrora a humanidade era monopolizada pelas guerras; sua existência era inteiramente tomada pelas campanhas militares, invasões, vitórias; no presente, tudo isso passou e deixa atrás de si um vazio enorme que, por agora, não sabemos como preencher..."[19]. O espaço nivelado do drama-da-vida, espaço de inação, entra numa relação de isomorfismo com essa humanidade abandonada pelos grandes enfrentamentos interindividuais ou históricos. O fato de que o drama seja doravante voltado para o quotidiano não significa evidentemente que os grandes conflitos históricos desapareceram, mas que esses últimos não podem mais ser representados por confrontações entre grandes personagens, absorvidos como foram por esse *anonimato* característico das sociedades industriais e pós-industriais.

Em Tchékhov o drama-da-vida origina-se de um tipo de *esvaziamento* do drama-na-vida. Cada peça do autor russo tem apenas um objetivo: dar conta do curso – estagnante – da vida e da inconsistência dos seres humanos. Sem dúvida, há de fato, no curso da obra, o assassinato de Platonov por Sofia, a morte de Anna Petrovna em *Ivanov* (1887), o suicídio de Treplev em *A Gaivota* (1896), a morte em duelo de Tuzenbach em *As Três Irmãs*, mas esses acontecimentos em si mesmos dramáticos ocorrem nos bastidores ou nos são apresentados sob o véu da ironia, de modo que quase não se diferenciam da grotesca tentativa de assassinato de Voinitzki por Serebriakov no terceiro ato de *Tio Vânia* (1896). De certa maneira, essas ações de aparência hiperdramáticas são engodos, que não tem outra significação senão a dos atos falhos da psicanálise. Constituem no máximo incidentes, sintomas que servem de reveladores ao desenrolar monótono e mortífero da existência de todos e de cada um. Uma pitada patética, rapidamente neutralizada, para apimentar o infradramático. Tudo ocorre como se o acontecimento que tradicionalmente coroava um drama e constituía nele a catástrofe, fosse rebaixado ao patamar de anedota. A morte de uma ou de várias personagens não é mais, de modo algum, a medida do drama. Sobre o trágico burguês, Peter Szondi escreveu que

19 Anton Tchékhov, *Les Trois Soeurs*, Arles: Actes Sud, 1993, p. 122. (Coll. Babel, n. 69.)

"ele não reside mais na morte, mas na vida". A morte como acontecimento – quer dizer, o drama-na-vida de cada um – afigura-se como detalhe quase insignificante e se apaga frente ao drama-da-vida de todos, de toda humanidade. Drama de uma "vida perdida" em que a morte não é mais do que o marcador da finitude:

PLATONOV: Eu tenho 27 anos, isso é quase como se eu já tivesse trinta – eu não imagino mudanças! A gente se enterra nessa ociosidade engordurada, esse embrutecimento, nessa indiferença àquilo que não é mais carnal... e depois, morremos!! A vida perdida! Os cabelos se erguem da cabeça quando penso na morte!
ANDRÉ: Oh, onde está, onde se escondeu meu passado, o tempo em que eu era jovem, inteligente, em que meus sonhos e meus pensamentos tinham encanto, em que o presente e o futuro eram iluminados pela esperança? Por que, apenas começamos a viver e já estamos aborrecidos, tristonhos, desinteressados, preguiçosos, indiferentes, inúteis, desgraçados... Nossa cidade existe a mais de duzentos anos, conta com cem mil habitantes, e ninguém se distingue de ninguém, não há um só homem de ação. [...] O que é que eles fazem? Comem, bebem, dormem e morrem... outros nascem – e comem também, bebem, dormem e para não se embrutecer de muito tédio, eles enfeitam a vida graças a seus mexericos sujos, à vodca, ao carteado, à trapaça; as mulheres enganam seus maridos, os maridos mentem, fingem não ver nada, nada ouvir, um clima de insondável mesquinhez esmaga as crianças, e a centelha da vida se extingue nelas, e elas se tornam cadáveres, todas igualmente lamentáveis, tão parecidos entre si como seus pais e suas mães.[20]

Todos representam no mesmo teatro, a humanidade, onde se sucedem as gerações; cada um deles é um anel dessa cadeia ininterrupta: o drama-da-vida. De cada peça escrita na forma infradramática, e especialmente as de Tchékhov, poder-se-ia dizer que é um *drama em menos* em vez de um drama de mais. Confrontados com esse tipo de dramaturgia, podemos apenas pensar em Mallarmé, que considerava que o drama, o de menos, que nós qualificamos de drama-na-vida, não era mais do que uma "anedota" e que, ressaltando a proposta de Théophile Gautier de um *vaudeville* único, imaginava um drama único. Substituir a

---

20 Idem, *Platonov, version intégrale*, Besançon: Les Solitaires Intempestifs, 2005, p. 211; *Les Trois Soeurs*, op. cit., p. 117.

II. DRAMA DA VIDA: O NOVO PARADIGMA

unicidade do drama-da-vida em suas infinitas variações pela prolífica variedade dos dramas-na-vida... Qualquer coisa como "a Paixão do homem". Em duas ocasiões, em carta a Suarès, datada de fevereiro de 1908 e em outra carta a Gide, de março do mesmo ano, Claudel evoca o "único drama humano, aquele da Queda e da Redenção, a Paixão do homem, dizia Mallarmé" e essa "passagem muito profunda de Mallamé a respeito da Paixão que ele queria substituir às paixões". Às peças de Tchékhov, que, para tornar sensível o curso da vida, da ociosidade e dos dias, adotam de bom grado o ritmo das estações, poder-se-ia talvez referir esse trecho dos *Offices* de Mallarmé: "Aqui, reconhecei doravante, no drama, a Paixão, para alargar a acepção canônica ou, como foi a estética fastuosa da igreja com o fogo transformador dos hinos, uma assimilação humana à tetralogia do An."[21]

A Paixão é um itinerário de sofrimento. Segundo o modelo cristão, ela concerne a um indivíduo cercado por uma matilha persecutória. Essa é uma situação que se encontra frequentemente em Pirandello, por exemplo, em *Vestir os Nus* quando o cônsul Grotti, Franco o noivo – e até mesmo Nota e Cantavalle, seus "protetores" – perseguem e assediam Ersília, logo encurralada e levada ao suicídio. Através deles, não é jamais senão sua própria vida que, como uma deusa vingativa, se prende aos passos da infeliz Ersília:

FRANCO (*gelado*): Tu me afastas de ti, Ersília...Tu... tu fazes com que eu duvide de mim, de ti...

ERSÍLIA: É que tu não podes compreender, tu, esta coisa horrível, uma vida que retorna a você como se fosse... como uma lembrança que não estaria lá, no fundo de si, mas que viria... que viria inesperadamente, de fora... Uma lembrança tão mudada, que mal se pode reconhecer. Não se sabe mais que lugar lhe dar em si mesmo, porque a pessoa mudou também, e não chega mais a sentir-se viva nessa lembrança. No entanto, você bem sabe que sim, que era sua vida, que eras você sem dúvida, ainda ontem, tal como você existe – mas não por si mesmo! Tal como você fala, olha, movimenta-se na memória de outro sem que seja você mesmo.

[...]

ERSÍLIA: Pois bem, não, a vida – eis a vida que eu havia removido, vê? Ela não quer mais me deixar: ela me prendeu entre seus ganchos,

---

21 Stéphane Mallarmé, *Oeuvres complètes*, t. I, Paris: Gallimard, 1945, p. 393. (Coll. Bibliothèque de la Pléiade)

e ela não quer me deixar. E eles estão todos lá, ainda nos meus calcanhares. Onde será preciso que eu vá?[22]

O que é próprio do infradramático – especialmente em *Vestir os Nus*, mas também nas peças de Tchékhov e em muitos outros autores – é que cada personagem pode sentir-se perseguida por sua vez e entrar no processo da Paixão. Uma Paixão que não é forçosamente toda de submissão, mas que pode estar aberta à revolta, a uma vontade de mudar o jogo e tomar um viés mais decididamente dramático. O infradramático não substitui o dramático: ele amplia seu espectro; desloca o centro da relação interpessoal para o homem só, o homem separado, isolado. A tal ponto que a "ação" dramática, como eu já havia indicado no primeiro capítulo, será muito menos uma ação "ativa" que uma ação *passiva*. Poder-se-ia quanto a esse teatro de dominante estática, falar de uma ação reflexiva e interiorizada, de uma *ação-estado*: de modo algum, tanta felicidade ou infelicidade no sentido aristotélico, quanto incapacidade neurótica de ser feliz. Tchékhov, um dos primeiros, semeia em suas peças, desde Platonov (v. 1881), sua obra de juventude, de didascálias de um novo tipo que estará em moda: "PLATONOV: (*tomando a testa entre as mãos*)", SOFIA: (*Ela reflete.*)" etc. Platonov não é essa personagem que, diante da pergunta da Grekova: "Onde você se machucou?" responde: "Eu feri Platonov". Ou, tendo prendido a cabeça entre as mãos, o muito lúcido e totalmente cego Platonov conclui: "Eu não sou o único assim, todo o mundo é parecido. Todo o mundo. Meu Deus, onde está a humanidade?" A própria ideia da vida está aqui atarraxada à da *perda*. E a de um autor da virada do século XX como Tchékhov a outro da virada do século XXI como Lagarce, que fez dos "anos perdidos" o *leitmotiv* de seu teatro. A perda indo até a impossibilidade de transmitir a vida, de assegurar a perpetuação da espécie humana. No terceiro e último ato da *Sonata dos Espectros*, de Strindberg, o Estudante e a Moça, dos quais podíamos esperar que eles se emancipassem da vida fantasmática que reina nesse prédio assombrado pela infelicidade, nada podem, exceto efetuar a constatação de sua impossibilidade de se amarem e de, algum dia, darem, a si

---

22 L. Pirandello, *Vêtir ceux qui sont nus*, Paris: Gallimard, 1982, p. 60-61. (Coll. Folio, n. 1410.)

mesmos, vida. Em vez de declarar seu amor à Moça, o Estudante só consegue acompanhar sua agonia: "A libertação se aproxima! Seja bem-vinda, doce e pálida! Dorme minha bela, minha infeliz, minha inocente, irresponsável por teus sofrimentos, dorme um sono sem sonhos e, quanto despertares de novo, seja saudada por um sol que não queima, uma casa sem pó, amigos livres da humilhação, um amor sem defeitos..."[23]

A perda pode tomar o aspecto ao mesmo tempo mais brutal e trivial do *malogro*. Assim, uma peça como *A Galinha d'Água*, de Witkiewicz – da qual se notará que foi escrita logo após a Primeira Guerra Mundial, põe em cena a falência de três gerações, o Pai, Wojtek Walpor, "velho, antigo capitão da marinha mercante", seu filho Edgar, "cerca de 32 anos, glabro e belo rapaz", e Tadzio, o filho "adotivo" deste último, "garoto de uma dezena de anos" que se torna adulto no terceiro e último ato. Ao insucesso inicial e literal, o de Edgar que falha no propósito de matar com seu fuzil a Galinha d'Água que lhe pediu que a executasse, simboliza o malogro da existência. "É preciso", propõe o Pai ao final da peça, "afogar no álcool essas três gerações fracassadas." Sob aparências mais farsescas e grotescas, reencontramos ali o tema caro à Strindberg, o da vida como "masmorra para crimes cometidos antes do nascimento": "Tadzio: Quando esse pesadelo horrível acabará? Uma prisão para toda a vida. Meu pai exige de mim Deus sabe o que e ele mesmo é um fracassado. Belo exemplo!"[24]

Fim de Jogo de Beckett assinala um paroxismo cômico-trágico nessa recusa ou nesse ódio da geração que caracteriza grande número de peças modernas e contemporâneas. Nagg e Nell, os progenitores de Hamm, estão enterrados em latas de lixo com tampa:

HAMM: Salafrário! Porque você me fez?
NAGG: Eu não podia saber.
HAMM: O quê? O que é que você não podia saber?
NAGG: Que seria você.[25]

---

23 A. Strindberg, *La Sonate des spectres. Théâtre complet*, t. VI, Paris: L'Arche, 1986, p. 121.
24 Stanislaw I. Witkiewcz, *La Poule d'eau*, t. III, Paris: L'Âge d'homme, 2001, p. 208, 222.
25 Samuel Beckett, *Fin de partie*, Paris: Minuit, 1957, p. 69.

O homem sofre. E o que sofre? A vida. Sua própria vida, indissoluvelmente ligada à ideia de perda e infelicidade.

A VIDA ALIENADA

O trágico moderno não é mais transcendente, porém imanente. Em consequência, não existe nenhum outro poder persecutório além da própria vida. Vale dizer, a condenação corre nas veias das personagens, misturada desde o nascimento ao seu próprio sangue. Nesse sentido, o trágico moderno é um trágico vitalício. Em seu ensaio sobre Proust, Beckett fala do "pecado de ter nascido", essa catástrofe inaugural que já contém em si mesma a morte – "o nascimento, a morte, o mesmo instante". Ter nascido, para Beckett, é estar votado ao *dépeupleur*[26], [despovoador] – "Estado em que os corpos vão procurar cada um seu "despovoadour". "Bastante vasto para permitir procurar em vão. Bastante restrito para que toda fuga seja vã", a essas sucursais do "despovoadour" que constituem os dispositivos cênicos de suas diferentes peças: o espaço desértico de *Esperando Godot*, apenas ornado por uma árvore miserável e que perde suas folhas, é um "despovoadour"; o "interior sem móveis", banhado de uma "luz acinzentada" de *Fim de Jogo* é o *dépeupleur*. Nascer é imediatamente ser projetado em um "fim de jogo". No "despovoadour" o indivíduo perde sua qualidade de homem para tornar-se um "corpo". Entrar no "despovoadour" é encontrar esse grau zero da humanidade – o inumano do humano.

No seio do *Dépeupleur*, parábola genial da condição humana, os "corpos" conduzem sua busca sem objeto – ou, antes, que não tem mais outro objetivo senão o de encontrar "cada um seu próprio despovoadour" – sem jamais haver encontro nem reconhecimento. O narrador desse relato insiste no sentimento de horror que experimentam "os corpos" ao menor contato entre eles. Ora essa "vida desperdiçada", essa "vida terrível"

---

26 Conceito beckettiano intraduzível. Trata-se, no texto *Le Père le fils et le dépeupler*, do sujeito de uma ação; um Godot que cinge o ser em dois, para puni-lo por seu pecado. Mas, no sentido mais amplo, o termo consigna um meio radical de capacitar a pessoa de ser, ela própria, a busca do corpo de uma saída da sua condição perdida. (N. da T.)

que as personagens de Ibsen, Strindberg, Tchékhov, Pirandello denunciam... é antes e acima de tudo *uma vida separada*. Na origem da vocação de um dramaturgo moderno, pareceria haver essa tomada de consciência e/ou essa provação da separação. Arthur Adamov exprimiu perfeitamente esse sentimento de uma "existência", na qual, por seu lado, Kierkegaard constata que ela "é de tal modo roída pela dúvida dos indivíduos que o isolamento prevalece cada vez mais[27]": "O que há? Sei desde logo: eu. Mas que eu? Tudo o que eu sei de mim é que eu sofro. E se eu sofro é porque, na origem de mim mesmo, há a mutilação, a separação. / Eu sou separado. Do que eu sou separado, não sei dizer. Mas eu sou separado." E Adamov acrescenta em nota: "Outrora, isso se chamava Deus. Agora não tem mais nome."[28]

John Gabriel Borkman de Ibsen é por excelência uma peça da separação. Em vez de uma verdadeira proximidade propícia ao reconhecimento da alteridade, as três principais personagens da peça: John Gabriel, sua esposa Gunhild e a irmã desta última, Ella Rentheim, são colocadas numa relação de promiscuidade que os distancia irremediavelmente uns dos outros. O espaço entre os seres é demasiado estreito doravante para permitir um afrontamento, uma reconciliação, ou seria isso apenas um reconhecimento (é apenas no final da peça que a casa se abre ao espaço de fora, ao cosmo, e as personagens parecem encontrar-se a si mesmas e encontrar-se umas às outras, mas na morte: "duas sombras, – acima da morte"). Já estamos entre as quatro paredes sartrianas evocadas mais alto, onde "o inferno são os outros". Quando, no primeiro ato, Ella pede notícias de seu marido à Madame Borkman, é para ouvir-se responder: "Você não imagina que assim mesmo eu o frequente? Que eu o encontre? Que eu o veja?" E, no segundo ato, quando a mesma Ella Rentheim visita Borkman no apartamento do primeiro andar onde ele se sequestrou, ela lavra com ele o auto de uma "vida desperdiçada": "Ella Rentheim: Há tanto tempo não nos encontramos face a face, Borkman./ Borkman (*num tom sombrio*): Tanto tempo, tanto tempo. Entrementes, houve

---

27 S. Kierkegaard, op. cit., p. 110.
28 Arthur Adamov, L'Aveu, *Je..., Ils...*, Paris: Gallimard, 1969, p. 27. (Coll. L'Imaginaire, n. 306.)

o horror. Entrementes, houve toda uma vida humana. Uma vida desperdiçada."[29]

A casa, lugar de vida, tornou-se lugar de morte. Ela é um *dépeupleur* onde cada personagem vive, inacessível às outras, numa prisão invisível. A separação não é somente com os outros, ele é antes de tudo consigo mesmo, estando cada ser prisioneiro de sua própria mecânica mortífera, de sua própria compulsão de repetição. Daí a urgência de Erhart, o filho dos Borkman, de evitar a casa, erguida por Ella, sua tia, ela representa um desafio para cada um dos três pais:

ERHART (*para sua mãe*): Parece-me que o ar confinado que reina aqui em tua casa vai acabar me asfixiando. [...]
ERHART (*numa explosão*): Eu sou jovem! Eu quero viver minha vida também. Minha própria vida! [...] Eu não quero olhar o futuro. Eu não quero olhar nem para frente nem para trás. Eu também quero apenas viver minha vida.[30]

A vida separada é uma não-vida, uma morte em vida. A esta culpabilidade, que se prende ao fato de ter nascido, se une um crime mais deliberado, um crime que Borkman, tentando explicar à Ella porque ele preferiu sua carreira à vida e esposou Gunhild e não ela, confessa quase ingenuamente: "A vida nem sempre é o que há de mais importante".

No começo do terceiro ato, a criada de quarto descobre de repente Borkman no meio da porta do andar térreo: ela é "tomada de medo" e junta "instintivamente as mãos", exclamando "Doce Jesus!". Um instante depois é a vez de Madame Borkman, confrontada com o que parece o fantasma de um marido que ela não vê há anos: (*recuando um passo, cambaleante*). O que significa isso?" Depois, recuperando-se, recobrindo, diante de um morto vivo, sua própria postura de morta viva: "Eu tenho velado por tua memória. / Borkman (*com um riso curto e seco*): Minha memória? Vejamos! Falas como se eu estivesse morto. / Madame Borkman (*pesando as palavras*): E estás."[31]

---

29 Henrik Ibsen, *John Gabriel Borkman*, *Les Douze Dernières Pièces*, t. IV, Paris: Imprimerie Nationale, 1993, p. 158. (Le Spectateur français)
30 Ibidem, p. 185-192.
31 Ibidem, p. 181.

Mais que qualquer outro dramaturgo, Strindberg soube colocar em cena essas danças da morte – ou de fantasmas, espíritos e espectros – que podem servir de metáfora ao drama-da-vida.

Alguns anos antes de escrever *A Sonata dos Espectros*, ele conta, em seu relato autobiográfico intitulado *Só*, um desses passeios no qual, da rua, ele surpreende através das janelas os dramas silenciosos que se desenrolam nas casas:

Se eu passeio à tardinha, quando a noite chegou e as luzes são acesas, minhas descobertas são mais ricas porque eu posso igualmente olhar o interior dos andares superiores. Eu examino os móveis e a decoração, eu posso surpreender cenas familiares, recortes de vida. As pessoas que não puxam suas cortinas têm particularmente tendência a se mostrar e eu não tenho então que me preocupar com a discrição. Aliás, eu apanho instantâneos, e elaboro e completo o que vejo mais tarde. Num canto, defronte a um divã, havia uma mesa de jogo, em torno da qual quatro estranhas personagens jogavam baralho. Elas não falavam, pois seus lábios estavam imóveis. Três dentre eles eram muito velhos, mas o quarto estava entre duas idades, era provavelmente o dono da casa. No meio da sala, uma jovem mulher, de costas voltadas para os jogadores, inclinava-se sobre um trabalho em crochê. Ela trabalhava, por certo, mas sem calor nenhum; ela parecia somente passar o tempo, ponto após ponto, marcando os segundos com seu crochê. [...] Parecia-me conhecê-la, parecia que ela me falava com seus olhos, mas evidentemente ela não fazia nada disso. Uma das múmias da mesa disse então alguma coisa [...] Eu nunca havia visto o tédio, o tédio de tudo, o cansaço da vida, tão concentrado como nessa sala.[32]

Todo o dispositivo de *A Sonata dos Espectros* está contido nessa evocação inclusive o olhar de Strindberg que, no primeiro ato da peça, será atribuído ao velho Hummel, escrutando a fachada do imóvel e literalmente vendo – através das paredes e através dos anos – tudo que se passa e que se passou naquela casa. A partir dessa "fatia de vida" suspensa numa janela, Strindberg extrapola o drama-da-vida e desenha o quadro de uma vida capturada pela morte. Um "jantar de espectros" que um doméstico, Bengtsson, assim descreveu: "Eles tomam o chá, não dizem uma palavra, ou então o coronel fala sozinho. E

---

32 A. Strindberg, *Seul, Oeuvre autobiographique*, t. II, Paris: Mercure de France, 1990, p. 636-638.

depois eles roem *petits-fours*, todos ao mesmo tempo. Dir-se-ia camundongos num sótão [...] Todos tem o ar de fantasmas."[33]

Eu já mencionei o terceiro e último ato onde o Estudante encontra enfim a Jovem, não para um duo de amor, mas para assistir a sua agonia. A "fadiga da vida" de que fala Strindberg em *Só* é na verdade uma extenuação da vida, uma incapacidade de perpetuá-la, do que são responsáveis as gerações anteriores:

O ESTUDANTE: Por que não quer se casar comigo? Porque você foi atingida na própria fonte da vida... Sinto que o vampiro da cozinha já se prepara para sugar meu sangue. [...] É sempre na cozinha que as crianças são emporcalhadas no que elas têm de mais tenro, a não ser que isso aconteça no quarto de dormir... Há venenos que te deixam cego e outros que te abrem os olhos. Parece-me que nasci com os olhos abertos, porque eu não posso confundir a beleza com a fealdade e o bem com o mal. Eu não posso! A descida de Cristo aos infernos é sua passagem por essa terra, nesse asilo de loucos, essa prisão, esse necrotério. [...]

(*A jovem se abate, ela parece moribunda. Ela toca. Entra Bengtsson.*)

A JOVEM: Rápido, o biombo! Rápido, eu morro!

(*Bengtsson sai e volta com o biombo que ele coloca em frente à jovem. [...] Ouve-se gemer atrás do biombo.*)

O ESTUDANTE: Pobre criança, criança desse mundo de ilusões, de erros, de sofrimento e morte, mundo de mudanças contínuas, de decepção e de dor! Que o senhor do céu venha ajudar você em seu caminho.[34]

O caminho de que se trata aqui é evidentemente o que leva da vida à morte, aquele que permite abranger retrospectivamente todo o drama da vida. Questão de ponto de vista, de perspectiva – ou ainda, de *medida*. *A Sonata dos Espectros,* ao final da qual se deve ver surgir, acompanhada de uma "doce música, de uma agradável tristeza", o quadro de Bocklin intitulado *Ilha dos Mortos*, não tem o subtítulo "Kama-Loka", termo sânscrito que significa "região dos desejos", primeira estação do reino dos mortos?

Por empréstimo à filosofia oriental, Strindberg pretende sugerir que se há uma vida autêntica – uma vida que mereceria ser chamada uma *existência* – ela só poderia advir depois

---

33 Idem, *Théâtre complet*, t. VI, op. cit., p. 101.
34 Ibidem, p. 120-121.

da morte concebida como o despertar dos espectros e outros mortos-vivos. Nele como em Ibsen, Pirandello e tantos outros autores, o drama-da-vida toma seu lugar no espaço da diferença entre viver e existir. Em outras palavras, o drama-da-vida nos revela a privação ou mesmo a violação do sentimento de existir. Em *Vestir os Nus*, todos aqueles que a perseguem e a colocam a nu – e mais ainda o sentimento nela, quase paranoico, de ser acuada, despida, de alguma maneira violada em sua intimidade, – impedem precisamente Ersília de existir. "É a vida! Essa vida que persiste em mim – Deus, que desespero! Sem que eu tenha jamais podido existir, jamais, de qualquer modo!" A vida sem a existência, a vida como falta de existir é, para as personagens pirandellianas, uma "falsa vida", feita de "tantas misérias e infortúnio, tanto sofrimento". Constatação compartilhada pelas criaturas tchekhovianas, especialmente o Tchebutykin de *As Três Irmãs*: "Nós não vivemos?" Não há nada nesse mundo, nós não existimos, nós apenas acreditamos nisso...".

Só se pode pensar aqui nas reflexões do filósofo Jan Patocka sobre a necessidade de que a vida seja redimensionada pela existência. Cada homem deve fazer a opção de renunciar à sua essência mais íntima ou tomá-la a seu cargo. Para entender bem os acentos de queixa ou de revolta das personagens do drama-da-vida cabe perguntar se elas não procuram solicitar essa vida fantasma...

As personagens de Strindberg, particularmente o Oficial e o Advogado de *Sonho*, dividem-se entre a queixa e o protesto. O Advogado, que sofre por ser desprezado pelas autoridades universitárias, coloca-se a serviço dos pobres com risco de ser contaminado pela miséria e considerado, por sua vez, um pária. O Oficial expõe toda sua aflição de homem abandonado à repetição infernal, mas, ao mesmo tempo, intenta um processo às forças obscurantistas que se opõem à abertura da "porta de trevo". Agnes e o Poeta, as outras personagens principais da peça, escutam o lamento universal dos homens e esforçam-se por repercutir o protesto que ele contém. Ibsen, na sua última peça, nos faz perceber com muita nitidez essa esperança de acesso a uma existência autentica. *Quando Despertarmos de Entre os Mortos* (1899), quando os dois amantes separados, Rubek e Irene, procuram uma saída para suas vidas de fantasmas. Saída que, paradoxalmente, só encontram no seu próprio aniquilamento sob uma avalanche a cujo encontro eles caminham voluntariamente:

RUBEK: Você se lembra do verão em que íamos nos sentar frente à pequena quinta perto do lago de Taunitz?
IRENE (*sacudindo a cabeça*): Sim, no sábado, quando terminávamos de trabalhar...
RUBEK: ...e tomávamos o trem. E ficávamos todo o domingo
[...]
IRENE (*deixando planar seu olhar*): Bela, era bela a vida às margens do lago de Taunitz.
RUBEK (*com o olhar como que voltado para seu passado*): E, contudo, Irene...
IRENE (*completando seu pensamento*): E, contudo, essa bela vida nós a deixamos escapar.
[...]
RUBEK (*repetindo como em sonho*): Uma noite de verão na montanha. Contigo. Contigo. (*seus olhos encontram os dela*): Oh, Irene, eis o que poderia ter sido a vida. E nós a deixamos escapar – todos dois.
IRENE: Nós só compreendemos o irremediável quando... (*interrompendo-se bruscamente.*)
RUBEK (*olhando-a com ar interrogativo*): Quando...?
IRENE: Quando despertamos dentre os mortos.
RUBEK (*balançando tristemente a cabeça*): E o que compreendemos então?
IRENE: Nós compreendemos que jamais vivemos.[35]

Em comparação com Osvald de *Os Espectros*, que fazia, sem acreditar nisso, a promessa de refazer sua vida – "Oh, possa eu reviver!" –, o desejo de ressurreição de Irene e de Rubek é atendido. O momento da morte torna-se como uma espécie de apoteose, de "um pouco de tempo" e, finalmente, de uma vida *reencontrada*: "Rubek: Mas então...! Então estamos livres. E temos ainda tempo de viver, Irene", "Rubek: Vivamos uma única vez a vida até o final, já que estamos mortos, antes de voltarmos às nossas sepulturas."

Ersília gostaria de apelar também. Mas, para ela, a reparação seria apenas uma armadilha. Uma simulação que assumiria os traços de Ludovico Nota, esse escritor que, num primeiro momento, tem o projeto de reabilitá-la escrevendo sua história.

---

35 H. Ibsen, *Les Douze dernières pièces*, t. IV, op. cit., p. 276-282.

("Ersília: Eu que não queria mais viver [minha vida], eu que sofri até o desespero, tenho o direito, me parece, de viver ao menos na narrativa que você fará dela"), mas renuncia em breve, retomado por seus temores e seus preconceitos. Resta, evidentemente, a peça de Pirandello em que o autor faz justiça a todas as Ersílias, esses seres desnudados pela vida e reduzidos ao seu único grito: "Ersília (*a Grotti*): Tenha cuidado, eu posso dizer tudo, eu, agora – aquilo que ninguém jamais ousou dizer – eu toco o fundo, eu – a verdade dos loucos, eu a grito – a verdade bruta de um ser que não crê poder jamais reerguer-se, poder ocultar sua desonra mais íntima!"[36]

Frente à persecução da vida, não há somente, no teatro moderno e contemporâneo, a angústia expressiva dos sequestrados de Ibsen, dos mumificados de Strindberg, dos nus de Pirandello, há também a dos seres privados da linguagem. Assim se apresentam, nos anos de 1930, ou seja, no coração da grande crise econômica, social e política, as personagens de Horváth e, 35 anos mais tarde, aquelas das peças de Kroetz... Casimiro e Carolina, o casal protagonista da peça epônima, vão se ver separados no tempo por alguns giros de carrossel. Em *Casimiro e Carolina* (1932), a festa de feira serve de metáfora para um drama-da-vida que toma aspecto de um "Jogo da vida" – título de uma peça de Hamsun. Ainda aí a vida faz as vezes de maldição ou, se se quiser, de *fatum*. O amor dos dois jovens será sacrificado em nome do fatalismo da "vida dura" e de argumentos que não são mais que *slogans* de uma humanidade que perdeu a esperança. Carolina, desde o primeiro terço da peça, recita sua lição: "Basta de sentimentos! A vida é dura. Para vencer, uma mulher que deseja chegar ao alto deve desencavar um homem influente e capturá-lo pelos sentidos." Carolina atrairá apenas a miséria. Ela negligenciará, em plena festa, seu Casimiro, desempregado na véspera, para tentar seduzir um velho pândego de carro grande e terminar nos braços de um alfaiate, tipo de homem que ela sempre havia detestado. Por sua vez, Casimiro tratará de se consolar em companhia de Ginette, ela própria abandonada involuntariamente por seu estúpido companheiro que a polícia prendeu por roubo. Assistindo à prisão

---

36 L. Pirandello, *Vêtir aux qui sont nus*, op. cit., p. 70.

de François Marque, Casimiro encontra, no repertório dos adágios, provérbios e outras fórmulas anônimas a expressão mais apropriada para saudar a ocasião: "Assim vai a vida".

Assim vai a vida, de fato, que arrasta as personagens a seu modo, sem que a liberdade delas, nem sua tomada de consciência possa jamais ser solicitada. Sem até mesmo que sua existência seja levada em conta. Um processo cuja medida Carolina bem sabe; sem, no entanto, compreendê-lo verdadeiramente e, ainda menos, poder pará-lo. "Muitas vezes sente-se um grande desejo em si… e depois se renuncia, com as asas quebradas, e a vida continua como se a gente nunca tivesse existido". Através das 117 cenas curtas que compõem sua peça e a metáfora da festa de feira – cada cena é o resultado de um lance de dados, como um gigantesco jogo da glória* – Horváth nos mostra o carambolar de vidas destinada à quebra.

Muito menos metafórica, a bem dizer, muito literária, a peça de Kroetz intitulada *Alta Áustria* (1972) reparte-se igualmente em curtas cenas, cada uma surpreendendo um instantâneo do quotidiano de um casal de operários entre o momento em que a mulher conta ao seu marido que está grávida de dois meses e aquele em que o bebê já está em casa. Diferentemente de Casimiro e Carolina, Heinz e Anni, mais pobres ainda na linguagem que as personagens de Horváth, não serão separadas. Mas irão, no decorrer da peça, em longo e decisivo segmento de sua vida inteira, estar a ponto de cair no abismo, catástrofe da qual a leitura em voz alta do jornal por Anni, ao final da peça nos, dá uma ideia precisa:

ANNI (*ela lê*): Assassinato por desespero, ponto de interrogação. Perto de Linz, Alta Áustria, Franz M., trinta e um anos, peleiro, matou a esposa espancando-a enquanto ela dormia no leito conjugal. À polícia, o homem que se entregou após uma crise de nervos, declarou aos agentes: "Fiz isso porque ela estava grávida e se recusava a abortar, embora isso fosse contrário à razão." E ele acrescentou: "Então meus nervos se descontrolaram. Mas eu não sou um assassino, eu sei, porque não houve nisso premeditação". O processo começará provavelmente em outubro."
HEINZ: Isso é tudo?

---

* Jeu de l'oie, literalmente: "jogo do ganso", um jogo que se assemelha ao da glória. (N. da T.)

ANNI: Sim.
HEINZ: Há gente assim. Veja que isso tem uma semelhança conosco. Então pode-se falar também disso.
ANNI: Bobagens, vejamos, você não é um assassino.
HEINZ: É a diferença.
ANNI: Justamente. (*Um tempo.*) Sabia que eu comprei um bilhete de loteria da televisão?[37]

Ora, salvo pelo desfecho, Heinz segue o mesmo curso que o pequeno criminoso, o pequeno Woyseck do jornal: arguindo razões econômicas justificáveis, ele recusa categoricamente o nascimento anunciado, quer forçar sua mulher a abortar clandestinamente, põe-se a beber e torna-se em seguida brutal, depois, como motorista de entregas, tem um acidente em estado de embriaguez... Além do *fait divers**, também ele sutilmente contornado, é o curso da vida daqueles que chamamos os "subprivilegiados" que Kroetz nos mostra. Uma corrente que ameaça, a todo o momento, se interromper, uma perpetuação da vida que não mais está garantida, uma vida que desliza ostensivamente para a morte. "Há, a bem dizer, gente demais no mundo", tal é o último argumento de Heinz para convencer Anni a abortar. Como em Beckett, mas por outros meios – uma abordagem sociopolítica dos "subprivilegiados" – o drama-da--vida torna-se o drama da espécie humana.

Ao trágico lancinante desses dramaturgos que, de Horváth a Kroetz, ancoram o drama-da-vida numa rigorosa crítica da vida quotidiana, Brecht – aliás, rejeitado por Kroetz que se vale de Horvath e Fleisser – prefere as fábulas exemplares, amiúde em forma de parábolas, de uma vida alienada. Pois a alienação não é menor em suas peças do que nas dos cotidianistas. Simplesmente, sua valorização não toma, como em Horváth ou Kroetz – o primeiro mais irônico, o segundo mais desesperado – o aspecto trágico de uma vida no impasse. Se se pode decretar, com Barthes, que a Mãe Coragem é cega – e, portanto, alienada – a conduta e o comentário constantes da fábula operam, em relação à referida cegueira, este distanciamento que abre passagem a uma espécie de dialética otimista, a uma parte

---

[37] Franz Xaver Kroetz, *Haute-Autriche, Meilleurs Souvenirs de Grado, Concert à la carte*, Paris: L'Arche, 1991, p. 50.
* Título de Imprensa, para a seção de fatos corriqueiros do noticiário. (N. da T.)

de confiança no futuro da humanidade, da qual o espectador seria o depositário. Considerado a partir do lugar do espectador, o efeito de distanciamento (*Verfremdugseffekt*) é também um efeito de desalienação. A cegueira de Mãe Coragem – ou, igualmente, a de Galy Gay, de Galileu, de tantas outras personagens de Brecht... – nos é exposta em plena luz.

Desses dois tipos de dramaturgia política, uma, a de Brecht, que se pode dizer "behaviorista", visa mostrar como uma vitalidade e uma energia populares podem se voltar contra elas mesmas através de comportamentos – os famosos "gestus" – oportunistas e politicamente errôneos ou, mui simplesmente, apolíticos, enquanto a outra, a dos Horváth, Fleisser, Kroetz..., exibe indivíduos em radical perda da vitalidade, atravessados que são, até mesmo em seus próprios corpos, por relações de poder – esse "biopoder" analisado e denunciado por Michel Foucault – que se traduzem para eles em uma submissão e uma inibição totais. Com as personagens de Horváth, de Marieluise Fleisser, de Kroetz, de certas peças de Fassbinder ou de Sperr, nós não temos mais relação com o mundo das Luzes; ao contrário, nós nos defrontamos com uma opacidade absoluta: a dos corpos, das pulsões, da sexualidade mais bruta. Em resumo, com esse inconsciente de que as personagens de Brecht não parecem dotadas. Brecht desenha, de quadro em quadro, um verdadeiro afresco, um verdadeiro "gesto" a-psicológico. Daí seu apego fundamental à noção de *gestus*: de gesto socializado. O exemplo típico é o do modesto e pacífico estivador Galy Gay que se transforma, para salvar a pele e para tirar daí talvez algum pequeno benefício, no sanguinário Tigre de Kilkoa. Mas seria preciso citar toda uma galeria das personagens brechtianas, das quais em primeiro lugar, Mãe Coragem – espécie de Medeia ingênua e involuntária – que perde seu filho para salvar seu comércio e vem desse modo em auxílio dessa guerra de Trinta Anos que devora seus filhos. Notemos, todavia, que, malgrado todos os seus desvios, essas personagens conservam intacta sua formidável energia vital: Mãe Coragem continua com o propósito de puxar sua carroça, Galy Gay de arrastar seu canhão e Galileu de comer seu ganso bem gorduroso... Os "cotidianistas" praticam sobretudo a técnica da ponta-seca. Em vez de desenhar o gesto de uma personagem popular, eles decodificam em corpos privados de linguagem autêntica, e até mesmo em sua sexualidade ou na maneira de se alimentar, os signos de uma vida alienada. Fragmento após fragmento – as cenas são muito breves e de preferência estáticas – eles lançam um olhar quase entomológico sobre os detalhes de aparência das mais insignificantes, mas na realidade os mais sintomáticos da existência de "pequenos homens" e de outros "subprivilegiados".

Questão de abordagem e de *escala*. Quando Brecht focaliza os comportamentos socializados, que são a resultante de certo estado da luta de classes – a incapacidade de Mãe Coragem em se dar conta de que ela sustenta incondicionalmente, de seu modesto lugar, o sistema que mata seus filhos –, as dramaturgias cotidianistas, a começar por Horváth, seu precursor, quadram sua captação nos microcomportamentos do homem isolado. Brecht enuncia "gestus", Horváth ou Kroetz, ambos, perseguiriam, sobretudo, lapsos [*lapsus*] e outros raptos [*raptus*].

Sob ângulos diversos e com diferentes pontos de vista ideológicos, de Ibsen a Kroetz e mais além, o drama moderno e contemporâneo põe assim em evidência todos esses *detalhes* que fazem uma vida alienada.

VER A VIDA

O espectador olha o drama-da-vida por sobre o ombro da personagem, ela mesma espectadora de sua própria vida. A síntese hegeliana do subjetivo e do objetivo – do lírico e do épico por meio da "personagem atuante" – não se efetua mais e o universo dramático se vê como que partido em dois. De um lado, a vida que segue seu curso; de outro, a personagem, praticamente estrangeira a si mesma, que vê essa vida se desenrolando sem poder intervir. A cisão do microcosmo, mencionada no primeiro capítulo, dá muito bem conta desse processo de desdobramento. Peter Szondi tem, a esse respeito, uma fórmula surpreendente: "O sujeito isolado torna-se seu próprio objeto". Ele escreve tal coisa a respeito das peças de Strindberg depois de *Inferno*, "jogo de sonho" como *O Caminho de Damasco* e *O Sonho* e outras peças de câmara, especialmente *A Sonata dos Espectros*. E é verdade que a personagem strindberguiana leva muito longe essa tendência para ver sua vida se desenrolar diante de seus olhos como uma cena. A dimensão onírica das peças favorece a *fissura* da personagem: personagem-sonhadora e personagem-sonhada se fazem face. Mais exatamente, eu diria que as criaturas strindberguianas de pós-*Inferno* se assemelham a sonâmbulas e seus sonhos se parecem com aquele "sonho da insônia" de que fala Deleuze, a respeito de Kafka. Deleuze cita, em outro momento, *Preparativos de Núpcias no Campo:* "Eu não posso dormir, eu tenho apenas sonhos, não sono."[38]

Frente ao Desconhecido, protagonista sonâmbulo do *Caminho de Damasco*, sua própria vida se exibe como quadros de um panorama; "Eu vi se desenrolar como um panorama toda minha vida passada, desde a infância, através da minha juventude até agora. Mal terminava esse espetáculo recomeçava e durante todo esse tempo eu escutava o som de um moinho... eu o escuto ainda... sim, eu o escuto nesse mesmo momento."[39]

Ora, ver a vida constitui, para as personagens de Strindberg, um motivo de desencantamento, até mesmo de desilusão, como testemunha esse diálogo de *A Casa Queimada*, uma das "peças de câmara", em que a influência de Schopenhauer se faz mais forte:

A MULHER: Você não encontra então nenhum prazer em viver?
O ESTRANGEIRO: Sim; mas isso também é uma ilusão.
CUNHADA: Quando se veio ao mundo sem venda sobre os olhos, vê-se a vida e os homens tais como eles são e é preciso ser um porco para se comprazer nessa lama. Mas quando os olhos estão fartos de toda essa falsidade, voltamos nosso olhar para o interior e vemos nossa alma. Aí há verdadeiramente alguma coisa para contemplar.[40]

De onde abranger com o olhar a paisagem da vida senão do limiar da morte? Em um famoso texto extraído dos *Livros Azuis,* Strindberg compara mesmo o próprio desenvolvimento de seus dramas pós-*Inferno* a uma agonia (comparação da qual

---

38 Gilles Deleuze, *Critique et Clinique*, Paris: Minuit, 1993, p. 162-163. (Coll. Paradoxe.)
39 A. Strindberg, *Le Chemin de Damas I, Théâtre complet*, t. III, Paris: L'Arche, 1983, p. 204.
40 Idem, *Théâtre complet*, t. VI, op. cit., p. 81.

os expressionistas farão uma chave de sua arte e cuja extrema importância verificaremos no próximo capítulo):

Acordei uma manhã, com o espírito claro, sem saber por quê. Sob o efeito de uma pulsão inconsciente, desci à vila para passear ao acaso [...] No espaço de uma hora, toda minha vida se desenrolara diante de mim em quadros vivos, e não faltavam mais que três anos para chegar à hora atual. Era como uma agonia, como o instante da morte no qual toda a nossa vida desfila diante de nossos olhos.[41]

Em Ibsen, igualmente, as personagens têm acesso a essa paisagem somente *in extremis* – no próprio momento em que se aprestam a abandoná-la:

BORKMAN (*indicando a paisagem*): Veja como a paisagem se abre diante de nós – vasta e livre.
ELLA RENTHEIM: Ali, naquele banco, nós nos sentávamos outrora para contemplar uma paisagem ainda mais ampla.
BORKMAN: Era uma paisagem de sonho a que nós olhávamos então.
ELLA RENTHEIM (*balançando melancolicamente a cabeça*): A paisagem de sonho de nossas vidas. E agora, essa paisagem está coberta de neve. E a velha árvore está morta.[42]

A hora da morte dilatada ao extremo – como numa agonia – abre-se sobre o tempo infinitamente plástico do drama-da-vida. E é ainda sobre essa hora da morte, tão amiúde explorada pelos dramaturgos do século XX, que Jean-Luc Lagarce baseia sua última peça, do princípio ao fim testamentária, *O País Longínquo* (1995). Para se pôr em condição de ver sua vida, o protagonista autobiográfico *lagarciano* precisou efetuar o que ele chama seu "grande retorno". Para tal fim ele aplicou esta estratégia da *conversão* – "movimento contornante realizado com objetivo tático" – que já havia sido utilizado pelo Desconhecido do *Caminho de Damasco* e, depois dele, por tantos "heróis" expressionistas. A exemplo do Desconhecido, o filho pródigo lagarciano é uma pura encarnação daquilo que Mallarmé denominava a "Paixão do homem", esse itinerário de provações e sofrimento. Para dar corpo e credibilidade a essa

---

41 Idem, *Théâtre cruel et théâtre mystique*, Paris: Gallimard, 1964, p. 135-136. (Coll. Pratique du Théâtre.)
42 H. Ibsen, *John Gabriel Borkman*, op. cit., p. 208.

Paixão, Lagarce desencadeia um processo que não deixa de lembrar de passagem, em Strindberg, a matéria dos relatos autobiográficos (*O Filho da Criada, A Defesa de um Louco* etc.) nas peças: ele se abebera em grande parte em seu próprio *Diário*, isto é, em sua vida e nas paixões e provações pessoais. *O País Longínquo* é, com efeito, o encaixe projetado de uma grande parte do *Diário* e de *Apenas o Fim do Mundo* (1990), a peça mais antiga. O protagonista dessa última obra, Louis (Lui? [Ele]) nos entrega ele próprio, pelo rodeio de um longo monólogo, a fórmula lapidária de seu "movimento giratório": "A viagem de um homem jovem na hora da sua morte olhando tudo o que foi sua vida". Fórmula metadramática e metateatral, que as outras personagens, vivas ou mortas, escandem, e que acompanharam o périplo desse Ulysses vencido:

A Amante, já morta. História, portanto, aquilo que você disse, história de um jovem, de um homem jovem ainda, história de um homem jovem que, na hora da morte, decide remontar sobre suas pegadas, rever sua família, reatravessar seu Mundo na hora de morrer. / História dessa viagem e daqueles que, todos aqueles, perdidos de vista, que ele reencontra e redescobre, que ele procura reencontrar e redescobrir. / Esta lenda, aquela que se conta às crianças: / *na hora de sua Morte,* / *rever toda sua vida*.[43]

O advento do drama-da-vida está, portanto, ligado à possibilidade ou à impossibilidade de inscrever o tempo, a duração de uma vida inteira no espaço do drama. Mas levando-se em conta o fato de que o teatro é primordialmente uma arte do espaço, como introduzir essa nova medida... desmesurada de forma dramática? A resposta reside na questão: trata-se de converter o tempo em espaço; a vida em paisagem. Após as divisões do drama em cenas e em atos – falsa "divisão", visto que ela garante a unidade orgânica da ação – e em quadros – a via da montagem –, convém identificar um novo enquadramento do drama: a noção tanto dramatúrgica quanto estética de *paisagem*. E isto, não somente no sentido que lhe dá Gertrude Stein do "estar-aí" de um drama concebido ao mesmo tempo como estático e implícito, drama que o espectador teria sozinho

---

43 J.-L. Lagarce, *Le Pays lointain*, *Théâtre complet*, t. IV, Besançon: Les Solitaires Intempestifs, 2002, p. 280. (É Lagarce que sublinha.)

o poder de colocar em movimento, mas também no sentido de um receptáculo de todas as temporalidades que podem se cruzar no drama. O sistema atos-cenas estava inteiramente a serviço da progressão da intriga, isto é, da fuga do tempo rumo à Catástrofe; o quadro detinha o tempo, em um momento significativo, um "instante pregnante"; a paisagem – amiúde uma intersecção – está no cruzamento de todos os tempos da peça, daqueles dos diferentes itinerários de vida das personagens até ao da espécie humana, ela mesma marcada por sua própria finitude. Quando Strindberg escreveu *a posteriori* esse prólogo do *Sonho* em que Agnes, filha de Indra desce da abóbada celeste e põe o pé na Terra, é para captar do exterior, como um fotógrafo das almas, a paisagem – e os sofrimentos – dos humanos. E, quando Agnes se evade da Terra, ao final da peça, "o cenário de fundo", qual um "Boltanski", mostra uma tela repleta de rostos humanos, tristes, curiosos, desesperados.

Nova noção dramatúrgica, a paisagem converteu o tempo em espaço. Nós vimos que, para dar conta da passagem do tempo, Strindberg focalizava a atenção do espectador nas pegadas que os passos do Oficial haviam deixado sobre o macadame diante da Ópera. Assim é que somente o quadro IV de *O Sonho*, onde o Oficial envelhece e rejuvenesce aos nossos olhos, é a concreção desses sete anos da espera iludida de Victoria, a noiva aguardada. Em Beckett são as lixeiras de Nagg e Nell, os pais de *Fim de Jogo*, as poltronas rolantes, os túmulos em que se enterra Winnie em *Dias Felizes* que, combinadas com o desgaste dos corpos, servem de marcadores do tempo. Porque, de fato, esse é o verdadeiro objetivo dessas dramaturgias: fazer-nos entrar, nós os espectadores – espectadores desses outros espectadores (de suas próprias vidas) que são as personagens –, no próprio ritmo do lento escoamento de uma vida; fazer-nos provar essa temporalidade que é aquela de uma espera sem fim do fim. Como diz Hamm: "Toda a vida se espera que isso lhes dê uma vida".

Para que nos seja dado ver a vida, o dramaturgo deve "abarcar tudo com o olhar", isto é, colocar-se como filósofo em face da existência: em uma carta de 1906 ao seu tradutor alemão Schering, Strindberg evoca "a Sabedoria, que vem com a idade, quando a experiência da vida aumentou e quando se obtém a capacidade de tudo abranger com o olhar"[44]. E no ano seguinte, que é o da abertura do Teatro Íntimo de Estocolmo, o dramaturgo compõe um poema inaugural em que declara sua intenção de nada mais dar a ver e a ouvir nesse teatro minúsculo, senão "a lenda da vida".

Mas a visão evidentemente não basta: é preciso ainda dispor da *technè*, da nova arte da de-composição – interrupção-contemporização, retrospecção, antecipação, cooptação, repetição-variação –, que permite dar corpo a essa visão. Atento, ao longo de toda sua carreira, às questões da forma teatral, ele mesmo inventor de numerosas formas que foram, a seguir, revisitadas tanto pelos expressionistas e por O'Neill quanto por Artaud e pela vanguarda dramática dos anos 1950, Strindberg compreendeu desde sua época naturalista que a resposta a esse problema passava pela escolha da *irregularidade*:

parece que se renunciou à intriga e quis concentrar o principal interesse na evolução psicológica. Todos esses sintomas provam que se acabava de descobrir aquilo que a peça de intriga tinha de falso e de artificial. / Em grego antigo, drama parece ter querido dizer acontecimento, incidente e não ação, ou aquilo que nós chamamos de intriga. A vida não se passa de modo algum segundo a regularidade de uma construção dramática [...] No novo drama naturalista, sente-se imediatamente a busca do móvel essencial. *Daí por que ele se move entre dois polos da existência: a vida e a morte, o nascimento e o falecimento*[45].

"Abranger com o olhar" não seria nada sem esse gesto – oh, quanta economia: de concentração, de condensação, de *compressão* algumas vezes, que caracteriza a arte de um Strindberg, de um Beckett ou de um Heiner Müller. A irregularidade – esse não é o menor dos paradoxos do drama moderno – obedece às suas próprias leis, mesmo que essas leis variem de um autor a outro, de uma peça a outra... A irregularidade, nesse caso, é o *desbordamento* do drama-na-vida pelo drama-da-vida. Em todo drama-da-vida há um drama-na-vida desestruturado – que perdeu seu começo, seu meio e seu fim. Entre cem exemplos de tal trabalho de desconstrução – e antes de abordar, no terceiro capítulo, a diversidade de caminhos, dos atalhos que permitem

---

[44] A. Strindberg, Lettre du 27 mars 1906, *Théâtre complet*, t. VI, op. cit., p. 509.
[45] Idem, *Théâtre cruel et théâtre mystique*, op. cit., p. 82. (Grifo nosso.)

II. DRAMA DA VIDA: O NOVO PARADIGMA

o advento do drama-da-vida –, eu me deterei no caso exemplar de *Um Dia de Verão* (1997) de Jon Fosse.

Nessa peça, o drama-na-vida poderia, em sua linearidade, resumir-se nesse enunciado: "Numa grande e velha casa sobre uma colina perto do fiorde", uma jovem mulher e seu companheiro, Asle, conversam. A jovem mulher está inquieta. Ela se pergunta se ele se sente bem nessa casa e se fizeram bem em deixar a cidade e vir habitar aqui. Ela se interroga também sobre a relação do casal: Ele gosta dela ainda? Ela ainda o ama?... Mas ela espera a visita de uma amiga que Asle, manifestamente, não quer reencontrar. Ele anuncia que vai fazer "um passeio pelo fiorde" com sua pequena embarcação. Ela acha que ele "fica quase sempre lá no fiorde" e "quase nunca em casa". E, de fato, Asle admite o prazer que tem em sentir "o barco (que) arfa para o alto e para baixo" e "o tempo (que) passa" – prazer que ela é, por sua vez, incapaz de experimentar. Após ter hesitado, Asle vai. A jovem amiga se apresenta. A tarde passa. A noite chega. Asle não volta. Pede-se socorro. A jovem mulher deixa-se ficar escrutando indefinidamente o fiorde de sua janela.

Intervêm então, com base nesse drama-na-vida, as operações que resultarão no drama-da-vida. A saber, uma composição em três partes, um pouco ao modo de um tríptico religioso, as partes I e III da peça, pelo menos duas vezes mais curtas, podendo de alguma maneira refletir-se sobre a parte II. Esse efeito de montagem vai romper a organicidade e a linearidade do drama-na-vida. Na primeira parte, "a Amiga idosa" anuncia à Mulher idosa", que está "de pé perto da janela e olha para fora", que ela vai "dar um passeio à "beira do mar". Na parte III, a Amiga idosa retorna do passeio. Seu companheiro não tardará a voltar para procurá-la. Ela percebe que a Mulher idosa juntou suas coisas, como se ela se preparasse para deixar a "grande casa", mas ela constata também que sua amiga continua parada frente à janela a olhar o fiorde onde Asle desapareceu outrora. Com efeito, a Amiga idosa e a Mulher idosa são evidentemente avatares, duplos deslocados no tempo da Jovem amiga e da Jovem mulher da segunda parte.

Esse enquadramento do drama-na-vida, por uma mui longínqua data de aniversário de desaparecimento de Asle, entrosa as operações de repetição-variação e de retrospecção.

Mas também de antecipação, na medida em que a primeira parte anuncia o acontecimento dramático que vai acontecer na segunda. Acontecimento, aliás, suspenso, uma vez que ninguém encontra o corpo de Asle, nem pode ter certeza de sua morte e, ainda menos, de um eventual suicídio. Na segunda, parte substancial da peça, poder-se-ia dizer que se trata de um *flashback*, se a Mulher idosa não se imiscuísse numa relação triangular entre a Jovem mulher, Asle e a Jovem amiga. Uma Mulher idosa, muito "retrospectiva", que se transforma de alguma maneira na testemunha da Jovem mulher antigamente fora:

A JOVEM AMIGA (*à direita em frente a ela*): Eles irão em breve / voltar /
A JOVEM MULHER: Sim. (*Silêncio*)
A MULHER VELHA: (*Olha a jovem mulher depois vira-se para frente.*) E eu estava lá (*ela olha a jovem mulher, depois de novo olha para frente*) – e sinto que eu ficava cada vez mais vazia (*coloca as mãos sobre o ventre*) que eu ficava vazia / como a chuva e a obscuridade / como o vento e as árvores / como o mar lá embaixo / Daí por diante eu não estava mais inquieta / Daí por diante eu era uma grande quietude vazia / Daí por diante eu era uma obscuridade / uma obscuridade negra / Daí por diante eu não era nada / E ao mesmo tempo eu sentia que, sim de qualquer modo eu brilhava / Bem no fundo de mim mesma / nessa obscuridade vazia...[46]

A Mulher idosa representa a personagem-olhar no drama-da-vida; é ela que abre e conduz toda a parte II e quem, na entrada do jogo, constata que a vida permanece para aqueles, que a vivem, um poder estrangeiro, gerador do trágico e praticamente fora de alcance: "Pois nós havíamos encontrado em nosso caminho outro verso / e depois / de modo também repentino e inesperado / que nós havíamos encontrado nosso caminho com os outros / nós havíamos estado separados uns dos outros / Mas assim é a vida/ São coisas com as quais é preciso conviver / É assim / a vida."[47]

---

[46] Jon Fosse, *Et jamais nous ne serons séparés, Um jour em été, Dors mon petit enfant*, Paris: L'Arche, 2000, p. 139.
[47] Ibidem, p. 90.

Capítulo III
Drama-da-Vida: Os Exemplos

As variações sem fim do drama-da-vida investiram, portanto, no terreno que lhes cedeu a variedade já esgotada do drama-na-vida. Foi o desafio de Mallarmé, o da Paixão do homem, drama único e essencial, tendo a vocação de fazer desenrolar a "tragédia da vida". Num artigo consagrado a *Renée*, de Zola, o mesmo Mallarmé antecipa a ideia de "produzir num meio nulo, ou quase, as grandes poses da humanidade, como a nossa plástica moral". Claudel retoma a bola para dar continuidade, e fala de pôr em cena "os padrões da humanidade". Mas o procedimento de ambos os escritores – escritores e poetas, pois aqui se trata de reforjar o drama *poeticamente* – está longe de ser isolado. Ao contrário, ele pertence ao espírito do tempo. Ele agrupa, já o vimos, o pensamento de Schopenhauer, tão depreciado por Lukács, sobre a "tragédia universalmente humana". Quase contemporâneo da concepção do *Caminho de Damasco*, de Strindberg, ele antecipa a dramaturgia expressionista, quer se trate do "sobredrama" tão caro a Yvan Goll (serão mostrados o homem e as coisas tão nuas quanto possível, e, para obter-se um melhor efeito, sempre através de uma lente de aumento[1]),

---

1 Yvan Goll, Le Surdrame, *L'Expressionisme dans le théâtre européen*, Paris: Ed. du CNRS, 1971, p. 359. (Coll. Le Choeur des Muses.)

ou, mais comumente, dessa tendência dos expressionistas em querer ostentar diante dos espectadores a "tragédia de toda a existência"[2].

Quando Mallarmé evoca "as grandes poses humanas", convém evidentemente se tomar a expressão ao pé da letra, com aquilo que ela comporta de inclinação a um teatro estático e, sobretudo, no que ela significa de rejeição a uma ação dramática tradicional. Repitamos: o drama-da-vida não se preocupa com a famosa progressão da ação; ele se quer paradigmático e não sintagmático. Sobre esse ponto, assim como sobre outros, o autor de *Herodíade* reencontra o de *A Princesa Malena*: Maeterlinck admira Otelo, mas prefere Hamlet "que tem tempo de viver porque não age"[3]. Apreender a personagem não no tempo de sua ação, mas naquele do lento curso da vida, "a augusta vida cotidiana", submeter essa vida à questão de saber se ela corresponde a uma existência, no sentido em que o homem toma sob a sua responsabilidade sua essência mais íntima, ou se ela é apenas uma vida alienada, assim é o procedimento característico do drama-da-vida em Maeterlinck e em tantos outros autores, desde o fim do século xix até hoje.

Verificamos aqui o que constatamos no capítulo anterior, a saber, que esse drama-da-vida é, antes de tudo, um drama da não-vida, da não-realização da vida na existência. Os obstáculos nos quais tropeça a possibilidade de uma realização podem ser de gêneros diferentes: metafísica, ontológica, existencial, social ou política. O essencial é que haja a confrontação do espectador de teatro com o que Jean-Luc Nancy designou como "nudez do existir"[4].

Mas se o drama-da-vida é um assunto de tempo, como conter o tempo fictício de uma vida no tempo real de uma representação dramática? Como conciliar a exigência de condensação própria ao teatro com a extensão espacial e, sobretudo, temporal do novo paradigma da forma dramática? Como efetuar essas operações novas – que são todas de natureza temporal – trazidas

---

2   Fórmula de Kasimir Edschmid a propósito do drama *Ein Geschlecht*, de Von Unruth, citado por Philippe Ivernel, em *L'Expressionisme dans le théâtre européen*, p. 86.
3   Maurice Maeterlinck, *Le Trésor des humbles*, Bruxelles: Labor, 1986, p. 133.
4   *Le Sens du monde*, Paris: Galilée, 1993, p. 195.

à luz no primeiro capítulo deste livro: interrupção, retrospecção, antecipação, optação (o tempo das possibilidades), repetição-variação?

A tentação é grande no final do século XIX – nós a observamos, entre tantos exemplos, no Strindberg do *Caminho de Damasco*, peça que inicialmente devia intitular-se *Merlin*, depois *Roberto, o Diabo* – de uma ruptura total com os princípios aristotélicos e de um retorno puro e simples à liberdade épica – aquela do *Segundo Fausto*, de Goethe, ou do teatro da Idade Média. Mas se os mistérios medievais podem servir, notadamente em Mallarmé, como fortes exemplos, eles não poderiam servir como modelos dramatúrgicos. A esse respeito, a reflexão de um Wagner, tal como se organiza em Ópera e Drama, é bastante reveladora do debate que pode se instaurar no espírito do autor de um drama-da-vida. O poeta, compositor e teórico constata, de Shakespeare até a sua época, passando por Schiller e Goethe, essa tendência que consiste em querer representar "histórias de uma vida inteira", tendência que se atualiza numa "fragmentação" da obra dramática. Para Wagner, o dramaturgo – Schiller em particular – se esforça por encontrar um equilíbrio, sem nunca ali chegar verdadeiramente, entre uma inspiração de natureza épica e romanesca e um desejo de condensação e de unidade ligada ao modelo da tragédia antiga. "Assim Schiller oscilava entre o céu e a terra e, desde então, toda a nossa poesia dramática também oscila. O céu, em verdade, não é outro senão a forma antiga da arte, e essa terra, o romance prático de nosso tempo."[5] Sabemos qual solução Wagner encontrou para esse dilema em sua própria criação: a unidade de ação fundada no mito germânico. De minha parte, eu adotaria a outra perspectiva, aquela que consiste em mostrar, a partir da constatação do divórcio entre os novos conteúdos (o romance da época) e a forma antiga, como os dramaturgos se empenham em modificar radicalmente o ritmo interno de suas peças e a extrair assim uma nova medida e uma nova extensão da forma dramática.

Único em sua mirada, a de abraçar a totalidade da existência, o drama-da-vida pode revelar-se muito diverso em suas modalidades formais. Eis por que gostaria agora de tentar pôr em evidência

5 Richard Wagner, *Oeuvres en prose*, t. IV, Paris: Librarie Ch. Delagrave, 1907, p. 237-238.

a pluralidade dos desvios dramatúrgicos – limitando-me aos principais –, que, do fim do século XIX aos dias de hoje, permitiram a emergência de uma dramaturgia do tempo, do *tempo da vida*.

ROMANCE DRAMÁTICO

De um ponto de vista histórico, a primeira dessas soluções dramatúrgicas, o primeiro desses desvios é talvez também o mais rústico. Chamemo-lo de "romance dramático", na medida em que é uma ilustração flagrante da "romantização" do drama e o produto mais direto de uma evolução iniciada no século das Luzes com Diderot. Talvez não tenhamos assinalado suficientemente que uma das teorizações mais radicais do novo drama, realizada no final do século XIX pela pluma de Zola, insere-se num ensaio consagrado ao "romance experimental". Bernard Dort insiste justamente sobre a mediação que então exerce o romance: "O teatro sonhado por Zola", ele observa, "apenas faz apelo à natureza através de um intermediário: é através do romance do século XIX, por meio das obras de Balzac, de Flaubert e de suas próprias obras que Zola pretende transportar a realidade para o palco. Essa realidade é uma realidade já elaborada: ela se tornou literatura romanesca."[6]

No entanto, a própria existência desse oximoro, na época do naturalismo em teatro, que constitui o "romance dramático", é das mais frágeis. A grande quantidade de adaptações de romances de Zola ou dos Goncourt mostrou suas fraquezas, frequentemente resultando em simples "trechos escolhidos", os mais *espetaculares*, evidentemente, das obras originais. Na verdade, os autores dessas adaptações não tomaram consciência da contradição entre o conteúdo romanesco e a forma dramática. Ao mesmo tempo, não souberam ou não quiserem forjar o instrumento formal apropriado. Mais uma vez, a meditação de Wagner sobre os destinos de um drama requerido, sitiado pelo romance, nos esclarece: "O drama procede [...] de dentro para fora; o romance, de fora para dentro". Em termos

---

6 *Théâtre réel*, Paris: Ed. du Seuil, 1971, p. 38-39 (Coll. Pierres Vives). Ed. bras., *O Teatro e Sua Realidade*, trad. Fernando Peixoto, São Paulo: Perspectiva, p. 47. (Col. Debates n. 125.)

notavelmente simples, o dramaturgo-musicista resume todo um lado da *Estética* de Hegel e põe à luz a situação aporética do drama, em dificuldades para se transformar: seu domínio é, tradicionalmente, o da "totalidade do movimento", enquanto o do romance engloba a "totalidade dos objetos". Ora, eis que com o naturalismo, que se fundamenta sobre a influência direta do meio sobre os indivíduos, o processo de criação tende a se inverter. De fora para dentro, e não de dentro para fora. A partir de então, na forma dramática, o papel do contexto e mesmo sua descrição primam sobre as relações interpessoais. E essa mudança, iniciada pela corrente naturalista, não poupa o simbolismo: basta substituir o "meio" pelo "cosmos" ou por essas forças invisíveis que tramam os destinos das personagens de Maeterlinck para se dar conta de que o homem simbolista está tão isolado quanto o homem naturalista, e ligado a um exterior antes mesmo de ligar-se aos demais indivíduos.

A partir de então, o romance dramático se encontra confrontado com a dificuldade de *produzir um movimento*, esse movimento que constitui para Wagner "o momento mais importante da arte", apesar do peso do contexto "romanesco". Maxim Górki, ele mesmo romancista, segue o que se poderia chamar de tendência expansiva do drama, que consiste, como no romance, a partir do exterior, do contexto alcançar o interior. *Ralé*, sua obra-prima em matéria de teatro, constitui o exemplo perfeito de uma obra dramática que, sendo original, parece carregar os estigmas de uma adaptação de romance. O recurso a uma espécie de personagem onisciente, personagem estranha ao meio, mas que exerce sobre ele, um asilo noturno, seu olhar do qual nada escapa, é este: com sessenta anos, o peregrino Luka tem no drama o lugar que o narrador teria tido no romance: "Ah, meus pequenos amigos! Quando vejo vocês... Que vida estranha vocês têm." Bubnov lhe responde: "Uma vida que não é uma existência." E Luka exclama: "Ah, gente esquisita que vocês são! No que vão se tornar?" O peregrino Luka insuflou em alguns desses miseráveis, refugiados num porão, o desejo de reencontrar o ar livre e uma condição humana verdadeira. "Ele agiu sobre mim como um ácido sobre uma velha moeda suja" constata Satine[7].

---

7   *Les Bas-Fonds, Théâtre complet*, t. I, Paris: L'Arche, 1962, p. 128, 134, 179.

A figura do Forasteiro, tão frequente nos teatros naturalista e simbolista, permite instaurar no drama uma espécie de ponto de vista interior: Luka é, ao mesmo tempo, um forasteiro *no* drama (peregrino, ele passa e desaparece sub-repticiamente no final do terceiro ato, sem dúvida para escapar da polícia) e forasteiro *ao* drama. Sem o olhar do Forasteiro, não haveria drama. Luka fixa o contexto, o meio; ele figura o olhar do "exterior" sobre este "interior": "Um porão que se parece com uma gruta", onde sobrevive uma boa vintena de rejeitados da sociedade, de danados da terra, alguns mudos, outras personagens de primeiro plano, como Satine, o Barão, o Ator ou a jovem Nastia, todos explorados pelo fazendeiro Kostylev, que ali perderá a vida.

Existe na peça, como nos romances de Zola, uma intriga mais ou menos policialesca – fantasma de *vaudeville* suscetível de voltar ao trágico – que repousa sobre os amores de Pepel, o ladrão, com Vassilissa, a mulher de Kostylev, depois com Natacha, a jovem irmã de sua amante. Mas não é esse enredo que constitui o coração e faz o interesse do drama. Ele aparece antes como uma concessão ou uma "habilidade" destinada a atenuar a severidade da obra. Na verdade, é no quadro estático de uma miséria humana coletiva que reside verdadeiramente o interesse da peça. A saber, uma espera quase beckttiana, um atolamento, o sofrer das personagens e a única atividade falada que convém a esse tipo de situação – a ruminação do passado sob a forma de relatos abortados de vida:

O ATOR: *Hamlet* [...] eu representei o coveiro [...]
SATINE: Eu era um homem instruído no meu tempo, sabe?
BUBNOV: Sim, eu sei, ouvi você dizer isso cem vezes. Você foi... e depois?
 Grande negócio! Eu era peleteiro... tinha minha oficina.
SATINE: E depois?
BUBNOV: Depois? Nada![8]

O impacto histórico e o sucesso da peça, redobrados pelas adaptações cinematográficas, foram consideráveis. Ninguém duvida que isso não se deva aos fragmentos das intrigas individuais, mas sim ao alcance descritivo e narrativo que evidencia um drama-da-vida coletivo. Drama-da-vida que termina em

8 Ibidem, p. 117-118.

bebedeira acompanhada por canções... tendo como prolongamento musical o anúncio, feito pelo Barão, de que o Autor acaba de suicidar-se.

A *Ralé*, e tantas outras peças do século xx, bem merecem ser chamadas "romances dramáticos". Têm dele a ousadia experimental e apresentam também as suas falhas: enredos relatados, personagens consideradas do exterior e tratadas mais ou menos como objetos, a figura do Forasteiro, diálogos estáticos. Esse é, com frequência, o preço desse processo, aliás capital, de "romantização" do drama que vai prosseguir por dezenas de anos. Entre as tentativas mais notáveis, se poderia citar Arthur Miller e sua obra *A Morte de um Caixeiro Viajante* (1949), cujo protagonista que envelhece, Willy Loman (literalmente, "o homem", senão da "ralé", ao menos de "baixo"), é invadido por um passado que se apresenta a ele – e assim presentifica – sob a forma de *flash-back*. Por ter acreditado no sonho americano, por ter trabalhado como uma besta e vivido a crédito, só pagando suas notas promissórias, Willy encontra-se sozinho e desesperado. Acuado pelo suicídio.

Mais significativo ainda como forma de acesso ao drama-da-vida pelo desvio da romantização, me parece ser o procedimento de Eugene O'Neill. Muitas de suas peças não se dividem em "atos" verdadeiros, mas antes, como num romance, em "capítulos", marcando as diferentes etapas de uma vida. Assim *Estranho Interlúdio* (1927), que possui nove, ou a trilogia de *Electra Fica Bem de Luto* (1931), em que existem treze. Essas obras poderiam passar por verdadeiros romances dialogados. Com a particularidade de que as didascálias, hiperatrofiadas, se apresentam como descrições romanescas que desenham com grande precisão o cenário e não hesitam em descrever, no físico e no psíquico, um retrato bem explorado das personagens. O cimo é alcançado em *Longa Jornada Noite Adentro* (1941), peça autobiográfica tardia em que a indicação cênica liminar do primeiro ato nos detalha, entre outras coisas, a biblioteca da "casa de campo de James Tyrone, numa manhã de agosto de 1912", o lugar e o aspecto de numerosos móveis, assim como o aspecto de James e de sua mulher Mary:

Mary, 54 anos, de estatura média. Silhueta jovem e graciosa, ligeiramente pesada mas, apesar da ausência de um espartilho apertado, a cintura e as ancas não são as de uma mulher madura. O rosto, de tipo irlandês, no passado muito bonito, continua notável. Contrastando com a silhueta robusta de Mary, ele é fino, pálido, ossudo. Nariz longo e reto, boca larga, de lábios cheios e sensíveis. Nenhuma maquiagem [...] James Tyrone tem 65 anos, mas aparenta dez a menos. Aproximadamente, um metro e oitenta, ombros largos, peito forte; seu porte, um pouco militar, faz com que pareça maior e mais magro do que é: com a cabeça elevada, ele infla o peito e retrai a barriga. Seu rosto, que começa a decair, permanece bonito...[9]

E dou apenas um resumo da luxuriante didascália do romance dramático de O'Neill. Tem-se a impressão de que esse apaixonado da psicanálise entende que "tudo deve ser dito", seja no diálogo, seja nas didascálias, destinadas a dissipar toda ambiguidade; O'Neill não hesita em mencionar, em face do diálogo, se tal personagem disse ou não a verdade. Leitores ou espectadores, nos encontramos saturados de precisões sobre as relações reais que as personagens mantêm entre si e com o mundo, com a sociedade.

O dramaturgo norte-americano, que pretende ler abertamente até mesmo no inconsciente das personagens e penetrar em todos os segredos de suas criaturas – o que é, pensando bem, uma atitude pouco psicanalítica – irá mesmo, em *Estranho Interlúdio*, duplicar o diálogo entre as personagens por intermédio do monólogo interior de cada uma delas, alguns lapsos e outros sonhos relatados, servindo de ligação entre eles. O romance dramático chega assim a zonas de densidade textual e psicológica às quais só o romance propriamente dito parecia alcançar até então. Mas a contrapartida desse "enriquecimento" permanece a mesma que em Górki: o processo de criação vai sempre do exterior para o interior. Paradoxalmente, quanto mais o autor determina a plástica de suas personagens, suas vestimentas, seu mobiliário, sua maneira de habitar o mundo, menos é o pensamento das personagens que comanda o drama.

Em *Longa Jornada Noite Adentro*, os cinco membros da família Tyrone permanecem prisioneiros, no final dos quatro atos, ou capítulos, na "mesma sala", e isso de manhã à noite. Prisioneiros dessa *bruma* – no fundo, o verdadeiro agente

---

9 *Long Voyage vers la nuit*, em *Théâtre complet*, t. x, Paris: L'Arche, 1965, p. 12.

dramático da peça – que vai progressivamente envolver a casa e invadir os espíritos. Desde o início do segundo ato, por volta de 12h45, "a luz [é] filtrada por uma bruma ligeira"; no terceiro ato, há "um crepúsculo prematuro, devido ao nevoeiro", sublinhado por uma "tromba de bruma semelhante ao gemido de uma baleia que parisse"; enfim, no ato quatro, "o muro de nevoeiro torna-se mais denso. Escuta-se o gemido da buzina de nevoeiro e o badalar dos sinos dos barcos amarrados". Estamos aqui dentro de um dispositivo que não deixa de evocar o de *A Intrusa* ou os de *Cegos*, de Maeterlinck, exceto que ele se enquadra não mais numa peça breve, mas numa dramaturgia-rio, entrecruzando, como nos mais densos romances psicológicos, o drama-da-vida de diferentes personagens: o encerramento de Mary na droga, de James no álcool e na avareza, de James filho na dissipação e de Edmund na doença e na impossibilidade de respirar – cada um em seu nevoeiro particular.

Além da evidente diferença com as obras de Górki, de Arthur Miller e de O'Neill, seu limite comum – o primado da exterioridade – nos leva a perguntar se essa "romancisação", que na opinião de Bakhtin tem vocação para emancipar o drama, não teria sido inspirada justamente para evitar o perigo de uma imitação muito direta do modelo romanesco. Em todo caso, trata-se do sentimento que se experimenta no exame de dramaturgias como as de Ibsen ou de Tchékhov, que jogam com o "modelo" romanesco sem jamais submeter-se a ele. Toda a arte de Ibsen, em suas peças de assuntos contemporâneos, prende-se, com efeito, à maneira como arranca o movimento dramático da inércia do romance subjacente. Consideremos o longo primeiro ato de *Os Espectros* (1881): na primeira metade, apresenta-se como a exposição de um drama burguês sobre o tema do retorno do filho pródigo; mas logo após Osvald – o filho pintor da senhora Alving, que voltou de Paris para uma temporada ilimitada junto à mãe – ter feito uma breve incursão em cena, o processo clássico da progressão dramática se interrompe, cedendo passo à pura retrospecção. Em outros termos, o drama-na-vida se apaga diante do drama-da--vida. No correr de uma áspera conversa entre a senhora Alving e o pastor Manders, que ela amou em outros tempos, e que talvez continue a amar, é todo o passado da família Alving que volta e invade o presente: a vida de depravação do camareiro Alving, morto há dez anos, que se dissimulava sob a máscara da virtude; o fato de que esse homem seduziu a empregada e teve com ela uma filha, hoje em dia empregada da casa; o desespero estoico da senhora Alving que, ao final de um ano de um casamento infeliz, queria se jogar nos braços do pastor e foi por ele mandada de volta a seus deveres de esposa e de mãe; a vontade indomável da senhora Alving de que seu filho tenha tudo dela e nada de seu pai, decisão que a conduz a afastar seu filho o mais possível da casa e sempre esconder-lhe a verdade sobre seu pai. Mais do que um retorno *ao* passado, assistimos a um retorno *do* passado. Não se trata, como em Édipo Rei, de fatos antigos que repentinamente se revelam para alimentar a ação. É o passado, o passado em bloco, que toma posse do presente dramático. O romance da casa Alving vem, de alguma forma, saturar o diálogo.

Uma temporalidade propriamente romanesca brota do intercâmbio entre a senhora Alving e o pastor Manders, que não param de fazer o balanço dos anos – de toda uma vida desperdiçada e destinada à mentira: os dezenove anos de casamento do casal Alving; o episódio, ao final de um ano de casamento, no qual a senhora Alving vem pedir refúgio e amor ao pastor; os dois anos de ausência de Osvald, que se foi de Paris; os dez anos de viuvez. Desse romance naturalista não escrito, palimpsesto do drama--da-vida, uma só réplica da senhora Alving, evocando seus anos de casamento com o camareiro, basta para nos dar o teor e a textura: "Suportei muita coisa nessa casa. Para retê-lo à noite, e na madrugada, tive que me transformar em colega de bebedeira lá em cima, em seu quarto. Ficar cara a cara com ele, brindar, ouvir suas obscenidades, agarrar-me com ele para colocá-lo na cama."[10]

Do presente dramático tradicional, desse presente de ação característico da forma dramática de Aristóteles a Hegel, só temos, nessa peça de espectros e de "aparições", um fantasma. O presente – o de um "dia de aniversário", escolhido intencionalmente, nos dez anos da morte de Alving – é apenas um estreito e precaríssimo promontório acima do abismo do passado: "Manders: Minha cabeça gira. Todo o seu casamento, todos esses anos de vida em comum não foram senão um redemoinho!"[11]

---

10 Henrik Ibsen, *Les Revenants, Les Douze Dernières Pièces*, t. i, Paris: L'Imprimerie Nationale, 1990, p. 313. (Coll. Le Spectateur Français.)
11 Ibidem, p. 312.

III. DRAMA-DA-VIDA: OS EXEMPLOS

O movimento dramático específico da peça – que nada tem a ver, repitamos, com a progressão linear de uma ação em direção à catástrofe – parece-me diretamente ligado a essa vertigem, a esse deslizar em direção ao abismo. O Ato I termina com uma cena de terror, levando a inquietante estranheza freudiana ao seu paroxismo. A senhora Alving ouve Régine, a empregada e filha secreta do camareiro, que está no cômodo vizinho, na sala de estar, exortar Osvald a largá-la: "Osvald! Você está louco. Me Larga!". Através do jovem casal, a senhora Alving acredita ver reaparecer o adultério de seu defunto marido e da empregada da época, mãe de Régine: "(*voz rouca*) Espectros. O casal do jardim de inverno voltou!" Nesse ponto da peça, no fim do primeiro ato, o romance virtual infundiu-se completamente no drama. A obra pode assim, nos dois últimos atos, cada vez mais breves, confessar sua forma íntima: *epílogo* de um romance não escrito no qual ela se apoiou. Régine abandona a casa. Parece destinada à prostituição. O pastor retorna à sua própria pusilanimidade e solidão. A "instituição", monumento erigido à glória da "virtude" do camareiro, subitamente é presa das chamas. Osvald, que se acha "carcomido", quer dizer, com uma sífilis transmitida por seu pai, pede à mãe para que o alivie, administrando-lhe, como último orgasmo, uma dose fatal de morfina: "Mamãe, dê-me o sol."

Baseado na repetição e na retrospecção, o movimento dramático de *Os Espectros* está todo contido no quadro estático de uma catástrofe sempre já advinda (no tempo matricial do romance). Assim, o autor rompe com a ação dramática tradicional e inaugura uma *dramaturgia do íntimo*, que procede não tanto de uma relação conflituosa entre as personagens, mas de uma dimensão *intrassubjetiva*, em que o drama se encontra ancorado na psique das personagens[12]. É assim que o movimento dramático criado por Ibsen ultrapassa o romance de tipo naturalista: do ponto de vista do romance, Osvald é vítima de uma sífilis pretensamente hereditária – crença científica da época, varrida pelos desdobramentos ulteriores da medicina; mas, no epílogo do romance, somos confrontados nesse drama-da-vida com personagens absolutamente modernas: um

---

12 Cf. meu ensaio, *Théâtres intimes*, Arles: Actes Sud, 1989. (Coll. Les Temps du Théâtre.)

jovem rapaz, obcecado pela presença-ausência de um pai que ele praticamente não conheceu, perseguido pelas forças invisíveis da repetição e da aparição; uma mulher de idade que em sua juventude renunciou ao desejo de liberdade, vítima de seus perseguidores íntimos. "Há em mim", termina por confessar a senhora Alving, "todo um mundo de espectros do qual não consigo me desfazer"[13].

Os Espectros e outras peças de temas contemporâneos de Ibsen podem ser qualificados de "romances dramáticos"? Sim, pois elas concorrem com os romances em suas investigações sobre várias décadas da vida de suas personagens; não, na medida em que só retêm o conteúdo do romance naturalista, não sua estrutura. Tchékhov, por sua vez, inventa uma forma dramática que não deixa de flertar, à distância, com o romance. "Minhas peças", gostava de provocar, "são complicadas como romances." Certamente. Mas elas também possuem uma fluidez, um *movimento dramático* inegável. Tudo se passa como se o autor de *As Três Irmãs* chegasse a transpor para o drama essa *escrita do tempo* que, até o presente, só pertence ao romance. Cinco anos, mais ou menos, se passam na casa dos Prosorovs entre o primeiro e o quarto e último ato da peça, cada ato delimitando um dia na vida de André, de suas irmãs, de sua mulher e de todo esse pequeno mundo, principalmente militar, que gravita ao redor deles. Em cada etapa, conhecemos a estação, a hora exata do dia e constatamos que o "sol brilha" (I Ato), "que não há luz" (II), que "o dia começa a surgir", ou que é "meio-dia" (III). O tempo, no sentido atmosférico, se alia à temporalidade para criar esse meio quase impalpável no qual as personagens evoluem. Desde a primeira réplica da peça, todos os tipos de tempos são convocados: tempo do calendário, tempo psicológico do luto (do pai, tanto quanto do sonho de uma vida ideal "em Moscou"), tempo do pêndulo, tempo linear do cotidiano, tempo cíclico da alternância das estações, tempo cerimonial das festas e aniversários, "tempo" meteorológico:

OLGA: O pai morreu justamente há um ano, um ano, hoje mesmo, 5 de maio, dia da sua festa, Irina. Fazia muito frio, nevava nesse mesmo dia. Eu me dizia que eu não sobreviveria, você estava acamada,

13 *Les Revenants*, p. 324.

como se estivesse morta. Mas eis aí um ano passado e disso tudo nós nos lembramos ligeiramente, você já está de vestido branco, sua fisionomia brilha (*O pêndulo bate meio-dia.*). O relógio também soava naquele dia.[14]

Antes do que represar esse tempo, dominá-lo, canalizá-lo, ligando-o ao desenrolar de um conflito, de uma intriga, ou mesmo simplesmente de uma anamnese, como o faz O'Neill, Tchékhov o deixa aparecer bem livremente em toda a sua variedade e aparente vacuidade. "De que serve lembrar-se", retruca Irina a Olga, que evoca em detalhe o enterro do pai. Essa réplica poderia parecer anedótica – todas as palavras das personagens de Tchékhov têm essa aparência; ela é essencial; sujeitos ao tempo, as personagens de *As Três Irmãs* não param de repetir e de se persuadir de que são perfeitamente "esquecíveis".

VERCHININE: Eu conheci a mãe de vocês.
TCHEBUTKIN: Era uma boa pessoa. Que Deus a tenha.
IRINA: Mamãe foi enterrada em Moscou.
OLGA: Em Novo Divitchi.
MACHA: Imaginem que eu começo a esquecer seu rosto. Nós também, é igual, ninguém se lembrará mais de nós. Seremos esquecidos.
VERCHININE: Sim, seremos esquecidos. É o destino, nada a fazer. O que nos parece grave, importante, muito sério – no tempo que virá será esquecido, não terá a menor importância.[15]

O teatro de Tchékhov marca o fim do herói cujos atos garantem a memória; é preciso entrarmos definitivamente na era do homem ordinário, que não se define por seus atos, mas quando muito por suas veleidades. O autor de *As Três Irmãs* reúne vagas esperanças, ocasiões perdidas, ilusões bem ancoradas, nostalgias, decisões sem sequência, alguns acidentes podendo se tornar mortais e estúpidas passagens ao ato... Nem mesmo a morte teria a consistência de um evento verdadeiro; a de Tuzenbach, num duelo que acontece nos bastidores, no final da peça, logo parece apagada pela canção amarga e derrisória de Tchebutkin, que no instante anterior anunciava a Irina que o barão acabara de suicidar-se: "Tchebutkin (*cantarola*

---

14 *Les Trois soeurs*, op. cit., p. 9.
15 Ibidem, p. 24.

suavemente): Tara...ra...bumbiê... Tamara mum-bliê (*lê o jornal*). Sem importância! Sem importância!"

Com absoluta tranquilidade e ar despreocupado, Tchékhov desafia duplamente o princípio aristotélico segundo o qual a fábula de uma peça não poderia adotar a forma de uma crônica, que transgride a sacrossanta unidade de ação, pois ela é, conforme *A Poética*, "a exposição não de uma ação única, mas de um período único, com todos os acontecimentos produzidos em seu curso, afetando um só ou muitos homens, fazendo-os manter relações contingentes entre si"[16]. Ora, Tchékhov não se contenta em menosprezar o "necessário" e instalar sua dramaturgia no contingente; além disso, escolhe uma forma paradoxal de crônica: a crônica de fatos e de personagens não memoráveis, mas esquecíveis. Da cerejeira de sua última peça, a posteridade talvez se lembre que existiu. Ao contrário, é certo que ela própria apagou de sua memória os que foram seus ocupantes. Trabalhando essa matéria humana, sempre já obsoleta, o "devir" de uma comunidade que se sabe devotada à obscuridade, ao desaparecimento e ao oblívio, fazendo de suas personagens criaturas do tempo (crônica vem de *kronos*, tempo), Tchékhov, melhor do que ninguém, põe à luz o drama-da-vida de seus contemporâneos: personagens "esquecíveis", destinadas a uma vida "que não pode ser vivida". "Tchebutkin: Não tive tempo de me casar porque a vida passou como um relâmpago."[17]

Aristóteles considera que "a poesia é mais filosófica e mais nobre do que a crônica", pois a poesia trata antes do mais geral, e a crônica do particular". Tchékhov vai além: ele *generaliza o particular*. Suas crônicas romanescas, de aparência tão descosidas e evanescentes, não param de nos falar do mundo – daquilo que Wagner chama de "romance de época" – não lhes restabelecem menos a subordinação, essencial à criação do movimento dramático, do *exterior* em relação com o *interior*. O interior, nesse caso, depende menos da relação interpersonagens do que da relação intrassubjetiva e fantasmática de cada uma das personagens – que filosofam sem moderação – com o mundo que lhes envolve.

---

16 Aristóteles, *La Poétique*, Paris: Ed. du Seuil, 1980, p. 119. (Coll. Poétique.)
17 *Les Trois soeurs*, p. 68.

A CENA SEM FIM

Oposto ao romance dramático, existe uma outra atualização do drama-da-vida que se condensa ao extremo e que pretende nos dar a quintessência de uma vida inteira. De qualquer maneira, a parte pelo todo; uma sinédoque da vida. Dramaturgia do fragmento, que não poderia comportar nem começo nem fim, e menos ainda meio. Uma forma da modernidade em contravenção absoluta com Hegel e Aristóteles.

Já fiz alusão ao *potlatch* ao qual se teria entregue Strindberg, desde 1872, com uma de suas primeiras peças, *O Fora da Lei*: "A peça, em cinco atos, estava terminada quando percebi o quanto dava uma impressão de descosida, de falta de harmonia. Eu a queimei e de suas cinzas nasceu um só ato de cinquenta páginas, que durava uma hora."[18] Ora, no final dos anos 1880, é justamente essa forma contínua e extremamente tensa que ele denomina "condensada", com a qual o dramaturgo sueco chega definitivamente *Senhorita Júlia* (1888), à mestria, com *Credores* (1888) e uma série de formas breves, entre as quais *Pária* e *A Mais Forte* (1889). Impressionado com a experiência dos "quinze minutos" de Lavedan e de Guiche, no Teatro Livre de Antoine, Strindberg desenvolve a ideia de que "todo drama" pode ser "resumido numa cena", e pretende que "o gosto da época, dessa época agitada e conturbada, parece levar ao breve e ao expressivo", e que "uma cena única, chamada de 'um quarto de hora', parece querer se tornar o tipo de peça que convém ao homem moderno"[19]. De fato, a questão da brevidade não é para ser tomada ao pé da letra. Seria melhor falar de "forma pequena" ou de "tornar-se menor" de um drama que pretende emancipar-se definitivamente da forma canônica de cinco atos e operar sua conversão do drama-na-vida em drama-da-vida por meio um caminho inverso ao do romance dramático, todo em expansão. Uma expressão desses mesmos anos 1880 conviria perfeitamente para qualificar esse tornar-se menor, se não tivesse sido desnaturada pela polêmica: essa "fatia da vida" propugnada por Jean

---

18 A. Strindberg, *Théâtre cruel et théâtre mystique*, Paris: Gallimard, 1964, p. 105. (Coll. Pratique du Théâtre)
19 Ibidem, p. 83-84.

Jullien que se caracteriza, relembremos, pela ausência de cenas de exposição, assim como por cenas de desfecho.

Sobre as razões da emergência dessa pequena forma, poderíamos certamente nos filiar aos argumentos de Peter Szondi, para quem "a peça em um ato é bem, mesmo no plano formal, o drama do homem privado de liberdade". De fato, para o hegeliano Szondi, a forma dramática não poderia estar separada da noção de colisão de paixões, de vontades e de decisões. Todavia, Strindberg, que levou ao seu pináculo a cena sem fim (nem começo), e todos aqueles que depois fizeram reviver essa fórmula, situam-se ao lado de Nietzsche, não de Hegel. Ao lado daquilo que Deleuze chama de "movimento real". Ao lado de uma dramaturgia que "encarna ideias" e que lhes dá intensidade, ao contrário da dialética hegeliana do drama que só põe em jogo – ou melhor, em *representação* – conceitos.

Strindberg retoma de Nietzsche a ideia de confronto entre credor e devedor. Do "combate entre cérebros" podendo chegar a um "assassinato psíquico", com frequência ligado à luta dos sexos. A fim de contrariar a propensão de seus contemporâneos à autoflagelação, o autor de *Senhorita Júlia* e de *Credores* põe em cena "a relação mais antiga entre pessoas", da qual nos fala Nietzsche, "a relação entre comprador e vendedor, entre credor e devedor: é aqui que, pela primeira vez, uma pessoa se defronta com outra, é aqui que, pela primeira vez, uma pessoa se mede com outra"[20]. Mesmo quando põe em cena dois homens, como no início de *Credores*, ou em *Pária*, ou duas mulheres, como em *A Mais Forte*, a cena sem fim em Strindberg toma ares de uma cena doméstica (e de uma guerra de nervos). Atrás das pequenas e incessantes censuras que um marido ou uma esposa faz a seu cônjuge, sob as palavras ferinas e os ataques um tanto infantis, não de todo sérios que o senhor X e a senhora Y se fazem em *Pária*, põe-se em marcha um "sistema de crueldade" fundado no combate até à morte do credor e do devedor. É assim que Jean, o empregado da casa, no fim de uma cena doméstica que dura toda uma noite de São João, acaba por estender a Júlia (a filha do conde, que ele acaba de fazer sua amante) a navalha com a qual ela cortará sua própria garganta. Em sua brevidade, essa

---

20 Friedrich Nietzsche, *La Généalogie de la morale*, Paris: Gallimard, 1971, p. 75. (Coll. Folio Essais, n. 16.)

"crise de linguagem" que constitui, segundo Roland Barthes, a cena doméstica, se apresenta como cena sem fim. Crise terminal que abraça toda uma existência, do nascimento – modesto, como o de Jean, ou aristocrático, como o de Júlia – até a morte.

JEAN: Você me odeia também?
JÚLIA: Mais do que com palavras! Queria lhe abater como se você fosse um animal.
JEAN: Como se mata um cão raivoso. É isso que você quer dizer?
JÚLIA: Exatamente.
JEAN: Mas não tem arma nem cachorro. Então, o que vamos fazer?
JÚLIA: Ir embora.
JEAN: E nos atormentarmos até a morte.
JÚLIA: Não, o prazer, dois dias, oito dias, tanto quanto possamos tê-lo e, então, morrer...
JEAN: Morrer? Isso é idiota! Se é assim, acho melhor montar um hotel.[21]

O fato de que Jean e Júlia sejam socialmente desemparelhados poderia fazer crer num simples drama da desunião, fruto de uma aliança entre classes distintas. Ora, a dramaturgia de Strindberg visa algo mais alto. Ela põe em cena o trágico da união impossível. É o desejo de fusão que provoca a catástrofe íntima. "Sonho de união total: todo mundo diz que esse sonho é impossível e, no entanto, ele existe. Eu não o abandono", assim é, na palavra de Roland Barthes, a húbris da personagem de Strindberg. A isso se acrescenta o fato de que, no seio do casal, cada um – e mais ainda as personagens masculinas do que as femininas – tem a impressão de ser a vítima e, por isso, o credor do outro. Justamente na peça intitulada *Credores*, vimos no capítulo I que Gustavo, o antigo marido de Tekla, se apresenta ao novo marido, Adolfo, um jovem artista pintor, durante a ausência da mulher e sem lhe revelar a sua identidade. Sob o pretexto de ajudá-lo a sair de seu marasmo e suas moratórias, Gustavo literalmente hipnotiza o jovem marido e procura persuadi-lo de que Tekla é uma mulher-vampiro que absorve suas forças vitais e sua energia criativa. Inventa um estratagema mortal no final do qual irá seduzir sua ex-mulher sob os olhos de

---

21 A. Strindberg, *Théâtre complet*, t. II, Paris: L'Arche, 1983, p. 307. Sobre a cena de casal, cf. Sylviane Agacinski, *Le Drame des sexes, Ibsen, Strindberg, Bergman*, Paris: Éd. du Seuil, 2008. (Coll. La Librairie du XXIe siècle.)

Adolfo, escondido no aposento ao lado. Constatando a traição de Tekla, o jovem pintor logo se abate.

GUSTAVO: Você sabe onde está seu marido?
TEKLA: Acho que agora sei. Está no quarto ao lado. Ele ouviu tudo, ele viu tudo. E quem quer que tenha visto seu destino deve morrer.

Adolfo aparece à porta da varanda, pálido como se estivesse morto, uma ferida num dos joelhos sangra, ele permanece imóvel; olhos sem expressão, baba em torno da boca.

GUSTAVO (*sobressaltado*): Olha ele aí! Acerte as contas com ele e verá se ele é tão generoso como eu. Adeus!
TEKLA (*vai ao encontro de Adolfo, de braços abertos*): Adolfo, minha querida criança. Você está vivo? Diga, diga! Perdoe a Tekla malvada. Perdão, perdão. Me responda, querido, você me entende? Meu Deus, ele não me entende, não está me ouvindo. Ele está morto, Deus do céu, meu Deus, vinde em nosso socorro, socorrei-nos.
GUSTAVO: Caramba, ela também o ama! A pobre mulher![22]

Se a cena contínua é *sem fim*, é num duplo sentido: um final aberto, seguramente, mas que dispõe a possibilidade de um *recomeço*, assim como o retorno do antigo marido Gustavo, que é o motor de *Credores*; ou em obras mais tardias, dos anos de 1900, em que, em *Tempestade* (1907), por exemplo, ocorre de um homem velho, há muito separado de sua mulher, continuar a viver com ela cenas domésticas, de modo alucinatório; ou que em *O Pelicano* (1907), em que um marido morto consegue voltar para perseguir sua mulher, tal como um credor, sob a forma – metonímia genial! – de uma cadeira de balanço vazia que se põe a balançar. Vê-se que a forma (relativamente) breve da cena sem fim possui aqui uma amplitude desmesurada; ela abrange todo o drama-da-vida. "Temas breves de grande alcance", diria Mallarmé.

Os antagonistas da cena sem fim estão presos a um processo repetitivo e a um confronto paroxístico, contínuo, que se alimenta paradoxalmente dos menores e mais insignificantes elementos da vida cotidiana: no início de *A Dança da Morte* (1901), o Capitão pede a Alice que toque alguma coisa no piano. "Você não gosta do meu repertório", ela retruca. É a própria matéria mais ordinária da vida que fornece o trágico no drama-da-vida. Numa

---

22 Ibidem, p. 366.

adaptação um pouco condescendente da peça – "de uma tragédia conjugal burguesa" fazer "uma comédia sobre as tragédias conjugais burguesas" –, Dürrenmatt compreendeu bem quem reforça a sinédoque da cena doméstica e a faz uma metáfora – a vida como um combate em doze *rounds*, pontuada por golpes de gongo e do qual os dois lutadores, Alice e Edgar, saem aterrados[23].

A dimensão englobante, repetitiva e retrospectiva da cena doméstica aparece mais claramente numa peça que se situa de modo manifesto na herança de Strindberg. Penso em *A Música* (1965) e, mais particularmente, em *A Música Segunda* (1985) de Marguerite Duras. Nessa obra, a autora expande ao máximo os limites da cena sem fim: do lado do nascimento do amor; do lado da morte. Opondo dois velhos esposos, Michel Nollet e Anne-Marie Roche, que se encontram num hall de hotel após terem acertado as últimas formalidades de um divórcio, a peça original se apresenta como uma verdadeira máquina de recuar ao tempo do amor.

ELA (*tenta se lembrar*): Nós ficamos quanto tempo neste hotel antes de morarmos na casa? Não sei quanto tempo duraram os trabalhos... três meses? Seis meses?
ELE (*esforçando-se para lembrar-se*): Talvez três meses, me parece. Foi nesse hotel que se passou o período mais extraordinário de sua história.
(*Ambos ficam total silêncio.*)
ELA: É um pouco estranho, você não acha, que a gente se lembre tão mal?
ELE: Certos momentos parecem mais claros do que outros... Mas acho que o que está por trás desses momentos também faz parte da memória... nem sempre se sabe.
ELA (*muito direta, mas como se falasse da memória em geral, não da sua*): E há momentos que estão sob plena luz.
ELE (*do mesmo modo*): O inferno, por exemplo?
ELA: Por exemplo, sim...
ELE: As saídas de um túnel?... Certas... reconciliações... não é?
ELA: Sim.[24]

A inversão do processo dramático é tão clara que traz para o final da peça uma irresolução – a música – das referências

---

23 Friedrich Dürrenmatt, *Play Strindberg, Danse de mort d'après August Strindberg*, Paris: Gallimard, 1973, p. 86. (Coll. Théâtre du Monde Entier.)
24 Marguerite Duras, *La Musica*, em *Théâtre*, t. I, Paris: Gallimard, 1965, p. 153.

temporais das duas personagens. "Ele: O que se passa? / Ela: Quando? / Ele: Agora. O começo ou o fim? / Ela: Quem sabe?" E é com esse traço na contramão de toda ação dramática tradicional que se inscreve *A Música Segunda*, com retomada e prolongamento mais tarde na noite de *A Música*. Esse prolongamento é a prova de que o movimento retrospectivo e repetitivo da cena doméstica não poderia ser interrompido – "Ela: Você vai recomeçar? / Ele: Sim.[25]" –, mas também constitui uma abertura para essa dramaturgia *no condicional*, para essa dramaturgia do optativo que encontramos em certos textos de Duras – *Destruir, Diz Ela* ou *A Doença da Morte*:

ELE (*diz ao público*): Uma tarde, os vizinhos chamaram a polícia. Eles queriam nos levar à delegacia para te proteger de mim.

Ralentando. Um tempo.

ELA (*diz ao público*): Depois não chamaram mais os vizinhos. Eles não foram mais chamados.

ELE: Depois, não chamaram mais ninguém. (*Um tempo.*) Depois a gente morre. (*Um tempo.*) Nos encontraram mortos. (*Um tempo.*) Juntos (*Um tempo.*) No chão.

ELA: Sim.

Silêncio. Depois, de súbito, ele soluça baixinho. O rosto nas mãos. Sob as mãos, os olhos fechados, o rosto permanece contrito.

ELE: Eu quero uma história contigo. Quero isso. Viver contigo. Partir contigo. Fechado contigo numa casa. Quero isso. É isso. Quero isso.[26]

Em Jon Fosse, a dramaturgia do casal, cujo *leitmotiv* parece ser "completamente sozinho / e junto", reforça igualmente a cena sem fim e participa dessa dimensão mental e onírica, próxima do "jogo de sonho" que se encontra em Duras, em *La Musica deuxième*. Uma peça em particular – *E Jamais Nos Separaremos* (1994) – se baseia exatamente no princípio da "cena doméstica" de Strindberg, nessa exigência de fusão que engendra o trágico da separação. Uma mulher, "Ela", um pouco agitada e atormentada, espera freneticamente um homem, seu companheiro: "É preciso que ele venha agora / É preciso que ele venha / Que venha para perto de sua amiga / Que ele venha, que ele venha,

---

25 Idem, *La Musica deuxième*, Paris: Gallimard, 1985, p. 72.
26 Ibidem.

que ele venha" etc. Ela se interrompe e se dirige primeiro com ternura, depois com um tom de provocação sensual – *"Ela ajeita seus seios, tornando-os salientes:* – Você não vê como eu sou (*espicha a palavra*) soberba" – ao homem que ela acredita ver, ali, ao seu lado, do "outro lado do canapé", onde não há ninguém. Mais tarde, quando o homem, denominado Ele, abre *"a porta da cozinha [...], avança como se não a visse [...] depois levante os olhos e a olha, lhe sorri"*, a angústia e a espera a tomam novamente e então, agora que Ele está dentro do aposento, Ela pensa Ele que foi embora, para longe dela:

Ele não pode ir assim / Ele vai voltar, sem dúvida / Não é possível ir embora assim.

Ela o olha, vê que ele permanece imóvel, rígido [...] Ela fica ali, a olhá--lo. Desesperada.

Agora sem dúvida ele vai voltar logo / Ele não pode me deixar desse jeito / Ele me faz tanta falta / Não, ele não me faz falta / Ninguém me faz falta / Eu sou grande, forte e bonita / Mas ele não pode ir embora assim / É meu rapaz / meu homem / Não pode me deixar assim.[27]

A peça inteira se desenrola nesse regime de uma ausência vivida como uma presença, e vice-versa. Os desaparecimentos do homem nada têm de fugas anedóticas; elas tocam a ausência definitiva – a morte: "mas você está aí. E eu que acreditava que você tivesse desaparecido para sempre como na morte". Quanto ao aparecimento, no segundo tempo da peça, de uma terceira personagem, a Garota, que vem, aparentemente, formar com os dois outros o clássico triângulo do adultério, ela é, ao mesmo tempo, enganadora e vertiginosa: Ele se encontra na mesma dependência diante da Garota que Ela tem diante dela. "Ele (*olha a Garota*): Não me deixe. Você me faz falta o tempo todo. (*desesperado*) Não vá!" Isso se dá a tal ponto, que o espectador pode se perguntar se a Garota não é um duplo ou uma hipóstase d'Ela, antes que uma rival. Pouco importa, dado que nesse teatro todo acontecimento se torna anedota, e toda anedota é logo transcendida. A cena sem fim só tem aqui um objetivo: dar livre curso ao drama-da-vida.

---

27 Jon Fosse, *Et jamais nous ne serons séparés, Un jour en été, Dors mon petit enfant*, Paris: L'Arche, 2000, p. 24.

ELE (*a olha*): A vida é apenas espera.
ELA (*faz que sim com a cabeça*): O que é preciso esperar
[...]
ELA: Eu não posso esperar assim / Não posso fazer senão esperar / A vida é apenas espera / Depois, isso faz mal e em seguida a espera acaba. (*Silêncio. Interrogando.*) A vida é isso [...] Posso esperar / Pois a vida é apenas espera / Eu espero. (*Ela ri brevemente.*) Posso muito bem ficar sozinha / não estou sozinha.[28]

Amortecidos, envolvidos numa espécie de melopeia hipnótica em Fosse, o trágico e a violência, ao contrário, explodem em Norén. *A Força de Matar* (1979) abre com o Pai, transido de frio, que, no apartamento do Filho, lhe suplica para que feche a janela, e acaba nos golpes de faca que o Filho aplica no Pai. Nesse meio-tempo, o Pai empenhou-se em desqualificar o Filho para a amante deste, após ter com ela se deitado. A peça, que não deixa de lembrar o engajamento até à morte das criaturas de Strindberg, como em *Credores* ou em *Dança da Morte*, relata, ao modo de uma cena sem fim, uma tentativa trágica de liberação do jugo paterno: "O Filho: Eu lhe disse que tinha a intenção de me livrar de você." Mas ela o faz num combate tão físico quanto psíquico, em que a força dos punhos está diretamente ligada à dos cérebros.

O Filho ergue a faca.
O PAI: O que você imaginava! Jogue isso fora! Se você não jogar, eu vou te esmagar... E você queria tentar me matar! Você treme. Experimenta se for valente; eu vou liquidá-lo, entende? Estou farto desse seu terror! Jogue fora a faca! Erik! Pare! Não, não faça isso, não faça isso!
(*O Filho lhe golpeia.*)[29]

O objetivo de Norén não é o de se deleitar com a exibição de criminosos e de personagens psicopatas. Trata-se antes de traduzir literalmente, de traduzir *fisicamente* em cena os conflitos íntimos, intrapsíquicos. O que Fosse consegue revelar pela lentidão, pela repetição e por variações ínfimas, Norén alcança pela histeria de uma ação exterior levada a seu paroxismo. O que

---

28 Ibidem, p. 76-79.
29 Lars Norén, *La Force de tuer*, Paris: L'Arche, 1988, p. 82. (Coll. Scène Ouverte.)

é típico na dramaturgia de Norén é conjugar uma inscrição na contemporaneidade mais imediata, no cotidiano dos europeus de hoje, com uma dimensão arcaica, na qual se exprimem as pulsões. Em *Sangue* (1995), como em *A Força de Matar*, a relação se pauta por golpes de faca: um jovem estudante de medicina assassina, após ter feito de cada um seu amante, o casal formado por um psiquiatra e uma jornalista, ambos antigos refugiados políticos chilenos. O jovem acaba de descobrir que ambas as pessoas são seus pais, dos quais foi separado com a idade de sete anos. Nessa peça, ouvimos falar de Patrice Chéreau e de sua *Rainha Margot*, de Thomas Bernhard, de Keith Jarret etc. Em resumo, de tudo que faz a cultura ambiente de uma jornalista, de um psiquiatra e de um estudante de medicina que vivem em Paris em fins do século xx. Mas, ao mesmo tempo, somos confrontados a uma "versão moderna" de *Édipo Rei*. Maneira de distanciar-se do que a peça de Norén pudesse ter de anedótico e de melodramático. Maneira também de extirpar o intimismo – o doméstico – do íntimo. Tudo o que a cena doméstica, a cena sem fim, deve abandonar se quiser alcançar o drama-da-vida.

A acumulação quase paródica das atrocidades – violações, torturas, enucleações, trocas verbais obscenas, antropofagia revestida de coprofagia etc. – se encontra em *Ruínas* (1995), a primeira peça de Sarah Kane, a mesma função que as variações minimalistas sobre a existência mais cotidiana possui nas peças de Fosse. Com uma espécie de raiva, a jovem dramaturga inglesa incrusta a cena sem fim naquilo que ela considera como o ápice do horror planetário. É assim que, um pouco à maneira de Bond, "num quarto de hotel muito luxuoso em Leeds", seus dois ocupantes, Ian, 45 anos – sabe estar condenado por uma doença –, e Cate, 21 anos, se encontram no coração da violência mais extrema, a dos assassinatos em série, guerras civis, terrorismo e genocídios. Toda a "ação" da peça, que é essencialmente sexual – entre Cate e Ian, que a violenta, depois entre o Soldado e Ian, a quem ele faz sofrer a mesma coisa – está contaminada por uma extrema violência. Como se a pressão da desumanidade só pudesse ser idêntica entre o quarto, pseudorrefúgio, e o teatro do mundo exterior. Na última cena da peça, Cate retorna ao quarto devastado, onde se encontram um Ian cego e quase agonizante e o cadáver do Soldado, que "estourou os miolos": "ela carrega nos braços um bebê esfomeado que uma mulher [lhe] deu", e que logo ela deverá enterrar sob uma tábua do assoalho. Cate anuncia a seu companheiro que "todo mundo na cidade chora". Penetrados até o mais profundo de seus corpos pela violência exterior, os dois companheiros, que por vezes têm algum sobressalto de raiva, são invadidos pela doçura mórbida de uma infinita regressão:

CATE (*Tira um lençol e com ele se enrola. / Senta-se ao lado de Ian, perto de sua cabeça. / Ela se farta de salsicha, de pão e os engole com gim. / Ian escuta. / Ela dá de comer os restos a Ian. / Derrama-lhe gim em sua boca. / Ela acaba de dar comida a Ian e senta-se um pouco afastada, as pernas encolhidas para se manter aquecida. / Bebe gim. Chupa o polegar. / Silêncio. / Chove.*)
IAN: Obrigado. (*escurece*)[30]

Mas a crueldade que, de Strindberg a Kane, é o apanágio da cena sem fim também pode tomar as aparências da comédia em Hanokh Levin e despertar o riso. O mais cruel deles. As primeiras palavras de Iona, o marido de Leviva, que começa por "no curso de uma noite urbana de inverno, no quarto de dormir", uma cena doméstica homérica, são essas:

Sou um homem acabado. Obrigado a olhar / a verdade de frente: Sou um homem / acabado. / Como isso aconteceu? / Quando era criança; / Eu tinha o mundo ao alcance da mão. / Como tudo se desfez, / dissolveu-se entre meus dedos [...] E a isso se chama / A vida conjugal; mentira, / nada mais do que mentira. / Sim, a primeira coisa a fazer / é esvaziar essa cama de toda mentira (*ele se debruça sobre Leviva*) / O que eu tenho em comum com esse monte de carne / que docemente se submerge num sono tranquilo, / vendo em sonho paisagens longínquas / onde eu não me encontro?[31]

No clímax da cena doméstica, por volta das duas da madrugada, quando Iona já fez a mala e se apronta para partir, bate à porta outro insone, Gunkel, "um vago amigo", que se introduz no quarto com suas próprias angústias existenciais: "Toda minha vida me apareceu repentinamente; ela desfilou, / de uma ponta

---

30 Sarah Kane, *Anéantis*, Paris: L'Arche, 1998, p. 87-88. (Coll. Scène Ouverte.)
31 Hanokh Levin, *Une Laborieuse entreprise*, em *Théâtre choisi I, Comédies*, Paris: Maison Antoine Vitez, 2001, p. 121.

a outra, em um longo túnel escuro, / no qual me arrasto depois de 55 anos, / sozinho e em pânico, guinchando como um rato gordo."[32] Escutando as lamentações de Gunkel, Iona se encontra "sentado na cama", em prantos, e desde então persuadido de que "não há para onde fugir", e de que "somos todos Gunkel" – "com ou sem mulher". Em plena noite e após ter pressentido que o "livro de sua vida está acabado", Iona morre. No epílogo, Leviva se encontra na cabeceira de Iona morto e dialoga com ele, que está sempre desgostoso com sua própria vida. A esposa se dirige então ao público: "Desculpem-me. Sem dúvida eu sou uma imbecil. / Mas, assim mesmo, vivi um pouco. Me aconteceram duas ou três coisas. / E se essa noite tem um escritor entre vocês, / se ele procura um assunto interessante, / estou pronta para encontrá-lo / e contar-lhe tudo."[33] O apelo foi ouvido por um dramaturgo, Hanokh Levin. A peça se intitula *Uma Empresa Trabalhosa*. Excelente metáfora para um drama-da-vida.

DRAMA EM ESTAÇÕES

Da mesma maneira que a cena sem fim pode se referir, ainda que negativamente, ao modelo aristotélico-hegeliano, com relação ao qual ela procede por amputação (do começo e do fim) e por compressão, o drama moderno em estações – o *Brand*, de Ibsen ou o *Roberto Zucco*, de Koltès, passando por todo o teatro expressionista – se enraíza firmemente no teatro medieval tardio. A razão desse retorno do recalcado medieval é simples: os dramaturgos não querem mais dar conta de um conflito, mas do percurso, do itinerário através das provações da existência, de uma ou duas personagens tendo um valor exemplar – *imagos*, de alguma forma. Não se trata aqui, como na cena sem fim, de recorrer à sinédoque; é a metáfora que prevalece, a do *caminho da vida*, no qual se procura retraçar, uma a uma, as principais etapas. Recortar o percurso em certo número de estações, assim é o procedimento próprio ao teatro da Idade Média, que certos autores, tais como Ibsen, Strindberg, Kaiser, retomarão com

---

32 Ibidem, p. 151.
33 Ibidem, p. 166.

proveito, mas também, mais perto de nós, o Botho Strauss de *Grande e Pequeno* (1978), o Kroetz de *Terras Mortas* (1985) ou o Koltès de *Roberto Zucco*... O escalonamento das estações permite concentrar em alguns momentos cruciais o desenvolvimento épico de uma vida, preservando assim a tensão dramática.

"Estação" – os alemães falam de *Stationendrama* – não deve ser tomada no sentido comum de parada ou de pausa, mas naquele de origem religiosa, de lugar onde (ou diante do qual, caso seja um altar) paramos para rezar no curso de uma procissão. O movimento dramático religioso ou profano dos teatros medievais sérios, imitava o da procissão ou da peregrinação; os dramas modernos em estação deles se lembrarão, secularizando-os. Quanto aos modelos que puderam inspirá-los, pensamos imediatamente nas Paixões de Cristo. Tanto mais que se sabe que Strindberg, na época em que escreve *O Caminho de Damasco, 1* (1898), é fortemente influenciado pelo exemplo da *Paixão* de Oberammergau, na Baviera, representada a cada dez anos desde 1634, por amadores. Mas as influências são tantas que permitirão a eclosão dessa forma nova inspirada na Idade Média; existe a prática do conto de fadas – *A Viagem de Pedro, o Feliz* (1882), de Strindberg, realça esse gênero, e o *Peer Gynt* de Ibsen lhe é aparentado –, gênero que se apoia de bom grado sobre o conteúdo e, sobretudo, sobre a estrutura do conto, do qual se sabe proceder por etapas e provações sucessivas. Seria preciso, no entanto, não esquecer esse outro gênero medieval, a *moralidade*: *Brand* pode ser considerado como uma moralidade moderna.

O esquema diretor das moralidades medievais era, segundo Werner Helmich, "a viagem do homem" caminhando por entre vícios e virtudes, "a peregrinação de uma vida humana caracterizada por uma sequência de estações personificadas [...] pelas quais o viajante deve passar"[34]. Hofmannsthal ressuscitará, aliás de modo espetacular, a moralidade com seu *Jedermann* (Todo Mundo, 1911), processo de um rico malvado que o Senhor Deus pune e conduz ao arrependimento e à condenação à morte. Ibsen, por sua vez, não se preocupa com arqueologia e reinventa muito livremente a estrutura medieval da peregrinação

---

[34] Werner Helmich, La Moralité: Genre dramatique à redécouvrir, em Gari R. Muller (dir.), *Le Théâtre au Moyen Âge*, Bruxelas: L'Aurore/Univers, 1981, p. 205-237.

de vida. A primeira didascália da peça nos apresenta um Brand que possui todos os atributos do peregrino e que, além disso, está prestes a caminhar em viagem: "Brand, vestido de preto, munido de um bastão e de um saco, progride com dificuldade em direção ao leste." Logo um camponês, que ali se encontra, adverte nosso protagonista: "Você vai se perder..." Caminho de santidade ou caminho de perdição, o itinerário de Brand é ao mesmo tempo um e outro. Caminho de errância não apenas de Brand, mas de toda a humanidade, que pode dizer com seu representante na peça: "E o rastro do caminho, nós o perdemos." Em baixo contínuo, ouvimos o risco de desmoronamento, físico e espiritual. A iminência da queda no abismo.

O que faz a modernidade desse desvio do gênero medieval é que Ibsen trata a metáfora do caminho da vida em sua *literalidade*, e não em conformidade com esse neoplatonismo próprio de um gênero medieval, que não visava o "mundo das coisas, mas a realidade das ideias". A peça de Ibsen retraça ao mesmo tempo o itinerário físico e a progressão espiritual do protagonista e de sua família. Em particular, de sua mulher e do filho que Brand irá sacrificar em sua vocação. Mas o que permanece profundamente medieval, e que transgride o modelo hegeliano do drama, fundado na expressão da vontade e das decisões das personagens, é o fato de que a ação não procede da interioridade de uma personagem tomada em uma relação interpessoal, mas de uma vontade superior e transcendente. O desenvolvimento de um drama tal como *Brand*, caso ainda se possa falar de desenvolvimento, não se efetua sobre o modo da progressão dramática, mas sobre o modo *paradigmático* que já evoquei a propósito de Brecht – daí a sucessão de quadros autônomos e as grandes elipses temporais. A divisão em atos da peça é apenas um artifício. Tal tipo de divisão operava, no quadro do drama-na-vida, a sutura das ações que garantia o desenvolvimento orgânico. Ora, aqui temos a questão, dezenas de anos antes de Brecht, de um recorte em quadros e de um princípio de montagem. O ritmo da peça não é aqui o de uma ação que tende para o seu próprio fim; caracteriza-se, ao contrário, por *saltos* de um momento cardinal da vida de Brand para outro.

O que é que, por exemplo, liga o ato II ao ato III, entre os quais se passam três anos? De um lado, o casamento, anunciado no II e consumado no III, de Brand com Agnes; de outro, a morte, previsível em II, advinda em III, da mãe de Brand. Somos irresistivelmente levados a pensar na teoria dos quadros elaborada por Diderot e a essa lógica paradigmática dos "momentos favoráveis" de um pintor como Greuze. O *leit-motiv*, ora implícito ora explícito, da peça é bem expresso por Agnes no ato IV: "Escolhe, você está na encruzilhada dos caminhos!" Como já sugeri, o itinerário de vida é pontuado por encruzilhadas e escolhas que nada têm a ver com as decisões que uma personagem possa tomar no contexto do drama--na-vida. As escolhas de Brand não são interpessoais, não intervêm no quadro conflitual entre duas ou mais personagens; elas se situam em limites intrassubjetivos, numa relação entre um eu e si mesmo, ou entre si e Deus. O desenho mais nítido dessas "encruzilhadas de caminhos" situa-se em III, quando Brand, cujo filho definha e corre o risco de morrer, deve escolher entre "ficar e partir", entre o "todo" que ele se fixou como objetivo e o compromisso. A peça de Ibsen descortina não instantes dramáticos que correm um após outros, mas *momentos de verdade* que se juntam uns aos outros e terminam por constituir o rosário de uma vida.

Como a personagem-peregrina das moralidades medievais, a personagem itinerante – ou errante – dos dramas modernos com estações tem um estatuto privilegiado. É através de seu próprio olhar que apreendemos as outras personagens, ligadas a este ou àquele lugar, a tal ou qual momento da vida do protagonista. A esse respeito, poderíamos falar de monodrama polifônico[35], sobretudo se nos referirmos à trilogia do *Caminho de Damasco* de Strindberg, cujas personagens encontradas pelo Desconhecido são muito comumente seus duplos, ou simples figuras de oposição destinadas a pô-lo à prova. Solitário, este último está habitado – "alucinado", conviria melhor – por vozes e fisionomias, ou por máscaras, que lhe perseguem, tais como as Erínias.

O DESCONHECIDO: Oh, ei-los que voltam; não sei por que eles dão voltas em torno de nós nas ruas.

---

35 Cf. Joseph Danan, Monodrame polyphonique, em J-P. Sarrazac (dir.), *Lexique du drame moderne et contemporain*, Belvall: Circé, 2005, p. 123-125. (Coll. Poche n. 29.)

A DAMA: São eles que lhe causam medo?
O DESCONHECIDO: Não, mas eles me obsedam; se poderia acreditar de fato que se é vítima de um malefício... Não é a morte que me mete medo, mas a solidão, porque na solidão sempre se encontra alguém. Não sei se é um outro ou eu mesmo de quem sinto a presença; mas na solidão não se está só. O ar fica denso, a atmosfera se dilata e seres nascem. Não são vistos. Mas sente-se a presença deles.[36]

Se o protagonista do *Caminho de Damasco* é denominado como o Desconhecido, é no sentido de desconhecido para si mesmo. Quando a Dama – segunda personagem itinerante, que acompanha por momentos o périplo do primeiro – lhe pergunta onde ele a quer levar, ele responde: "Através do mundo, não importa onde; não tenho casa, mas apenas uma bolsa de viagem." O périplo através do mundo – por exemplo, as sete estações de ida, depois de volta do *Caminho de Damasco* I – é, de fato, uma busca de identidade, sempre suscetível de se degradar em pura errância, em pura loucura. Shakespeare inventou, com Hamlet, o herói indeciso; Strindberg completa o trabalho promovendo um "herói" inteiramente passivo, ciclotímico e amnésico, tendo até mesmo esquecido seu próprio nome. Só o Outro, a saber, a Dama, é suscetível de levá-lo a se reconhecer, mas sempre muito provisoriamente.

A DAMA: Agora você é bonito, como você é bonito.
O DESCONHECIDO: Ah, não, eu não. Você é que é bonita.
A DAMA (*em êxtase*): É você. Oh, agora que eu pude ver sua verdadeira face, atrás da máscara e dos postiços; eu vejo, vejo o homem que sempre permaneceu escondido, o homem que sabia existir em você... aquele que procurei, que procurei tanto![37]

O drama em estações de Strindberg furtivamente se intorduz de alguma maneira na filosofia dos "estágios no caminho da vida" elaborada por Kierkegaard. Não porque constituiria numa aplicação dela, ou, menos ainda, numa ilustração, mas simplesmente porque conserva dela o elemento preciso, próprio para fazer oscilar o périplo e a personagem do Desconhecido de uma vaga ressurgência medieval (Strindberg, volto a lembrar,

---

36 A. Strindberg, *Le Chemin de Damas*, I, em *Théâtre complet*, t. III, Paris: L'Arche, 1983, p. 152.
37 Idem, *Le Chemin...*, III, p. 307.

havia pensado em dar-lhe o nome de Merlin, depois, Roberto, o Diabo) a uma modernidade pungente. Esse elemento é a *angústia*, na qual o filósofo dinamarquês vê "a vertigem da liberdade".

A par de sua dimensão exemplar, paradigmática, o drama em estações toma uma amplitude filosófica. Karl Jaspers censurou o autor do *Caminho de Damasco* de ser permeável a todos os discursos de sua época, sem ter, ele próprio, um ponto de vista pessoal[38]. Geralmente mais cauteloso, não soube perceber que se a metáfora "caminho da vida" nunca é para o filósofo – como acontece em Kierkegaard – senão uma porta de acesso ao domínio da verdade, ela delimita o próprio terreno de onde uma ficção jamais deve sair, exceto para tornar-se uma mísera discussão.

Juntamente com o processo da *conversão* – partir em sentido contrário –, a imagem da busca e da errância dá, com perfeição, corpo ao drama-da-vida. Os dramaturgos expressionistas logo vão fazer dessa figura da conversão (*Wandlung*), combinada à da partida (*Aufbruch*), o momento chave de sua dramaturgia. Aliás, como não poderiam reconhecer a personagem tipo de seu teatro – uma sombra – no Desconhecido de Strindberg:

O Desconhecido avança no palco e os raios do sol, vindos da direita, projetam sua sombra no chão e sobre o rio. A Dama, de luto, entra pela direita e sua sombra termina por passar diante dos olhos do Desconhecido. O Desconhecido considera primeiramente apenas a sua própria sombra.

O DESCONHECIDO: Ah, o sol! Ele cria de mim uma imagem sem espessura, um gigante que caminha sobre as águas do rio, que escala a montanha e sobe ao teto do campanário e... ei-lo que se lança no espaço... Até as estrelas... Ah, estou lá em cima, nas estrelas.[39]

No entanto, os dramaturgos expressionistas nem sempre saberão reencontrar a complexidade da personagem de Strindberg, em razão de seu conteúdo autobiográfico e de sua propensão em jogar sucessivamente todos os papéis e a usar todas as máscaras do drama-da-vida[40]. Com frequência se contentarão com uma personagem de superfície, de uma imagem ao mesmo tempo espetacular e simplificada. É essa "imagem

---

38 Cf. Karl Jaspers, *Strindberg et Van Gogh*, Paris: Minuit, 1953. (Coll. Arguments.)
39 *Le Chemin...*, III, p. 297-298.
40 Ver o capítulo seguinte, A Impersonagem.

sem espessura" que vai dar forma a personagens muito abstratas e monolíticas. Assim, mesmo um dos mais belos exemplos e uma das mais poéticas personagens expressionistas, o Caixa de *Da Aurora à Meia-Noite* (1917), de Georg Kaiser, não conserva do Desconhecido a não ser a dimensão cristã e prometeica. De manhã, ele trabalha mecanicamente no guichê de um "pequeno Banco", na "pequena cidade de W". À meia-noite, ele expira – assassinado, suicidado? – numa unidade do Exército da Salvação da "grande cidade de B.": "os braços abertos, contra a cruz costurada na cortina. Seu gemido sugere um 'ecce' – seu último sopro, um 'homo'". Nesse ínterim, desligou-se de seu trabalho, de sua família, de toda ancoragem social e se quis o libertador da humanidade, ao longo de um périplo espacial e, sobretudo, temporal, por meio de diferentes conglomerados humanos: o velódromo de B., um *dancing* e o refúgio do Exército da Salvação. Uma circunstância inopinada, a visita de um cliente muito sedutor que leva o Caixa, como que hipnotizado, a "pilhar" o banco onde é funcionário, terá servido de desencadeador. Enquanto o percurso do Desconhecido de Strindberg se dava por desvios e meandros, o do Caixa é tão retilíneo e rápido quanto a bala que o matará: "Estou a caminho; não há volta."

A potência poética e provocadora de Kaiser, que se quer regeneradora da humanidade, dá continuidade à fineza metafísica e existencial de Strindberg. É sempre um mesmo partido dramatúrgico que une ambos os escritores: *Aüfbruch* mais *Die Wandlung* (A Transformação), título de uma peça de Toller, de 1919, um movimento dramático complexo que consiste em arrancar do meio e partir na direção oposta. A diferença essencial está na hesitação e na meditação quase hamletiana do Desconhecido, de um lado, e na energia cega e unidirecional do Caixa e de quase a totalidade das personagens do expressionismo alemão, de outro.

Grande experimentador de formas – mas algumas vezes cedendo a um formalismo que confina no "*zapping* das formas", nomeadamente em *O Quarto e o Tempo* (1988) –, Botho Strauss revisita o *Stationendrama* dos expressionistas em *Grande e Pequeno*, significativamente intitulado *Cenas* e que comporta uma parte intitulada "Estação". Com essa originalidade de um homem que traça o seu caminho, aqui trata-se uma mulher. Lotte sai ferida, mutilada, de uma ruptura sentimental e irá tentar refazer-se. De etapa em etapa, de Marrocos à Alemanha, ela encontra não menos do que 25 personagens – um resumo da humanidade – inicialmente anônimos, desconhecidos, depois seu marido Paulo e seu próprio irmão, que se revelam para ela estranhos, incapazes de romper sua solidão fundamental. Em todos esses lugares, ou melhor, "não-lugares" da vida urbana contemporânea – uma série de "dez quartos", às vezes diferentes, às vezes idênticos, a porta envidraçada de um imóvel, no qual só encontra como interlocutor um interfone, uma cabine telefônica nas margens de uma estrada, um jardim de "família", verdadeiro deserto afetivo, um ponto de ônibus –, Lotte só consegue abraçar o vazio, e medir a impossibilidade de encontrar o Outro, esse Outro ideal que fazia o objeto de sua procura. Conversão do grande em pequeno, quer dizer, da vida sonhada em cotidiano indiferente: Lotte encontra uma espécie de salvação – tema profundamente expressionista, ligado quase sempre ao sacrifício – em sua aceitação final de um mundo que parece recusá-la e destiná-la ao isolamento. Na conclusão de seu périplo, Lotte se reencontra num desses purgatórios modernos, "a sala de espera de um médico especialista em doenças internas", onde outros sete pacientes "olham fixamente à frente" e declinam em silêncio e com "espanto" da tentativa da jovem mulher de entrar em contato eles. Depois que todos se foram, a senhora doutora Melchior se informa sobre a situação de Lotte. A peça se encerra com esse breve diálogo:

A MÉDICA: Você não foi chamada?
LOTTE: Não. Eu apenas vim, assim.
A MÉDICA: Você marcou consulta para essa manhã?
LOTTE: Não. Eu apenas vim, assim.
A MÉDICA: Vá embora, por favor.
LOTTE: Está bem.

Lotte sai lentamente. A médica fecha a porta depois que Lotte sai. Vai para o seu consultório e fecha a porta. Escurece.[41]

Uma parte da obra de Kroetz é igualmente consagrada à revisão do expressionismo, mas sem redenção. Por exemplo, sua peça *A Carne Envenenada* (1986) é uma adaptação de

---

41 Botho Strauss, *Grand et petit*, Paris: Gallimard, 1980, p. 158-159. (Coll. Du Monde Entier.)

III. DRAMA-DA-VIDA: OS EXEMPLOS

Hinkemann, de Toller. Poder-se-ia até mesmo qualificar *Terras Mortas*, obra original, de neoexpressionismo. Como em certas moralidades medievais, temos aqui um protagonista duplo, designado como o Filho e a Filha. Exceção ao fato de que ambos penetram pela via da degradação, enquanto no gênero edificante da Idade Média um escolheria o caminho do vício e o outro o da virtude. Filhos e netos de camponeses extremamente grosseiros, o irmão e a irmã abandonam brutalmente a fazenda da família, conforme um esquema análogo ao de *Da Aurora à Meia-Noite* – seu trator esmaga uma boa parte da família – para ir encontrar o eldorado da grande cidade. Apesar dos sinais de advertência que lhes são feitos ao longo do caminho – um camponês em trajes de louco urra mortalmente enquanto suas árvores são abatidas, um homem se imola no fogo diante deles, desejando que seu "grito abrasante reduza a cidade a cinzas", um "entregador de poemas, de ideias e de explosivos" lhes pede para acompanhá-lo até a cidade –, os dois jovens logo irão conhecer o inferno do *no man's land* urbano. Para essas duas criaturas, a *Wandlung* será acompanhada de uma *Verwandlung* (transmutação), de uma metamorfose em lixo humano, no fim da qual o Filho vai vender o corpo de sua irmã e seu próprio sangue para sobreviver. Ao final de sua odisseia, o Filho e a Filha, de volta à terra de origem, só encontrarão, para morrer sepultados sob a neve, um minúsculo pedaço de terra ainda não coberto pelo cimento – o túmulo de seus pais. Assim termina a peça:

O FILHO (*perto da tumba*): Mãe, você me ouve? Mãe, nós voltamos. A terra que recobre você e o papai é tudo o que nos resta. É a última coisa que nos pertence. Pai, você pode me ouvir? Estou de volta. Sua filha também. Olhe, é preciso que a gente se aperte, porque agora é preciso dividir. A terra que cobre vocês é o último lugar que pode nos acolher. Pai, mãe, a gente voltou [...]

Neva fortemente. Em silêncio, e com cuidado, para não acordar o irmão, a filha lhe tira os farrapos que lhe cobrem o corpo e o rosto. Ela se descobre completamente, se põe em pé e se arrasta às cegas, afastando-se do túmulo, indo sentar-se um pouco mais longe. Ela não diz nada. Em seguida, continua a se despir e faz um círculo ao seu redor com as roupas. Depois, se deixa encobrir sob a neve. Tudo isso dura muito tempo.[42]

42 Franz Xaver Kroetz, *Terres mortes*, Paris: L'Arche, 1991, p. 62-63. (Coll. Scène Ouverte.)

Ao longo do périplo, os dois protagonistas são acompanhados por uma estátua do Cristo bávaro, como se Kroetz quisesse indicar a dimensão paródica desse *Stationendrama* à maneira expressionista dos anos 1910-1920. Como se quisesse nos fazer entender – acumulando horrores, uma série de atos inumanos, de crimes, de exibições de cadáveres, partos falsos e o enfornar de fetos no cadáver da avó, prostituição sórdida, sodomia e coprofilia – que sua peça, um pouco à maneira de *Baal* (1919), de Brecht, só efetuasse uma volta ao expressionismo para que o próprio expressionismo retornasse. Tomando Brecht como exemplo, que enfia resolutamente suas personagens na merda. Os autores do expressionismo histórico nos mostravam um homem cindido em dois, o alto do corpo voltado para o céu, e o baixo enfiado na lama. O jovem Brecht rompe cedo com o idealismo expressionista, fazendo Baal, esse maldito, avatar ao mesmo tempo de Rimbaud e de Verlaine, evoluir num universo onde apenas o inferior – o instintivo, o pulsional, o destrutivo – existe, e onde o céu está definitivamente obscurecido pelo voo dos corvos à espera de cadáveres. A Baal, prestes a expirar em plena floresta, um lenhador dá esse consolo:

O que você quer? Está no fim da linha? Até uma criança veria; e quem se interessa por você? Você tem alguém? Então, não vê? Cerra os dentes! Você ainda tem dentes? [...] Não tenha medo: o mundo continua a girar, redondo como uma bola. Amanhã de manhã, o vento vai soprar. Coloque-se, portanto, em um ponto de vista mais elevado. Diga a si mesmo que um rato, aqui, morre. Então, não vê? E, acima de tudo, nada de reclamações! Você não tem mais dentes.[43]

De estação em estação, a personagem expressionista lança seu grito. Em *Terras Mortas*, Kroetz mistura seu grito aos de suas personagens. Tem-se a mesma impressão, ainda que o grito seja menos veemente, mais silencioso, de que o grito de Koltès, o autor, faz eco ao de Roberto Zucco na peça epônima. O caso de Roberto Zucco corresponde exatamente ao que um dramaturgo expressionista, Gottfried Benn, chamava de "a catástrofe esquizoide entre mim e o mundo". Longe da notícia de jornal a respeito de um matador em série, *Roberto Zucco* se

---

43 Bertolt Brecht, *Baal*, em *Théâtre complet*, t. I, Paris: L'Arche, 1974, p. 64.

apresenta como a parábola de um jovem que se torna assassino porque seu contato com os outros, sua visão, sua percepção do mundo o aterrorizam. Seus "atos" são o medo convertido em crimes: o efeito de uma retração* quase animal cada vez que se sente ameaçado por esse terror coletivo que reina na sociedade contemporânea. "É uma tarefa difícil ser transparente; é uma arte; é um sonho, um sonho muito antigo de ser invisível [...]" Cada estação – quase todas as estações, pois há no meio da peça um encontro muito pacífico com um velho senhor que não está contaminado pelo medo ambiente, e que acha Zucco até mesmo tranquilizador – é uma ocasião para Zucco verificar tragicamente que essa armadura de transparência e de invisibilidade, com a qual ele quisera se revestir, se confirma incapaz de protegê-lo.

A DAMA: Eu tenho aparência de quem quer lhe denunciar? Imbecil. Eu o teria feito há muito tempo. Mas esses cretinos me repugnam. Ao contrário, você me agrada.
ZUCCO: Olhe todos esses loucos. Veja como têm um ar malvado. São assassinos. Jamais vi tantos assassinos ao mesmo tempo. Ao menor sinal no cérebro, se põem a matar entre si. Eu me pergunto por que o sinal não está acionado, agora, em seus cérebros. Porque estão todos prontos para matar. São como ratos em gaiolas de laboratório. Têm vontade de matar, isso se vê no rosto, isso se vê nas atitudes; eu vejo seus punhos fechados, dentro dos bolsos...⁴⁴

Na maior parte dos dramas em estações que acabo de evocar, o crime é o evento liberador. O Desconhecido se acusa, entre outros delitos, de ser um novo Caim e de "ter matado seu irmão". O Caixa rouba o dinheiro do banco em que trabalha, Baal é insocial e violador. O Filho e a Filha matam seus pais – o parricídio real e simbólico é um traço característico do expressionismo. A série de assassinatos de Zucco começa, aliás, pelo do pai, relatado no início da peça. Mas o que mais impressiona é que o protagonista-criminoso se apresenta a si mesmo como uma espécie de suicida da sociedade: um *morto em pé*. Ou, ao menos, se penso no Desconhecido, um *adormecido em pé*, um

---
*   O termo significa aqui uma deformação de comportamento animal face a uma situação de perigo. (N. da T.)
44 Bernard-Marie Koltès, *Roberto Zucco*, Paris: Minuit, 1990, p. 79.

sonâmbulo. Todo o périplo dessas personagens não se efetua do nascimento à morte, mas ao contrário, de uma morte (em vida) a um renascimento possível (ou impossível, como em Brecht ou Kroetz). O fim de Zucco, bastante semelhante ao de Ícaro (*O sol se eleva, se torna brilhante como o brilho de uma bomba atômica. Nada mais se vê.* / UMA VOZ [*gritando*]: Ele está caindo?), faz eco ao final do *Caminho de Damasco*, III, ao quadro em que, na capela do convento, o Desconhecido se deita sobre um esquife para sair como "irmão João", mas também ao fim cristão do Caixa de Kaiser.

Esse movimento retrógrado da morte em direção à vida marca o que chamei de *a grande conversão* do teatro moderno. Conversão do espaço em tempo, o que indica claramente o título da peça de Kaiser. Tempo de uma vida, tempo do drama-da-vida. A conversão arrasta consigo a *reversão do tempo* cronológico, biológico e progressivo do drama-na-vida, seja num tempo retrospectivo, como em Strindberg – tempo da anamnese, que não cessa de voltar do presente ao passado do Desconhecido –, seja num tempo messiânico, como em Kaiser e em outros dramaturgos expressionistas. Voltar para o primeiro sentido da palavra estação, o de "etapa", "parada", "pausa", permitirá melhor compreender essa inversão do tempo dramático: no drama em estações, o dramaturgo não procura, como no romance dramático, concorrer com o tempo romanesco; ele também não visa desconstruir, como na cena sem fim, o belo animal aristotélico e seu avatar, a "peça bem-feita". Seu objetivo é o de deter o tempo dramático, de exercer uma força contrária à do avanço da ação, com o objetivo de criar um novo presente dramático, uma espécie de "mais-que-presente" que seja uma mescla, uma liga de presente, passado e futuro. Um dispositivo toma lugar para que o drama-da-vida adquira o poder de se abstrair dessa "direção única" que vai da "vida à morte" e, assim fazendo, tornar inteligível – e modificável? reinterpretável? – uma vida em sua totalidade. O desafio aqui sublinhado foi bem estabelecido por uma personagem de *A Conspiração*, o romance de Nizan: "A conformidade da vida não deixaria de ser ininteligível e ignóbil, a menos que o tempo pudesse ser revertido, se nós pudéssemos mudar de *sentido*".

CRÔNICA ÉPICA

A crônica épica não deixa de ter parentesco com o drama em estações, no mínimo em sua fragmentação. Em todo caso, ela representa uma modalidade extremamente rica e variada do drama-da-vida, pois permite confrontar obras tão diferentes – e por vezes opostas – como as de Horváth e de Brecht, de Müller e de Kroetz. Porém, a fronteira, em aparência muito clara, entre crônica de tipo histórico e crônica épica do cotidiano pode encontrar-se nublada, com a investigação do cotidiano abrindo-se frequentemente para a História.

Evidentemente, não se pode falar de "crônica épica" sem referência a Shakespeare, de quem Wagner observa que "ele traduzia a crônica histórica, seca mas sincera, na linguagem do drama". Nesse sentido, o teatro do grande isabelino confessava a sua irregularidade fundamental e se afastava resolutamente do princípio aristotélico, segundo o qual a crônica devia ser banida de um contexto dramático por causa do seu caráter particular, descosido e não proporcional[45]. Ora, se há um aspecto sobre o qual o teatro épico brechtiano, e sabemos a que ponto está em diálogo com o de Shakespeare, é verdadeiramente não aristotélico, e até mesmo antiaristotélico, é justamente em sua escolha por estabelecer em suas peças a crônica de uma vida inteira. E isso desde o início da carreira de Brecht. A propósito de *Baal*, já evocado, o autor insiste sobre o fato de "não ser a história de um episódio nem mesmo de vários, mas a história de uma vida". A fim de completar essa referência à crônica, Brecht pretende, na apresentação de sua peça ao Deutsches Theater, em 1926, que "essa biografia dramática trata da vida de um homem que realmente viveu. Era um certo Joseph K., de quem as pessoas me contaram lembrar-se muito bem pela maneira como havia atraído a atenção de seu tempo. Era o filho natural de uma lavadeira..." Adotar o drama em forma de crônica é o primeiro estratagema que Brecht encontra para orientar a forma dramática em direção ao épico. Sabemos que ele gosta, por exemplo, de resumir a fábula de suas peças à maneira de um jornalista, de um cronista. E o famoso texto de *A Compra*

---

[45] Cf. Aristóteles, *La Poétique*, Paris: Ed. du Seuil, 1980, cap. 9 e 23. (Coll. Poétique.)

do Latão, na "cena da rua", atesta o fato de que a forma épica do teatro deve adotar o modo do *testemunho* sobre fatos realmente acontecidos. O autor, os atores, todos os colaboradores da representação explicam, coletivamente, o que se passou, esforçando-se por partir do que é mais objetivo, quer dizer, não tanto (da aparência) do acontecido, e sim dos comportamentos reais – gestos sociais – das personagens entre si.

Sobre esse terreno da crônica, Brecht talvez se lembre dos *Tecelões* (1889), peça na qual Hauptmann retraça, com verdadeiro sopro épico, uma revolta dos tecelões de Eulengebirge, em 1840. Ele também pede emprestado, sobretudo, as experiências de Piscator. Mas, ao contrário deste último, ele não pretende pôr em cena "o próprio acontecimento" e adotar, como seu primogênito o fez em *Bandeiras* (1918), espetáculo sobre os processos anarquistas de Chicago em 1880, o princípio de uma simples sequência de cenas independentes umas das outras. Para Brecht, o recurso à crônica não deve significar o abandono ao descosido e permanece compatível com a manutenção de uma fábula. Mas uma fábula que a crônica desvia de suas origens aristotélicas: não se trata de uma concatenação de ações, unidas por um duplo princípio cronológico e causal, mas de um *espaçamento dos gestos*.

A crônica, em Brecht, não tem nada de heroico. Nas duas peças já abordadas no capítulo anterior, *Mãe Coragem* e *A Vida de Galileu*, o dramaturgo descentra a grande história, por interessar-se seja pelos pequenos, pelos obscuros, como Mãe Coragem, seja pela parte obscura da vida de uma grande personagem histórica, tal como Galileu. Inspirado por *Vagabundo Coragem*, o romance picaresco de Grimmelhausen, *Mãe Coragem e Seus Filhos* tem por subtítulo *Crônica da Guerra dos Trinta Anos em Doze Quadros*. E, de fato, seguimos essa guerra por doze anos, da primavera de 1624 a janeiro de 1636. Contrariamente à épica de Piscator, não é o "desenrolar épico do evento", a saber, a guerra, e não são as massas que ocupam a cena, mas o pequeno mundo, bastante descentrado, da vivandeira Mãe Coragem.

No início de cada quadro, o Anunciador começa, tal como um cronista clássico, por situar historicamente a ação. Mas, rapidamente, seu propósito se inflecte e desliza da grande História para aquela anônima e destinada ao esquecimento, a da Mãe Coragem e a dos seus semelhantes.

Há dezesseis anos dura a grande guerra de religião. A Alemanha já perdeu a metade de seus habitantes. Epidemias gigantescas matam o que a carnificina poupa. A fome sevicia regiões antes florescentes. Lobos rondam as cidades reduzidas a cinzas. No outono de 1634, encontramos Coragem no Fichtelgebirge bávaro, afastada da via estratégica na qual se deslocam os exércitos suecos. Naquele ano, o inverno foi precoce e severo. Os negócios vão mal; nada resta senão mendigar.[46]

O Anunciador possui todas as prerrogativas de um cronista, em particular a de poder recuar no tempo histórico. Ele se utiliza, a seu bel prazer, da antecipação e da retrospecção. Mas, como cronista muito singular, ele relata os gestos não dos heróis, mas das pessoas as mais humildes, as mais ordinárias. Entre o diálogo e as tradicionais didascálias, um novo tipo de texto se intercala, que é a marca da forma épica brechtiana, ora confiado ao Anunciador, ora o inscrito num cartaz ou incrustado numa "canção" ou na réplica de uma personagem. Nessa outra voz do texto, que alia narração e comentário, encontram-se concentradas todas as operações sobre a fábula que autoriza o drama-da-vida: interrupção e elipse (os saltos no tempo e no espaço entre um quadro e outro); antecipação por meio do relato "anunciador" do que vai se dar em cena; retrospecção (a "marcha a ré" que incita o espectador, como pretende Brecht, a voltar aos eventos segundo as suas causas); a repetição-variação (essa instância sobre o tema da morte à guerra das crianças); e até mesmo a optação, que responde ao cuidado do dramaturgo de sempre mostrar todo encadeamento de fatos como relativo – isso ocorreu assim, mas poderia ter se passado diferentemente.

E quando se ocupa, ao mesmo tempo, de um assunto histórico e da vida de um herói, por exemplo, em *A Vida de Galileu*, Brecht não procede de outra maneira. Num contexto como esse, a voz do anúncio, da narração e do comentário se faz até mesmo mais imperiosa, não hesitando, no décimo quadro, em interpolar, na história, os conflitos entre o sábio e o poder religioso e cenas de carnaval, pondo em cena um Galileu popular e revolucionário.

O CANTOR: [...] O doutor Galileu surgiu / (*Ele jogou a Bíblia, desembainhou sua luneta, lançou um olhar sobre o universo.*) / E disse ao

---

46 B. Brecht, *Mère Courage et ses enfants*, em *Théâtre complet*, t. IV, Paris: L'Arche, 1975, p. 209-210.

sol: para aí! Agora, a *creatio Dei* / Vai em outro sentido. / Ao redor da criada / vai girar a amante, eh, eh. / Isso jamais se viu. E não foi dito por um brincalhão! / O pessoal quer se permitir tudo! / Pois o prazer é raro. (*Põe a mão sobre o coração.*) / Quem não gostaria de um dia ser seu próprio senhor?[47]

A crônica se entrega a uma desconstrução do modelo do drama histórico. Galileu não é tratado como herói, mas como um intelectual preso em contradições – que no fundo têm semelhanças com as de Anna Fierling –, contradições que o impedem de fazer uma aliança com as forças progressistas de sua época. A cena da abjuração, com o famoso *Eppur si muove* é escamoteada e a finalização dramática, até mesmo trágica da ação, é descartada em proveito de um drama-da-vida que se estende desde as primeiras proezas científicas de Galileu, em 1609, até sua velhice reclusa e ao momento em que o manuscrito dos *Discursos* passa clandestinamente a fronteira, em 1637.

Com a crônica épica brechtiana, mais ainda do que com o drama em estações – em que o caráter unitário do substrato do tipo "moralidade" ou "Paixão" ainda atua –, a autonomia dos quadros é fortemente afirmada. O autor e teórico do teatro proclama, desafiadoramente, o caráter aleatório da montagem desses quadros, cada um suscetível de ser removido, deslocado e de novo podendo ser intercalado. Tal constatação nos leva a nos perguntar novamente se o drama-da-vida não está fundado sobre uma forma breve, ou numa "forma pequena" – essa "fatia de vida" que se pode também chamar "fragmento" – ou sobre uma montagem de formas breves. Outra crônica épica de Brecht, gesto limite do autor, confirmará essa impressão. Trata-se de uma crônica do "aqui e agora", que Brecht escreveu entre 1935 e 1939 sob o título de *Terror e Miséria do Terceiro Reich*. Crônica em que cada cena é totalmente independente das demais, mas cujo encadeamento compõe o afresco da ascensão do nazismo no cotidiano, nos gestos de colaboração ou de resistência suscitados por aquilo que Walter Benjamin teria chamado de "o estado das coisas". Marido ariano que, descobrindo na primavera de 1935 que sua esposa judia preparou suas malas para exilar-se, lhe assegura que seu afastamento só vai durar "algumas semanas",

---

[47] Idem, *La Vie de Galilée*, em *Théâtre complet*, t. IV, p. 114.

estendendo-lhe seu casaco de peles (A Mulher Judia). Pais, *a priori* liberais, que desconfiam, indevidamente, de que seu filho está prestes a denunciá-los por propósitos contra Hitler e a "Casa Marrom" e que, com o intuito de exorcizar esse medo, baixam a guarda e se deixam contaminar pela ideologia nazista.

O PAI: O que eu poderia dizer? Eu nem chego a me lembrar. Essa maldita chuva é que é a causa de tudo, e que põe você de mau humor. Mas, enfim, serei o último a censurar esse grande elã espiritual que levanta o povo alemão. Desde o final de 1932, eu já havia previsto tudo. (O Delator)[48].

É sobre a trama – Genette diria o "hipotexto" – de *Terror e Miséria do Terceiro Reich* que Heiner Müller compõe (ou melhor dizendo, *decompõe*) suas próprias crônicas da Alemanha. Escritos pós-Auschwitz, *Germânia, Morte em Berlim* (1956-1971) e *Germânia 3, Fantasmas Junto ao Morto* (1995) não mais se inscrevem, como em Brecht, no tempo de uma história no presente: elas se situam, antes, na perspectiva nietzscheniana do "eterno retorno" e estabelecem, graças a esses reveladores que são o grotesco e o onírico, uma genealogia da catástrofe. Como escreve Jean Jourdheuil, "esses espectros não são pura fantasmagoria, eles procedem de uma história: a história alemã, enquanto fabricante de espectros"[49]. O início de *Germânia, Morte em Berlim* traça um paralelo entre duas cenas de rua em Berlim: a primeira em 1918, a segunda em 1949. Após uma brevíssima cena alegórica em que a revolução espartaquista é sufocada pela reação e pela fome, assistimos ao estabelecimento da RDA – "ALTO FALANTE: Viva a República Democrática da Alemanha, o Primeiro Estado Operário e Camponês sobre o solo da Alemanha" – logo seguido, no estilo condensado e afrontoso de Müller, de sua própria agonia.

Aplausos vindos do alto-falante.
HOMEM: O Estado dos Russos.
OUTRO HOMEM (*o espanca*): Uma jornada da qual você se lembrará.

---

48 Idem, *Grand-Peur et misère du IIIe Reich*, em *Théâtre complet*, t. III, p. 294.
49 Postface à Heiner Müller, *Germania 3: Les Spectres du mort-homme*, Paris: L'Arche, 1996, p. 75.

HOMEM (*se levanta, ensanguentado.*): Você também. (*Afasta-se, titubeante.*) Ainda existem árvores na Alemanha, com ramos. / Nós nos veremos de novo, Russo, quando você for enforcado.[50]

O cortejo de espectros da História se agita ao longo de toda a peça: um Napoleão "lívido e gordo", arrastando "pelos pés um soldado de sua Grande Armada", e um César "de rosto esverdeado, a toga ensanguentada e cheia de buracos", servem de batedores a um Hitler ao mesmo tempo grotesco e horrendo.

Hitler, rígido em uma de suas poses. Um sino dá as doze batidas da meia-noite. Hitler se põe a mexer-se, boceja, dá alguns passos, estuda suas poses, pega um bidão e bebe gasolina.

HITLER: Joseph.
GOEBBELS: Meu Führer.
HITLER (*dá um tapinha na barriga de Goebbels*): Como está o nosso herdeiro? Ele se mexe? Bravo. Você bebe sua gasolina? Chupe as tetas de Goebbels. A tetinha está bem dura, como deve ser numa mãe alemã? Bravo. Superioridade alimentar, superioridade militar.[51]

Germânia 3... é, também ela, assombrada pela presença não apenas de Hitler, mas também de Lênin "gaguejando e gritando depois de seu segundo ataque de apoplexia", de Trótski, "com a acha de Macbeth ainda no crânio", e de Stálin, que a todos apostrofa.

STÁLIN (*para Lênin*): Eis aí a sua revolução alemã, aquela com que você sonhou em outubro. Eles vão tirar seu cadáver do mausoléu e jogá-lo como comida aos cães. Carne para o pastor alemão de Hitler. É isso que você é, Lênin, para o seu proletariado alemão. (*Para Trótski*): Trótski, o carrasco de Kronstadt. Você sabe agora onde é o seu lugar, Bronstein, com sua revolução permanente, saída de um café vienense: na torre blindada de um carro alemão, de um tanque nazista. (*Para Hitler*): Hitler, meu amigo de ontem. Irmão Hitler. Você queima minhas aldeias. Muito bem. Porque eles lhe odeiam, me amarão. Seu rastro de sangue limpa meu nome.[52]

Hitler e Stálin dão as réplicas entre si e nessa disputa é Stálin que parece levar vantagem, ele que sabe que "a fossa comum é o

---

50 *Germania: mort à Berlin et autres textes*, Paris: Minuit, 1985, p. 45.
51 Ibidem, p. 75.
52 Idem, *Germania 3...*, p. 12.

recinto do futuro" e que "o último vencedor é a morte". À crônica brechtiana, Müller faz seguir suas *metacrônicas* alegóricas, nas quais um povo praticamente exangue continua a ser vampirizado por aqueles que orquestram a catástrofe. Em Müller, o drama-da-vida veste-se com as cores de um drama-da-morte.

Mas a crônica também pode prestar contas de um cotidiano menos político, mais banal, como entrevimos a propósito de Tchékhov. Com relação a uma de suas primeiras peças, *Hotel Ifigênia* (1960), inspirada num romance de Henry Green, Michel Vinaver faz o elogio de uma dramaturgia do *contingente* e do *descontínuo*.

Entende-se geralmente por crônica uma obra dramática que apresenta, de maneira descontínua, certos momentos marcantes de uma "fatia" de vários anos de história, deixando ao espectador o cuidado de religá-los. Apesar de uma ação limitada a três dias, e malgrado seu caráter imaginário, *Hotel Ifigênia* poderia ser considerada como uma crônica: o caráter constantemente contingente dos acontecimentos (isso aconteceu, mas poderia não ter ocorrido, ou ocorrido de outro modo) pede uma encenação descontínua, quer dizer, o acento posto sobre a representação do instante, deixando a duração constituir-se por si mesma.[53]

Hotel Ifigênia tem por objetos essas duas crônicas ironicamente entrecruzadas da tomada de poder num hotel para turistas franceses de Micenas por um jovem empregado ambicioso nos dias 26, 27 e 28 de maio de 1958, e o golpe de Estado de De Gaulle. Ironia tanto mais marcante pelo fato de o lugar da "ação" só se conectar com aquele da História prestes a se completar por meio de um aparelho de rádio com constantes interferências e por intermédio de um telefone permanentemente com problemas! À concentração do drama-da-vida, a crônica substitui o descosido de uma vida completamente ordinária: rivalidades no seio do quadro de pessoal, amores malogrados e escroquerias entre a clientela, minúsculas peripécias pontuando os pequenos acidentes da existência e outros impedimentos do viver.

Profundamente enraizadas na vida privada dos casais, as peças de Kroetz dos anos de 1970 levam ao extremo esse minimalismo, essa fragmentação, esse caráter descontínuo e

---

53 Michel Vinaver, *Écrits sur le théâtre*, Lausanne, L'Aire theater, 1982, p. 232.

contingente da crônica. Poderemos, entretanto, continuar a falar de crônicas "épicas" caso se admita que esse caráter épico, como em Brecht, mas por vias quase opostas, prende-se ao modo de narração e não a uma dimensão heroica qualquer das personagens. Ou, se quisermos falar de "heróis", será no sentido de "heróis" de fatos corriqueiros. Pois a crônica de Kroetz se alimenta nos "tribunais".

Vimos no capítulo precedente que, em sua peça mais acabada desse período, *Alta Áustria*, Kroetz extrai seus assuntos de noticiários, mantendo à distância o que há de sensacionalista. Em lugar de um encadeamento fatal que conduziria o casal à catástrofe, a peça procede a um desmonte dos diferentes fatores suscetíveis de provocar o desfecho trágico. Estrutura em estado de dispersão, cenas curtas da vida cotidiana de Franz e Anni: fim de noite após a televisão, saída matinal para o trabalho, insônia no meio da noite, momento de lavar a louça após o jantar, ida ao futebol etc. É toda uma arqueologia da vida cotidiana que é mobilizada e que revela pistas de uma progressão possível do crime: inquietação de Heinz quando sabe que Anni está grávida, sua vontade cada vez mais feroz de levar sua companheira a abortar, a resistência dela; a fuga de Heinz no álcool, seu comportamento cada vez mais neurótico, muito perto da esquizofrenia, seu acidente com seu caminhão de entrega e ainda, um grão de areia a mais na engrenagem do fato cotidiano, o sobressalto da jovem que diz não no último momento do aborto programado ("Não vou, eu fico aqui"), sua compreensão e seu amor quando seu marido lhe revela que acaba de perder sua carteira de motorista ("Então é preciso nos sustentarmos mutuamente. Venha agora para a cama, perto de mim, é o mais importante, pois você está tremendo por causa do frio". Ele desliza chorando para perto de Anni, na cama), a mansuetude de seu empregador, que, em vez de despedi-lo, o desloca para o entreposto durante o período de cassação da carteira... O procedimento de Kroetz não é aqui fundamentalmente diferente do de Brecht; ao encadeamento das ações, ele prefere o espaçamento, profundamente retrospectivo, de gestos significativos. Simplesmente, produziu-se uma mudança de escala na abordagem dos comportamentos humanos. Kroetz olha bem de perto, como num microscópio, o que Brecht considerava como o domínio da vida privada, para a análise da qual ele pretendia dizer "não dispor dos instrumentos apropriados": relações sexuais malogradas, manifestações psicossomáticas (as queimações de estômago de Heinz), utopias *kitsch* nascidas de fantasmas das estrelas dos meios de comunicação de massa, isolamento social (mesmo em lugares públicos, Anni e Heinz estão sempre sozinhos), sem esquecer os sonhos de consumo que caducaram com as restrições econômicas. Incrível a primeira cena do ato III, na qual os esposos passam em revista o seu orçamento nos mínimos detalhes, a fim de saber se alguns sacrifícios lhes permitirão ter um bebê, e que termina assim:

ANNI: Acho que você se enganou nos seus cálculos.
HEINZ: Vamos refazer todos os cálculos juntos. É preciso que isso seja feito de modo equitativo.
ANNI: Certo.

Uma peça de Michel Deutsch, *Domingo* (1974), situa-se bem perto de *Alta Áustria* pelo fato de estabelecer a genealogia de um acontecimento banal: Ginette, uma jovem filha de um vilarejo de Lorena, investe toda a sua energia vital, toda a sua libido, em sua atividade cada vez mais obsessiva, mecânica e extenuante de porta-estandarte. Ela se concentra em seu treinamento e progressivamente rompe com o noivo, um jovem desempregado, com seus pais e mesmo com suas companheiras porta-bandeiras. No dia previsto para o desfile "à moda americana", ela morre de consumpção. Ela literalmente *se extingue*. "GINETTE: Não sabia que a vida podia se extinguir... Sem doença, sem veneno... Eu simplesmente me extinguo... Minha intimidade deriva em direção à sombra, como uma flor murcha sobre torrentes negras."

De fato, o desfile não ocorrerá. Ironia da interpenetração do cotidiano no político, ele foi substituído pela organização, no pequeno vilarejo de Lorena, de um tribunal popular – que ocorrera nos anos 1970, para julgar a diretoria das minas de carvão locais.

Baseada numa crítica política da vida cotidiana, a crônica de Kroetz ou de Deutsch oferece uma alternativa polêmica – de certo modo à maneira de Foucault – da crônica épica de Brecht. Erigindo o processo verbal em forma de oximoro de uma vida ao mesmo tempo muito ordinária e constantemente à beira do precipício, essas dramaturgias se reatam abertamente com o procedimento inaugurado nos anos 1920-1930 por Ödön von Horváth. Retornar à peça popular alemã (*Volkstück*) para lhe fazer exprimir toda essa miséria e solidão que habitam a vida do povo. No momento de um passeio na festa da cerveja "em outubro, em Munique, nos dias de hoje" – Casimiro, o desempregado, já pressentira que essa nova situação o separaria de sua amada.

CASIMIRO (*dirigindo um discurso à distante Carolina*): Querida senhorita Carolina. De modo algum você é obrigada a vir, pois já acabaram as nossas relações, também sobre o plano humano. Você não está nem aí, só o desemprego está e isso é lógico, putinha suja! [...] porque estou vazio agora, interiormente. Você morava em mim e hoje se mudou... e eu sou como o caniço agitado pelo vento, sem nada para me agarrar (*senta-se*).[54]

Quanto a Carolina, em seu percurso de 117 casas, encontra-se presa para sempre na casa 114: "Cena 114 / CAROLINA (*para ela mesma*): Com frequência a gente sente um grande desejo... e depois voltamos, as asas quebradas, e a vida continua, como se nada tivesse ocorrido". Uma casa "vazia", decididamente superpovoada. A Ginette de *Casimiro e Carolina* pode testemunhar: "A gente mal começa, e já acabou"[55].

FIM (FINS) DE JOGO

Esse título de Beckett remonta a um drama itinerante, do qual só restaria a última estação. Poderia ser aplicado a numerosas obras de Beckett e de vários autores. Para falar a verdade, é preciso mais uma vez voltar a Strindberg e à sua peça inacabada, *A Ilha dos Mortos*. No centro desse fragmento inspirado pela filosofia budista, um Morto que "se levanta". No cenário do quadro de Böcklin, *A Ilha dos Mortos*, o Morto "se endireita em seu assento" e se encontra mergulhado na mesma angústia e nas mesmas preocupações que o assaltavam antes de seu

---

54 Ödön von Horváth, *Théâtre*, t. 1, Paris: Christian Bourgois, 1988, p. 142.
55 Ibidem, p. 170,167.

falecimento: "Tudo isso não tem fim? Não chegarei nunca a dormir uma noite inteira? Quando você [sua mulher, Anna] tinha pesadelos, você me acordava para contá-los! Por que perturbar meu sono se eu preciso trabalhar para você todo o dia? Me deixe em paz! Eu quero morrer! (*Ele se deita.*)."[56] Ora, esse homem foi ouvido e passou aquela noite de sono na morte. A partir de agora, o Mestre vai velar por ele: "Faça esse homem cansado entrar em seu túmulo e que repouse na calma e no silêncio, até o momento em que lermos no livro da vida, ele e eu, e interpretarmos os enigmas de seu destino."[57]

Com essa peça inacabada, Strindberg inaugura uma dramaturgia do retorno dos mortos a suas próprias existências que faz sucesso na atualidade. Dramaturgia do "fim do caminho" que comumente toma a feição de uma agonia dramática. Caminho mais uma vez aberto por Strindberg. Os dramaturgos expressionistas irão explorar largamente essa proposição. Um deles, Daubler, num texto de 1916, judiciosamente intitulado *O Novo Ponto de Vista*, a retomará explicitamente por sua conta: "A sabedoria popular diz que em seus momentos derradeiros um enforcado revê toda a sua vida. Isso não é outra coisa senão expressionismo."[58]

Nessa fórmula, o drama-da-vida é tomado de maneira retrospectiva e depois desse ponto imóvel, acima da existência, que é a morte – já vinda, ou próxima, ou simplesmente prometida... Em *Fim de Jogo*, de Beckett, a morte só está presente na forma de uma extenuação cada vez maior da vida: Hamm e Clov, o cego-paralítico e o coxo, fazem literalmente seu último passeio ("Hamm: Me leve para dar uma volta [...] Me deixe dar a volta ao mundo"), enquanto Nagg e Nell, cada qual em sua lata de lixo, reúnem todas as últimas lembranças e se aproximam do fim do diálogo. Resta o drama-da-vida em sua extrema nudez. Assim, a constatação: "O fim está no começo e, no entanto, continuamos."

Mas é em *Aquela Vez* e em *Solo* que o dispositivo da agonia dramática é levado ao ponto mais alto de perfeição. Se, para

---

56 A. Strindberg, *Théâtre complet*, t. VI, p. 127.
57 Ibidem, p. 128.
58 Cf. Peter Szondi, *Théorie du drame moderne*, Belval: Circé, 2006, p. 96. (Coll. Penser Le Théâtre.)

Beckett, o nascimento e a morte são "o mesmo instante", esses dois *dramículas* dão perfeitamente a medida desse "instante" que é a vida. Tudo se passa como se o dramaturgo houvesse retomado o Krapp de *A Última Gravação de Krapp*, ocupado, nos seus 69 anos, em gravar e ouvir antigas gravações de si mesmo, mas depurando-o, tornando-o abstrato para erigi-lo na pura figura do "Lembrante"* (*Aquela Vez*) ou do "Recitante" (*Solo*), quer dizer, do *Agonizante*: "RECITANTE: Seu nascimento foi sua perda. Depois, ricto de cadáver. No moisés e no berço. No seio, o primeiro fiasco. Quando dos primeiros passos em falso. Da mamãe à babá e de volta. Essas viagens, de Caríbdis a Cila. E assim por diante. Rictos nunca mais. De funerais em funerais. Até hoje. Nesta noite."[59]

O *relato de vida*, cada vez mais presente nas peças a partir dos anos de 1970-1980, se encaixa no signo de um *jogo de morte*. Semelhantes ao Morto do fragmento de Strindberg, as criaturas de Beckett se erguem agora como "jacentes em pé", revestidos de um "grande sudário". O Lembrante de *Aquela Vez* já não pertence ao mundo terrestre: seu rosto é erguido a "mais ou menos três metros acima do nível da cena", seu "velho rosto lívido [está] ligeiramente inclinado para trás" e seus "longos cabelos brancos [estão] arranjados como se fossem vistos do alto, espalhados sobre um travesseiro". Quanto ao texto desse "dramícula", ele se divide em "três fragmentos de uma só e mesma voz", A, B e C. E essa voz não é outra senão a do próprio Lembrante. Três vozes entretanto, visto que há três lugares de emissão. Três vozes, como três Parcas. Três vozes ocupadas com uma espécie de curetagem, de limpeza definitiva de um lugar que virá a ser, o tempo de uma agonia, um lugar de fala,: "C: [...] o que ela lhe disse chegou partiu é que isso era alguma coisa como chegou partiu chegou partiu* ninguém chegou ninguém partiu tão logo chegou partiu tão logo chegou partiu."[60] Ao longo dessas palavras sem pontuação, é a própria vida que escorre, que se esvazia.

---

* *Souvenant*, no original, palavra não dicionarizada, assim como a tradução em português. (N. da T.)

59 Samuel Beckett, *Catastrophe et autres dramaticules*, Paris: Minuit, 1982, p. 30.

* No original: "venu parti", jogo de palavras intraduzível para o português. (N. da T.)

60 Ibidem, p. 24.

As peças do bávaro Achternbusch, em particular *Ella* (1978), têm em comum com os dramículas de Beckett essa hemorragia da palavra concomitante com a extinção da vida. Um pouco como em *Aquela Vez*, a figura solitária da qual sai o relato de vida permanece muda e uma outra voz testemunha por ela. Fechado no mesmo galinheiro de sua mãe Ella – verdadeira danada da terra que, ao tempo do *boom* econômico, assim como anteriormente, sob o regime nazista, foi tratada como animal – José, o filho, fala e, finalmente, morre em lugar daquela que lhe deu a vida. Palavra umbilical, que jorra somente a partir do instante em que José se enfeitou com "uma peruca fabricada por ele mesmo, com penas de galinha", e com "um avental de cozinha". A partir de então, José é Ella. Poder-se-ia dizer ainda que ele é possuído por ela, "cavalgado" por seu espírito. A partir desse momento, o relato de vida de Ella pode passar pela boca do filho. Até o final em que, como indica a didascália preliminar, "ele embebe de cianureto um pedaço de açúcar", que dissolve em seu café e "mexe, mexe, bebe e cai com estrondo". Então Ella, que até aquele instante houvera estado prostrada e indiferente, "à vista do morto se prostra, urra e, urrando, rasga seu avental e corre nua, dando voltas no poleiro, até que a luz se apague". Achternbusch, de modo ainda mais claro do que Beckett, procede à tessitura do relato de vida (um ser privado de linguagem testemunha, apesar disso, sua própria existência) e a uma verdadeira cerimônia de adeus. "JOSÉ: Minha biografia, pois bem, eu já a tenho. Quando vim ao mundo, meu pai já me amaldiçoou. E minha juventude se passou assim: nada a não ser porrada e nenhum amor da parte de meus pais. De minha mãe, mais nada. Do pai, nadinha de tudo. Ele nunca me olhou..."[61]

Crônica de um suicídio anunciado, *4.48 Psicose* (2000), de Sarah Kane, também participa da agonia dramática. O texto (pode-se ainda falar em "peça"? Voltarei a essa questão num capítulo posterior) parece portanto, constatar as últimas palavras, as últimas visões de uma candidata ao suicídio: "um instante de clareza antes da noite eterna" para uma jovem mulher que "cava em direção à [sua] morte". "Depois das 4h48min não falarei mais..." Uma certeza, a extinção próxima dessa voz que ainda

---

[61] Herbert Achternbusch, *Ella*, Paris: L'Arche, (Coleção Scène ouverte), 1981, p. 7-8.

fala e que fala justamente depois desse limite, dessa fronteira além da qual ela será apenas silêncio: "Eu canto sem esperança na fronteira", diz ela. A morte antecipada não tem outro motivo aqui senão o sentimento de ser mortal: "Eu me encontrei tão deprimida pelo fato de ser mortal que decidi suicidar-me."[62] Nesse texto híbrido, diferentes registros de escrita são postos lado a lado: diário íntimo, lembrança de diálogos entre a protagonista-narradora e a "doce voz psiquiátrica da razão", fragmentos de relatório médico, pedido desesperado a um amor que se esconde – a um amor que é *carência* definitiva – poema, canto e, algumas vezes, até mesmo imprecações testamentárias: "Eu cheguei ao fim dessa medonha, dessa repugnante história de uma consciência internada numa carcaça estranha e cretinizada pelo espírito maléfico da maioridade moral. Há muito tempo que estou morta."[63] Canto espasmódico que termina pelo adeus mais simples, mesmo quando o "alçapão" e sua "luz crua" assinalam imperativamente para a condenada: "Não tenho qualquer desejo de morte, nenhum suicida tem; olhai-me desaparecer, olhai-me desaparecer, olhai-me, olhai-me, olhai."[64]

A dimensão testamentária de *4.48 Psicose* é tão flagrante que nesse trabalho se pôde ver o anúncio do suicídio da autora, uma vez terminada a peça. Mas a obra se situa muito além dessa coincidência biográfica. Aqui, a forma dramática se faz poema. Ela se alimenta de elementos que lhe são *a priori* estranhos, a fim de melhor conseguir abraçar o que chamo de drama-da-vida, o tempo de uma agonia dramática.

Com *Negros* (1958), talvez a peça mais bem concluída de Jean Genet, eu pretendia com prazer que ela realçasse essa dramaturgia do fim de jogo ou da agonia dramática. Em primeiro lugar, porque a palavra – esse verbo luxuriante, o lirismo de Genet – não é menos hemorrágica do que em Achternbusch: a réplica de Bobo, "*sustentando a cabeça de Neve, como se ela vomitasse. Continue. Esvazie-se. Esvazie! Esvazie!*", fazendo eco ao "Que eu fale, que eu me esvazie", de Solange em *As Amas* (1946). Em seguida, porque existe, no centro de *Negros*, um catafalco, um caixão (e o fato de estar vazio o torna, teatralmente, mais

---

62 Sarah Kane, *4.48 Psychose*, Paris: L'Arche, 2001, p. 10-12.
63 Ibidem, p. 19.
64 Ibidem, p. 55.

presente!). Aliás, Genet explicou que queria colocar "o teatro no cemitério"[65]. Nesse texto, sobre o qual voltarei, "A Estranha palavra d'", Genet fala de fazer "reviver e remorrer o morto". Ora, é bem esse o programa de *Negros*. Onde está o coração dessa peça senão na *reconstituição*, no sentido judiciário, pelo culpado negro e seus cúmplices negros – e perante um tribunal de Brancos – na verdade de Negros mascarados – do assassinato, ao menos suposto, de uma mulher branca?

ARQUIBALDO: [...] Quanto a Village, que ele continue seu blábláblá. Ela estava em pé, atrás de seu balcão. E o que ela fez? O que ela disse? E o que você fez por nós?
VILLAGE (*indicando Arquibaldo*): Ela estava lá, onde vocês estão. [...] Vocês querem que eu abra o caixão e que eu recomece com ela morta o que fiz com ela viva? Vocês sabem muito bem que eu devo fazer uma representação. E preciso de um comparsa. Nessa noite eu levo até o fim a representação.[66]

E que o crime seja tão imaginário quanto o cadáver no caixão só faz reforçar a crueldade do drama. Por trás desse desfile, por trás desse "biombo" em que os Negros dão, até a náusea, ao público branco a representação de seus fantasmas sobre os Negros – brutais, covardes, criminosos, bestas do sexo, fedorentos etc. – se representa outra coisa da qual um deles, Ville de São Nazário, ausente do desfile, se faz mensageiro no final da peça: "no bastidor", um outro tribunal, um tribunal de Negros, acaba de condenar um Negro à morte, traidor da causa dos negros. Meio pelo qual os Negros escapam à representação que os Brancos fazem deles, meio pelo qual tentam conquistar sua autonomia e aceder ao que Genet chama seu "direito à realidade": "VILLE DE SÃO NAZÁRIO: [...] Enquanto um tribunal condenava aquele que acaba de ser executado, um congresso aclamava um outro. Ele está a caminho. Ele vai lá organizar a luta."[67] A menos que essa notícia, que põe fim ao desfile dos Negros de fraque, seja apenas ela também um biombo!

Se o caixão está vazio, é que ele não é bastante grande para conter todo o Mundo que lhe estava destinado, esse Teatro do

---

65 J. Genet, *Théâtre complet*, Paris: Gallimard, 2002, p. 887-888. (Coll. Bibliotèque de la Pléiadean.)
66 Ibidem, p. 503.
67 Ibidem, p. 533.

mundo da branquidão, representada pelos Negros, dentre os quais alguns intérpretes de alegorias – a Rainha e seu Valete, o Juiz, o Governador, o Missionário – foram branqueados, quer dizer, sobrenegrificados. O morto que se fará "reviver e remorrer", nesse fim de jogo que é a peça, não é outro senão o areópago alegórico da Corte instalada no início da peça sobre um catafalco. Na sala, um público branco e ocidental assiste assim à morte de uma (boa) consciência branca e ocidental.

Existe em *Antes da Reforma* (1979), de Thomas Bernhard, peça que tem como subtítulo *Uma Comédia da Alma Alemã*, alguma coisa dessa vontade assassina que está na origem da "clowneria" de Genet. Dessa vez, o alvo não é o Branco na representação que se faz do Negro, mas a imago do nazista, tal como, segundo Bernhard, continua a ser apreciado por uma certa burguesia alemã e austríaca. O fim de jogo se desenrola precisamente no "final da tarde de sete de outubro, dia do aniversário do nascimento de Himmler". Ele diz respeito ao antigo diretor de um campo de concentração que se tornou presidente do tribunal e deputado de uma cidade da Alemanha, assim como suas duas irmãs. O aniversário dá a dimensão cerimonial da peça, mesmo se o antigo nazi, Rudolf, não reconvertido de verdade, afirma: "Esse aniversário nós o celebramos, aliás, com muita simplicidade, inteiramente entre nós e na intimidade." O antigo oficial ss salva de alguma forma a gesta nazista, oferecendo-lhe, a cada "aniversário", o refúgio de sua vida doméstica. Vestido com seu uniforme nazista e louvado por Vera, sua irreprochável irmã ariana, com quem mantém relações incestuosas, Rudolf trata Clara, sua outra irmã que é enferma, como uma judia. Ele a obriga a usar a roupa de deportada e lhe faz raspar a cabeça.

Na concepção messiânica da História de que comparticipam Rudolf e sua irmã Vera, o aniversário abre uma brecha para o retorno triunfante do nazismo. Nisso as personagens têm a mesma fixação das alegorias genetianas da Brancura.

VERA: Ter de se esconder assim / para observar tudo em segredo / é de alguma forma angustiante Rudolf / Não é verdadeiramente angustiante / E no entanto a maioria pensa como a gente / A maioria se esconde isso é que é angustiante / Até mesmo absurdo / A maioria pensa como nós e só pôde fazê-lo em segredo [...] Isso é que é espantoso Rudolf / não podermos mostrar ao mundo quem nós somos / Nós não mostramos / ao invés de mostrá-lo abertamente [...]. Sim é verdade / (*a Clara*) / nós logo voltaremos ao poder / E então os que são iguais a você não terão nenhuma chance / Como você, todos esses loucos estarão perdidos.[68]

Mas a cena doméstica, felizmente, não é o Teatro do Mundo e o milenarismo prometido se fecha, ao menos dessa vez, num fim de jogo em que se vê o antigo carrasco ss, encharcado de álcool, sucumbir a um ataque. Justamente "antes da aposentadoria". A peça pode então acabar no lamentável desnudamento da imago nazista de Vera.

VERA [...] (*ela lhe retira a roupa*): Porque foi preciso que isso acontecesse / Num dia tão belo / (*Ela lhe retira as botas e tenta tirar-lhe as calças* [...] *reúne as peças do uniforme, sai com elas correndo, volta logo para retirar também o retrato de Himmler. Saindo, percebe o revólver sobre a mesa, pega-o e sai para logo voltar. Procura colocar roupas civis em seu irmão* [...] *vai ao telefone e chama o doutor / A luz abaixa. / Enquanto a cortina se fecha*): O doutor Fromm, por favor.[69]

A dramaturgia de fim de jogo sempre se focaliza sobre a última etapa de um caminho de vida e, constituindo-se numa avaliação, num balanço geral, ela é a imagem do que foi essa vida. Em *O País Longínquo*, de Jean-Luc Lagarce, temos a necessidade, segundo as próprias palavras do protagonista Luís, de uma "viagem de volta", em qual, depois do limiar da morte, trata-se de se converter em espectador de sua própria vida. De fato, como antes, *Apenas o Fim do Mundo* e *Estava em Minha Casa e Esperava Que a Chuva Viesse* (1994), *O País Longínquo* propõe uma variação sobre o tema do filho pródigo. Luís está de volta à sua família, que deixou há muito tempo, a fim de anunciar sua morte próxima, mas irá embora sem dar a notícia funesta. A peça inteira se apresenta como o inverso exato de um "entre quatro paredes" à maneira de García Lorca. Em lugar de um estreitamento, a maior dispersão. O lugar da última estação se abre para todos os demais lugares da "viagem" de Luís. É verdade também que assistimos a uma vigília fúnebre

---

68 Thomas Bernhard, *Avant la retraite*, Paris: L'Arche, 1987, p. 132-133.
69 Ibidem, p. 137.

que Suzanne, a irmã de Luís que mora com a mãe na casa do "pai que já morreu", teria organizado. Vozes se juntam ao concerto familiar para dar testemunho. As de "Longa data", a do "Amante já morto" e as plurais de "Um rapaz, todos os rapazes", e as do "Guerreiro, todos os guerreiros". Essas vozes retraçam o itinerário de Luís e constroem a sua legenda.

O Guerreiro, todos os guerreiros. O Guerreiro, todos os guerreiros. Tudo o que faço, todos com quem ajo, meu grupo inteiro, aqueles que vivem como eu, aqueles que são sempre solitários e cruzaram com ele, cruzaram com Luís, com ele cruzaram e não quiseram deixar qualquer traço, tiveram medo de ligar-se a ele e de perder pé, de apaixonar-se por ele e de sofrer.[70]

Pois o projeto testamentário de Luís é o de congregar *in extremis*, nessa agonia dramática, todas as figuras que marcaram o curso de sua vida, mesmo as mais furtivas. Para ele, que já é um "morto em pé", o fim de jogo não poderia ser representado a não ser coletivamente e convocando todo o seu mundo, os vivos e os mortos. Todos em torno dele, que está prestes a desaparecer:

LUÍS: As personagens, todas as personagens, aquelas que encontramos, que vemos, que intervêm, as personagens evocadas, suas vozes, apenas suas fotografias, toda a multidão de pessoas encontradas, com as quais cruzamos, uma noite, uma hora, por dez minutos, com apenas um olhar, não poderíamos retê-las, nem mesmo no vão de uma porta, e jamais reencontraremos o lugar exato, / e aqueles ainda com quem compartilhamos tudo, quase tudo – nós nos prometíamos – dez ou vinte anos, aqueles com quem se "fez" a vida e para além dela [...] E ainda a multidão de outros, essenciais, mal percebidos, todos aqueles que são personagens de nossa vida. Todos os que fazem a vida de um só homem. / E ainda cada um que nos faz lembrar a multidão das pessoas com as quais cruzamos e assim por diante, ao infinito. / De um só homem, sem qualidade, sem história, todos os outros homens. / Longa data. Grupos, coros, bandas, vida paralelas à própria vida. Todos os que cruzam a nossa existência; alguns apenas por instantes, como eu, eu também, e outros que mantemos juntos a nós, que nos conservam junto a eles e que se tornam a sua vida inteira

[...]

---

70   Jean-Luc Lagarce, *Le Pays lointain*, em Théâtre complet, t. IV, p. 304.

O PAI (*já morto*): E a família, ainda, aquela de quem se herda ou que herdará de você.

A MÃE: E os pais, seus pais, eu e ele, este aqui, seu pai / hoje está morto, mas sempre conta; e os irmãos e as irmãs e os irmãos e as irmãs dos pais...[71]

Ad libitum... Como se o teatro, por meio do dispositivo de um fim de jogo, de uma agonia dramática, pudesse praticar a ressurreição dos mortos e fazer concorrência ao Julgamento Final, mas abolindo o julgamento! O que talvez seja precisamente o poder, ou a falta de poder, do teatro. O drama-da-vida se baseia aqui nas origens de uma arte que está profundamente ligada ao culto dos mortos. Ele reinstala a morte não como finalização do drama, parte envolvida na catástrofe final, mas como princípio da "ação". A morte como catástrofe inaugural. Assim procede Pasolini em *Orgia* (1965). É um enforcado que diz o prólogo:

HOMEM: Eu morri há pouco. Meu corpo / pende de uma corda, estranhamente vestido. / Minhas últimas palavras acabam de ressoar: / "Houve, finalmente, um que fez bom uso da morte." / Sim, foi o que eu disse antes de ser um enforcado que balança, / num arranjo verdadeiramente abominável. Dar uma olhada para trás, como *flash-back*, / sobre os últimos atos significativos e típicos de minha vida?[72]

JOGO DE SONHO, DIÁLOGOS DOS MORTOS E OUTROS METADRAMAS

Romance dramático, cena sem fim, drama em estações, crônica épica, fim de jogo: meu inventário de modalidades do drama-da-vida está longe de ser exaustivo. Toda forma original que permita dar conta da extensão de uma vida, preservando a concentração necessária, ou, para retomar o termo wagneriano, "condensação" dramática, pode ser considerada como parte do novo paradigma da forma dramática. Essa forma se distinguirá então pelas operações que ela efetua sobre a temporalidade e que visam instaurar um tempo híbrido, cruzando o

---

71 Ibidem, p. 281-282.
72 Pier Paolo Pasolini, *Théâtre*, Arles: Actes Sud, 1995, p. 391. (Coll. Babel.)

tempo dramático e o tempo épico, e até mesmo o tempo "atemporal" da poesia lírica. Lembremo-nos mais uma vez: essas operações são a interrupção, a retrospecção, a antecipação, a repetição-variação, a optação. Com uma condição suplementar, satisfeita de uma maneira ou de outra nas cinco modalidades do drama-da-vida precedentemente estudadas: que essas formas originais correspondam ao que denominei, no primeiro capítulo, um "metadrama", drama não no primeiro grau – em que se pressupõe, como no drama-na-vida, um tempo real diante de nós – mas em "segundo grau".

Por seus empréstimos ao modelo romanesco, o romance dramático confessa que constitui um retorno a uma história passada. Por ser "sem fim", a cena do tipo strindberguiana escapa a toda presença dramática do tipo "clássico", a essa presença que se evade em direção à catástrofe. O drama em estações também trabalha sobre uma fragmentação do tempo; de um tempo comemorativo e teológico – a Paixão de Cristo – que concerne essencialmente ao épico. As crônicas épicas se inscrevem seja na História do dia a dia, seja no cotidiano, algumas vezes em ambos ao mesmo tempo, e seguem todos os seus meandros. O fim de jogo é todo ele retrospecção. O ponto comum a todas essas modalidades do drama-da-vida é que a ação – o *drama* –, em lugar de se desenvolver linearmente, como no drama-na-vida, não para de *enrolar-se* ao redor de um momento único, memorial – histórico ou da ordem do fato cotidiano –, paroxístico (a cena sem fim), testamentário etc.

Inventada por Strindberg, a forma do "jogo de sonho" (*Drömspel*), à qual recentemente consagrei uma obra[73], nada tem a invejar às formas já repertoriadas. *O Caminho de Damasco* abre o caminho, que é ao mesmo tempo jogo de sonho e drama em estações. Mas *O Sonho* vai muito mais longe. Nessa última peça, com efeito, a dicotomia "sonhador/sonho" da personagem instaura essa distância interior que caracteriza o metadrama. Presume-se que Agnes venha de outro mundo – o prólogo no qual ela desce do céu de Indra sobre a Terra o atesta – para instalar-se como espectadora e testemunha de uma humanidade miserável. O Oficial, no entanto, ele próprio preso ao

---

[73] J.-P. Sarrazac, *Jeux de rêve et autres Détours*, Belval: Circé, 2004. (Col. Penser le théâtre.)

seu mal-estar existencial (como Agnes que, experimentando a vida terrestre, não tardará a sentir), chega num momento a arrancar-se de sua condição para assistir, como se estivesse no palco de um teatro, a uma cena conflituosa os entre seus pais, apesar de sua mãe estar morta "há dez anos". Quanto ao Poeta, verdadeira projeção do próprio dramaturgo, só está no mundo para registrar as queixas dos humanos e fazê-las repercutir. Mas caso se entre mais nos detalhes da peça, percebe-se que cada uma das muitas personagens está fendida de modo semelhante e constitui um dos momentos dessa "consciência" em primeiro plano que está no coração do jogo de sonho e erige o drama em metadrama. Strindberg insiste nisso:

Nesse drama onírico, assim como no precedente, *O Caminho de Damasco*, o autor procurou imitar a forma incoerente, de aparência lógica, do sonho. Tudo pode acontecer, tudo é possível e verossímil. O tempo e o espaço não existem. Sobre um fundo de realidade insignificante, a imaginação tece novos motivos: uma mistura de lembranças, de acontecimentos vividos, de invenções livres, absurdos e improvisos. / As personagens se duplicam, se dissociam, se evaporam e se condensam. Mas uma consciência a tudo domina, a consciência do sonhador. Para ele, não há segredos, inconsequências, escrúpulos ou leis. Ele não julga, não absolve, apenas relata [...][74]

Uma tal declaração permite constatar o poder liberador do drama-da-vida. O jogo de sonho quebra definitivamente toda linearidade e toda causalidade. A lógica associativa do sonho permite montagens espaciotemporais inéditas. *O Sonho* constitui um verdadeiro florilégio de operações de decomposição temporal próprias ao drama-da-vida. O quadro 4, que de um ponto de vista genético está na origem da obra, oferece disso o melhor exemplo. O Oficial espera sua noiva, Vitória, como outros esperam Godot. Em sua consciência perturbada, os dias e as noites se alternam num ritmo endemoninhado. Ele faz as contas dos dias, dos anos, e seu visual envelhece literalmente. Seus cabelos embranquecem, seu buquê de rosas murcha. E, de repente, eis que se vê totalmente rejuvenescido... Nunca se havia penetrado a tal ponto na psique perturbada de uma

---

[74] A. Strindberg, *Théâtre cruel et theater mystique*, p. 137.

personagem e em sua maneira subjetiva de viver o tempo de sua própria vida.

Sabemos a importância seminal de *O Sonho* e da ideia de "jogo de sonho" no pensamento de Artaud, de Vitrac e de muitos outros homens de teatro. Quanto à dramaturgia expressionista, ela emprestou de Strindberg sua tendência a uma dramaturgia na primeira pessoa em que tanto o mundo material como as demais personagens gravitam em torno do protagonista, que segue adiante, perseguindo seu sonho, sua errância. O jogo de sonho é o contrário de uma forma fechada em si mesma, que reproduziria com fidelidade um sonho real; ele consiste antes num jogo *com* o sonho, visando insuflar o onírico, a subjetividade, em resumo, o *inconsciente* no drama. Desestabilizar o relato dramático, aí introduzir o aleatório e, sobretudo, conduzir o drama para as suas últimas trincheiras, em direção à forma "incoerente" que caracteriza o drama-da-vida – Pirandello ou Beckett falavam de uma "desordem" necessária.

Em peças como *A Galinha d'Água*, de Witkiewicz, ou *O Casamento* (1953), de Grombrowicz, não estamos permanentemente imersos no sonho, mas é o sonho que pontua as peças e intervém periodicamente para marcar os pontos altos do drama-da-vida. Entre a vintena de personagens de *A Galinha d'Água*, Tadzio, primeiramente criança, depois um jovem adulto, se destaca como o sonhador. Regularmente, em cada um dos três atos da peça, ele declara que "acordou de seu sonho" e conclui: "Agora eu acordei do meu terceiro sonho. Agora eu sei tudo. Sou um canalha completo."[75] O sonho desestabiliza e alarga a estrutura em três atos, que poderia ser a de um drama-da-vida; ele permite ao espectador se polarizar sobre o drama-da-vida, cujo ponto focal é Tadzio. Da mesma forma também em *O Casamento*, todo o drama, "monodrama polifônico", gravita ao redor de Henrique, esse sonhador que se quer filho de rei e pretende destituir seu pai para consagrar-se a si mesmo rei. Henrique é uma espécie de um Hamlet, mas um Hamlet para quem a questão "ser ou não ser" não se põe mais. Ele é e, ao mesmo tempo, *não é*. Hamlet era indeciso, Henrique é totalmente *incerto*. E essa incerteza se irradia ao redor

---

75 Stanislaw I. Witkiewicz, *Théâtre complet*, t. III, Paris: L'Âge d'homme, 200, p. 218.

da personagem e se propaga através de toda a obra. Desde as primeiras palavras do *Casamento*, somos confrontados a esse sentimento lancinante de incerteza, de balanço entre sonho e realidade, máximo de optação e de repetição-variação, que até o fim não vai nos largar. Henrique abre a peça instalando esse princípio de incerteza que está no coração do jogo de sonho:

HENRIQUE: Ninguém. Nada. Apenas eu / Só eu. / Só eu. / Ou talvez eu não esteja sozinho: quem sabe o que há atrás de mim, talvez alguma coisa, alguém do lado, dos lados, às minhas costas [...] se alguma coisa ou alguém viesse de alguma parte, por exemplo... ah! eis aí... (*aparece Jeannot*) Jeannot, é Jeannot.
JEANNOT: Henrique! / Henrique. Mas é você em carne e osso. A menos que você também... seja um sonho.[76]

No final da peça, o mesmo Jeannot, que nasceu como que por partenogênese da psique de Henrique, e convertido em seu rival junto com Margarida, efetua seu reaparecimento em estado de cadáver.

(*Aparece o cadáver de Jeannot.*)
O CHANCELER: [...] Morto.
HENRIQUE: Quem acreditaria? É apenas um sonho. E extremamente artificial. No entanto, está aí, estendido. E ela [Margarida], está lá, em pé. E eu estou aqui.[77]

Se existe uma peça e um dramaturgo que levaram ao extremo o princípio da incerteza inerente ao jogo de sonho, e isso com o objetivo de multiplicar o poder da ficção e fornecer toda sua extensão ao drama-da-vida, é sem dúvida o *Calderón* (1967), de Pasolini. Variação de total liberdade sobre *A Vida é um Sonho*, a peça nos convida a uma verdadeira "viagem de um sonho a outro". Rosaura, a personagem principal, viverá várias vidas, mas não se reconhecerá em nenhuma delas – nem como filha do rei, nem como puta de baixo meretrício, nem como pequena burguesa... Rejeitando todos esses aprisionamentos – cada manhã ela se encontra como que amarrada a um leito e sendo vigiada por uma irmã que às vezes se chama

---

[76] Witold Gombrowicz, *Théâtre*, Paris: Julliard, p. 91. (Coll. Les Lettres Nouvelles.)
[77] Ibidem, p. 197.

Estela, às vezes Carmem, às vezes Agostina – Rosaura escolherá *in extremis* encontrar o encerramento absoluto – o de Auschwitz –, porque, em seu sonho, ele pode desembocar na liberação absoluta: "as portas se abrem e, cantando, entram os operários. Eles têm nas mãos bandeiras vermelhas com a foice e o martelo". E o velho Basílio procura conduzir Rosaura ao princípio de realidade: "Belo sonho, Rosaura, de verdade [...] Pois todos os sonhos que você sonhou ou sonhará, pode-se dizer que poderiam ser também realidade. Mas quanto a esse dos operários, não há dúvida: é um sonho, nada mais do que um sonho."[78]

Para compor sua peça, Pasolini integra, mas com maior liberdade, as noções de condensação, de deslocamento, de figurabilidade que ele encontrou em Freud. No entanto, seu empréstimo mais importante à teoria freudiana diz respeito ao uso maciço que faz, cada vez que Rosaura entra numa nova vida, da "estranheza inquietante", essa forma de distanciamento que passa pelo pavor:

ROSAURA: Onde estou?
ESTELA: Você está na cama.
ROSAURA: Isso é a minha cama?
ESTELA: Se é sua cama? Você não reconhece?
ROSAURA: Não, nunca a tinha visto até agora...
ESTELA: Não brinque...
ROSAURA: E você, quem é?
ESTELA: Rosaura!... Eu sou Estela, sua irmã Estela.
ROSAURA: Minha irmã!!
ESTELA: Mas o que acontece com você? [...]
ROSAURA: Socorro, socorro! Eu nunca vi você. Quem é você? Vá embora daqui, vá, eu nunca vi você, você me dá medo, você é um fantasma...[79]

Por meio do jogo de sonho e do princípio de incerteza que lhe está associado, o drama-da-vida acede à dimensão do virtual e cria esse mundo "múltiplo", verdadeiramente "dialógico" que Bakhtin pensava ser privilégio do romance. Com Pasolini, Adamov é sem dúvida o autor que com mais força

---

78 P.P. Pasolini, op. cit. p. 117.
79 Ibidem, p. 11.

retomou o jogo de sonho inventado por Strindberg e o levou a um alto nível de dialogismo e de polifonia. Sua última peça, *Se o Verão Voltar* (1969), joga com a pluralidade dos pontos de vista. As quatro principais personagens – Lars, sua irmã Théa, sua mulher Brit e Alma, uma amiga – são promovidas, sucessivamente, ao papel de "sonhador", "consciência" especular da peça. Elas nos dão assim, conforme um princípio de repetição-variação (por pouco a peça não foi chamada *Variações de um Mesmo Tema*), sua visão, seus fantasmas e sua respectiva organização do mesmo material biográfico. E assim acedemos ao drama-da-vida de uma juventude sueca presa a vertigens suicidas no mesmo instante em que triunfa a socialdemocracia.

No início de cada quadro, o protagonista-sonhador "atravessa a cena e, chegando à extremidade direita, se estende e entra em seu sonho"; as outras personagens então deslizam progressivamente para dentro do sonho... No centro de seu próprio sonho, cada um deles pode exprimir o que constitui o drama singular de sua vida, uma colcha de retalhos de esperanças ilusórias. Como, por exemplo, uma Brit, com acentos extremamente tchekovskianos:

BRIT (*para Lars, sempre em cena, mas longe dela*): Dizer que será preciso viver e que acabaremos por achá-la normal, essa vida, essa vida fixada entre duas mortes. (*Ela se abaixa e acaricia os cabelos de Alma.*) Como são bonitos, como são bonitos os seus cabelos (*pausa*). Lars, obedecerei Alma e ficaremos juntas nós duas, depois partiremos para o norte, não sei para onde, para qualquer lugar (*pausa*). Você vai conseguir terminar seus estudos de arquitetura. E graças a você, Lars, eu serei professora e ensinarei aritmética para as crianças. Não seremos alegres, ah não, mas, ainda assim, seremos felizes por estarmos juntos e vermos os dias fugirem.[80]

A exemplo das personagens de *Sonho* e de outras peças oníricas de Strindberg, Brit, de *Se o Verão Voltar*, tem parentesco com esses "sonhadores de insônia" e com esses sonâmbulos dionisíacos da linha de Kafka, dos quais fala Deleuze. Atualmente, juntam-se a eles, nesse estado de vagabundagem mental, as personagens de Jon Fosse e, particularmente, as de *Sonho de*

---

80 Arthur Adamov, *Si l'été revenait*, Paris: Gallimard, 1970, p. 66. (Coll. Le Manteau d'Arlequin.)

Outono (1999). As duas primeiras frases da didascália preliminar instalam um espaço-tempo metafórico que dá a totalidade da peça: "Uma pequena parte de um grande cemitério. Fim de outono." De chofre, pressentimos que entre as cinco personagens que vão estar lado a lado, e particularmente entre o Homem e a Mulher, será colocada a questão do curso da vida e de seu termo, desse luto da vida que começa quase com a infância. Semifantasmas ou sonâmbulos, eles estão lá, certamente, mas como diz a Mulher "só de passagem". Nesse espaço-tempo profundamente heterocrônico, em que se mesclarão de modo condensado, vários momentos chaves da vida de todas as personagens, da juventude à velhice e à morte, o encontro à beira dos túmulos do Homem e da Mulher toma a forma onírica de uma *visitação*, no sentido quase religioso do vocábulo:

O HOMEM (*sinceramente surpreso*): Ah, é você.
A MULHER (*incomodada*): Diria que sim. (*Ela baixa os olhos e se põe a empurrar cascalhos com a ponta dos sapatos.*)
O HOMEM (*levanta-se e a olha.*): Dizer que você está aqui, que eu devia te encontrar, aqui e agora, não consigo acreditar.[81]

A relação que se instaura então e que vai prosseguir ao longo da peça é de ordem quase telepática:

HOMEM: Há muito tempo que não nos víamos e nos encontramos aqui, na obscuridade do outono, num cemitério e no momento em que eu acabava de pensar em você, em que você me fazia falta [...] Muitas vezes, à tardinha, quando estou deitado em minha cama ou no canapé, sinto que você está ali.[82]

Podíamos acreditar estar em *O Sonho* ou, mais ainda, em *Diário Oculto*, em que Strindberg menciona seus encontros e abraços telepáticos com Harriet, sua terceira e última esposa. Mas o que surpreende ainda mais nessa dramaturgia testamentária e onírica é a capacidade do jogo de sonho de elevar o drama-da-vida ao nível de um drama de toda a espécie humana. Sob os traços, aliás bastante estilizados, do Homem, da Mulher, da Mãe, do Pai e de Gry, a primeira esposa do Homem, mas

---

81 Jon Fosse, *Rêve d'automne*, Paris: L'Arche, 2005, p. 9-10.
82 Ibidem, p. 23-24.

também no anonimato de todos esses corpos estendidos sob a terra, são os vivos e os mortos e também todos os que nascerão até o fim dos tempos que se encontram reunidos. Essa "pequena parte de um grande cemitério", onde o Homem "ali sentado com seus pensamentos" entrou "para fazer um balanço da situação", como diz a Mulher, é uma grande janela aberta para o Mundo *em seu futuro*; logo, sobre o drama-do-Mundo.

A MULHER: Você sabe, sim, sempre quando estou numa cidade, quando estou sobre uma colina e olho uma cidade, e verdade, olho uma casa após a outra, e penso que as pessoas que estão ali naquele momento, que lá vivem agora, que ali trabalham agora, sim, e dentro de alguns anos apenas nenhum deles estará mais ali, todos terão desaparecido daqui a não muito tempo, e outras pessoas estarão ali, nas casas, nas ruas. Pouco a pouco, todas as pessoas serão substituídas por outras pessoas, tudo será substituído, é nisso que penso e se a gente tenta voltar cem anos atrás, ou até menos, eram pessoas totalmente diferentes, que estavam na cidade, que passeavam pelas ruas. Mas a cidade está lá, as casas ainda estão lá.[83]

Essa mesma condensação e essa mesma projeção que autorizam o jogo de sonho, podem ser alcançadas (já o vimos em "Fim de Jogo") ao situarmos o drama no umbral da morte. Até mesmo pondo em cena personagens mortas. Retomada de uma antiga tradição filosófica que remonta à Antiguidade e a Luciano de Samósata, o *diálogo dos mortos* concede a suas personagens, por meio de subterfúgio da prosopopeia, um estatuto intemporal e extraterritorial que lhes permite aceder a uma visão que mergulha na vida – nas suas e nas de seus congêneres. Talvez influenciado por uma peça curta de Pirandello, *Na Saída* (1916), que dava a palavra a mortos recentes, ou pelas *Operetas Morais* de Leopardi, *Entre Quatro Paredes*, de Jean-Paul Sartre, sem dúvida a mais convincente peça do filósofo, põe em confronto, como já vimos no capítulo anterior, três mortos recentes, Inês, Estelle e Garcin, cada um deles com sua própria história, totalmente independente da dos outros, e mantendo, ao menos no início da peça, um olhar sobre o mundo dos vivos que eles acabaram de deixar:

---

83 Ibidem, p. 19-20.

ESTELLE: [...] Você está...
INÊS: Sim, a semana passada. E você?
ESTELLE: Eu? Ontem. A cerimônia nem acabou (*Fala naturalmente, mas como se visse o que descreve.*). O vento desarruma o véu de minha irmã. Ela faz o que pode para chorar. Vamos! Vamos! Um esforçozinho a mais. Até que enfim. Duas lágrimas, duas pequenas lágrimas que brilham sob o crepe. [...] (*para Garcin*) De onde você é?
GARCIN: Do Rio.
ESTELLE: E eu, de Paris. Você ainda tem alguém por lá?
GARCIN: Minha mulher. (*Mesmo jogo que Estelle.*) Ela veio ao quartel, como todos os dias; mas não lhe deixaram entrar. Ela olha por entre as barras da grade. Ela ainda não sabe que estou ausente, mas desconfia. Está indo embora, toda de preto...[84]

Terei oportunidade, no capítulo consagrado ao diálogo e à "partilha das vozes", de me deter mais longamente sobre essas mestiçagens do diálogo dramático com o diálogo filosófico. Elas constituem uma veia não negligenciável do teatro contemporâneo, e um caminho para o drama-da-vida. Entre as tentativas interessantes nesse sentido, é preciso distinguir *A Revolta dos Anjos* (2004), de Enzo Cormann, que reúne, sob os traços de anjos e sob os pseudônimos inventados pelo autor – o Príncipe da fenda, a Criança radiante e o Fora da lei feliz –, três desaparecidos em 1988-1989; o músico Chet Baker, o pintor Jean-Michel Basquiat e o escritor Bernard-Marie Koltès. Cormann inventa entre eles um diálogo fraterno, no qual se esforçam, *post-mortem*, por lutar contra essa reificação, contra o *status* de ícones cuja posteridade ameaça atormentá-los:

O FORA DA LEI FELIZ: Estamos presentes?
A CRIANÇA RADIANTE: Digamos que sim.
O FORA DA LEI FELIZ: Mas estamos mortos, não? / E nosso trio é inventado/ Pois bem, o papel é esse / Alguém que está presente sem ter vivido / Ou que está presente / mesmo estando morto / Talvez fosse esse o nosso trabalho / O de inventar presenças / De acrescentar uma presença.
O PRÍNCIPE DA FENDA: E mortos para representar os mortos presentes?
A CRIANÇA RADIANTE: Em todo caso, mais mortos presentes do que vivos.
O FORA DA LEI FELIZ: Sim, tanto mais presentes quanto mais mortos.[85]

---

84 Jean-Paul Sartre, *Huis Clos*, Paris: Gallimard, 1972, p. 30-32. (Coll. Folio, n. 807.)
85 Enzo Cormann, *La Révolte des anges*, Paris: Minuit, 2004, p. 66.

Não se trata de ir até o fim nesse inventário das modalidades do drama-da-vida. Devemos interrompê-lo arbitrariamente. O que não queria fazer sem mencionar esses *relatos de vida* bastante numerosos no teatro imediatamente contemporâneo, que não se articulam a um fim de jogo ou a uma agonia dramática. Penso notadamente em duas peças de Philippe Minyana, *Quartos* (1986) e *Inventários* (1987). Na primeira, concorrem os monólogos autobiográficos de seis mulheres que ocupam cada uma um quarto. Na segunda, trata-se de um quase jogo: uma animadora e um animador coordenam os fluxos verbais de três candidatos à confissão integral – Jacqueline, Angela e Bárbara. Com essas peças, nos encontramos entre um dramículo de Beckett e uma emissão de telerrealismo. No uso a que se propõe Minyana, o relato de vida está posto sob o mesmo signo de extravasamento que se percebe em *Ella*, de Achternbusch. As personagens desabafam, literalmente. Desse modo, Arlete, em *Quartos*:

ARLETE: Num certo momento isso extravasou, é tudo, eles me censuravam seu desenvolvimento psicomotor, Kiki, eles me censuravam isso, seu desenvolvimento psicomotor e minha própria infância! Eles queriam saber tudo sobre a minha infância e, bem, eu lhes disse: vocês querem saber como foi? / Que porra querem que eu lhes diga de uma fazenda no Jura, sem lembranças, o horror, deve ter sido o horror, mas é meio embaçado...[86]

Nas antípodas desse estado hemorrágico da personagem, o relato da vida paradoxal de Martin Crimp, em *Atentados à Sua Vida* (1993): relato de vida estilhaçado, difratado ao infinito, de uma personagem que nunca se vê, cuja identidade é até mesmo incerta – Ana, Anny, Anouchka... –, e relato contado, conforme os "dezessete cenários para o teatro" que o autor urdiu com a ajuda de testemunhas mais ou menos próximas, mais ou menos confiáveis. No centro dessa peça tecida de suposições, de conjecturas, de testemunhos parciais e incertos, a Paixão crística – indiretamente em menor tamanho – de um "artista":

---

[86] Philippe Minyana, *Chambres, inventaires, André*, Paris: Ed. Théâtrales, 1993, p. 22.

Mas por que não? Por que isso não seria / "um espetáculo"? Em absoluto, isso se torna uma espécie / de teatro. / É teatro – é verdade – para uma sociedade em que o próprio teatro está morto. Em lugar de convenções fora de moda do diálogo entre pseudopersonagens que chafurdam até um desfecho confuso, Anne lhes oferece um diálogo puro de objetos: de couro e de vidro, de vaselina e de aço, de sangue, de saliva e de chocolate. Ela nos oferece nada menos do que a representação de sua própria existência, a pornografia radical – se posso usar esse termo tão desgastado – de seu próprio corpo alquebrado e abusado, quase como aquele de Cristo.[87]

Sob essas réplicas anônimas da peça, podemos ouvir a voz de Martin Crimp em sua luta para ultrapassar os limites do drama-na-vida (é teatro – é verdade – para uma sociedade em que o próprio teatro está morto) e promover, com provocações e grandes choques libertários, o drama-da-vida. Para fazer isso, é a própria representação do que é uma vida, uma existência que é preciso libertar. Levando ao máximo essa operação de optação, de dramaturgia "no condicional", sobre a qual insisti desde o início do livro.

---

[87] Martin Crimp, Onzième scenario, *Le Traitement, Atteintes à sa vie*, Paris: L'Arche, 2006, p. 175.

Capítulo IV
A Impersonagem

> HAMM: *Você se crê um pedaço, hein?*
> CLOV: *Mille.**

Beckett, lê-se no final de *A Morte da Tragédia,* não dispõe desse dom, "que Brecht e Claudel possuíam e sem o qual o teatro não pode substituir: a criação de personagens dotadas do milagre de vida independente".[1] Ora, ainda que desagrade a George Steiner, os teatros moderno e contemporâneo nos incitam a ficar de luto pela personagem *viva,* e até mesmo à personagem em si. Em todo caso, abandonar a personagem autônoma, independente – talvez em proveito de personagens em rede, de personagens em série.

Quando Pirandello despede os Seis Personagens e os faz sair pela porta, é (vimos no capítulo I) para melhor reintroduzi-los pela janela, sob a condição de "personagens recusados". Isso não impede que, na operação, a integridade da personagem viva se veja afetada. Uma espécie de decomposição da personagem se produziu que a transforma no que Pirandello chama às vezes de "realidade criada", às vezes de "forma de sonho". Daí essa

---

* S. Becket, *Fim de Jogo.* (N. da E.)
1 George Steiner, *La Mort de la tragédie*, Paris: Gallimard, p. 340. (Coll. Folio Essais, n. 224.) Ed. bras., *A Morte da Tragédia*, São Paulo: Perspectiva, 2006, p. 197. (Col. Estudos 228.)

didascália, no início da peça, em que recomenda o emprego de máscaras que

> contribuirão a dar a impressão de fisionomias criadas pela arte e coaguladas cada uma na expressão imóvel de seu sentimento fundamental, que é o remorso para o Pai, a vingança para a Enteada, o desprezo para o Filho e, para a Mãe, a dor, com lágrimas de cera fixadas no azul das e ao longo das órbitas e nas faces, como se costuma ver em imagens esculpidas e pintadas da *Mater Dolorosa* das igrejas[2].

O que Pirandello recusa na personagem é esse "natural mutável" que caracteriza a personagem viva e o assimila a uma pessoa. A fixidez da fisionomia do Pai, da Mãe, da Enteada e do Filho os reenvia, ao contrário, à *Persona*, quer dizer, à máscara, tal como era indissociável do autor no teatro grego antigo. Maneira de se afastar de todo naturalismo, certamente, mas geralmente, também, dessa ideologia que tende a confundir a personagem de teatro com a do romance, e mesmo com a pessoa em si. Como escreve Jean-Luc Nancy, no teatro "a personagem sempre permanece um *lugar* (de enunciação), de preferência a se tornar uma personagem de romance (uma *pessoa*, digamos, por comodidade").

Depois de Pirandello, a posição de recusa da personagem tornou-se mais dura. Fazendo eco à ideia de Nancy, segundo a qual a personagem de teatro não existe e é apenas uma "densificação local da ação, que é disposta em atos por enunciados, e como se fossem enunciados". Denis Guénoun não hesita em proclamar a morte da personagem: "É preciso escrever personagens? Como se de nada se tratasse, como se ela não tivesse lugar, essa *crise da personagem* que Abirached apontou e analisou em detalhes? Ou isso acabou? E jamais escrevemos personagens, mesmo quando se crê fazê-lo, mesmo quando se dá um nome a um papel teatral?"[3]

Para se chegar a essa evicção total da personagem do campo da dramaturgia e da cena, Guénoun se apoia sobre o livro fundamental de Robert Abirached, *Crise de Personnage dans le Théâtre Moderne* (A Crise da Personagem no Teatro Moderno),

---

2   Luigi Pirandello, *Six Personnages en quête d'auteur*, Paris: Gallimard, 1997, p. 39-40. (Coll. Folion 1063.)
3   *Actions et Acteurs, Raisons du drame sur la scéne*, Paris: Belin, 2005, p. 29. (Coll. L'Extrême Contemporain.)

cujas conclusões ele maximiza. De fato, Abirached permanece comedido e se presta conta de todo um processo de sapa da personagem no teatro moderno, também a apresenta como a Fênix da fábula:

> A personagem, tanto tempo destinada à destruição, não cessou de renascer sob nossos olhos, reajustada de tempos em tempos, mas sempre irredutível [...] Dir-se-ia como esse pássaro fabuloso que deposita em sua morte a fonte de uma nova vida, sempre emergindo do fogo em que parecia consumir-se [...] A crise da personagem seria então o signo e a condição de sua vitalidade, acompanhando as transformações do mundo.[4]

Duas poéticas se encontram aqui confrontadas. Sob a pena de Guénoun, o radical, a de um homem de teatro que experimenta, aqui e agora, em matéria de personagem teatral, a necessidade da tábula rasa. Na obra de Abirached, o ponto de vista mais dominado do historiador e do homem de estética, que raciocina sobre a longa duração. As duas posições são legítimas. Aliás, Guénoun partilha a sua com vários outros, e não menores, autores. A começar por Genet, que em sua "Carta a Jean-Jacques Pauvert" se diz partidário da "abolição das personagens", a fim de unir "o autor ao espectador".[5] Mais perto de nós, Rodrigo García é formal: "criar personagens [...] nunca mais. Aqui, os nomes que precedem cada frase são os de atores para os quais estou agora trabalhando, e nos quais penso quando escrevo o texto. Não se trata, pois, de personagens, mas de pessoas".[6] Quanto a Martin Crimp, é uma verdadeira dramaturgia *negativa* da personagem que ele desenvolve ao redor da protagonista invisível de *Atentados à Sua Vida*: "Ela diz que não é uma verdadeira personagem, como nos livros ou na televisão, mas uma *não personagem*, uma ausência – como ela diz – de personagem".[7]

---

4 *La Crise du personnage dans le théâtre modern*, Paris: B. Grasset, 1978, p. 439. Sobre esse tema da personagem, ver também Jean Pierre Ryngaert e Julie Sermon, *Le Personnage théâtral contemporain*, Montreuil: Ed. Théâtrales, 2006. (Coll. Sur le Théâtre.)
5 Jean Genet, *Théâtre complet*, Paris: Gallimard, 2002, p. 816. (Coll. Bibliotèque de la Pléiade.)
6 *Notes de cuisine*, Besançon: Les Solitaires intempestifs, 2002, p. 7.
7 *Le Traitement, Atteintes à sa vie*, Paris: L'Arche, 2006, p. 149.

Dessa ausência ou desse *fading*, Hirst, uma personagem de *Terra de Ninguém* (1975), de Pinter, dá um testemunho interior: "Em mim, há uma lacuna. Não consigo preenchê-la. Em mim, há um maremoto. Eu não consigo represá-lo. Algo quer fazer com que eu desapareça."[8] A confidência ultrapassa, e de longe, a simples expressão de um mal-estar existencial da personagem; ela expressa a vontade do dramaturgo de acabar com a personagem como *substância* (psicológica, social etc). Em resumo, com a personagem *viva*, da qual Steiner sente nostalgia e que ele ainda pretende encontrar em Brecht e Claudel, erradamente, em minha opinião.

Em todo caso, uma coisa é certa: a dúvida na existência da personagem tem o duplo mérito de denunciar o lugar abusivo que ela ocupou na tradição ocidental (burguesa) do teatro e operar um retorno aos fundamentos da dramaturgia. Em Aristóteles, a personagem é inteiramente subordinada à história, à fábula, à ação: ela só seria levada em conta como "personagem agente" (*prattôn*). Ora, essa personagem em ação da tragédia antiga possui uma estatura que excede de longe a simples pessoa humana. Nietzsche recusou com força a concepção dominante no teatro burguês de uma personagem apresentada como o duplo do espectador. Ele censura até mesmo Eurípedes e seus sucessores de ter excluído Dioniso da cena e posto em seu lugar o *indivíduo*. Um indivíduo compreendido como entidade psicológica e como ser de razão. Contra a individuação da personagem, o autor de *O Nascimento da Tragédia* apela para o retorno de Dioniso, esse deus que "até Eurípedes, nunca deixou Dionísio de ser herói trágico". Para o filósofo do Eterno Retorno, "todas as figuras afamadas do palco grego, Prometeu, Édipo e assim por diante, são tão somente máscaras desse proto-herói".[9]

Desde então, os dramaturgos estão bem apoiados para considerar a personagem individualizada como personagem *de-mais*. E ao criador de poética[10] cabe então o encargo de examinar como as escrituras dramáticas modernas e

8   Harold Pinter, *No man's land*, Paris: Gallimard, 1979, p. 32.
9   Friedrich Nietzsche, *La Naissance de la tragédie*, Paris: Gallimard, 1977, p. 69. (Coll. Folio, Essais, n. 32.) Ed. bras., *O Nascimento da Tragédia*, trad., notas e prefácio J. Guinsburg, São Paulo: Companhia das Letras, 2007, seção 10.
10 * O autor se utiliza de um neologismo não dicionarizado – *poéticien* – referindo-se a alguém dedicado à análise de uma poética. (N. da T.)

contemporâneas esculpem essa personagem *de-mais* para transformá-la em personagem *de-menos*, em menos personagem.

A PERSONAGEM SEM CARÁTER

Na *Poética* de Aristóteles, o caráter (*ethos*), conjunto de traços psicológicos e morais, é apenas um dado facultativo da personagem: "sem ação, não poderia haver tragédia; ao passo que poderia havê-lo sem caracteres; de fato, a tragédia da maior parte dos contemporâneos é desprovida de caracteres, e em geral muitos poetas assim o fazem".[11] Entretanto, na evolução do teatro ocidental após Eurípedes, o caráter, que significa marca, "cunho", tornou-se o coração da personagem individualizada, seu núcleo. Ora, é à fissão desse núcleo da personagem que nós iremos assistir depois da virada do século XX, com as dramaturgias de Strindberg e de Pirandello.

Sartre bem o viu[12], Ibsen ainda produz caracteres – Hedda Gabler, Rebecca West, John Gabriel Borkman – e Strindberg, mesmo reivindicando a criação de um "caráter moderno", faz voar em pedaços a noção de caráter:

O caráter não parece [...] ser uma coisa tão estável quanto se pretende. E eu não me encarregaria de fazer uma classificação dos caracteres, não podendo os homens ser catalogados. Cada vez que quero estudar um homem, acabo por achar que o objeto de minha observação tem o espírito perturbado. Tão incoerente é a maneira de pensar e de agir dos homens quando seguimos de perto sua agitação interior. Notando dia após dia as ideias que concebem, as opiniões que emitem ou suas veleidades de ação, descobre-se um verdadeiro guisado que não merece o nome de caráter. Tudo se mostra como improvisação sem sequência, e o homem, sempre em contradição consigo mesmo, aparece como o maior mentiroso do mundo.[13]

Impressionado com os romances dos Goncourt e apresentando-se ele próprio, na época de *Senhorita Júlia*, como um

---

11 Aristóteles, *La Poétique*, Paris: Ed. du Seuil, 1980, p. 55. (Coll. Poétique.)
12 Jean-Paul Sartre, Strindberg, notre "créancier", *Un Théâtre de situations*, Paris: Gallimard, 1992, p.70. (Coll. Folio Essais.)
13 A. Strindberg, *Théâtre cruel et théâtre mystique*, Paris: Gallimard, 1964, p. 112. (Coll. Pratique du Théâtre.)

escritor naturalista, Strindberg pretende dar conta das complexidades da psique humana e, em particular, de tudo o que de errático, de múltiplo, de complexo no pretenso caráter. Assim como revela, no prefácio de *Senhorita Júlia*, a concepção tradicional e burguesa do caráter, nos envia a "um indivíduo incapaz de evoluir, congelado em seu primitivo natural ou num papel adotado uma vez por todas". Ao contrário, ele pretende traçar, por intermédio de Júlia, uma personagem com falta de caráter, uma personagem concebida como uma "junção de peças de todas as espécies"[14]. É ai que Strindberg se lança, é contra o próprio fundamento de caráter, ou seja, a sua *constância*, a imutabilidade de seus traços no correr da peça. Em resumo, a concordância consigo mesma da personagem. Inconstantes, e até mesmo inconsistentes, as personagens de Strindberg aparecem como que entregues, no decurso da ação, a uma "improvisação sem sequência". Para conduzir a bom termo essa desconstrução do caráter, o dramaturgo toma emprestado às novas teorias e práticas de Bernheim, de Ribot (*Doenças da Personalidade*, 1885), de Binet (*As Alterações da Personalidade*, 1892), de Charcot, mas também de uma técnica própria aos romances monográficos dos Goncourt: a *vivissecção*. A navalha que Jean estende à senhorita Júlia, no final da peça, não é apenas o instrumento do trágico suicídio da jovem; ela nos remete também, em um plano metateatral, ao despedaçamento da personagem.

Como bom experimentador, Strindberg praticou inicialmente, em seus relatos autobiográficos, e em primeiro lugar em *O Filho da Empregada*, sobre si mesmo a vivissecção. A golpes de escalpo, operou sobre o seu próprio "eu" de jovem a fim de revelar sua incoerência e quase vacuidade:

Onde estava o eu, que podia ser o caráter? Não se encontrava nem aqui nem lá, estava às vezes de um lado e de outro. O eu não é algo de absoluto, é uma diversidade de reflexos, uma complexidade de instintos, de desejos, alguns dos quais estão abafados, outros desabridos [...] Ele ainda procurava seu papel, pois não havia encontrado ainda seu lugar, e assim continuava a ser sem caráter.[15]

14 Ibidem, p. 100-101.
15 Idem, *Le Fils de la servant: Histoire d'une âme (1849-1867)*, Paris: Gallimard, 1973, p. 214. (Coll. Folio, n. 458.)

Seu lugar e, por consequência, seu caráter, a personagem de Strindberg na verdade jamais encontrará. No *Caminho de Damasco*, o Desconhecido, protagonista autobigráfico, não deixa de ser desconhecido para si mesmo; e quando, no fim da terceira peça da trilogia, que nada conclui, ele acede a um dos planos do enigma, é para ver a apresentação, pelo Pai Melquior, do quadro das personagens com personalidade múltiplas, os heterônimos, de "Boccaccio com duas cabeças" até Bismarck, passando, evidentemente, por Kierkegaard, campeão da "partenogênese da alma" por intermédio de seus diferentes pseudônimos.

A vivissecção dramática, segundo Strindberg, difere da vivissecção romanesca dos Goncourt uma vez que, em peças como *Pai* (1887), *Senhorita Júlia, Credores, A Dança da Morte* etc, é sempre *a outra personagem*, o antagonista, quem tem o instrumento de escalpo. Como escreveu Sartre, as personagens de Strindberg "são apenas o que elas fazem dos outros e o que os outros fazem delas". Nesse sentido, Strindberg é resolutamente tanto nietzschiano como moderno, incitando-nos a focalizar menos a personagem, sempre um pouco inerte, e mais a relação quase de guerra entre as personagens. Daí a transferência operada pelo escritor escandinavo da hipnose – do terreno da clínica para o da dramaturgia.

Pai

LAURA: [...] A mãe era sua amiga, mas a mulher sua inimiga, pois o amor entre os sexos é o combate e o ódio. Não acredite nunca que eu me tenha dado a você; eu nada dei, eu sempre peguei o que desejava, eis tudo. Você apenas tinha a supremacia, eu bem que o sentia.

O CAPITÃO: Não, a supremacia era você que a tinha, e também o dom de me hipnotizar, embora eu devesse lhe obedecer em todas as coisas. Você me teria feito tomar uma batata por um pêssego... você me teria feito admirar como eclosões de gênio as suas ideias mais estúpidas. Você me teria conduzido a cometer cegamente as ações mais baixas, e mesmo um crime.

Senhorita Júlia

JÚLIA [...]: Você me mostrou como você sabia representar a comédia, agora há pouco, quando estava de joelhos – naquele momento você era o aristocrata – ou bem... você nunca esteve no teatro para ver um hipnotizador? (*Jean faz que sim.*). Ele diz ao seu ajudante: pegue a vassoura, e ele a pega. Ele diz: varre, e o homem varre...

JEAN: O sujeito deve estar mesmo adormecido.
JÚLIA (*Como se estivesse em transe.*): Eu já estou dormindo
[...]
JEAN (*Pega a navalha e lhe põe nas mãos.*): Olha aí a vassoura! Agora, vá, enquanto é dia... até o celeiro e (*Murmura-lhe alguma coisa no ouvido*).

Credores

ADOLFO: Faça de mim o que quiser, eu obedecerei.
GUSTAVO (*levanta-se*): Olhe-me.
ADOLFO (*olhando-o*): Você me olha com esses olhos estranhos que me atraem.
GUSTAVO: E agora, escute.
ADOLFO: Sim, mas fale de você; não diga mais nada sobre mim, eu sou como uma chaga aberta.
GUSTAVO: Não, não há nada a dizer a meu respeito. Eu sou viúvo e professor de línguas clássicas. Isso é tudo. E agora, pegue a minha mão.
ADOLFO: Que força terrível você deve ter. É como se eu tocasse uma pilha elétrica.
GUSTAVO: Sim, e pense nisso: eu era tão fraco quanto você. De pé!
ADOLFO (*levanta-se e se deixa ir para os braços de Gustavo*): Eu sou como uma criança sem ossos, com o cérebro aberto.[16]

O momento hipnótico precipita a catástrofe. Ele constitui o clímax dessa relação interpessoal em que as personagens não são outra coisa senão o que "os outros fazem delas". Por meio do aniquilamento trágico da personagem, precedida da inibição de sua vontade e de sua capacidade de decisão individual, opera-se de fato o apagamento definitivo da própria noção de caráter dramático.

O que Strindberg obtém por meio de todo um aparato de crueldade – a dissolução da ideia de caráter –, Pirandello, também ele inspirado pelos trabalhos de Binet e de Ribot, chega de maneira mais doce. Pela via do que chama "o humorismo". Procedendo seguindo o "senso contrário", o humorismo é esse modo de comentário que se apega ironicamente a uma realidade e se compromete a "decompô-la". Assim quanto ao caráter:

A crença na unidade da alma está em total contradição com o conceito histórico de alma humana [...] Eis aqui um alto funcionário que se

---

16 Idem, *Théâtre complet*, t. II, Paris: L'Arche, 1983, p. 264, 320-321, 339-340.

crê e que é, o coitado, realmente um homem honesto. A alma moral o domina. Mas um belo dia, a alma instintiva, que é como a besta humana escondida no fundo de cada um de nós, põe para fora, a pontapé, a alma moral e nosso homem honesto comete um roubo [...] Oh, logo após, o pobre homem, é o primeiro a ficar estupefato. Ele chora e, desesperado, se interroga: "como aconteceu que eu pudesse cometer esse ato?". Mas o fato é que é um ladrão. E aquele outro, o homem de bem, esse admirável homem de bem? Sim, senhoras e senhoras, ele o matou.[17]

Em todas as suas peças, o dramaturgo italiano dedica-se a fazer explodir o caráter e a iluminar o princípio de *discordância* entre o eu e o eu que rege a existência de suas personagens. Para ele, assim como para Strindberg, é o outro – o outro antagonista, mas também o outro em si mesmo – que dá à personagem tal ou qual fisionomia, tal *ethos* passageiro. Com a diferença, relativamente a Strindberg, de que a relação não é entre casais, uma relação dual, mas antes a de uma criatura isolada, perseguida, forçada pela pressão de outros. Temos todos em espírito a constatação ao mesmo tempo desiludida e desesperada do Pai de *Seis Personagens à Procura de um Autor*:

Para mim, senhor, o drama está aí, inteiro: nessa consciência que tenho de que cada um de nós, veja o senhor, acredita ser "apenas um", quando isso é falso; ele é cem, meu senhor, é mil, conforme todas as possibilidades de ser que estão em nós; ele é apenas um com esse, apenas um com aquele, e um apenas com as diferenças possíveis! E isso, ao mesmo tempo, com a ilusão de ser sempre "um só para todo o mundo", e esse "apenas um" nós acreditamos estar em todos os nossos atos.[18]

Integrando o comentário à ação, Pirandello chega mesmo a dar, em *Nunca Se Sabe Tudo* (1924), num falso entreato intitulado "Intermédio Coral", um eco da disputa de dois críticos, um defensor e outro depreciador dos caracteres: "Terceira crítica: [...] lhe parece ser permitido, eu lhe pergunto, destruir sucessivamente o caráter de suas personagens? Quarta crítica *ao terceiro*: Você me faz rir com suas personagens! Onde é que

---

17 Luigi Pirandello, *Écrits sur le théâtre et la littérature*, Paris: Gallimard, 1990, p. 148-149. (Coll. Folio Essais, n. 122.) Ed. Bras., O Humorismo, em J. Guinsburg (trad. e org.) *Pirandello: Do Teatro no Teatro*, São Paulo: Perspectiva, 2009, p. 168-169. (Col. Textos 11.)
18 Idem, *Six Personages en quête d'auteur*, Paris: Gallimard, 1978, p. 69-70. (Coll. Folio n. 1063.). Ed. bras., op. cit., p. 203.

você encontra na vida seus famosos caracteres?" Diego, uma das personagens da "peça na peça", interrompe a discussão por intermédio de uma parábola:

Todo o mundo deseja se casar com uma só alma por toda a vida, a mais complacente, a que nos traz como dote as maiores possibilidades de alcançar um estado a que aspiramos; mas em seguida, fora do teto conjugal de nossa consciência, temos continuamente ligações e aventuras com todas as nossas outras almas, as que estão relegadas no fundo dos subterrâneos de nossa alma, e dessas ligações nascem atos e pensamentos que recusamos reconhecer ou que, se a isso somos forçados, os adotamos ou legitimamos com mil acomodações, mil reservas e precauções.[19]

A arte do dramaturgo é rica em procedimentos vários para quebrar o caráter, quer dizer, o próprio núcleo da personagem. Nós nos cansaríamos de enumerá-los. Fiquemos ainda com um deles, dos mais originais, provavelmente inspirado pela vanguarda futurista: na peça curta de 1929, intitulada *Sonho (Mas Talvez Não)*, a personagem, o homem de fraque, aparece no primeiro ato como um verdadeiro lobo, prestes a saltar no pescoço de sua amante culpada, enquanto, no ato II, o mesmo homem, convidado a tomar chá com a mesma mulher, um chá com uma espuma de leite, comporta-se com sua volúvel amante como o mais doce e inofensivos dos carneiros. É verdade que, no ato I, a jovem estava cochilando e presa de um pesadelo que a tornava culpável.

Pirandello não se limita a dissipar a ilusão do caráter; ele nos faz ver o confronto mortal da personagem consigo mesma, quer dizer, com todas essas feições discordantes de si mesma, todas essas máscaras que os outros puseram sobre sua própria carne ao vivo. Combate que não poderia conhecer outra solução senão aquela, trágica, de uma nudez pura dando seu grito de agonia: "Ercília: Morrer nua! A descoberto, desesperada e desprezada! Eis tudo: você está contente? Agora, vá embora, vá embora. Deixe-me morrer em silêncio: nua".[20]

Organizando o conjunto de suas peças sob a fórmula de oxímoros de "máscaras nuas", Pirandello se situa, muito além da dialética da aparência e da verdade, da superfície e da

---

19 Idem, *On ne sait jamais tout*, Théâtre complet, t. II, Paris: Gallimard, 1985, p. 164. (Coll. Bibliotèque de la Pléiade.)
20 *Vêtir ceux qui sont nus*, Paris: Gallimard, p. 97. (Coll. Folio, n. 140.)

profundidade, ou ainda da forma e do impulso vital, no ataque, do ponto de vista trágico, a toda possibilidade de identidade individual. Aquilo a que as personagens de Pirandello tentam dar a palavra, sem jamais chegar ao fim, é à sua inaceitável identidade pessoal. Assim como o eu social se exprime, sob os olhares dos outros, de maneira múltipla e contraditória, assim o eu pessoal permanece tragicamente mudo. Uma situação trágica a qual Schopenhauer torna compreensível: "A partir do momento que nos atrevemos a penetrar em nós mesmos e que, dirigindo o olho de nosso espírito para o interior, queremos nos contemplar, só conseguimos nos perder num vazio sem fundo; fazemos para nós mesmos o efeito dessa bola de vidro oca, de cujo vazio sai uma voz que tem seu princípio fora de si; e no momento de nos agarrar, tocamos apenas, que horror, um fantasma sem substância".[21]

A PASSAGEM AO NEUTRO

Não nos espantamos, pois, de constatar que a personagem dos teatros moderno e contemporâneo tende a adotar o perfil desse "fantasma sem substância". Monique Borie vasculhou, da tragédia grega a Kantor e Genet, passando por Shakespeare, a intrusão na cena ocidental dos fantasmas e de outros espectros. De minha parte, é mais o tornar-se fantasma da personagem mais ordinária que eu gostaria de retraçar. Pois são todos as personagens de Ibsen, de Strindberg, de Maeterlinck – ou, nos dias de hoje, de Kane, de Fosse e de Keene, que possuem uma parte fantasmagórica – ou fantasmal. Essa invasão do espectral, desde o fim do século XIX, é, em certa medida, aprovada por Monique Borie: "Somos todos, ela escreve, espectros, mortos--vivos; essa é a lição do teatro de Ibsen".[22]

Fantasmas sem substância, o que vale dizer *homem sem qualidades*. Considerar, retomando o título do grande romance de Musil, em que a personagem moderna não tem qualidades,

---

21 Arthur Schopenhauer, *Le Monde comme volonté et comme représentation*, apud Theodor W. Adorno, *Minima Moralia*, Paris: Payot, 1983, p. 145. (Coll. Critique de la Politique.)
22 Monique Borie, *Le Fantôme ou le théâtre qui doute*, Arles: Actes Sud-Académie expérimentale des théâtres, 1997.

propriedades que a definam, é constatar que, incapaz de coincidir consigo mesma, está irremediavelmente numa situação de perda de identidade. E isso por causa de uma falta ou excesso de abertura: seja, como o Ulrich de Musil, por que todas as possibilidades lhe estão abertas, até a vertigem absoluta, seja por que, a exemplo dos protagonistas de Kafka ou do Bartleby de Melville, ele se coloca sempre, apesar de si mesmo, afastado do mundo. Ao mesmo tempo que a identidade é a *presença* da personagem que vacila: difratada ao infinito, ou reduzido ao extremo, ela não é senão a presença de um ausente, ou a ausência de um presente – numa espécie de *mimese* por falta.

A ausência da personagem não cessa de declinar nas obras modernas e contemporâneas: ausência de caráter e de identidade, mas também ausência de *vontade própria* – o que permitia a *decisão* como motor do drama, segundo Hegel – ausência de *nome* –, nas peças breves de Daniel Keene, por exemplo, em que os nomes são sistematicamente eliminados – e até mesmo ausência de *rosto*. Tudo isso chegando ao que se poderia chamar a *passagem ao neutro* da personagem (que é o contrário de uma neutralização, no sentido habitual do vocábulo). Processo que pode engendrar a passividade da personagem. Mas uma passividade particular, uma passividade *ativa*.

Blanchot, e depois Barthes, nos abriram os olhos para o neutro das novas perspectivas. O primeiro revelando o paradoxo – *passividade do neutro: o passivo além e sempre além de todo passivo, sua ação típica envolvendo uma ação própria, ação de inação, efeito de não efeito*, e designando o neutro como "aquilo que carrega a diferença até a indiferença"[23]. O segundo, pondo sob a categoria de neutro "toda inflexão que esquiva ou confunde a estrutura paradigmática, de oposição, do sentido [...] visa, consequentemente, à suspensão dos dados conflituosos do discurso", e põe "no ativo do 'neutro', a 'banalidade', o 'confiar-se à banalidade', 'reconhecer essa banalidade'"[24]. Ora, no sentido moderno, o banal é o comum: território por excelência do drama-da-vida.

---

23 Maurice Blanchot, *L'Entretien infini*, Paris: Gallimard, 1969, p. 449-450.
24 Roland Barthes, *Le Neutre, cours au Collège de France (1977-1978)*, texto estabelecido e apresentado por Thomas Clerc, Paris: Ed. du Seuil, 2002, p. 261. (Coll. Traces Écrites.)

IV. A IMPERSONAGEM

Tratando-se da passagem ao neutro da personagem, as figuras de Tchékhov têm valor exemplar e, particularmente, a primeira dentre elas, Platonov, que prenuncia, além de servir-lhes de base, Ivanov, Treplev, Vânia, Trofimov etc. Esse anti Don Juan só seduz as mulheres e lhes causa a infelicidade apesar de si mesmo, contra sua vontade. Ele ocupa o lugar central da peça, mas esse centro é vazio; vazio por um espírito inconsistente, hesitante, procrastinador e volta-face.

TRIBELSKI (*a propósito de Platonov*): Aposto que ele ainda dorme. Atualmente, ele dorme mais do que vive.
[...]
PLATONOV: E portanto eu fico nessa escola, como que ocupando o lugar de um outro, o de um professor.
[...]
PLATONOV: Eu apodreci durante tanto tempo, minha alma se tornou, depois de tanto tempo, um esqueleto que não tem mais nenhum meio de me ressuscitar!
[...]
PLATONOV: Eu sou como uma pedra na estrada. À pedra, nada a impede; é ela o impedimento![25]

A comparação com a pedra não é inocente. Além da inércia, evoca uma metamorfose mineral, uma saída do estado humano, e não deixa de lembrar Kafka, que nota em seu *Diário* que seu "eu" é "vazio como uma fonte seca", "oco como uma concha na praia, prestes a ser esmagada por um pontapé". (De sua parte, Strindberg vê a si mesmo, num de seus escritos autobiográficos, *Legendas II*, como "a concha vazia de um eu sem conteúdo".) Mas o que é notável é o fato de Platonov não ser apresentado pelo jovem Tchékhov como um caso isolado e patológico, mas como emblema da humanidade daquele fim do século XIX, na Rússia. Platonov, ou a figura de uma comunidade.

GLAGOLIEV: Na minha opinião, Platonov é a melhor expressão da incerteza de nossa época [...] Não temos a menor certeza, não compreendemos mais... Tudo se confunde ao infinito, tudo se mistura... E, na minha opinião, é essa incerteza que exprime esse belo espírito que é o nosso Platonov.

25 Anton Tchekhov, *Platonov, version intégrale*, Besançon: Les Solitaires Intempestifs, 2005, p. 64, 210, 366, 112.

[...]
PLATONOV (*tomando a cabeça entre as mãos*) – Eu não sou o único assim, todo o mundo é parecido. Todo o mundo. Meu Deus, onde anda a humanidade?[26]

A perda do nome segue, infalivelmente, a perda do eu. Zola censurava em Strindberg a abstração de suas personagens e reivindicava para elas um estado civil completo. Raciocinava então como um romancista, a contrapelo do autêntico dramaturgo, que trabalha, ao contrário do romancista, para retirar a espessura da personagem e tratá-la como um lugar de enunciação. Na concepção do drama de Zola, a personagem naturalista, "homem real, com sangue e músculos", deve ser "romanceada" e romper com a abstração das personagens dos períodos anteriores, do teatro romântico e burguês. Assim, chamar o protagonista de uma peça (*Pai*) de "o Capitão" só podia ser um erro, do ponto de vista de Zola. Ora, Strindberg é justamente o naturalismo mais a abstração, o que implica um certo apagamento da identidade da personagem. Caso se procure não o nome de uma personagem, geralmente inencontrável, mas seu prenome, se acaba encontrando-o numa réplica. Da mesma forma os indícios biográficos se acumulam. Mas todo esse *pedigree* vai se encontrar de alguma forma borrado pela experiência que a personagem tem de sua própria ausência de si mesma e do mundo. O escritor persiste, após a crise de *Inferno*, naquilo que Zola lhe reprovava a propósito de *Pai*: lembremo-nos que o protagonista de *Caminho de Damasco* é designado por Strindberg como "O Desconhecido", e que a personagem principal de *A Casa Queimada*, que logo se compreende que ali ela nasceu e viveu a infância naquela casa, é chamada pelo autor "O Estranho". Para definir a personagem, a alegoria prima sobre o estado civil.

Talvez se reconheça aí um efeito desse sincretismo entre naturalismo e simbolismo que marca os principais dramaturgos da virada do século XX, Ibsen, Strindberg e Tchékhov. No entanto, o essencial está além, no cruzamento de um teatro intrassubjetivo, em que a personagem se torna, a seus próprios olhos, um enigma, interrogando-se a si mesma. Impõe-se então uma personagem que é toda ela vacuidade e abertura. E essa

---

26 Ibidem, p. 74 e 265

IV. A IMPERSONAGEM

disponibilidade total da personagem – sua passagem ao neutro –, longe de favorecer a ação e a troca dialogada entre as personagens, impendem-nas. No segundo ato de *A Casa Queimada*, o Estranho se encontra em presença do Estudante, e uma ideia lhe vem de que este poderia bem ser seu filho adulterino; mas, contrariamente à tragédia, tal como a define Aristóteles, este ápice da ação dramática, que é o reconhecimento (*anagnôrisis*), se revela inacessível pela exclusão da identidade.

O ESTUDANTE: A quem tenho a honra...
O ESTRANHO: Não é uma honra me falar, o senhor sabe; eu fugi para a América a fim de escapar dos meus credores.
[...]
O ESTRANHO: O senhor ainda tem seus pais?
ESTUDANTE: Não sei de nada.
O ESTRANHO: Ei-lo que ainda mente, mas sem o saber.
[...]
O ESTRANHO: O senhor vê este alfinete de gravata? Ele é bonito, não é? Porém, eu mesmo não o vejo, não encontro qualquer prazer que ele esteja aí, enquanto todos os outros usufruíam dele. Ao menos não é egoísta! Eu lhe asseguro que há momentos em que gostaria de vê-lo na gravata de outra pessoa para poder admirá-lo. O senhor o quer?
O ESTUDANTE: Não entendo... como o senhor diz, talvez não valha a pena tê-lo.
[...]
O ESTRANHO: Esse aí é meu filho? Quem sabe? Supondo o pior, eu também fui criança uma vez, e isso não tinha nada de extraordinário ou de divertido. E eu, sou seu... E depois? Aliás... quem sabe?[27]

Durante o longo período no lugar do incêndio, o protagonista de *A Casa Queimada*, no qual o Estudante observa que ele "fala sozinho", parece prestes a recuperar uma identidade e dar-se uma filiação. Ele não faz outra coisa, na verdade, senão afastar-se de novo, e não há mais outra solução a não ser afastar-se de novo. O Estranho permanecerá estranho para sempre.

Pode-se dizer de personagens incapazes de mútuo reconhecimento, como o Estudante ou como o Estranho, que eles ainda têm um rosto? Em todo o caso, não têm olhar e assim se

---

27 A. Strindberg, *La Maison brulée, Théâtre complet*, t. VI, Paris: L'Arche, 1986, p. 68-71.

incluem na linhagem dos mui alegóricos Cegos de Maeterlinck que, não podendo "ver", não podem "se amar" nem simplesmente "ajudar-se". Pode-se dizer de personagens de primeiro plano, que o autor designa unicamente por "O Velho", "A Velha" (Ionesco, *As Cadeiras*), personagens chamadas "Ele", "Ela", ou apenas anunciadas por M ou H, designando os sexos, e seguidos por um algarismo que especifica a ordem de entrada – M1, H1, M2, H2 etc. – (Sarraute, *Isma, Por um Sim ou Por um Não*), personagens que são apresentadas sob a apelação genérica de Jovem, e que não nos cansamos de perguntar, no correr da peça, se são casados, amantes ou simplesmente estranhos (Fosse, *Sonho de Outono*), que eles têm um rosto, um olhar e estejam providos de uma identidade? Não alcançamos então o anonimato e a intermutabilidade completa das personagens? Ionesco reivindica o fato de ter dobrado esse cabo: em suas peças, "nada de caracteres, personagens sem identidade (elas se convertem, a todo instante, no contrário de si mesmas, tomam o lugar de outras e vice-versa)[28]. Mais perto de nós, Novarina vai ainda mais longe, pretendendo que "o teatro tende sempre para a fisionomia humana desfeita; é o lugar para se desfazer do homem, insubmeter-se à imagem humana, ou *desrepresentar*"[29]. No mesmo sentido, Alain Badiou pôde dizer das personagens de Beckett que eram "os anônimos do labor humano". É verdade que, quando Pozzo pede aos dois ferroviários para que declinem suas identidades, Vladimir só sabe responder: "Nós somos homens".

O drama-da-vida molda uma personagem *genérica* que representa sozinha senão toda a espécie, ao menos a condição humana numa região, culturalmente situada, do planeta. M1 e H1, de Sarraute, pertencem com toda evidência a uma sociedade ocidental europeia, e o mesmo serve para O Jovem e a A Jovem de Fosse. Mas a caracterização da personagem se detém aí. E ainda é suscetível de retroagir. Por exemplo, na indistinção dos sexos. As pesquisas de Decroux e de Lecocq vão no sentido do neutro: "Uma máscara neutra e inexpressiva, cumpre de fato dizer a palavra justa, é sublime [...] Sublime, nesse caso,

---

28 Eugène Ionesco, apud Emmanuel Jacquart, *Le Théâtre de dérision*, Paris: Gallimard, 1974, p. 57.
29 Valère Novarina, *Scherzo, revue de littérature*, Parisn. 11, octobre 2000, p. 8.

quer dizer que não se tem diante de si um homem, mas antes o homem em geral".[30]

Muitos autores contemporâneos que praticam o expungimento do rosto e a passagem ao neutro da personagem, podem retomar por sua conta a profissão de fé de um Jon Fosse: "Eu não escrevo personagens, eu escrevo o humano."[31] Mas essa tendência para o neutro remonta, de fato, ao momento de ruptura com a forma canônica do drama e da mudança de paradigma. Aliás, ela nos permite compreender, enfim, o enigma do final de *Sonho*, de Strindberg. Isso ocorre na última didascália, quando no castelo, ao pegar fogo, "o clarão do incêndio clareia o fundo do cenário, um muro de fisionomias humanas interrogadoras, tristes, desesperadas". Esse muro é o espelho dos espectadores sentados na sala: toda a singularidade refluiu para o público; em cena, nada a não ser o homem ou a mulher do drama-da-vida. A personagem única, de alguma maneira, mas com a variedade de suas declinações alegóricas – por exemplo, o Advogado, o Oficial, o Poeta como projeções ao mesmo tempo de Strindberg e do homem comum.

De certa maneira, Hamlet, que está sempre indeciso, que sempre procrastina, antecipa historicamente o protagonista do drama-da-vida. Pelo menos na leitura da personagem que a modernidade fez, em particular Mallarmé. Bertrand Marchal mostra como o autor de *Igitur* opera, sobre a obra-prima de Shakespeare, uma "redução ao essencial", visando fazer desaparecer os papéis secundários, "simples comparsas e puros fantasmas do herói", e levar a peça ao essencial, ao *To be or not to be*. "Quer dizer", conclui Marchal, "que na ideia de teatro de Mallarmé só há uma personagem, ou, de preferência, ou melhor, um tipo único; o homem, e um só drama, o do espírito exposto às contingências da vida".[32]

Sob a falsa alternativa – *To be or not to be* – a própria fórmula do neutro da personagem. Com a condição (e o vimos com Blanchot e Barthes) de não considerar o neutro como uma

---

30 Entrevista imaginária ou os "dizeres" de Étienne Decroux, recolhidos por Thomas Leabhart, Claire Heggen e Yves Marc em *Le Mime corporel, textes*, p. 134, citado por Ariane Martinez, *La Pantomime, théâtre mineur*, Paris: Presses Sorbonne nouvelle, 2008.
31 *Le Monde*, 7 de outubro de 2003.
32 Bertrand Marchal, *La Religion Mallarmé*, Paris: José Corti, 1988, p. 221-222.

anulação dos possíveis, mas, ao contrário, como a saída de um sistema binário que limita os possíveis; como uma coexistência dos possíveis contraditórios: passividade ativa ou ação passiva.

CORALIDADE(S)

O coro está ausente das dramaturgias modernas e contemporâneas. Salvo em casos muito particulares: quando uma verdadeira comunidade se converte em autor de uma ideologia, de um combate político ou de uma religião. É o que ocorre, por exemplo, em *A Decisão* (1930), de Brecht, ou com o "coro de controle", representado pelo Partido Comunista, em *O Livro de Cristóvão Colombo*, de Claudel, que trata de um suposto processo de beatificação de Colombo, por um coro de fiéis. Pode-se igualmente citar Kateb Yacine em suas peças anticoloniais, tal como *O Homem Com Sandálias de Borracha* (1970), em que o coro representa todo um povo em luta por sua libertação e, mais próximo de nós, *Ruanda 94* (1999), do Groupov,[33] sobre o genocídio que se abateu sobre os Tutsis. É certo que encontramos em peças mais ou menos recentes os simulacros de coros, em particular algumas que pretendem adaptar livremente (na realidade, domesticar) os mitos antigos. Assim, *Antígone* (1944), de Anouilh, em que o coro é reduzido a um indivíduo, passavelmente à maneira de Prudhomme. Longe de uma tal degenerescência, o coro antigo, cuja decadência Nietzsche já deplorava em Eurípedes, está baseado, com toda a evidência, na multiplicidade, mas numa multiplicidade *unitária*. O regime de expressão do coro antigo, ou ainda do coro em *A Decisão*, no *Livro de Cristóvão Colombo*, no *Homem Com Sandálias de Borracha* e em *Ruanda 94*, é bem particular: corresponde ou ao *uníssono* ou à *delegação* (à voz única do corifeu), e isso sob a influência de uma coreografia que visa a criar um só corpo coletivo.

Nas dramaturgias modernas e contemporâneas, uma tal coesão de conjunto é praticamente impossível, por falta de uma comunidade autêntica. Hoje, não temos mais da comunidade

---

33 Grupo de teatro fundado por Jacques Delcuvellerie, em 1980, com sede em Liège, Bélgica, e do qual participam atores e outros profissionais (música, vídeo, iluminação) de diferentes países e nacionalidades.

senão uma nostalgia torturante, e do coro, um avatar longínquo: a *coralidade*. Entendemos por isso um coro disperso, disseminado e, sobretudo, *discordante*. Uma polifonia rompida: "uma multiplicidade de vozes e de consciências independentes e não confundidas".[34] Desde o final do século XIX, aparece, sob o signo do que chamei "a passagem ao neutro" da personagem, uma formação de compromisso entre a personagem individual e o coreuta: figuras mais desenhadas, mais singularizadas do que o simples participante de um coro de marinheiros ou de cidadãos de Atenas ou de Tebas, mas claramente menos do que uma personagem, ainda que secundária, do teatro romântico ou do teatro burguês. É com o teatro simbolista que aparece a coralidade. E são três peças breves de Maeterlinck, já abordadas – *A Intrusa*, *Os Cegos* e *Interior* – que permitem seu melhor desdobramento. A brevidade, aliás, é um fator que favorece a emergência da coralidade, na medida em que se trata, para o poeta dramático, de montar um quadro, num tempo limitado, de toda uma humanidade entregue "à tragédia da felicidade". O desenho das personagens deverá ser bastante simples, praticamente um esboço. É assim que o Tio, de *A Intrusa*, será visto unicamente pelo ângulo de seu otimismo impenitente, que a Cega louca de *Os Cegos* será praticamente definida por seu nome na lista das *dramatis personae*, e que o Estrangeiro de *Interior* pode resumir-se em seu estatuto, precisamente o de estrangeiro, combinado com o de testemunha do drama, por ter descoberto o cadáver da jovem. Na gradação, que vai do simples coreuta à personagem individual, certas figuras dessas peças parecem ainda marcadas pela indistinção do coro antigo. É o caso, por exemplo, das Três Filhas ou dos Três Cegos e das Três Velhas Cegas em prece, assim designadas em *A Intrusa* e em *Os Cegos*, respectivamente. No entanto, eleger a espécie humana, ou ao menos aquilo que pode conhecer um europeu sedentário na virada do século XX como personagem coletiva, coloca a exigência mínima de respeitar a diversidade de idades. O que faz aplicadamente Maeterlinck, seja por intermédio do prisma familiar (*A Intrusa*, *Interior*), seja por meio de uma comunidade aldeã ou de destino comum (*Interior*, *Os Cegos*).

---

34 Mikhail Bakhtin, *La Poétique de Dostoievski*, Paris: Ed. du Seuil, 1970, p. 10. (Coll. Pierres vives.)

Em *A Intrusa*, a pequena pirâmide da família está representada desde a base das "Três Filhas" até a ponta do "Avô". A mesma coisa em *Interior*, caso se considere as personagens mudas da casa e os Velho e suas netas, ocupantes do jardim. Quanto a *Os Cegos*, ali descobrimos toda a variedade dos seres privados de visão, dos "Três Cegos" natos à Jovem Cega, de fato, "Uma" Jovem Cega, com o artigo definido reforçando a coralidade, passando pela "Cega Mais Velha".

Metonímia, quando se trata da estrutura familiar, ou metáfora, no caso de *Os Cegos*, esses pequenos grupos nos remetem à humanidade em toda a sua extensão. Mas a uma humanidade quebrantada, destinada à desagregação. Pois aquilo que Maeterlinck chama "personagem sublime", quer dizer, a morte, não ameaça esta ou aquela personagem culpada de húbris, mas ao mesmo tempo cada um e toda a humanidade. Na tragédia antiga, salvo raras exceções, o coro, formado por simples cidadãos, está infinitamente menos exposto do que o herói; nos dramas moderno e contemporâneo, é sempre o homem ordinário, do cotidiano e da coralidade, assim como as formas de defesa que ele cria – família ou micro comunidade – que estão destinados à destruição.

De fato, o que nos sugere o teatro de Maeterlinck é, mais uma vez, a morte da comunidade; de uma comunidade condenada à dispersão, de uma comunidade espalhada na mais frouxa das diásporas. A multidão que, em *Interior*, acompanha em procissão o cadáver até a casa dos pais da jovem, essa "multidão" tão cara ao teatro simbolista, não constitui mais uma verdadeira comunidade à moda antiga, mas simplesmente um agregado de indivíduos que vieram assistir, através das janelas, ao espetáculo da dor familiar. E mesmo se, em seu assombro, eles se apertam uns contra os outros, os cegos permanecem, mentalmente, a distâncias siderais entre si. A coralidade é a *perda do coro*. O homem da coralidade é sempre incapaz, como vimos, de *re-conhecimento*, sendo, portanto, um homem *separado*.

O CEGO MAIS VELHO: Nós nunca nos vimos uns aos outros. Nós nos interrogamos e respondemos; nós vivemos juntos, estamos sempre juntos, mas não sabemos o que somos! ... Não adianta nos tocarmos com as mãos; os olhos sabem mais do que as mãos
[...]

IV. A IMPERSONAGEM

O CEGO MAIS VELHO: Nós nunca vimos a casa em que moramos; não adianta tatear as paredes e as janelas; nós não sabemos onde vivemos.
[...]
O CEGO MAIS VELHO: São anos e anos que estamos juntos, e nós nunca nos percebemos! Dir-se-ia que estamos sempre sozinhos. É preciso ver para amar...[35]

Separados, *a priori*, os sete marujos de *Batalha Naval* (1918), peça expressionista de Reinhard Goering, eles não deveriam estar, pois se encontram reclusos na mesma torre blindado de um navio de guerra, tendo um objetivo comum: precisamente a guerra. De fato, esta célula humana, que mais uma vez remete ao conjunto da humanidade – Philippe Ivernel, o tradutor para o francês, nota que "o sete, número sagrado, simboliza, em algumas tradições esotéricas, nada menos do que a totalidade em movimento" –, não está atuando na guerra, mas apenas à espera de sua própria destruição. Quando o quinto marinheiro proclama "Já estamos em plena ação", não é para significar alguma ofensiva, mas para constatar que uma chuva de fogo se abateu sobre a torre do navio. O terceiro marinheiro pôde exclamar no desencadeamento da batalha: "Quem for homem agora, que exulte em uníssono"; e o segundo marujo pode exaltar-se com o ritmo e a dança e perguntar: "Quem posso tirar para manter o ritmo na dança?" A ilusão de uma fusão dionisíaca dos homens com o navio e com a guerra – trata-se da primeira guerra mundial – não tarda a se dissipar. Logo, um homem morre e é substituído, como numa troca padrão – o soldado operacional contra um cadáver – pelo sétimo marinheiro. E mais outros vão morrer, até que o sétimo marinheiro possa fazer a constatação de que naquela torre de combate, como em todas as demais, "Nós somos quase como porcos, abatidos em série". E se a degradação do homem em animal, levado ao abatedouro não é suficiente, o homem ainda pode ser rebaixado à simples categoria de objeto programado.

PRIMEIRO MARINHEIRO: Não, me escutem bem! Reflitam. Pensem que vocês são seres humanos!

---

35 Maurice Maeterlinck, *L'Intruse* e *Les Aveugles*, *Théâtre complet*, Gèneve: Slatkine, 1979, p. 273-274.

SEGUNDO MARINHEIRO: Nós já não somos mesmo seres humanos, assim? Heróis, além disso?
QUARTO MARINHEIRO: É a nossa classe ensanguentada, nada a mais. Heróis ou covardes, isso faz alguma diferença? Somos um mecanismo de relojoaria, e os ponteiros enlouqueceram. Fiquem tranquilos, fiquem tranquilos até que o mecanismo dê toda a corda. [36]

E quando se ouvem vozes no exterior, provavelmente as dos marujos de uma torre inimiga, é ainda para expressar o caráter volátil e evanescente dessa coralidade moderna: "Nós somos simples flocos tangidos por vossa tempestade. Balas que voam, disparadas por vocês. Centelhas que erram sobre as águas". Fechados em seus abrigos de aço, presos a seus canhões, os marinheiros representam, como Ivernel mostrou, não personagens caracterizadas, mas, de maneira minimalista, uma simples diversidade de comportamentos – poder-se iam dizer –, de posturas, "numa situação extrema, radical, cujos efeitos violentos podem atuar de modo variável sobre um mesmo indivíduo (ou antes, sobre a mesma cobaia)[37]. De fato, cobaias. A personagem coral não vive apenas a experiência da separação; ela se apresenta também no humano do não-humano – no bestial ou no inanimado.

O simbolista Maeterlinck recorre à coralidade a fim de mostrar a fragilidade da existência humana. De suas "pequenas personagens simplificadas", Jules Lemaître notava que eles "apenas sofrem, suportam, tremem". O expressionista Reinhard Goering dá um passo a mais: por meio da coralidade, põe em evidência todo um trabalho de despersonalização, e mesmo de desumanização dos indivíduos. Ali entramos no domínio, bem circunscrito pelo pensamento de Sartre, da reificação, da coisificação, da *serialização* dos indivíduos, reduzidos a matrículas e números de uma certa ordem. No prefácio à peça de George Michel, intitulada *O Passeio de Domingo* (1966), o filósofo denuncia "as relações impessoais e negativas de todo o mundo com todo o mundo". E a própria peça relata como, na época da guerra da Argélia, os membros de uma família francesa caem, um após outro, como garrafas, sob o efeito de balas

---

36 R. Goering, *Bataille navale, Actualité du théâtre expressioniste*, Louvain-la Neuve, 1995, p. 134. (Coll. Études Théâtrales n. 7.)
37 Ibidem, p. 109.

perdidas, no transcurso de um tranquilo "passeio de domingo"; e isso sem que ninguém se comova, nem no seio da família nem fora dela.

O teatro de Ionesco também é muito permeável a essa coralidade negativa, na qual os indivíduos se tornam intercambiáveis e perfeitamente anônimos. O ponto culminante dessa despersonalização tendo sido alcançado em *Rinocerontes* (1958), peça-parábola em que todos os habitantes de uma "pequena vila de província" – com exceção de Béranger – o "resistente", se transformam em animais gregários e assassinos. Se ainda há um coro cantando e dançando, na horda dos rinocerontes, é um coro despersonalizado e bestializado, que já não fala a linguagem da razão, só emite palavras de ordem, estereótipos e outros lugares comuns, esmagando tudo diante de si. No instante seguinte em que Daisy, a noiva de Béranger, lhe promete resistir com ele, sucumbe, por sua vez, ao charme dos rinocerontes.

BÉRENGER: Você vai conseguir?
DAISY: Manterei a palavra. Tenha confiança. (*Ruídos dos rinocerontes que se tornam melodiosos.*) Eles estão cantando, você ouve?
BÉRENGER: Eles não cantam, eles barrem.
DAISY: Eles cantam.
BÉRENGER: Eles barrem, já lhe disse.
DAISY: Você está louco, eles cantam.
BÉRENGER: Então você não tem ouvido musical.
DAISY: Você não conhece nada de música, meu pobre amigo; e depois, olhe bem, eles jogam, eles dançam.
BÉRENGER: Você chama isso de dança?
DAISY: É o modo deles. Eles são bonitos.
BÉRENGER: Eles são ignóbeis.[38]

E existe, portanto, uma coralidade que estigmatiza o homem comum no momento em que se torna a vítima concordante de processos totalitários que abolem toda personalidade, toda singularidade. Mas existe também uma outra que, para suas vítimas, consiste, ao contrário, em despojar seu ser individual e *reivindicar um ser coletivo*. E isso com a finalidade de combater

---

38 Eugène Ionesco, *Rhinocéros*, Paris: Gallimard, 1972, p. 240-241. (Coll. Folio, n. 816.)

uma perseguição, ou simplesmente testemunhar contra ela. Entre as dramaturgias que põem em prática uma coralidade não mais negativa, mas claramente positiva, ou melhor dizendo, *reparadora*, citamos: *Ruanda 94*, já mencionada, assim como *O Interrogatório*, de Peter Weiss.

Na Nota que precede a peça, Weiss é formal no que respeita aos debates sobre o campo de Auschwitz: "de tudo isso, só deve transparecer em cena um discurso despojado"; e, sobretudo, "os confrontos pessoais devem ceder ao anonimato". E despojando-se de seus nomes, as testemunhas do drama se convertem em simples porta-vozes. Em sua reflexão sobre a possibilidade – ou, antes a impossibilidade – de uma dramaturgia pós-Auschwitz e pós-Hiroshima, Adorno considerou que a forma dramática ter-se-ia tornado inadequada, na medida em que, pondo em confronto paixões e vontades individuais, ela era incapaz de relatar o horror das potências anônimas modernas. Ora, o desafio do teatro documental de Peter Weiss é precisamente não descer, mas *içar-se*, com os meios de uma dramaturgia inteiramente repensada, até o nível deste anonimato indicado por Adorno.

Partindo dos relatos dos processos de antigos nazistas, responsáveis pelo campo de Auschwitz, que teve lugar em Frankfurt, em 1964, o escritor não pretende dar uma representação nem desse processo nem do campo, mas elaborar uma forma despojada, centrada em testemunhos. Ele escolheu o oratório e repartiu a peça em onze cantos, que vão do canto da rampa até o dos fornos crematórios, passando por aquele da "possibilidade de sobreviver" (canto IV) e o do "zyklon B19" (canto XI). A estrutura do conjunto evoca a *Divina Comédia* e, mais particularmente, o "Paraíso". A lista de personagens é assim estabelecida: "O Juiz, o Representante da Acusação (interpreta ainda o procurador e a parte civil), o Representante da Defesa, os Acusados, de 1 a 18 (representam pessoas reais), as Testemunhas, de 1 a 9 (representam, alternadamente, as múltiplas testemunhas anônimas)". Embora estejamos no teatro, os termos "Representantes" e "representar" não devem ser tomados aqui no sentido de mimese. É antes no sentido jurídico ou judiciário que é preciso entendê-los aqui. Reduzir os dezoito acusados a um simples número permite avançar melhor seus discursos e denunciar seus crimes com mais força. Para além dos indivíduos, pôr em causa um sistema. Quanto à coralidade das nove testemunhas – coralidade e não coro, na medida em que suas intervenções permanecem distintas e individualizadas –, ela assume a diversidade de posições e de atitudes, quer se trate de detentos que tenham sobrevivido à solução final, ou daqueles que – no limite entre testemunhas e acusados – contribuíram para aplicá-la. O confronto de testemunhos substitui o conflito. Assim, graças à passagem ao neutro da personagem, levada ao estatuto de porta-voz, a peça de Weiss, aliviada da bagagem dramática convencional de uma intriga que põe em disputa personagens individuais, chega a alcançar a medida do horror do genocídio – e isso não só no passado, mas no presente.

TESTEMUNHA NÚMERO 3: Eu falo sem ódio / Não tenho desejo de vingança / em relação a ninguém. Não quero pessoalmente / nenhum acusado / quero apenas fazer compreender / que jamais eles poderiam / exercer suas atividades / sem o apoio de milhões de outros.

O DEFENSOR: Aqui só se discute / o que pode ser revelado / e provado pelo que são incriminados os nossos clientes / As acusações de ordem geral / não têm interesse / particularmente as que visam / uma nação inteira / que na época em questão / se encontrava engajada num combate / de pesados sacrifícios.

TESTEMUNHA NÚMERO 3: Eu lhe peço apenas / que pense na multidão / daqueles que nos viram / ser arrancados de nossas casas e carregados / como animais para os vagões / Os acusados nesse processo / são os executores de última hora / Há outros acima deles / que jamais tiveram que prestar contas / diante desse tribunal / Alguns aqui compareceram / como testemunhas / Os outros vivem como gente honesta / Assumem altas responsabilidades / aumentam suas rendas / e continuam a trabalhar / nessas mesmas indústrias / onde éramos exauridos até à morte / Os detentos de outrora.[39]

Em *Ruanda 94*, espetáculo de sete horas sobre o genocídio ruandês, constituído por um mosaico de formas dramatúrgicas, da parábola ao teatro de intervenção, passando pelos relatos de sobreviventes e por uma simples conferência, encontramos às vezes o coro, como em Kateb Yacine, e às vezes a coralidade, como em Peter Weiss. O coro é um "Coro de Mortos" que sempre exprime o genocídio em nome da generalidade dos mortos:

---

39 Peter Weiss, *L'Instruction*, Paris: Ed. du Seuil, 1966, p. 255-256.

Por nosso intermédio a humanidade / vos olha tristemente. / Nós, mortos de uma morta injusta, / entalhados, mutilados, decepados, / e já hoje esquecidos, negados, insultados. / Somos esses milhões de gritos suspensos / acima das colinas de Ruanda. Somos, para sempre, essa nuvem acusadora. / Diremos e rediremos para sempre essa exigência, / falando em nome daqueles que já não existem / e dos que ainda existem; / nós que temos mais força do que quando estávamos vivos; / Pois vivos só tínhamos uma curta vida para testemunhar. / Mortos, é pela eternidade que reclamamos nossa dívida.[40]

Na quinta e última parte do espetáculo intitulada "A Cantata de Bisesero", coexistem um coro mais tradicional – com as intervenções de um corifeu e momentos em uníssono, ou de *corus* – e as intervenções de três testemunhas genéricas: Testemunha homem, Testemunha Mulher e Testemunha Criança. Também ali é todo o horror do genocídio que a coralidade traduz:

TESTEMUNHA HOMEM: Um miliciano matou minha mulher a golpes de machadinha, / depois, introduziu um bambu bem talhado em sua vagina. / E o enfiou profundamente. / De modo a alcançar seu ventre. / A criança que ela carregava nas costas / caiu por terra, / Ela gritava: papai, mamãe. / Os milicianos viram a criança. / E a mataram, dizendo: / não se deve deixar vivo um filho de cagueta".[41]

"A Cantata de Biserero", de onde se extraiu esse texto, fecha o espetáculo, mas ela foi escrita primeiro. E a coralidade pela qual está marcada capta, de fato, a totalidade do percurso dramático de *Ruanda 94*, texto devotado ao testemunho ou, como escrevi mais acima, à *reparação*. Aliás, o espetáculo estava legendado *Uma Tentativa de Reparação Simbólica dos Mortos, Para Uso dos Vivos*.

Prolífico em invenções dramáticas, Armand Gatti foi, certamente, um dos primeiros homens de teatro a imergir a história de suas peças numa coralidade que se poderia qualificar de *crítica*, dado que ela se propõe a dar, por intermédio dos atores, a palavra a esses anônimos cujos testemunhos alimentaram a escrita da peça. E isso para começar, e até mesmo corrigir, o desenrolar do relato dramático. O caso de *Paixão do General Franco*

---

40 Groupov, *Rwanda 94*, Bruxelles: Alternatives théâtrales, 2002, p. 132. (Passages francophones.)
41 Ibidem, p. 158.

(1968), convertida em *Paixão do General Franco Pelos Próprios Emigrantes* (1972) é, sob esse aspecto, exemplar. A peça original estava constituída por quatro trajetos de emigrantes espanhóis que se cruzavam ao longo da peça e evocavam assim o calvário de uma Espanha republicana e anarquista, dispersa pelos quatros cantos do mundo. A reescritura integra no texto – e, portanto, na representação – todo o trabalho de sapa, de contestação, de desconstrução que o coletivo de atores, porta-voz dos emigrados, efetua sobre a ficção inicial. "Hoje, quando a peça deixou a agitação para entrar no profissionalismo – escrevia Gatti em 1972 – parece-nos difícil não fazer intervir aquilo que sempre foi a sua parte mais viva: os Mateos, os Juans, os Martins, os Alfonsos etc., de Toulouse. Seus trabalhos, suas discussões sobre diferentes fábulas com trajetos diferentes são tão importantes quanto a própria história. Aqui é tudo posto no mesmo plano".[42] De fato, essa primeira intrusão de vozes anônimas, ao mesmo tempo contestadores e construtivas, deveria ser apenas uma primeira etapa no acontecimento, no centro da dramaturgia de Gatti, daquilo que se poderia chamar "a personagem grupal", cada grupo sendo composto de múltiplas vozes reunidas por apenas um nome, e tendo por missão testemunhar uma personagem do passado. É o caso do grupo "Che Guevara", em *Primeira Viagem em Língua Maia Com Surrealistas a Bordo* (1998). A finalidade da personagem grupal não é a de falar Che Guevara em uníssono, mas, ao contrário, exprimir vários aspectos contraditórios da pessoa que se tornou mito. Por meio da coralidade, a personagem se torna múltipla, plural. Em outros termos, a *optação* feita personagem. Só podemos pensar na invocação de Felicidade em *Os Negros*, de Genet: "Entrai em mim multidão".

Entre a coralidade negativa de Goering ou de Ionesco e a coralidade reparadora de Weiss, de Gatti, do Groupov, há lugar para um terceiro tipo de coralidade: a mediana, fundada seja sobre uma multiplicação quase anárquica de esboços de personagens, seja sobre o aparecimento de locutores reduzidos a simples vozes.

O teatro simbolista, ao qual fiz alusão, gostava de pôr em cena *a multidão*. Nós conhecemos um exemplo discreto no final

---

42 Armand Gatti, *Passion du général Franco par les émigrés eux-mêmes*, Paris: Ed. du Seuil, 1975, p. 10.

de *Interior*, quando a multidão, ao menos uma parte dela, "invade o jardim" da casa da jovem morta e segue – sem pronunciar uma palavra distinta, mas não sem produzir "rumor" – as reações da família ao anúncio da morte da jovem. Mas a "multidão", quer dizer, o "comum dos homens", está geralmente muito presente nesse teatro, todavia, com frequência elitista. É assim no primeiro teatro de Claudel, *Cabeça de Ouro*, e, sobretudo, em *A Cidade*.

POULET: O que vocês nos reprovam pois?
ALGUÉM, *NA MULTIDÃO*: O que ele está dizendo?
UM OUTRO: Ele diz o que nos lhes reprovamos.
UM OUTRO: Merda, então!
POULET: Sim, o que vocês nos reprovam, pois?
O MECÂNICO: Nós trabalhamos para vocês.
POULET: Pois bem, será não pagamos vocês?
O MECÂNICO: E que direito vocês têm sobre nós, só por que nos pagam?
POULET: Mas, como! Mas é por vocês que nós nos ficamos ricos.
(*Clamores violentos na multidão*): Tirem ele daí!
UMA VOZ DE MULHER: Os ricos não são mais necessários. Tirem eles daí!

Quanto ao teatro naturalista, muitas vezes foi criticado por sua abundância de personagens secundárias que não participam da ação e só servem para dar corpo ao "meio". Personagens que "romanceiam" o drama, nota pejorativamente Lukács. Mas o que é uma censura sob a pena do teórico húngaro pode ser interpretado, de modo mais favorável, como o efeito de uma mutação profunda das escrituras dramáticas – passagem do drama-na-vida para o drama-da-vida, o que se traduz por uma desestruturação e uma des-hierarquização do conjunto das personagens dramáticas. Assim se apresenta, efetivamente, a romantização, no sentido dado por Bakhtin, na maioria das peças de Gorki. Notadamente em *Ralé*, em que nenhuma das dezessete personagens é supérflua para montar o quadro do asilo da noite. Ao contrário, mesmo os "alguns mendigos, anônimos e mudos" da lista de personagens são indispensáveis para a encenação do meio.

Esta romantização já está presente no mestre Tchékhov que sempre, de *Platonov* até *O Jardim das Cerejeiras* (1904), põe em cena uma pequena comunidade de uma quinzena ou de uma vintena de almas. A "complicação" romanesca

IV. A IMPERSONAGEM

das peças de Tchékhov engendra, às vezes, um alargamento do particular dramático e uma relativização que se poderia dizer absoluta da importância respectiva das personagens: mais verdadeiramente de personagens principais e de personagens secundárias; cada uma, ao menos uma vez na peça, tal como o Firs do fim de *O Jardim das Cerejeiras*, pode ser considerada como protagonista.

A constelação das personagens torna-se de alguma maneira flutuante, a identidade de cada uma delas sendo a parte emergente de uma coralidade de contornos difíceis de circunscrever. Entre os autores contemporâneos, Michel Vinaver foi bem longe, particularmente em *De Costas* (1980), nessa flutuação e nesse "formigamento" coral das personagens. Da mesma maneira que, em Tchékhov, *O Jardim das Cerejeiras* pode ser considerado como a superpersonagem da última peça do autor, do mesmo modo em Vinaver, Bronzex – "filial dinâmica e próspera de uma multinacional que fabrica e vende produtos solares" – constitui uma verdadeira personagem coletiva. Num primeiro tempo, bastante longo, os atores lançam réplicas sem que nenhuma delas possa ser atribuída a essa ou àquela personagem. Estamos imersos numa pura coralidade. Aquela do grupo de atores se aquecendo. E, cada vez mais claramente, a dos altos funcionários de Bronzex – Vinaver especificando que "nos banhamos aqui nesse meio", "isso poderia chamar-se *altos funcionários numa peça*". Como sempre nesse autor, o magma se organiza pouco a pouco, a pletora original cede lugar à raridade e os nomes das personagens terminam por emergir: Aubertin, Girard, Dejoux, Claisse, Brouhot... Todavia, a coralidade nem por isso é desfeita: Bronzex, a superpersonagem, não para de relançá-la.

DEJOUX: Tudo isso me dá medo agora.
GIRARD: Essa greve?
DEJOUX: Não a greve em si, isso não é nada, faz parte do trabalho, é um curto-circuito, a gente sabe que é preciso fazer.
GIRARD: Mas é por que não deixam mais você fazer? / – Essa noite será que poderemos voltar para casa? / – Não, a gente ocupa. / – Quem decidiu isso? – Vão reunir o movimento não podem fazer de outro jeito vão procurar enquadrá-lo, canalizá-lo, tomá-lo nas mãos. – Então, começou para valer? / – Eu tenho medo – Eu estou contente.
GIRARD: Brouhot?

DEJOUX: Sim, quem é o diretor da fábrica? Ele ou eu? Quem é responsável pelo quê? Hoje, esse senhor vem me dizer o que fazer; eu lhe disse: faça – É preciso que eu previna meu homem você acha Matilde que eu posso dar um telefonema? / – Você não precisa pedir mais permissão Ginette / – A gente não vai mais aguentar.[43]

Essa extensão coral do particular dramático é, por outro lado, claramente indicada pelo dramaturgo, desde o rol das personagens, rol em que se podem encontrar fórmulas como "o conjunto dos altos funcionários de Bronzex S.A., entre os quais…"; "os representantes de Bronzex S.A., entre os quais"; os "membros do comitê de empresa da Bronzex S.A., entre os quais".

Por instantes, na trama da coralidade – nesses "dias" – reaparece o fantasma do coro. Prova de que as origens corais do teatro ocidental não param de obsedar e de trabalhar secretamente a personagem dos teatros moderno e contemporâneo. Assim, na peça de Vinaver, com breves momentos de uníssono. Como se a coralidade, que não é senão o acúmulo de vozes separadas, pudesse refazer, em intervalos regulares, um coro unido. Procedimento que se encontra em *11 de Setembro de 2001* (2002), peça em forma de oratório, dando conta do atentado que atingiu a comunidade das torres gêmeas de Nova York, espalhada antes da tragédia e reunida em nossa memória.

JORNALISTA: Pessoas foram vistas / Caindo dos andares mais altos.
CORO: *Amid the chaos extraordinary choices* (No meio do caos, escolhas extraordinárias).
JORNALISTA: Voluntariamente / Onde estava esse sopro; nunca saberemos? / […]
VOZ DE MULHER: Eu me chamo Katherine Ilachinski tenho setenta anos sou arquiteta / Meu escritório é, eu deveria dizer / era no nonagésimo primeiro andar do World Trade Center n. 2 / É a torre sul / Era / Fui ejetada de minha cadeira foi o sopro da explosão violenta da torre vizinha / Que fazer? Era a outra torre me disse mas assim mesmo era preciso fugir / Era irracional, eu me dirigi para a escada.
OUTRA VOZ DE MULHER: Eu me chamo Judy Weiss / Torre sul, andar cento e três / Acho que eu gritei, senti minhas pernas ao redor do pescoço.
VOZ DE HOMEM: Eu me chamo Nat Alamo / Trabalho na Morgan Stanley / Estava ao telefone com minha noiva…[44]

---

43 Michel Vinaver, *À La renverse*, Lausanne: Éditions de l'Aire, 1980, p. 101-102.
44 Idem, *11 Septembre 2001*, Paris: L'Arche, 2002, p. 29-32.

Aqui, os nomes não anulam o anonimato. Ao contrário, os reforçam. Vinaver não escolheu, entre todas as pessoas que povoavam as torres gêmeas no momento, senão Katherine Ilachinski, Judy Weiss e Nat Alamo para torna-las personagens de um microcosmo dramático. Apenas selecionou, um pouco arbitrariamente, as vozes anônimas, e que assim permanecem, entre todas as testemunhas. A única verdadeira personagem de 11 de Setembro é o número.

PERSONAGEM REFLEXIVA, PERSONAGEM-TESTEMUNHA

Após a época naturo-simbolista, a personagem de teatro é uma personagem coralizada. "Coralizada" significando aqui uma inclinação *reflexiva* que, na Grécia antiga, era apanágio do coro. Em lugar de servir de intermediária para a ação, como nas dramaturgias anteriores ao fim do século XIX, a reflexão se destaca da ação, que ela relega para fora do campo do drama constituído pelo passado da personagem – recente ou longínquo. É assim que as derradeiras personagens dos dramas com temas contemporâneos de Ibsen – com seus constantes meneios de cabeça – estão inteiramente ocupadas em ruminar suas vidas interiores. Ou que o Desconhecido do *Caminho de Damasco*, de Strindberg, esteja continuamente se interrogando sobre sua identidade e sobre o sentido de sua presença no mundo. Que as personagens de Tchékhov estejam regularmente perdidas em seus pensamentos. Ou ainda que o Pai e a Enteada de *Seis Personagens à Procura de um Autor* se esforcem por se tornar espectadores de seus próprios dramas, pois, como diz o Baldovino de *A Volúpia da Honra* (1917): "Quando alguém vive, ele vive e não se vê". Ora, para qualificar a personagem reflexiva dos teatros atuais, talvez seja preciso inverter a sentença: *ele se vê, mas não vive*. Personagem espectadora de si mesma, ela pode parecer inteiramente passiva, como esse "velho sentado numa poltrona", do qual Maeterlinck faz a personagem por excelência de seu teatro, em *A Intrusa* e também em seu artigo sobre "O Cotidiano Trágico".

É forçoso constatar que a personagem, perdendo o status de herói, e coincidindo cada vez mais com o homem ordinário, passando para o lado neutro, tornando-se o "homem da Multidão", perdeu também o essencial de suas virtudes ativas. A personagem em ação parece estar definitivamente apagada por detrás da personagem *em questão*: uma personagem que se interroga indefinidamente sobre si mesma, seus objetivos, suas motivações e identidade. Vimos que Platonov, esse descendente de Hamlet, era pura passividade. Aos 27 anos, chora sua juventude perdida ("Que me devolvessem a minha juventude! Eu lhes mostraria") e adota uma postura testamentária: "Também para mim, portanto, teria vindo o tempo de ter minhas lembranças como única alegria? *Pausa*. São realmente as lembranças [...] mas... para mim, já seria verdadeiramente... o fim?"[45]

O caso não é único. É até mesmo geral. Da Rebecca West em *Romersholm* (1886), de Ibsen, que constata: "Perdi a faculdade de agir [...] fui atingindo até o fundo de minha alma", até a jovem suicida de *4.48 Psicose*, de Kane, só temos praticamente relações com personagens que não estão em ação, mas sofrendo. O que bem resume a personagem chamada "Jean Singulier", de Valère Novarina:

Eu me esforcei em vão, nada pude fazer na terra, nem passar uma temporada: então sentei-me ao lado de mim mesma, esperando minha catástrofe. Eu esperava. / Em lugar de trabalhar, eu contemplava o meu trabalho. Em lugar de falar, só pronunciava palavras; em lugar de agir, observava a ação; em lugar de ver, só pensava em meus olhos. Vivia como se estivesse sem mim, como fora de mim. Cada manhã tinha medo de chegar sem ter nada começado.[46]

Para compreender esse processo da personagem reflexiva, é-nos preciso voltar, mais uma vez, à tríade Ibsen-Strindberg-Tchékhov. Mas, sem dúvida, foi Pirandello quem mais aprofundou e explorou essa dimensão específica da personagem moderna. Com frequência, em suas peças, a *diegese* substitui a mimese dramática: a personagem não está agindo, mas lembrando-se, rememorando; resumidamente, *recitando*. O caso mais tocante é aquele que encontramos no primeiro capítulo, a da famosa cena de *Seis Personagens*, cena de reconhecimento evocada, mas não representada, em que o Pai está prestes a fazer amor

---

45 Anton Tchekhov, *Platonov*, op. cit., p. 242 e 148.
46 Valère Novarina, *Je suis*, Paris: POL, 1991, p. 51.

com sua enteada num prostíbulo, mantido por madame Pace. A Enteada: "e eu, com todo o luto no coração, um luto de apenas dois meses, fui lá, compreende? Detrás desse biombo, e com estes dedos, tremendo de vergonha e de aversão, desapertei meu corpete, minha saia…".[47]

Além da oportunidade de contornar a questão da decência, de evitar a censura e de empurrar assim os limites do que pode representar o teatro, a passagem da *mimese* para a *diegese* põe a personagem, promovida a personagem reflexiva, acima ou ao lado do contexto naturalista e da situação melodramática, até mesmo vaudevilesca, na qual estava preso. A partir do momento em que não mais se trata de representar um drama, mas de efetuar o retorno a um drama, a uma catástrofe já ocorrida, a *personagem-recordante* manifesta-se como instrumento ideal para convocar à cena o passado e escrutá-lo sob todos os ângulos imagináveis. Instrumento extremamente flexível na medida em que, não sendo um narrador externo, essa personagem-recordante fica permeável a todas as emoções que permitem a lembrança, ou melhor, a revivescência do drama anterior.

Uma tal permeabilidade lança uma suspeita sobre a "passividade" absoluta na qual estaríamos tentados a confinar a personagem moderna ou contemporânea. De fato – e conforme a concepção de neutro – de Blanchot, essa passividade é ativa. Portanto, a personagem pode ser, ao mesmo tempo, ativa e passiva. O que significa que a personagem, que será qualificada de "espectadora", de "reflexiva" ou de "recitante", não cessa jamais de ser uma personagem *dramática*. Agnes, de *Sonho*, é o exemplo mais característico dessa dualidade da personagem moderna: de um lado, a filha do deus Indra, vinda à Terra para ver como os humanos vivem, por que se lamentam e, eventualmente, levar suas petições ao céu, é um puro olhar exterior; de outro, convertida desde o início na mulher infeliz do advogado, depois apaixonada pelo Oficial, é inteiramente parte que sofre o drama-da-vida. Ao mesmo tempo fora e dentro, dotada dessa ambiguidade dramatúrgica que lhe confere a estrutura do sonho, Agnes reúne o olhar objetivo e a subjetividade sofredora.

---

47 L. Pirandello, *Six Personnages…*, op. cit., p. 110-111. Ed. bras., *Seis Personagens à Procura de um Autor*, J. Guinsburg (trad. e org.) *Pirandello: Do Teatro no Teatro*, São Paulo: Perspectiva, 2009, p. 223. (Col. Textos 11.)

A propósito de uma das personagens duplas de Strindberg, "o diretor Hummel" de *A Sonata dos Espectros*, Peter Szondi deplorou que o dramaturgo o faça morrer no segundo ato da peça. Para o autor da *Teoria do Drama Moderno*, Hummel, que pretende conhecer todo o mundo sem que ninguém o conheça – ou o reconheça –, representa na verdade o esboço do que ele chama "sujeito épico", quer dizer, uma figura-ponto de vista e uma figura narradora sob cujo olhar o drama moderno pode se constituir. Morto, Hummel volta a sacrificar o sujeito épico e a arruinar uma peça na qual era o fecho da abóbada, seu mais alto complemento: "[...] tem-se dificuldade em compreender por que Strindberg não tomou consciência dessa função formal de sua personagem. Ele concluiu o segundo ato com a tradicional desmistificação do desmistificador, com o suicídio de Hummel, que fez com que a obra perdesse seu princípio formal oculto, em favor do conteúdo"[48].

De fato, o que a *Teoria do Drama Moderno* censura principalmente no autor de *A Sonata dos Espectros* é o de ter travestido seu narrador épico numa "*dramatis persona* banal". A esse respeito, sobre o qual terei oportunidade de voltar, discordo de Szondi. Que me seja suficiente, no momento, assinalar que, contrariamente, a ele, penso que Strindberg não dá provas de inabilidade ou de ingenuidade dramatúrgica, mas que manteve a dualidade da personagem, ao mesmo tempo dramática e épica, interior e exterior, sofredora e observadora.

Tratando-se das análises de Szondi e do conceito de "sujeito épico", indiquei, desde a introdução deste livro, que elas se inscreviam numa perspectiva teleológica, muito marcada pelo brechtianismo dos anos de 1950, nos quais o teatro épico se punha como a solução para a crise do drama moderno. Do teatro de Brecht se poderia dizer que se fundamenta sobre uma generalização do "sujeito épico". E da personagem de Brecht, que ela é constantemente seguida, até mesmo "pilotada" por um narrador que assume a função reflexiva, comentando seu itinerário e suas contradições:

---

48 P. Szondi, *Théorie du drame moderne*, Belval: Circé, 2006, p. 52. (Coll. Penser Le Théatre.)

o ator entra toma posse da personagem ao tomar posse da fábula. É só a partir dela, evento global delimitado, que ele está em condições de dar um salto, por assim dizer, de alcançar sua personagem definitiva, ultrapassando todos os traços particulares. Se ele tudo fez para surpreender-se com as contradições nas diferentes atitudes, sabendo que também surpreenderá seu público, a fábula, em sua totalidade, lhe dá a possibilidade de montar os elementos contraditórios[49].

A personagem brechtiana é profundamente descontínua: soma de comportamentos no fluir da intriga, ela não tem, como escreveu Bernard Dort, "outra unidade além de suas contradições". Nesse sentido, Brecht é como Aristóteles, que considera a fábula em primeiro lugar e a personagem em segundo, e até secundariamente. Mas é também não aristotélico pelo fato de que a teoria da forma épica do teatro avança sobre a representação: a personagem nunca é vista como uma entidade autônoma, estando os seus comportamentos submetidos aos comentários do autor. É a famosa passagem do Eu ao Ele, o que constitui um dos arcanos essenciais do distanciamento brechtiano: "surpreender-se com as contradições nas diferentes atitudes", "com elas surpreender seu público".

O ator brechtiano, e por trás dele o espectador do teatro épico, entra na personagem como o "estranho" do qual fala Benjamin na "cena de família". Em vez de se confundir com a personagem, ele permanece "na soleira". Esse lugar de fronteira de onde as ações humanas lhe aparecem sob a forma de "estado das coisas". A dimensão reflexiva da entidade ator-personagem, em Brecht, é inteiramente orientada para o testemunho. Aliás, em *A Compra do Cobre*, Brecht compara muito explicitamente o ator-demonstrador do teatro épico com a "testemunha ocular" de um acidente de tráfego:

É relativamente fácil propor um modelo-tipo de teatro épico. Nos exercícios práticos, tinha por hábito escolher, como exemplo dos mais simples de teatro épico, um procedimento suscetível de ocorrer em qualquer canto de rua, de qualquer maneira "natural": Com o apoio de gestos, a testemunha ocular de um acidente mostra, a pessoas agrupadas, como as coisas se passaram. Essas pessoas podem não ter visto nada ou

---

49 Bertold Brecht, Petit Organon pour le théâtre, *Écrits sur le theater*, Paris: L'Arche, 1979, t. II, p. 38-39.

simplesmente não estarem de acordo com a testemunha e ver as coisas de outro modo. O essencial é que o demonstrador mostra o comportamento do motorista ou da vítima, ou de ambos, de maneira tal que a assistência possa ter uma opinião sobre o acidente.[50]

Em seu trabalho sobre a personagem, o dramaturgo Brecht inscreve indiretamente o lugar da testemunha que Brecht, como encenador, reserva para o ator épico. Isso se passa em todos aqueles momentos, em particular nas canções, em que a personagem se exprime não na primeira, mas na terceira pessoa do singular: "Galy Gay: Com que ele se reconhece que é / Ele próprio, Galy Gay? / Lhe cortaram o braço / E ele o encontrar no buraco de uma parede / O olho de Galy Gay reconhecerá o braço de Galy Gay? / E o pé de Galy Gay gritará: é ele?" Mas o processo pode ser mais radical ainda, se o ator-personagem expressa diretamente o ponto de vista do autor, dirigindo-se ao público:

(*Intermédio falado pela viúva Leocádia Begbick*)
O senhor Brecht afirma que um homem é um homem / E isso, em resumo, todos podem afirmar / Mas o senhor Bertolt Brecht também demonstra como / não se pode fazer de um homem tudo que se deseja. / Essa noite vamos demonstrar isso a vocês, como se o fizéssemos de uma viatura / Sem que ele perca nada na operação. / Nosso homem será atacado com bonomia / Com um tom preciso, mas não brutal pediremos / que siga a corrente universal / e que mande seu peixe pessoal tomar banho. Podemos conformá-lo a nosso bel-prazer / Nada iguala sua docilidade. / Podemos fazê-lo, da noite para o dia, um torcionário. / O senhor Brecht espera que vocês vejam o chão sobre o qual caminham, como a neve se desfaz sob seus pés / E compreenderão vendo Galy Gay / que a vida neste mundo não está isenta de perigo.[51]

O que Szondi enuncia sobre o "drama absoluto", no qual "o ator e a personagem se unem para formar o homem dramático" é verdadeiro para aquilo que chamo o drama-na-vida, em que a personagem e o ator se tornam igualmente um só. Tudo é diferente no drama-da-vida e, em particular, na forma épica brechtiana. Mas a personagem-testemunha do teatro épico não

---
50 Idem, La Scène de la rue, *L'Achat du cuivre, Écrits sur le théâtre*, t. I, Paris: L'Arche, 1979, p. 522.
51 Ibidem, p. 282.

é apenas o produto desse distanciamento. É em sua própria estrutura – e dessa vez, independentemente do ator, acima da intervenção deste último – que a personagem brechtiana se define como personagem reflexiva. A propósito de Galy Gay, Walter Benjamin observa que Brecht "tentou fazer do pensador, e mesmo do sábio, o herói dramático propriamente dito".[52] O filósofo não hesita em apresentar Galy Gay, um tranquilo contínuo enviado ao mercado para comprar peixe e que se transforma em soldado sanguinário, ou seja, um homem que consideraríamos um covarde e oportunista, como um "pensador", e mesmo um "sábio". O paradoxo se esclarece a partir do momento em que Benjamin precisa que o "pensador ou sábio" é aquele que não é outra coisa "senão o teatro de contradições feitas por nossa sociedade". De preferência a morrer heroicamente sob os golpes dos três soldados que o desviaram de seu caminho, Galy Gay opta por analisar a situação, a relação de forças, por jogar fora os trapos de Galy Gay e vestir a roupa de Jeraiah Jip que lhe querem impor. Recusando sacrificar-se, Galy Gay dá resolutamente as costas à postura do herói trágico. Adota, ao contrário, em absoluta ruptura com as origens do teatro grego, o comportamento de um "observador lúcido" e "pensante" de um sábio. Sábio-palerma, de certa maneira; sábio com a sabedoria popular. Em suma, o Sócrates de Platão, antes do que o Édipo ou o Ajax de Sófocles.

Testemunhas, Galy Gay e tantas outras personagens de Brecht o são a mais de um título. No sentido, como vimos, daquele que dá conta dos fatos que se desenrolaram diante de si. Mas também no sentido da pessoa que "presta um testemunho", quer dizer, cujos comportamentos atestam sua concepção do humano. É a dimensão de Imago, o valor exemplar, das personagens de Brecht, personagens filosóficas no sentido de que "não são simplesmente reproduções de pessoas vivas, mas que se ajustam e modelam em função de ideias"[53]. Resta um terceiro sentido do testemunho, que também não é estranho à personagem de Galy Gay e à sua análise por Benjamin: a de elemento que serve de referência, de ponto de comparação numa experiência. Pois *Um Homem é um Homem* (1927) é bem

---

52 Walter Benjamin, *Essais sur Brecht*, Paris: La Fabrique, 2003, p. 40.
53 B. Brecht, Additifs au Petit Organon, *Écrits sur le théâtre*, t. II, op. cit., p. 48.

a experiência – e a demonstração – da desmontagem do indivíduo Galy Gay e de sua remontagem num elemento do coletivo soldadesco, que os nomeados Uria Shelley, Jesse Mahoney, Polly Baker e Jeraiah Jip formam.

Profundamente seduzido pelo teatro de Brecht quando da vinda a Paris do Berliner Enemble, em 1954, Adamov resistirá, no entanto, a essa concepção do testemunho que consiste em *mostrar o homem em processo*. O autor de *Se o Verão Voltar*, esse "jogo de sonho" que será sua última obra, ressente-se da necessidade de alargar a noção de testemunho. De não a limitar ao Processo do homem. De abri-la à Paixão, quer dizer, ao sofrimento humano. E, particularmente, a essa capacidade do homem contemporâneo de perseguir a si mesmo:

> Para Brecht, a personagem do teatro é uma "testemunha", ela representa o papel do transeunte que, tendo assistido a um acidente na rua, relata suas circunstâncias, esclarece este ou aquele aspecto. Mas a testemunha não tem uma psicologia própria, não tem características psíquicas, lembranças pessoais etc. Ela é, no final das contas, o autor, que explica e julga segundo a ideologia que adotou. Não poderíamos conceber uma demonstração totalmente eficaz, totalmente rigorosa, totalmente conforme uma ideologia precisa, dotando a testemunha de traços particulares? / Brecht mostra personagens alienadas, mas desembaraçadas do coeficiente mais pesado da alienação, a neurose. Ora, se o homem é duro para o homem, como Brecht o mostra, é frequentemente por meio de uma neurose provocada pela sociedade.[54]

Adamov reabilita aqui a psicologia. Uma certa forma de psicologia inspirada em Freud e estranha à velha noção de "caráter". Das personagens principais de *Se o Verão Voltar*, sabemos que são quatro jovens sonhadores prisioneiros de suas neuroses: imaturidade sexual, desejos incestuosos, sentimento de culpa, masoquismo, pulsões suicidas, incapacidade de alcançar a idade adulta. Lars, Thea, Brit e Alma dão, uma após a outra, uma versão subjetiva e onírica de suas vidas em comum, assim como de suas relações com a senhora Peterson, a mãe de Lars e de Thea, que morre num acidente de trem. Ora, no contexto dessa sociedade sueca, social-democrata, "um país que ignora

---

54 Arthur Adamov, *Ici et maintenant*, Paris: Gallimard, 1964, p. 162. (Coll. Pratiques du Théâtre.)

o desemprego e a fome, onde o crime praticamente não existe, em que não há pardieiros e guetos, onde se desconhece a guerra depois de 150 anos", como se proclama no início da peça, por meio de um painel à moda brechtiana[55], os jovens interpretam o acidente e a morte como punição aos seus pecados, que se tornam obsessão:

THEA: Esse trem, esse trem. Penso em mamãe, sozinha, presa nesse turbilhão de ferragens. São muito injustos os acidentes. Eles fariam acreditar no azar. Mas como sou burra! Mamãe teve que pagar pela filha imunda que eu sou. É uma lógica fatal (*pausa*). Lars, enquanto seus lábios pousavam nos meus joelhos, os pobres joelhos dela eram quebrados, jogados para fora do vagão. Não é possível viver com lembranças como essas. A gente tenta resistir, mas não consegue.[56]

Em vez de desenvolver um drama-na-vida entre as quatro personagens, fundado em suas relações interpessoais, Adamov opta por um drama-da-vida, no qual Lars, Brit, Thea e Alma depositam os testemunhos de sua própria (in)existência. Aqui, o dramaturgo combina o processo de uma sociedade na forma do "melhor dos mundos" com a investigação do sofrimento psíquico dos quatro jovens. Adamov substitui a personagem-testemunha da via brechtiana por um outro tipo de personagem-testemunha que não deixa de evocar o Antonin Artaud de *O Pesa-Nervos*: "Eu sou testemunha. Eu sou a única testemunha de mim mesmo".

"Em grego, testemunha se diz *martus*", nos lembra Giorgio Agamben[57]. A outra versão do testemunho, a outra figura da personagem-testemunha, aliás suscetível de ser articulada com a de Brecht, é a figura do homem em *Paixão*, do homem em *sofrimento*. A palavra *martis* – ou *martus* – vem de um verbo sânscrito que significa "lembrar-se"... Quantas peças escritas depois do fim do século XIX, do *Caminho de Damasco* a *4.48 Psicose*, de Sarah Kane, se apresentam como a lembrança do drama de uma vida vivida por seu protagonista na condição de martírio ou de Paixão. No monodrama polifônico que constitui

---

55 Idem, *Si l'été revenait*, Paris: Gallimard, 1970, p. 15. (Coll. Le Manteau d'Arlequin.)
56 Ibidem, p. 53-54.
57 *Ce qui reste d'Auschwitz*, Bibliotèques Rivages, 1999, p. 31.

a última obra de Sarah Kane, a voz dominante é aquela que testemunha uma errância e um sofrimento sem iguais:

Gordo / Apoiado / Balançando / meu corpo se descompensa / meu corpo levanta voo de seu lado / sem extensão possível / além daquela que já alcancei / você sempre terá uma ponta de mim / porque você teve minha vida em suas mãos / mãos brutais / será o meu fim / até que isso se torne silencioso / como você suscitou esse sofrimento? / Eu nunca entendi o que não presumo sentir / como um pássaro em voo num céu inflado / Meu espírito está rasgado pelo raio /que se lança atrás do trovão / Abertura do alçapão. Luz crua / E nada / Nada / Nada visto. Ao que me pareço? / À a criança da negação / de um quarto de tortura para outro...[58]

Agamben nos desvela a estrutura complexa do testemunho. A propósito dos sobreviventes que testemunharam Auschwitz, o filósofo italiano nos faz lembrar, depois de Primo Levi, que eles testemunham para outros: os exterminados e esses "muçulmanos", verdadeiros mortos-vivos, reduzidos ao silêncio e à prostração. De certa forma, são esses outros – os silenciosos – que por meio deles e neles estão ocupados em testemunhar:

[...] aquele que verdadeiramente testemunha no homem é o não--homem [...] o homem é apenas o mandatário do não-homem, que empresta sua voz [...] falar, testemunhar, arrasta num movimento vertiginoso, no qual alguma coisa sombria se subjetiva totalmente, torna--se muda, enquanto outra coisa se subjetiva e fala sem ter nada a dizer, propriamente (conto coisas que não vivi por minha própria conta).[59]

Erigir a personagem em testemunha é fazer a parte do não homem em homem, confirmar o desdobramento, aquilo que chamei, desde o capítulo II, a *fenda* da personagem.

UM JOGO DE MÁSCARAS

Qual é, pois, esse limite para o qual tende a personagem, sob o efeito conjugado dos processos de fissão do caráter, de uma passagem ao neutro, da coralização, do testemunho? O "menos" na personagem, "a personagem com menos", como escrevi no

58 Sarah Kane, *4.48 Psychose*, Paris: L'Arche, 2001, p. 48-49.
59 G. Agamben, *Ce qui reste d'Auschwitz*, op. cit., p. 157-158.

começo do capítulo? Ainda é preciso se entender sobre o sentido desse "menos". A *despersonalização*, tal como se apresenta, por exemplo, em Ionesco, é apenas uma ocorrência limitada desse trabalho em negativo. Se é verdade que a exaltação do homem solitário em certas peças expressionistas pode dar lugar, paradoxalmente, a uma dessubjetivação total do indivíduo, que se reduz a uma simples abstração[60], parece-me impossível, ao contrário, estender esse fenômeno de despersonalização ao conjunto das dramaturgias desde os anos de 1880 até os dias de hoje. Como explicar essa tendência geral a que Paul Ricoeur designa, no romance e no drama contemporâneos, como "um eclipse da identidade da personagem", próxima de seu "ponto de anulação?"[61]

O *impessoal*, na acepção que lhe dá Mallarmé evocando a "Figura que Ninguém é", figura "livre de personalidade", precisa o poeta, e "capaz em sua transparência, nota Alice Folco, capaz de abraçar toda a humanidade"[62], parece uma via bem mais aberta: o modo de retiro específico a personagem moderna e contemporânea. Assim, a personagem não é mais uma pessoa, no sentido de indivíduo, mas *persona*. Artaud o afirma: "antes de ser alguém, é preciso antes ser ninguém"[63]. E Novarina acrescenta: "Existe um outro em mim, que não é você, que é ninguém."[64] O autor do *Drama da Vida* especifica que "é preciso, no tablado, fabricar uma antipessoa, um anti-homem experimental. Levar o homem para fora de si"[65]. Arthur Adamov, de seu lado, gostava de lembrar as supostas últimas palavras de seu mestre Strindberg: "Nada é pessoal". Assim, o dramaturgo que houvesse feito, segundo George Steiner, o uso mais escandalosamente privado da cena, que houvesse se projetado em suas personagens e se posto a nu em suas peças, poderia ser considerado, paradoxalmente, como o mais impessoal dos escritores. Para Adamov, nenhuma incompatibilidade ou paradoxo nesse estado de coisas: "A única coragem é a de falar na

---

60 Peter Szonzi, *Théorie du drame moderne*, Belval: Circé, 2006, p. 98-99. (Coll. Penser Le Théatre.)
61 *Soi-même comme um autre*, Ed. du Seuil, p. 167, 198. (Coll. Ponts Essais, n. 330.)
62 *Dramaturgie de Mallarmé*, Sorbonne: Université Paris 3, 2006, p. 232. (tese)
63 Carta de 6 de abril de 1945 ao doutor Jean Dequeker, *Oeuvres*, E. Grossman (ed.), Paris: Gallimard, 2004.
64 Valère Novarina, *Le Théâtre des paroles*, Paris: POL, 1989, p. 166.
65 Idem, L'homme hord de lui, *Europe*, n. 880-881, août-septembre de 2002, p. 173.

primeira pessoa", ele nota, mas logo precisando: "Certamente, o debate só tem valor quando se alça ao impessoal."[66]

Reencontramos aqui um velho conhecido, Ulrich, o homem sem qualidades. Paul Ricoeur prefere chamá-lo "o homem sem propriedades". E Maurice Blanchot, "o homem sem particularidades". Blanchot saúda assim o advento do homem impessoal:

A descoberta e talvez a obsessão de Musil é o novo papel da impessoalidade [...] Qual é essa potência neutre que emerge de repente no mundo? Como acontece de, no espaço humano que é o nosso, não termos mais necessidade de pessoas distintas, vivendo experiências particulares e, sim, "experiências vividas sem ninguém que as viva". De onde vem que em nós e fora de nós alguma coisa de anônimo não cesse de aparecer, dissimulando-se?[67]

O primeiro sintoma da impessoalidade da personagem, aquele momento que marca a passagem à *Impersonagem*, é a estranheza radical para com os outros e para consigo: "Eu era, eu era como que estranho a mim mesmo, o tempo todo", confessa o cônsul Grotti de *Vestir os Nus*; "estranho e solitário", assim se declara André a Férapont – que não o compreende – em *As Três Irmãs*. Sentimento de estranheza em que o teatro de Beckett avançou mais do que os outros. Na escuta de velhas gravações de sua própria voz, o Krapp de *A Última Gravação de Krapp* exclama: "Acabo de escutar esse pobre pequeno cretino por quem eu me tomava há trinta anos; difícil de acreditar que tenha sido um babaca a esse ponto". Essa estranheza não é apenas um sentimento, mas corresponde ainda a um estado psicossomático. A uma perda de si e a um verdadeiro colapso da personagem. Daí os desmaios e outras síncopes frequentes nos teatros de Strindberg, de Tchékhov e de Pirandello. Em 1935, Meyerhold monta três comédias de Tchékhov, que ele chama "brincadeiras", sob o título de *Trinta e Três Desmaios*. O grande encenador assinalou perfeitamente todos esses momentos de catalepsia que ritmam, para além das comédias, todo o teatro de Tchékhov. Suas personagens possuem um talento particular para se fazer ausentes dos outros e de si mesmos. Um exemplo entre tantos outros é o início do ato II do *Jardim das Cerejeiras*,

---

66 A. Adamov, Je... ils... Paris: Gallimard, 1969, p. 31. (Coll. L'Imaginaire, n. 306.)
67 *Le Livre à venir*, Paris: Gallimard, 1959, p. 181.

no qual "cada um está mergulhado em seus sonhos". O Desconhecido do *Caminho de Damasco* também está quase sempre à beira da catalepsia: às vezes "parece rígido e imóvel, como que dormindo", às vezes "permanece de pé, como que mergulhado num sono hipnótico", ou ainda "desmorona". Quanto a Ersília, de *Vestir os Nus*, nós a descobrimos entre dois mortos, entre dois suicidas.

Estranheza de si mesmo e perda de si produzem os duplos e as hipóstases. No *Caminho de Damasco*, I e II, Strindberg retoma e transforma a figura romântica do Duplo para fazer dele o Mendigo, figura sentenciosa que acompanha o Desconhecido em sua busca sem fim, que conhece tudo de sua vida e de seu destino e exerce sobre ele uma atração hipnótica.

O DESCONHECIDO: Ei, que cicatriz você tem na testa?
O MENDIGO: Ela me veio de um parente muito próximo.
O DESCONHECIDO: Não, eu começo a ter medo. Deixe-me tocá-lo para saber se você realmente existe. (*Ele apalpa o mendigo*). Sim, ele é bem real.[68]

Notemos que se trata aqui de um duplo diferente. Não um *idem*, mas um *ipse*. Um duplo que significa para nós a impossibilidade de coincidir consigo mesmo, a impossibilidade de conhecer-se a si mesmo. Em *O Sonho*, o Duplo vai ceder lugar às hipóstases: o Oficial, figura juvenil e conquistadora logo tomada pela ruminação, a modalidade mais terrível da repetição; o Advogado, portador das ambivalências e do compromisso; o Poeta, enfim, que encarna o sonho e a aspiração a uma existência pacificada. Todos os três constituem projeções autobiográficas de Strindberg, mas também e, sobretudo, três estados do homem. A via está aberta ao jogo das hipóstases. Claudel, em *O Livro de Cristóvão Colombo*, divide a personagem de Colombo: Colombo temporal, de um lado, Colombo intemporal, de outro; este, de seu promontório de eternidade, assiste à Paixão do primeiro. Brecht, em *A Alma Boa de Setsuan*, opera, à vista de todos, o desdobramento da gentil Shen-Te em seu impiedoso primo Shui-Ta. E nos lembramos que Beckett

---

68 A. Strindberg, *Le Chemin de Damas I, Théâtre complet*, t. III, Paris: L'Arche, 1983, p. 157.

vai mesmo inventar, em *A Última Gravação de Krapp*, um dispositivo com que Krapp, no dia de seu 69º aniversário, se põe à escuta, por meio de uma fita magnética, do que foi trinta anos antes. Quanto ao pequeníssimo drama *Aquela Vez*, vimos que o corpo e a voz estão dissociados: um Lembrante silencioso ouve, provindos de três pontos diferentes do espaço, "de dois lados e do alto", "os restos de uma só e mesma voz, a sua". Ora, essas vozes, designadas pelas letras A, B e C, evocam, revezando-se, três idades diferentes da vida de Krapp...

Mais recentemente, *King* (1998), de Vinaver, pôs em cena igualmente – às vezes destacando-as, às vezes entrelaçando-as – as vozes de três períodos, de três segmentos da vida de King, aliás, Gillette: King jovem, 33 a 49 anos, King maduro, de 50 a 69 anos, King velho, de 70 a 77 anos. E entre tantos outros exemplos, é preciso igualmente assinalar *Susn* (1979) de Achternbusch, em que a mesma personagem (mas é verdadeiramente a mesma?), "uma mulher em cinco corpos", vai ser conduzida sucessiva e depois simultaneamente pela Susn de 15 anos, de 25, de 35, de 45 e de 50 anos. E ainda *Um Dia de Verão*, de Jon Fosse, em que duas personagens são desdobradas: "a mulher idosa" em "mulher jovem", e a "amiga idosa" em "jovem amiga".

De uma hipóstase a outra, o fio da personagem é rompido, e depois precariamente reatado. Dessa ausência de continuidade nasce a *impersonagem*, da qual se poderia dizer que ela é a *diferença* da personagem. A impersonagem se constitui a partir desse jogo pelo qual a personagem não é mais do que a confrontação e a diferença de suas máscaras sucessivas. Processo que não escapou a Antonin Artaud, que retoma por sua vez o conceito de "impessoal" de Mallarmé e evoca "esses jogos [representações] de fisionomia puramente musculares, aplicadas sobre os rostos como se fossem máscaras".[69] Nós entramos aí nesse mundo do "eles", do *On* da "gente", que Gilles Deleuze definiu perfeitamente e no qual, longe de se afundar numa banalidade estéril, tocamos na "verdadeira natureza do profundo e do sem fundo": "Um mundo de individuações impessoais e de singularidades pré-individuais".[70]

---

69 *Le Théâtre et son double: suivi de le Theatre de Seraphin*, Paris: Gallimard, 1964, p. 89. (Coll. Folio, n. 964.)
70 *Différence et Répétition*, Paris: PUF, 1968, p. 355.

IV. A IMPERSONAGEM

De modo contrário à despersonalização, que arrasta consigo a abstração e a vacuidade total da personagem, a impessoalização cria uma personagem aberta a todos os papéis, a todas as possibilidades da condição humana. A impersonagem é, fundamentalmente, *transpessoal*. Antes de gritar: "Sofro como se fosse o único de toda a espécie humana", o Desconhecido do *Caminho de Damasco* fez concretamente a prova desse jogo de papéis e se perguntou: "Sou jovem ou velho? Homem ou mulher? Deus ou o Diabo? Quem é você? Você sou eu, ou eu sou você? O que vejo à minha volta são minhas entranhas, ou então estrelas ou redes de nervos no fundo do olho?"[71] Da mesma maneira, Vladimir e Estragão, para driblar seu tédio ou para tentar dar um sentido ao estar-no-mundo, não param de improvisar sobre o canevás da condição humana. Assim se exprime Vladimir, reagindo aos gemidos de Pozzo:

VLADIMIR: O apelo que acabamos de escutar é endereçado de preferência a toda a humanidade. Mas neste lugar, neste momento, a humanidade somos nós, agrade ou não. Aproveitemos, antes que seja tarde demais. Representemos dignamente por uma vez a raça desprezível com que a infelicidade nos recheou. O que você acha?
ESTRAGÃO: Eu não escutei.[72]

A impersonagem de Beckett é o homem, todo homem, na nudez de sua condição. O que não significa o homem em sua generalidade. A impersonagem é, antes de tudo, *singular*. *Singular plural*, na medida em que pertence ao mundo do "eles". Trata-se de multiplicar as máscaras superpostas – jogo (no sentido de série de objetos análogos) de máscaras –, de tornar cada vez mais teso o fio da personagem, e cada vez mais errático seu percurso. De se comportar assim nos confins da *mimese*, naquelas regiões em que, sempre, ainda segundo Deleuze, "um pouco do sangue de Dioniso corre nas veias de Apolo".

Nenhuma dúvida a esse respeito: o Desconhecido do *Caminho de Damasco* situa-se do lado da embriaguez, do retalhamento dionisíaco, do sonambulismo ou deste "sonho ao lado da insônia", do qual fala Deleuze.[73] Numa breve e famosa

---

71 A. Strindberg, *Le Chemin de Damas*, II, op. cit., p. 227.
72 Samuel Beckett, *En attendant Godot*, Paris: Minuit, 1952, p. 134.
73 G. Deleuze, *Critique et Clinique*, op. cit., p. 163.

sequência do *Caminho de Damasco II*, nós o vemos carregar sucessivamente as máscaras do sábio alquimista, ou hiperquímico que transformou chumbo em ouro, do mistificador, do pária, do prisioneiro em sua cela, depois do pai cujo filho acaba de nascer, mas que sua culpa impede de assumir a paternidade e, finalmente, a de Caim, que confessa ter matado o irmão. No espaço de algumas páginas ou de alguns minutos, o Desconhecido é festejado como celebridade, é vaiado, preso, sua sogra procura acalmá-lo e consolá-lo e ele confessa suas culpas, reais ou imaginárias... De um avatar a outro, nenhuma transição senão as etapas de catalepsia ou de colapso que evoquei acima. Saltos, ou antes, mudanças bruscas de direção. Para explicar a dinâmica da Impersonagem, nenhuma fórmula me parece melhor do que aquela pela qual Deleuze definiu o ator no começo de *Diferença e Repetição*: "um papel que representa outros papéis".

Retraçar o périplo do protagonista do *Caminho de Damasco* seria revelar essas mudanças de direção incessantes, assim como essas figuras mitológicas com as quais o Desconhecido confunde por um instante seus destinos, até o esgotamento do jogo da vida. Em tal encruzilhada ele é Saul, noutra é Jacó em seu combate com o anjo, ou Adão, ou o Judeu Errante, ou Jó, ou o Anjo Exterminador, ou o Filho Pródigo, Caim, Édipo, Prometeu, Orfeu, Merlin, ou ainda Roberto, o Diabo, Otelo, Fausto... A cada metamorfose, a máscara – que ele próprio se põe, ou com a qual outra personagem cobre seu rosto – é precisa. Não alusiva, mas presente como citação. Assim, entre dezenas de exemplos possíveis, para as máscaras de Adão, de Prometeu, do Filho Pródigo e de Orfeu:

O DESCONHECIDO (*para a Dama*): Expulsos do paraíso terrestre, só nos resta errar em meio a pedras e espinhos; quando já houvermos ferido nossos pés e machucado nossas mãos, experimentaremos o desejo de espalhar sal sobre nossas chagas, eu sobre as suas, você sobre as minhas.
[...]
O DESCONHECIDO: E o crime de minha vida terá sido o de tomar iniciativas e querido libertar...
O MENDIGO: Libertar os homens de suas obrigações, libertar os criminosos de seus remorsos, a ponto de lhes fazer perder toda consciência

moral. Você não é o primeiro e não será o último a mesclar-se, de maneira inconsiderada, com aquilo que é a tarefa do diabo.

[...]

A DAMA (*ao Desconhecido*): Eu o amei, você, a criança prodígio que procurei nos refúgios da floresta escura e que acabei por encontrar faminto, murcho pela falta de amor; venha, minha criança, esconda sua cabeça contra meu coração, ali onde você descansou antes de perceber a luz do sol.

[...]

A DAMA: Orfeu! Com teu canto, tu deste vida a essas pedras mortas! Canta para dar-me também vida e beleza!

O DESCONHECIDO: Eurídice, que eu trouxe dos infernos! É por meu amor que tu viverás, por meu amor que tu te tornarás poesia e a felicidade nos pertencerá, pois conhecemos os perigos a serem evitados.[74]

Já evoquei anteriormente essa cena, que fecha a trilogia do *Caminho de Damasco*, e na qual o autor desvela o princípio de des-construção da personagem do Desconhecido em impersonagem... O padre Melchior acolhe o Desconhecido em seu monastério e lhe apresenta um retrato de Kierkegaard:

É o dinamarquês Kierkegaard. Ele tinha consciência, desde a origem, desta partenogênese da alma, esse poder de parir uma vida sem fecundação, como a árvore faz crescer seus brotos. É por essa razão, e também para não se deixar enganar pela vida, que escreveu sob uma série de pseudônimos, cada um deles representando um estágio no caminho da vida.[75]

Lulu, de Wedekind, é o Desconhecido e a impersonagem no feminino. Um cruzamento do Desconhecido com Woyzeck, a personagem-criatura tratada como animal de feira, às vezes como monstro. Em *A Caixa de Pandora* (1894), uma *tragédia-monstro*, Lulu passa de mão em mão, de um amante ou de um marido a outro, mudando, a cada vez, de nome e de identidade. No começo de seu percurso, que é o tempo de sua magnificência, ela ainda não foi chamada, mas aparece em trajes de Pierrot no ateliê do pintor Schwarz. O que lhe vale ser classificada de "fada". O doutor Goll, seu protetor na época e que encomendara seu retrato, a chama Ellie, ou Nellie, diminutivo que lembra

---

74 A. Strindberg, *Théâtre complet*, t. III, op. cit., p. 215, 276, 327, 333.
75 Ibidem, p. 357.

Helena de Troia. Schöning, o redator-chefe, propõe que ela seja chamada Mignon, sem dúvida para saudar seu aspecto andrógino. Mas o conselho que ele dá ao pintor nos gela o sangue: "Trate-a como uma natureza-morta". As máscaras vão continuar se acumulando sobre o rosto sem traços de Lulu, mas, sobretudo, vão trazer os estigmas de sua decadência. Depois da "Eva" tão genérica com que a gratifica Schwarz, o processo se acelera. Schigolch, o falso pai de Lulu, lhe pergunta: "Qual é o *seu* nome hoje?" Lulu responde: "Eva... eu obedeço a esse nome". A réplica nos faz pensar, irresistivelmente, no *Ele* que o Capitão ou o Doutor reservam para Woyzeck: "Ele comeu bem as ervilhas, Woyzeck?" A partir desse instante, tudo se degrada: Lulu vai ser ridicularizada com nomes de animais, em princípios graciosos e, depois, rapidamente, repulsivos: de pequeno pássaro da floresta e gazela para cadela sanguinária, chacal e "hiena". Schigolch, o homem que vestiu esse "animal elegante", confessa que "ignora como ela se chamava na origem". Lulu se torna essa transformista que confessa ter à sua disposição "dois aposentos repletos de roupas" diferentes. Até a última roupa, a de uma prostituta que, em Londres, e sob o nome de Daisy, faz viver todo esse pequeno mundo, a partir de então arruinado, de seus sucessivos senhores. "Seria preciso, diz ela, que eu lhes enchesse a boca com o pouco de vida que me resta". Até a última máscara, a de uma vítima anônima de Jack, o Estripador. Raramente uma personagem, uma figura – "eu sou mulher", ela não cansa de repetir – terá chegado a esse ponto na medida do drama-da-vida. Tanto é assim que a situação se volta e todos os homens impiedosos que a exploraram já não formam mais ao seu redor senão um cacho informe de detritos humanos, exalando suas queixas. Alwa, o filho de Schöning, que, como seu pai, possuiu Lulu, debulha com talento os motivos de sua desesperança comum: "Ela fez de mim um local de reunião onde todos os venenos e parasitas celebram suas orgias babilônicas [...] A ideia da decomposição tem algo de terrível [...] Nem todo o mundo aproveitou, como eu, de uma juventude dourada [...] O que fiz de minha vida! [...] Os anos passam – mal nos lembramos de uma hora em particular."[76]

[76] Frank Wedekind, *Lulu, Théâtre complet*, t. II, Paris: Éd. Théâtrales – Montpellier: Maison Antoine Vitez, 1997, p. 181-182.

A operação a que os machos (mais ou menos) dominantes submetem Lulu não está tão longe da vivissecção de Strindberg, em sua versão mais cirúrgica. Eles intervêm diretamente sobre o corpo dessa mulher que acreditam possuir. A tal ponto que podem decidir, por meio desse retrato de Pierrot que segue Lulu ao longo de seu périplo, sobre essa passagem de um sexo a outro.

De fato, a transpersonagem transgride a divisão dos sexos. O que não escapou a Sarah Kane que, em *Purificados* (1998), põe em cena, com toda a crueldade requerida, a conversão em rapaz de uma jovem chamada Grace. De início, na cena V, a ligeireza de uma dança mimética: "Graham dança – uma dança de amor para Grace. Grace dança ao seu lado, copiando os movimentos. Pouco a pouco ela aprende o que há de masculino em seus movimentos, em suas expressões. No fim, não tem mais necessidade de copiá-lo – é seu perfeito reflexo, enquanto dançam exatamente em sincronia. Quando ela fala, sua voz se parece mais com a de Graham."[77] Depois, para completar o processo, na cena XVIII, a fase propriamente clínica:

Sala branca. / Grace jaz inconsciente sobre a cama. / Está nua, com exceção de uma faixa de tecido sobre o púbis e o peito, e de uma mancha de sangue no lugar dos seios. Carl jaz inconsciente ao seu lado. Está nu, com exceção de uma bandagem ensanguentada entre as pernas. / Tinker desfaz a bandagem e olha entre as pernas. Grace resmunga.
GRACE: S-S-.
TINKER: É o que você queria. Espero que você-
GRACE: S-S-S-.
Tinker ajuda Grace a se levantar e a conduz até um espelho. / Graham entra. / Grace fixa o olhar. Abre a boca.
GRAHAM: Acabou.
TINKER: Belo rapaz. Como seu irmão. Espero que você- / É o que você queria.
Grace toca os órgãos genitais que lhe costuraram.[78]

Grace se transforma, portanto, ao longo da peça, com um transplante de pênis para ajudar, em Grace-Graham, quer dizer, em perfeito "semelhante" de seu irmão. "Grace-Graham: Um corpo perfeito. Ele fumava como um condenado, mas era um

---

77 Sarah Kane, *Purifiés*, Paris: L'Arche, 1999, p. 27. (Coll. Scène Ouverte.)
78 Ibidem, p. 60.

dançarino de sonhos, você não pode saber. Eles já chegaram? Morto. Queimado. Um monte de carne carbonizada, despido de suas roupas. De volta à vida.[79]

A impersonagem é a personagem que saiu definitivamente do quadro tradicional da mimese, na medida em que "extravasa a representação e faz advir simulacros", diria Deleuze. Quando Koltès se apropria da figura de Roberto Zucco, e o arranca da crônica policial, ele adota essa linha de fuga segundo a qual a personagem se transforma em impersonagem. Koltès empilha as máscaras e, sob essas máscaras, o rosto de Roberto Zucco, o da realidade, termina por se apagar ou por deixar aparecer aquele sem traços nem contornos de Dioniso. Para além do criminoso em série, Roberto Zucco se consente Ícaro em seu voo, depois Hamlet no final da peça, visitado pelo espectro do Pai, depois Cristo, cuja Menina será sucessivamente Maria Madalena, depois Judas e ainda Anjo Exterminador, sábio estudante da Sorbonne, Golias, Sansão enganado pela menina-Dalila, Woyzeck, Pierre Rivière, declarando no final de seu périplo: "Eu sou o assassino de meu pai, de minha mãe, de um inspetor de polícia e de uma criança. Eu sou um matador..." E muitas outras figuras ainda, em todas elas, "desconhecido" para ele mesmo e enigmático para os outros. Superposição de máscaras, o Zucco de Koltès, aspira à paz da transparência e da invisibilidade:

Eu sou um garoto normal e razoável, senhor. Jamais me fiz notar. O senhor teria reparado em mim se eu não estivesse tão perto do senhor? Sempre pensei que a melhor maneira de viver com tranquilidade era a de ser transparente como o vidro, como um camaleão na pedra, passar através das paredes, não ter cor ou cheiro; que o olhar das pessoas vos atravessasse e visse as pessoas atrás, como se você não estivesse lá. É uma tarefa rude a de ser transparente; é uma profissão; é um sonho antigo, muito antigo, o de ser invisível [...] Eu estudei, era um bom aluno. Me inscrevi na universidade. Nos bancos da Sorbonne, meu lugar estava reservado entre os bons alunos, em meio aos quais não me fiz notar. Juro que é preciso ser um bom aluno, discreto e invisível, para estar na Sorbonne.[80]

---

79 Ibidem, p. 66.
80 B.-M. Koltès, *Roberto Zucco*, Paris: Minuit, 1990, p. 36-37.

IV. A IMPERSONAGEM

A confidência que Zucco faz a um senhor, sobre um banco do metrô e em plena noite, não deve ser entendida como esperteza de um criminoso. Ela se situa além da mentira: no momento em que Zucco faz o elogio de uma transparência, a qual não pode, em princípio, alcançar, nele, no herói com casacos encharcados de sangue, se opera um desses saltos no trajeto da personagem de Zucco, uma dessas mudanças bruscas de direção que o põem no caminho da impersongem. De maneira significativa, Roberto Zucco se compara a um "camaleão sobre a pedra": o cameleonismo – mudar a identidade de lugar em lugar – é o regime específico da impersonagem, personagem transpessoal, transidentitária. A tal ponto – e nós o vimos em Wedekind e em Kane – que a identidade sexual fica suscetível de modificação. Alcançar esses confins de si, onde cessa o pessoal, fazendo de tal modo que a personagem se eleve até a impersonagem... num tal deslocamento, o olhar do dramaturgo contemporâneo aparenta o de Giacometti, apreendido por Jean Genet:

Há quatro anos, mais ou menos, eu estava num trem. Diante de mim, no compartimento, estava sentado um velhinho medonho. Sujo, e manifestamente mau, algumas de suas reflexões o comprovavam. Recusando continuar uma conversa com ele, sem qualquer contentamento, eu queria ler, mas, apesar disso, eu olhava aquele velhinho: ele era muito feio. Seu olhar cruzava o meu, como se diz, e foi esse olhar breve ou insistente, não sei mais, mas eu conheci o doloroso – sim, doloroso – sentimento de que não importa que homem "valia" o mesmo, exatamente – perdoem-me, mas é esse "exatamente" que eu quero acentuar – não importa qual outro [...] O olhar de Giacometti viu isso há muito tempo. Digo o que experimento: esse parentesco manifesto por suas figuras me parece esse ponto precioso, por meio do qual o ser humano seria remetido ao que há de mais irredutível: sua solidão é exatamente equivalente a qualquer outra.[81]

Pensamos imediatamente na fórmula que encerra *As Palavras*, de Sartre: "Todo homem é feito de todos os homens e que ele valha por todos e que valha não importa quem." O drama-da-vida efetua essa transferência, essa viagem de "um homem", em sua singularidade, por meio de "todos os homens", no plural.

---

81 Jean Genet, *L'Atelier d'Alberto Giacometti*, Paris: Gallimard, 1995, não paginado. (Coll. L'Arbalète.)

Nesse quadro, que não é um só, nesse quadro sem bordas e limites, a impersonagem jamais termina de sair de si mesma e de sair do drama. Ele escapa do espaço cercado do drama-na-vida para atingir o ilimitado drama-da-vida, passando do palco para a sala e assim reencontrar o mundo no qual vivemos. A "personagem" do monodrama polifônico de Heiner Müller, *Hamlet-Máquina* (1977), não diz – no início da peça – "eu sou Hamlet", mas "eu era Hamlet". Não sendo Hamlet senão um rastro, um antigo bivaque já abandonado no itinerário dessa figura sempre à espera de novas máscaras (ou do momento de fazer cair definitivamente a máscara por meio do monólogo do "intérprete de Hamlet").

HAMLET (*Deposita a máscara e o casaco*): Não sou Hamlet. Não represento mais o papel. Minhas palavras já não têm o que me dizer. Meus pensamentos aspiram ao sangue das imagens. Meu drama não acontece mais. Atrás de mim põem de pé o cenário, pessoas para quem meu drama já não interessa, para pessoas que não lhe dizem respeito. Eu também não, ele também não me interessa. Eu não represento [...] O cenário é um monumento [...] A pedra está habitada. Nos orifícios espaçosos do nariz e das orelhas, nas dobras da pele e do uniforme da estátua demolida aninhou-se a população pobre da metrópole. Nessa queda do monumento após um tempo conveniente sucede a sublevação. Meu drama, se ocorresse, teria lugar no tempo da sublevação.[82]

"Seu drama" ocorreria, como diz ele, "dos dois lados do *front*" e o conduziria a "agitar seu punho contra si mesmo":

Eu sou o soldado na torre de tiro do carro, minha cabeça está vazia sob o capacete, o grito asfixiado sob as correntes. Eu sou a máquina de escrever. Faço o nó corrediço quando os condutores vão ser enforcados, levanto o tamborete, me quebra a nuca. Eu sou meu prisioneiro.[83]

Com Müller, o drama-da-vida reencontra o drama da História. História vivida não por heróis, mesmo tão ambíguos como Hamlet, mas por essa "multidão que flui", que invade a peça, que transborda antecipadamente toda estrutura dramatúrgica que pretendesse contê-la. A impersonagem é também o momento em que a personagem apreende sua menor dimensão. A nossa.

[82] Heine Müller, *Hamlet-Machine*, Paris: Minuit, 1979, p. 75-76.
[83] Ibidem, p. 77.

Capítulo V
Uma Nova Partilha das Vozes

No prefácio de *Senhorita Júlia*, Strindberg livra-se, com um mesmo gesto, da personagem de caráter unificado e do "diálogo francês logicamente construído". Do diálogo de suas próprias peças, o escritor sueco nos previne de que "vai à aventura". A partir de então, trata-se de "deixar os espíritos trabalharem livremente". O diálogo tradicional, feito de réplicas que se encaixam umas nas outras, é denunciado como uma camisa de força: diálogo fechado sobre si mesmo, limitado à relação interpessoal e sem outra função além da de fazer o conflito progredir. A concepção hegeliana do drama se encontra assim desqualificada e, principalmente, a ideia de que é "pelo diálogo moderno que os indivíduos em ação podem revelar uns aos outros seu caráter e suas intenções [...], [de que] é pelo diálogo que eles exprimem suas discordâncias e assim imprimem à ação um movimento real"[1].

O diálogo não é mais a expressão quase geométrica do *ethos* e do *telos* das personagens. Ele não mais traduz; ele trai. "Deixar os espíritos trabalharem livremente" – expressão que, diga-se de passagem, nos lembra o princípio associativo que

---

1 G.W.F. Hegel, *Esthétique, 8, La Poésie*, t. II, Paris: Aubier-Montaigne, 1965, p. 343.

rege a palavra na cura psicanalítica – é engajar o diálogo nos caminhos de fato "aventurosos", da errância e da divagação. Aquilo contra o que o hegeliano-marxista Lukács não deixou de nos pôr de sobreaviso:

> A principal tarefa do diálogo [em Strindberg, Maeterlinck] é portanto figurar os homens falando no vazio, sem se comunicar entre si e, por consequência, sua solidão, sua inaptidão para entrar em contato. O diálogo já não exprime, como antes, a luta dos homens entre si, seus debates, suas colisões, mas esse procedimento deslizante pelo qual eles se evitam.[2]

Como frequentemente em Lukács, o quadro dos sintomas é impecável, mas o diagnóstico, bastante discutível. Lá onde Strindberg anuncia uma "aventura", ele só vê um impasse. Tudo em sua polêmica é contra aquilo que acredita ser o decadentismo burguês desses escritores da virada do século XX, esquecendo de perguntar-se sobre as causas profundas que impelem esses dramaturgos a criar personagens que falam "no vazio" e passam seu tempo a "se evitar". Essa "inaptidão para entrar em contato" que bem caracteriza, efetivamente, as personagens de Ibsen, de Strindberg, de Tchékhov, se é uma deficiência, não é de ordem dramatúrgica, mas ontológica e/ou política, que nos reenvia a um mundo onde cada ser se encontra separado de outro, agrade ou não a Lukács, separado de toda alteridade. Vimos no capítulo precedente: o homem do século XX – homem psicológico, social, econômico, moral, metafísico – talvez seja um homem massificado, mas é, sobretudo, um homem *separado*. Separado dos outros e de si mesmo. A promiscuidade moderna é um fator de isolamento: ela vai ao encontro dessa proximidade que permite a confrontação, o conflito.

Essa separação se inscreve no próprio diálogo. As réplicas jamais se encadeiam. Cada réplica se afasta da que a precede e da que lhe dá sequência. Cava-se um abismo entre as réplicas, como entre as personagens. Longe do diálogo suturado do século XIX, que tinha horror do vazio (o vocábulo "réplica" reenvia à última palavra dita por um ator, sinal dado ao parceiro para encadear imediatamente), o "diálogo errante" é um diálogo

---

2   György Lukács, *Problèmes du réalisme*, Paris: L'Arche, 1975, p. 109. (Coll. Le Sens de la Marche.)

completamente aberto e descontínuo, que acolhe o silêncio e as diferentes formas narrativas que nele vêm interpolar-se.

O OUTRO DIÁLOGO

A questão primordial é a da distância. As personagens dos autores da virada do século XX (as da virada do século XXI nada lhes têm a invejar) não se encontram mais à boa distância umas das outras, naquela distância que regulava a colisão dramática tal como visualizada por Hegel e, na sequência, por Lukács. A relação interpessoal converteu-se num engodo, expresso à perfeição por uma personagem de *Os Cegos*, de Maeterlinck, o Primeiro-Cego-Nascido: "Puxa, como você está longe de nós. Eu pensava que estivesse diante de mim."

Etimologicamente, sabemos que o *dia* de diálogo não diz respeito à dualidade, mas à distância. Ora, no teatro moderno, essa distância entre as personagens, que tornava possível o conflito dramático, se encontra desregulada. Como atletas que não encontram mais as marcas de sua corrida, as personagens perderam esse bom distanciamento de uma para outra, que lhes permitiam se reconhecer, se afrontar, se medir. Com relação ao outro, elas sempre se encontram *muito perto* e *muito longe*.

Mas aquilo que Lukács e tantos outros, que taxam a personagem moderna de solipsista, se recusam obstinadamente a compreender é que a esta perda da relação com o outro – o outro como antagonista – corresponde um ganho: a reaproximação da personagem com o espectador. O diálogo interpessoal era, do começo ao fim, *lateral*, limitado ao pequeno círculo das personagens, recortado por detrás da quarta parede. Inversamente, uma grande parte da "aventura" do diálogo moderno, diálogo errante – e, veremos, diálogo profundamente heterogêneo – encontra essa virtude da *frontalidade*, de direcionar-se e de comunicação direta com o espectador, que havia em Shakespeare e Calderón, e até mesmo nas origens do teatro ocidental, na tragédia e na comédia da Grécia antiga. Nesse sentido, o diálogo moderno é realmente mais *dialógico* do que o diálogo no seio do drama-na-vida.

Bakhtin considera que o dialogismo está fora do alcance do teatro, que tem tendência a reduzir *in fine* todas as vozes a uma só, à do autor:

o diálogo dramático no teatro, como o diálogo dramatizado dos gêneros narrativos, sempre se encontram aprisionados num quadro monológico rígido, imutável [...] As réplicas do diálogo dramático não desarticulam o universo representado nem o tornam multidimensional; ao contrário, para serem verdadeiramente dramáticas, elas têm necessidade de um universo o mais monolítico possível. Nas peças de teatro, esse universo deve ser talhado num só bloco. Todo enfraquecimento desse monolitismo conduz ao enfraquecimento da intensidade dramática. As personagens se juntam ao dialogar, na visão única do autor, do encenador, do espectador, sobre um fundo claro e homogêneo[3].

Para o teórico do dialogismo, a romantização do drama constitui o antídoto possível a essa inclinação monológica do teatro. Ora, vimos que a romantização e a "epicização" são as características dessa crise do drama que se produz no final do século XIX. O teatro se abre então a essa dimensão polifônica que Bakhtin identifica no romance de Dostoiévski: "captar o diálogo de sua época", "entender sua época como num grande diálogo", "ali apreender não só as diversas vozes, mas, antes de tudo, as *relações dialógicas* entre elas, sua *interação* dialógica"[4].

Daí se pode dar um nome a essa "aventura" que começa com Strindberg e alguns outros autores de seu tempo: a *redialogização do diálogo*. No limiar da modernidade, os dramaturgos têm a presciência de um outro tipo de diálogo que não aquele vinculado à ação falada e destinado à relação interpessoal. O primeiro Maeterlinck formula sua necessidade, que evoca, notadamente a propósito de Ibsen, "outra coisa além do diálogo necessário": "Ao lado do diálogo indispensável, quase sempre há um outro diálogo que parece supérfluo. Examinai atentamente e vereis que é o único que a alma escuta profundamente, pois é apenas nesse lugar que a ela se fala. Vós conhecereis ainda que é a qualidade e a extensão desse diálogo inútil que determina a qualidade e o alcance inefável da obra."[5]

3 Mikhaïl Bakhtin, *La Poétique de Dostoievski*, Paris: Ed. du Seuil, 1970, p. 46-47. (Coll. Pierres vives.)
4 Ibidem, p. 131-132.
5 M. Maeterlinck, *Le Trésor des humbles*, Bruxelles: Labor, 1986, p. 107.

Não é indispensável compartilhar da inclinação de Maeterlinck pelo mistério e pelo inefável para reparar nas dramaturgias modernas e contemporâneas esta tendência a reconstruir um diálogo, mas *um outro diálogo*. Paradoxalmente, é a separação, o isolamento de cada locutor que irá servir de base para a edificação desse novo tipo de diálogo. A insularidade das personagens abre espaço para uma verdadeira polifonia. Quer se trate do teatro naturalista ou do simbolista, a relação dramática não é mais lateral; ela não passa mais diretamente de uma personagem a outra, mas, indiretamente, seja pela mediação do ambiente (naturalismo), seja do cosmos ou de "potências invisíveis" (simbolismo). Nas peças naturalistas, o diálogo está carregado de uma função descritiva e de um peso documental. A exemplo do homem do romance, o homem ordinário vive uma vida carregada de ínfimos detalhes. Mudança de escala cujas consequências o romancista Paul Bourget bem percebeu: "é preciso um acúmulo de observações infinitamente pequenas [...]. Como, tendo apenas o diálogo como ferramenta, o autor chegaria a rivalizar, nesse ponto, com o poeta ou com o romancista?"[6]

O desafio está bem aí. De onde o desenvolvimento do drama no sentido do épico e do romance. Procedimento formalmente condenado por Lukács, mesmo quando orquestrado, como em *Rosmersholm*, pelo gênio de Ibsen: "a base da peça permanece, naturalmente, a de um romance, certamente preenchida com todo o drama não dramático da vida burguesa moderna. Na qualidade de drama, *Rosmersholm* é, por consequência, problemático e fragmentário; na qualidade de quadro da época, é autêntico e fiel à realidade"[7].

Como quer que pense o teórico húngaro, o devir dialógico das peças modernas encontra-se ligado, de Zola a Tchékhov e O'Neill, à produção desses *quadros de época* no contexto de um drama que consente em ser "não dramático" mas, como escrevi no capítulo precedente, "infradramático". *O Jardim das Cerejeiras*, a exemplo de outras peças de Tchékhov, ressalta o infradramático e não cessa de nos apresentar, sob tantos ângulos

---

6   Paul Bourget, *Études et Portraits*, Paris: Plon-Nourrit, 1905-1906, p. 336-337.
7   György Lukács, *Le Roman historique*, Paris: Payot, 1965, p. 138. (Coll. Bibliothèque historique.)

quantas são as personagens, mesmo as mais humildes, uma série de "quadros de época" complementares e contraditórios. Assim, no final do ato I e início do ato II:

GAEV: [...] Eu sou um homem dos anos 1880. Não se fala muito bem dessa época, mas, mesmo assim, posso afirmar que fui, com frequência, em minha vida, atacado por causa das minhas opiniões. Não é à toa que o mujique me ama. O mujique, é preciso conhecê-lo!
[...]
LOPAKINE: Você vai me perdoar, mas nunca encontrei uma pessoa tão superficial, tão incapaz nos negócios, tão bizarra quanto você. Falo em linguagem clara, sua propriedade está posta à venda e você não parece compreender.
LIUBOV ANDREEVNA: Mas o que é preciso fazer? Diga, o quê?
LOPAKINE: Eu repito para você todos os dias. Sempre a mesma coisa. É preciso lotear o cerejal e as terras, é preciso arrendá-las, e fazer isso imediatamente, rapido... os leilões estão aí. Queira pôr isso na cabeça! Assim que você tiver tomado a decisão de lotear, receberá todo o dinheiro e estará salvo.
LIUBOV ANDREEVNA: Sítios, veranistas, isso é totalmente vulgar... você vai me desculpar...
[...]
TROFIMOV: A humanidade progride e aperfeiçoa suas forças. Tudo o que para ela hoje é inacessível, um dia se tornará familiar, compreensível; é preciso apenas trabalhar para isso, auxiliar com todas as forças aqueles que procuram a verdade. Entre nós, na Rússia, os que trabalham ainda são muito poucos. A enorme maioria da *intelligentzia* que conheço não procura nada, não faz nada, e é, até hoje, inapta para o trabalho.[8]

A obra de Tchékhov se situa, evidentemente, para além de um estrito naturalismo, mas ela extrai dele essa energia que permite ao autor pôr em cena, sem nenhuma ênfase ou "dramatização artificial", as vozes contraditórias de uma época, em sua permanente discordância. Erigindo o cerejal em suprapersonagem da peça, fazendo com que toda réplica, todo solilóquio de não importa qual personagem se dirija primeiramente ao campo de cereja e à comunidade, e somente em seguida a uma eventual personagem-destinatária, o dramaturgo encontra o acesso a um teatro dialógico no sentido de Bakhtin.

---

[8] Anton Tchékhov, *La Cerisaie*, em *Oeuvres*, t. I, Paris: Gallimard, 1967, p. 519, 525, 529. (Coll. Bibliotèque de la Pléiade.)

A mesma função de suprapersonagem que o cerejal tem em Tchékhov, está presente, do lado simbolista, em Maeterlinck, naquele que o poeta e dramaturgo chama de "personagem sublime". Não é mais o mundo material que aqui é convocado e escolhido como interlocutor de personagens isoladas entre si, mas o universo espiritual das potências invisíveis, ou, numa palavra, a Morte, o Destino. É ela, a "personagem sublime", que em *Os Cegos* imanta as palavras das diferentes personagens, desviando-as, na mesma ação, de seus destinatários humanos. Palavras que mostrei, no capítulo II, a propósito de *A Intrusa* e *Os Cegos*, exprimem, antes de tudo, uma *escuta* e o terror gerado por essa escuta.

A palavra se põe à escuta não do outro, do próximo, mas desse silêncio primordial que revela a presença de um grande Outro, regendo os destinos. Esse grande Outro podendo ser tanto a "personagem sublime" de Maeterlinck quanto o cerejal e seus fantasmas, ou a morada quase assombrada onde sobrevivem enclausurados os esposos Borkman. Como se regula então essa troca ininterrupta do conjunto das personagens e de cada personagem em particular com a arquipersonagem, quer se trate de uma emanação do meio naturalista ou do cosmos simbolista, ou mesmo de um cruzamento de ambos? Para passar de uma personagem que age por palavras a uma personagem passiva e à escuta, é preciso que cada indivíduo esteja, ele mesmo, imerso em seu próprio silêncio. A palavra não é aqui inteiramente uma palavra proferida, mas antes uma palavra de lábios fechados. A extroversão de um solilóquio ou outro monólogo interior. Como se diz em *Douce*, de Dostoievski, certas personagens *falam ao se calar*. Um gesto valoriza essa parte e essa particularidade de um silêncio que não é mais o prolongamento em direção ao inefável da palavra, mas uma introversão, ou mesmo um impedimento de falar. É o gesto da atitude reflexiva ou sonhadora, que reencontramos no correr das disdacálias das últimas peças de Ibsen e de Tchékhov: "perdido em suas lembranças"; "com o olhar voltado para o seu passado"; "repetindo como num sonho" (*Quando Despertarmos de Entre os Mortos*); "ele fala sozinho"; "como que dormindo"; "mergulhado em suas reflexões" (*O Jardim das Cerejeiras*). A dominante do diálogo se desloca do intercâmbio no presente para a coexistência de solilóquios destinados à retrospecção, à rememoração, à revivescência. A dramaturgia da relação interpessoal é recoberta por uma dramaturgia do íntimo, cujo lar é a vida intrasubjetiva das diferentes personagens. De Ibsen a Sartre (o de *Entre Quatro Paredes* e de *Sequestrados de Altona*), e de Maeterlinck a Beckett, cada personagem se encontra emparedada em seu próprio silêncio, prisioneiro de seu próprio solilóquio, mas a confrontação, a orquestração e a fricção dessas palavras solitárias produzem um dialogismo à altura da época.

Eugene O'Neill talvez seja o dramaturgo que mais longe foi na ideia de coexistência de dois diálogos, mas não sem um certo esquematismo. Em sua peça-rio, *Estranho Interlúdio*, o autor, muito influenciado pelo freudismo, implanta pseudomonólogos interiores no diálogo entre as personagens, por meio dos quais cada uma delas exprime seus pensamentos momentâneos. Os dois diálogos se alternam de um modo sistemático – seríamos tentados mesmo a dizer, *mecânico*:

NINA (*pensando, torturada*): "Gordon, meu querido, é preciso que eu ache um lugar onde poderia pensar em ti em silêncio" (*Ela se volta para o pai. O esforço que faz para se conter estremece sua voz. Com um tom glacial.*) Todos esses discursos não servem para nada, papai. Eu pensei bem e vou embora.

PROFESSOR LEEDS (*com um tom de rogo*): Mas eu repito que é absolutamente impossível. Detesto falar de dinheiro, mas não teria meios de modo algum. E você me permite perguntar como vai se virar? Dois anos de universidade, sinto dizer, não te ajudarão quando for preciso encontrar trabalho. Mesmo se você estivesse completamente restabelecida, e é claro que você não está, eu continuaria a pensar que você deveria terminar seus estudos e fazer os exames antes de pensar... (*Pensando, com expressão de desespero.*) "Inútil, ela não entende... ela pensa em Gordon... nada se pode fazer..."

NINA (*Pensando, com expressão de desespero.*): "Devo ficar calma... não me deixar ir até onde eu lhe diria tudo... e não posso lhe dizer... é meu pai..." (*Com o mesmo tom de frieza.*) Eu já tenho seis meses de curso de enfermeira. Já terminei. Conheço um médico num hospital militar. É um amigo de Gordon. Eu lhe escrevi e ele me disse que arranjaria tudo isso.[9]

---

9 Eugene O'Neill, *L'Étrange Intermède*, em *Théâtre complet*, t. VI, Paris: L'Arche, 1965, p. 25.

A questão do "outro diálogo" é abordada aqui com uma certa ingenuidade, que não exclui a eficácia teatral. De fato, nós entramos em contato com uma exteriorização das mais explícitas das intenções de cada personagem, de preferência a uma penetração real no inconsciente. O monólogo de "pensamento" concebido e posto entre aspas por O'Neill não é, apesar de suas particularidades estilísticas – frases breves, incompletas, separadas por silêncios que indicam o caráter pulsional desse "outro diálogo" –, senão uma caricatura de monólogo interior. Todavia, resta que a tentativa dramatúrgica de O'Neill possui a vantagem crucial de nos provar, mais uma vez, que o diálogo no drama-da-vida não seria inteiramente *lateral*, quer dizer, de personagem a personagem no interior do cubo cênico; ao contrário, ele é movido por uma força incontida que o leva a sair da gaiola da cena para se dirigir diretamente ao espectador. Mais um exemplo – por meio de um autor que, em *Electra Fica Bem de Luto* (1929-1932), revisitou *A Oréstia* – daquilo que o drama moderno aspira reencontrar no diálogo – essa frontalidade que caracteriza a tragédia antiga.

POLÍLOGO

Existe um dialogismo de menor dimensão, compatível com esse homem separado. Cada homem é um diálogo, todo monólogo é um diálogo, afirmava Mallarmé. E é bem essa pluralidade de vozes no interior de um mesmo solilóquio que confere sua dimensão dialógica a um grande número de peças modernas e contemporâneas. A partir do momento em que uma dramaturgia do homem ordinário – quer dizer, da espécie humana e da espécie humana dada como perecível, e até mesmo suscetível de aniquilar-se – suplanta a dramaturgia das grandes personagens, cada indivíduo é tido como capaz de conter toda a humanidade. Eis por que todas essas personagens, essas impersonagens que falam "no vazio", "sem se comunicar entre eles", esses seres que Lukács apresenta como extraviados, parecem de fato a quase totalidade humana representada em cena desde Ibsen, Strindberg e Tchékhov até os dias de hoje. Quer se trate do homem tomado na multidão ou aglutinado na massa (Kaiser e os expressionistas, Horváth), do indivíduo doméstico, prisioneiro do casal, do lar, do ambiente familiar (Ibsen, Strindberg, Tchékhov e, mais radicalmente, as dramaturgias do confinamento de García Lorca e de Sartre), ou ainda do homem metafísico, perdido no cosmos (Maeterlinck, Strindberg), a solidão generalizada se torna o principal tema de inspiração dos dramaturgos.

Na solidão, constata o Desconhecido do *Caminho de Damasco*, "não se está só". A solidão libera seres fantasmagóricos. Para Strindberg e vários outros autores, herdeiros do romantismo, esses seres são, principalmente, duplos, dotados de uma certa autonomia. Mas acontece que, com o passar do século XX, esses duplos se incorporam à personagem dos quais se presume serem o reflexo. No *Caminho de Damasco*, os duplos do Desconhecido carregam um nome que os distingue desse último: chamam-se César ou O Mendigo. No teatro da segunda metade do século XX, não há mais traços dessa tradição do duplo romântico. Em Beckett, o da *A Última Gravação de Krapp*, o desdobramento é puramente mecânico, "tecnológico" se poderia dizer: o "diálogo" ao qual assistimos ao longo da peça é o de Krapp com 69 anos, presente em cena, com a voz gravada em fitas do magnetofone do Krapp de 39 anos. Em Jon Fosse, em *Um Dia de Verão*, é também um diálogo de idades diferentes da mesma personagem que inicia entre a Mulher Jovem e a Mulher Idosa, revezando-se entre si na janela, à espera mais do que improvável de Asle – seus, seu (?) – companheiro desaparecido num dia de inverno no fiorde. O mesmo ocorre em *Portadoras de Luz* (1997), peça curta de Daniel Keene, na qual uma jovem dialoga num banco com a velha senhora que ela será um dia, às portas da morte.

Com a diferença de que o texto de Keene não faz todas as réplicas serem precedidas pelo nome da interlocutora, contentando-se com simples travessões e que, na leitura em voz alta, nos engana, sem dúvida voluntariamente, mais de uma vez. Como se tratasse de sublinhar que não se trata mais de personagens distintas, mas de vozes imbricadas umas nas outras. Procedimento que nos leva a pensar no *King*, de Vinaver, em que os três "entrefalantes" – sempre o diálogo das idades – são King jovem (KJ), King maduro (KM) e King Idoso (KI). Ora,

Vinaver dispõe na sala, ao lado das partes em que se encontra distintamente um dos três King que toma a palavra, um certo número de "trios" baseados seja no "entrelaçamento das vozes" dos três, sejam essas vozes alternantes postas em uníssono (a letra "T" indicando "Todos"):

13. Trio
(KJ) Um caminhão que para e mais um veículo que se move
(KI) E vi com meus próprios olhos
(KM) Para onde vai o mundo
(KI) Arrastado para o abismo
(T) Pela concorrência
(KM) Em seu lugar e posto
(KI) Com os cotovelos plantados na beira da janela de meu quarto de hotel em Scranton, eu vi, eu vi
(KM) Qual era o caminho da salvação
(T) A instituição da igualdade material.[10]

Para além ou aquém do fenômeno da coralidade que abordei no capítulo anterior, o que é de se notar nesse tratamento das diferentes vozes de King Gilette é que ele não se destaca do monólogo tanto quanto do diálogo tradicional, e que conviria melhor qualificá-lo de *polílogo*[11], quer dizer, de palavra solitária a diversas vozes. Ou ainda de polifonia limitada a uma só personagem, de dialogismo insular. Nenhuma dúvida de que o pseudodiálogo de *Portadoras de Luz* mostra com evidência essa noção de polílogo. E o mesmo se poderia dizer da peça de Fosse e, *a fortiori*, da de Beckett. Beckett era o escritor por excelência do polílogo. Já um de seus textos não teatrais, *O Inomin*ável, é lugar de uma espécie de geração espontânea de diferentes vozes, de diversos papéis de um mesmo indivíduo solitário. Sempre a partenogênese da alma. *O Inomin*ável: "Só. Logo se diz. É preciso dizer rapidamente. Sabe-se mesmo, numa obscuridade como essa? Vou ter companhia. Para começar. Algumas marionetes. Em seguida, vou suprimi-las. Se puder."

Nos textos teatrais, sobretudo nos mais tardios, a propensão de Beckett para o polílogo não para de se afirmar. Ela pode

---

10 Michel Vinaver, *King*, seguido de *Les Huissiers*, Arles: Actes Sud, 1998, p. 43-44. (Coll. Babel n. 360.)
11 Devo esse termo a Jean-Loup Rivière num belo texto consagrado outrora a Dario Fo, mesmo que faça aqui dessa noção um uso bem diferente do seu.

se atualizar num diálogo das idades. Como, por exemplo, em *Aquela Vez*, peça curta já evocada, onde três "fragmentos" da voz do Lembrante (A, B e C) são carregadas de lembranças relacionadas à infância, à idade madura (essa vez) e à velhice (essa última vez). Dispositivo do polílogo já presente em *Eu Não* (1975), em que o solilóquio de M(ay) é de repente parasitado por uma voz clandestina, que não é outra senão a sua própria, e que vem lhe anunciar, quase postumamente, "como teria sido... como teria vivido": "uma voz que, em princípio... ela não reconhece... após tanto tempo... depois, finalmente, deve confessar... a sua... nenhuma outra a não ser a sua".

Mas o círculo dialógico do polílogo pode alargar-se para além do diálogo das idades ou do diálogo entre as partes de um eu clivado. É o caso do diálogo entre o que se poderia chamar (com o psicanalista Alain de Mijolla) de "os visitantes do eu"[12]. Entendamos se tratar das imagos familiares que assombram a psique do sujeito. Uma personagem de *Notícias e Textos Para Nada* já fazia essa confissão: "Sim, fui meu pai, e fui meu filho, e me fiz perguntas que respondi da melhor forma possível." Situação de linguagem que, numa peça para televisão, como *Eh! Joe* (1965), dá lugar à separação teatro para o olho / teatro para o ouvido, entre "Joe o cinquentão, cabelos grisalhos, robe de chambre, pantufas, em seu quarto" e uma "voz de mulher, baixa, clara, longínqua" que o interpela assim: "Você conhece esse inferno que é a sua cachola e que vale quatro tostões... É com ela que você me ouve, não?... Na tua cabeça... Com que você escutava seu pai... Não é isso que você me diz?... Lá onde ele se pôs a dizer-lhe coisas... Uma noite de junho... Para não parar mais de falar durante anos."[13]

A palavra mestra do teatro de Beckett me parece ser *Companhia*, título de uma de suas obras que poderia subsumir todas as outras. Palavra solitária polifônica, o polílogo de Beckett é o resultado da perda da comunidade e do desejo contrariado de reconstituí-la. Nisso, as personagens beckettianas – todas saídas do "Despopulizador" – exprimem perfeitamente a condição da espécie humana num mundo pós Auschwitz e Hiroshima.

---

12 Cf. Alain de Mijolla, *Les Visiteurs du moi*, Paris: Les Belles Lettres, 1981. (Coll. Confluents Psychanalytiques.)
13 Samuel Beckett, *Dis Joe*, em *Comédie et Actes divers*, Paris: Minuit, 1972, p. 84.

Assim, elas fazem eco a essa desolação da qual fala Hannah Arendt: "O homem desolado [...] se encontra cercado de outros homens com os quais não pode estabelecer contato, ou pela hostilidade a que está exposto"[14]. Personagens num primeiro tempo, a da infância, "em companhia de si mesmos" (expressão de Arendt), não tardam a ser assombrados por vozes cada vez mais estranhas e intrusivas, como em *Aquela Vez*:

A: falando com você sozinho, a quem outras conversações imaginárias a infância que eis aí dez, onze anos sobre uma pedra em meio a urtigas gigantes tudo em suas invenções às vezes uma voz, às vezes outra até chegar a ter a garganta em fogo e lhes gralhar da mesma forma bem antes na noite quando isso te vinha [...] conversando sozinho se dividindo em muitos para manter companhia ali onde ninguém vinha.[15]

O polílogo é o modo de enunciação que corresponde estreitamente àquilo que chamei no capítulo precedente de "monodrama polifônico". Mesmo quando toma a aparência de puro diálogo, com personagens aparentemente individualizadas, não demora a confessar que procede apenas de uma nuvem de vozes interiores de uma mesma psique. É o caso do protagonista Henrique, em *O Casamento*, de Gombrowicz, evocando pai e mãe, seus "visitantes do eu":

Está bem, eles ficaram loucos. Mas eles não puderam se tornar loucos porque não existem e sou eu quem sonho... E a melhor prova de que eles não existem é que posso lhes dizer na cara que eles não existem. Só existem na minha cabeça. Oh, minha cabeça! Falo o tempo todo só comigo mesmo [...] A mãe, o pai... como esses sonhos são cansativos. A mãe, o pai... como se eu já não tivesse tantas preocupações. A mãe, o pai... e eu que pensava que eles estivessem mortos há tanto tempo. Ora, não só não estão mortos como me aparecem...[16]

Em *O Casamento*, o próprio conjunto do "diálogo" é uma negação do diálogo. Numa espécie de caça permanente,

14 Hannah Arendt, *Le Système totalitaire*, Paris: Éd. du Seuil, 1972, p. 228. (Coll. Points Politiques n. 53.)
15 S. Beckett, *Cette fois*, em *Catastrophe et autres dramaticules*, Paris: Minuit, 1982, p. 13-14.
16 Witold Grombowicz, *Le Mariage*, em *Théâtre: Yvonne, princesse de Bourgogne, Le Mariage*, Paris: Julliard, 1935, p. 101. (Coll. Les Lettres Nouvelles.)

Henrique está inteiramente ocupado em fagocitar essas vozes e presenças estranhas que pretendem desmentir sua própria solidão e, portanto, sua soberania:

Olhando Margarida, que se aproxima. / Ela se aproxima. Ela deixou de ser clara / Mas eu a farei clara! Eu a farei sair! / Eu mesmo me darei o casamento. Sozinho! / Que ninguém experimente intervir! Farei tudo eu mesmo / Pois estou sozinho aqui, eu estou só / E vocês não estão. / *Cortejo. Henrique e Margarida formam o primeiro casal. Marcha nupcial.*[17]

Do *Caminho de Damasco* aos dramículas de Beckett, passando por Gombrowicz, o monodrama polifônico, baseado na captação do mundo pela psique de uma só personagem, aparece e se radicaliza. O polílogo é sua modalidade senão a mais acabada, ao menos a mais atual. Mas o polílogo contemporâneo não se limita forçosamente a um teatro íntimo e de intrasubjetividade. Em Vinaver ou em Danis, por exemplo, ele se desdobra sobre uma vertente mais objetiva, mais épica. A palavra utilizada como polílogo permite então concentrar no discurso de uma só personagem, ou de poucas, as intervenções de múltiplos locutores. Uma voz agrega outras. Na voz portadora, ou nas vozes portadoras, se implantam vozes que são levadas. É assim que, em *King*, numerosas vozes, as dos principais interlocutores de Gillette no curso de sua existência, se encadeiam, com ou sem travessão, na da personagem única com três hipóstases: King jovem, King maduro, King idoso. Como aqui, aquela de sua esposa.

    4. King idoso
– Atlanta Atlanta Lantie
Faça nossas malas, eu não ficarei um só dia a mais
Nesse lugar
– Mas King, sim, eu desço
Sim, como você quiser
Nós acabamos de chegar
– Esse lugar me desagrada
– Sim King, você não comprou aqui e construiu
Porque
Você não me disse que é o lugar mais bonito e tranquilo do mundo
Balboa

[17] Ibidem, p. 152.

Um lugar majestoso
De frente para Newport Harbor e, aos nossos pés, a praia
Mas sim querido se você pensa
– Eu não penso, é assim, por que discutir?[18]

O fato de que um só ator – na verdade três, três Kings – assuma a diversidade de todas as personagens que povoam a vida de King permite uma intensificação dramática do relato de vida de King, mas, sobretudo, evita-se a relação lateral entre as personagens e um reforço da direção ao público e do dialogismo. A esse uso do polílogo corresponde uma economia restrita do mimético, que agora se concentra sobre uma única figura, que absorve as diferentes vozes diegéticas.

Daniel Danis faz das aspas no interior de uma réplica um uso muito frequente, mas diametralmente oposto ao de O'Neill em *Estranho Interlúdio*: em lugar de enquadrar a voz interior do locutor, elas citam as palavras de uma outra personagem. Assim se conjugam, em *Cinzas de Cascalhos*, vozes que carregam vozes e que são carregadas. O conjunto forma um polílogo – que se poderia dizer "exterior" – que não deixa de ter parentesco com o de *King* de Vinaver.

SHIRLEY: Três semanas antes de encontrar Clermont / Eu tinha ido ver minha irmã cabeleireira em Donnacona. / A me diz, balançando seu bebê: / "As coisas chegam quando você quer / quando está prestes a vivê-las." / Com seu ex, isso não funcionava melhor. / A sabia disso. / A se dizia: "É preciso que eu mude as coisas / em minha vida". / Mudar. Um cara que estava cortando o cabelo lhe disse: "Eu estou mal, mal dentro da minha própria pele / nada dá certo / Nunca é como eu quero" / Na mesma noite, jantaram juntos. Duas semanas depois, ela deixa seu namorado. / Um ano depois, tinham seu bebê. Em síntese, toda essa história / Só para me dizer que isso pode me acontecer. / Eu fingia dizer: / "Eu? Está bem, o lado felicidade, o lado prazer, não é mal!" / Eu morria de vontade de alcançar a felicidade.[19]

As últimas palavras postas entre aspas – "Eu? Está bem..." – retraçam as antigas intenções ou pensamentos da própria locutora. Prova, pelo detalhe, que o polílogo, dialogismo de

---

18 Michel Vinaver, *King, suivi de Les Huissiers*, Arles: Actes Sud, 1998, p. 28-29. (Coll. Babel n. 360.).
19 Daniel Danis, *Cendres de cailloux*, Arles: Actes Sud-Papiers, 1992, p. 30.

menor dimensão, oferece uma grande latitude aos autores dramáticos, do quase-solipcismo de Henrique, em *O Casamento*, de Gombrowicz, ao afresco composto de múltiplas personagens trazidas por Danis, e ainda passando pelo "despedaçamento" ("Mille", diria Clov) da personagem beckettiana.

DIÁLOGO DAS LONJURAS

Quer se apresente ou não como um polílogo, o drama-da--vida, drama do homem "separado", se constrói sobre a base do monólogo. Para um dramaturgo moderno ou contemporâneo, o monólogo se revela mais rico e mais dialógico do que um diálogo feito de réplicas ajustadas. Valère Novarina é testemunha disso, pois considera que a multiplicação, ou mesmo a proliferação dos monólogos nas obras dramáticas não é de modo algum sintoma de um recuo, de um retraimento do sujeito, mas, ao contrário, o signo de uma "escavação" e de um encontro ainda mais intenso com o Outro:

O monólogo nos ocupa continuamente. No correr de uma vida, passamos muito mais tempo a monologar do que a dialogar, passamos uma enormidade de tempo a falar para nós mesmos, a falar com as pedras, com Deus, com o pai que está morto. Nós mesmos somos monólogos, com ilhotas de diálogos [...] O monólogo é uma forma de vida que avança no sentido da escavação, da biografia, da reminiscência, da lembrança, do projeto, da profecia, de todos os excessos.[20]

Evidentemente, não se trata mais de um monólogo de decisão, tal como o concebia Hegel: "um desses 'momentos' em que a alma, na sequência de uma série de eventos, se dobra sobre si mesma, percebe o que lhe opõe aos outros e suas próprias contradições internas, e decide realizar intenções longamente amadurecidas ou surgidas bruscamente[21]". O monólogo moderno tem uma extensão muito mais larga do que o monólogo clássico: ele não se destina a exaltar o momento deliberativo e de decisão de uma personagem num conflito a ser

---

20 Valère Novarina, Entretiens avec Sabine Weldman, *Alternatives théâtrales*, n. 45, 1994, p. 52.
21 G.W. Hegel, *Esthétique, La Poésie*, t. II, Paris: Aubier-Montaigne, 1965, p. 342.

levado a seu termo; ele explica globalmente a relação de uma personagem com o mundo e consigo mesma. No limite, todo monólogo moderno se apresenta como um relato de vida cujo protagonista, tal como Jean Singulier, de Novarina, faria o espectador ouvir o seu "eu sou" emergindo de abismos biográficos:

JEAN SINGULIER: Assim se passou meu oitavo ano da sexta mista. No sétimo, a professora Richard Blancarde, que recusava me apresentar ao exame para sair da sétima, me pôs na fileira dos vagabundos com Buisson e Michaud. "Tudo isso, meu caro João Ninguém, te fará ter gosto pelo pão", disse ela. O gosto do tempo eu havia ultrapassado depois de muito tempo porque, na época, eu não era mais eu mesmo. Posto numa correção, em casa de Madame Soupape, de Saigon, fiquei noivo num dia de junho com uma Cristina Pébroque que não existia...[22]

Tantas quantas forem as personagens de uma peça, tantos serão candidatos a vir a dizer o seu "eu sou" – de maneira cômica como em Novarina, séria ou mesmo trágica em outros autores – a desdobrar seu relato de vida. A mesma quantia de monodramas polifônicos em concorrência. O drama se abre sobre uma tensão de monólogos com tendência ao polílogo. Esse *diálogo de monólogos* começa com Ibsen, notadamente entre os "sequestrados" de *John Gabriel Borkman* – John Gabriel, sua esposa, senhora Borkman, e Ella, a irmã desta última – assim como em todas as peças de Tchékhov, nas quais, sob a aparência de conversa e de tagarelice, o autor realiza a junção espantosa dos solilóquios das diferentes personagens. Mas é no teatro contemporâneo que ele vai conhecer um desenvolvimento exponencial e ser claramente reivindicado pelos próprios dramaturgos.

Certas peças de Jean-Luc Lagarce se banham numa ironia que consiste em denunciar, na própria peça, seu próprio fracasso estético. E, particularmente, o fracasso em escrever um diálogo. Assim, em *Aqui ou Acolá* (1981):

Então os responsáveis me disseram... é hora do fim, o tempo de concluir... me disseram: "Onde você está?" ... "O que você tem a nos propor, enfim?" ... Eu não tinha escrito nada... ou pouca coisa... alguns projetos iniciais e algumas conclusões prematuras... nada apaixonante, concordo... E sempre essa forma que convinha tão pouco... Esses monólogos mais ou

22 V. Novarina, *Je suis*, Paris: POL, 1991, p. 42.

menos longos, associados uns aos outros, postos lado a lado... nenhuma cena verdadeira, réplicas percucientes, alguns grandes momentos de violência inaudita... Então os responsáveis me perguntaram o que eu estava fazendo, para que isso servia... Eu entreguei uma folha em branco...[23]

Diante do tribunal da dramaturgia, Lagarce adota uma posição à maneira de Joseph K. E quando uma de suas personagens vem ao tribunal ainda é para testemunhar – como acusação, é claro – a imperícia do autor: "Nem a sombra de uma história me deram para interpretar... nada, o mais total vazio... nada mais do que, aqui e ali, uma aparição solitária."[24] De fato, sob a pseudoconfissão de impotência, é uma verdadeira arte poética que está em vias de se declinar. Arte poética resolutamente moderna, quer dizer, *mínima*, baseada não no diálogo, mas numa sucessão de monólogos não unidos uns aos outros. "Avancei seriamente no *Estava em Minha Casa*... Eu devia ter entregue o texto, é verdade, em 27 de maio. Passou, sim, mas *pode-se perguntar o que acontece*. Num prazo menos imbecil eu teria escrito uma coisa boa e bonita, mas agora será apenas um texto bem conduzido (espero), mas não uma peça. Mais *uma espécie de sucessão de textos*... Vamos ver."[25]

Ainda seria preciso identificar com mais clareza a natureza desses monólogos em que a obra se faz ao se desfazer. A propósito de *Apenas o Fim do Mundo*, Jean-Pierre Ryngaert explica essa "infinita imprecisão" com a qual todas as personagens, com exceção, talvez, do protagonista, "procuram 'falar corretamente', corrigir aquilo que acabam de pronunciar, retomá-lo, apagá-lo, voltar atrás"[26]. Ora, essa busca por precisão remete a um gesto preciso, aquele do testemunho ou, mais precisamente, da *deposição*, no sentido judicial do vocábulo. Personagens modestas – a família operária ou pequeno-burguesa de Luís: sua mãe, seu irmão, sua cunhada – se esforçam em retraçar com exatidão os comportamentos do Filho pródigo,

---

[23] Jean-Luc Lagarce, *Ici ou Ailleurs*, en *Théâtre complet*, t. I, Besançon: Les Solitaires intempestifs, 2000, p. 174.
[24] Ibidem, p. 171.
[25] Idem, *Journal, II, 1990-1995*, Besançon: Les Solitaires intempestifs, 2008, p. 370. (Grifos meus.)
[26] Jean-Pierre Ryngaert, em *Lire um classique du xxème siècle, Jean-Luc Lagarce*, Besançon: Les Solitaires intempestifs, 2007, p. 121.

que se tornou escritor. Como declara Antônio, o irmão cadete: "Nada aqui é dito facilmente." Compreendemos então melhor o procedimento heurístico que preside as palavras ao redor de Luís: trata-se para eles de testemunhar com a maior exatidão possível senão a respeito de um falecido, ao menos de um ser ao mesmo tempo próximo e distante que eles sentem (sem que se tenha desvelado seu segredo) condenado à morte e, talvez, à posteridade. Sob um aspecto descosido, reivindicado pelo autor, com monólogos postos "lado a lado", a peça articula muito rigorosamente a Paixão de Luís e o processo (de santidade?) que lhe fazem seus próximos.

Num momento de seu itinerário, Enzo Cormann pôde definir o diálogo de suas peças como um "entrecruzamento de monólogos"[27]. Mesmo quando situa sua escrita nessa esfera do "entre-dois", característica do diálogo tradicional – "O FORA DA LEI FELIZ: Qualquer um? A CRIANÇA RADIANTE: Não se volte. O FORA DA LEI FELIZ: Quem fala? A CRIANÇA RADIANTE: Não se volte. Muitos detalhes num rosto. Com isso nos perdemos. Eu lhe escuto" – o autor de *A Revolta dos Anjos* não põe em cena uma relação inter-humana conflituosa, mas o confronto dialógico das concepções de mundo dos diversos interlocutores. Teatro não mais da proximidade dialética, tal como o pensava Hegel, mas teatro da aproximação, de colocar lado a lado, as lonjuras. O diálogo dos monólogos instaura assim o espaço de um teatro do pensamento, em que cada um dos interlocutores dispõe, no sentido filosófico, de um lugar singular da palavra:

O FORA DA LEI FELIZ: O espaço entre dois homens é como o espaço entre duas frases / Sendo a própria frase crivada de espaço.
A CRIANÇA RADIANTE: Entre mim eu você não existe nada.
O FORA DA LEI FELIZ: Entre nós dois há o espaço de um livro que esgotaria todo o silêncio da humanidade / Para que alojar tantas palavras quanto os homens da Terra / O mesmo entre cada uma das palavras / E na concha da palavra bastante espaço para sonhar alguns séculos / A caneta suspensa sobre a página / Os olhos atados a um detalhe insignificante do quarto / A cabeça atravessada por ruas inexploradas.[28]

---

27 Enzo Cormann, *À quoi sert le théâtre?*, Besançon: Les Solitaires Intempestifs, 2003, p. 146.
28 Idem, *La Révolte des anges*, Paris: Minuit, 2004, p. 14.

"Quando uma situação exige um diálogo, é a confrontação de dois monólogos que procuram coabitar."[29] Koltès, que se reconhecerá no Fora da Lei de Cormann, afirma com força que o diálogo de monólogos é um diálogo das lonjuras. Sua trajetória de dramaturgo é exemplar de uma reconstrução progressiva do diálogo sobre a base de uma coexistência ("procurada") dos monólogos. Que se pegue uma peça como *Na Solidão dos Campos de Algodão* (1985) e se perceberá que as duas personagens antagonistas, o Cliente e o Revendedor, representam vozes opostas, irredutíveis uma à outra. E isso até em suas respectivas visões do universo. O Cliente ao Revendedor: "Assim, você pretende que o mundo em que estamos, você e eu, é mantido na ponta do chifre de um touro pela mão da providência; ora, eu sei que ele flutua, posto sobre o dorso de três baleias; que não há providência nem equilíbrio, mas capricho de três monstros idiotas. Logo, nossos mundos não são os mesmos."[30]

No seio desse diálogo de segundo plano, cada uma das personagens se apresenta como um pensador, um "filósofo" que vem defender ou atacar uma posição. Aliás, o autor, tanto quanto Chéreau, seu encenador, reivindica essa influência mais ou menos direta do diálogo filosófico. "Para mim", dizia o primeiro, "um verdadeiro diálogo é sempre de argumentação, como o fazem os filósofos, mas desviado"; e o segundo se pergunta, a propósito de *Na Solidão dos Campos de Algodão*, se se trata "de um diálogo filosófico ou de uma entrada de palhaços", para concluir: "provavelmente as duas coisas, juntas numa liberdade imensa de escrita"[31].

As personagens da peça de Koltès, assim como as de Cormann, – Príncipe da Ruptura (Chet Baker); A Criança Radiante (Jean-Michel Basquiat); O Fora da Lei Feliz (Koltès, ele mesmo) – são personagens-pontos de vista. Cormann qualifica suas três figuras como *anjos*... Esse termo "anjo" poderia também ser aplicado ao Cliente e ao Revendedor de *Na Solidão dos Campos de Algodão*, como, aliás, a muitas outras criaturas de Koltès, da

---

29 Bernard-Marie Koltès, *Une part de ma vie, Entretiens (1983-1989)*, Paris: Minuit, 1999, p. 23.
30 Idem, *Dans la solitude des champs de coton*, Paris: Minuit, 1990, p. 46.
31 Patrice Chéreau, *Alternatives théâtrales*, n. 35-36, "Kottes", Bruxelles, fev. 1994, p. 18.

personagem sem nome de *A Noite Antes da Floresta* até Roberto Zucco. De fato, seria totalmente pertinente falar de *mortos* e de *diálogo dos mortos,* essa modalidade do drama-da-vida.

Vindo da filosofia, vimos que o diálogo dos mortos implantou-se solidamente no teatro após alguns decênios, às vezes de maneira claríssima, às vezes de maneira difusa. Diálogo dos mortos dramatizado que *Entre Quatro Paredes,* de Sartre, acredita ocorrer no inferno, mas num inferno mobiliado como uma sala burguesa. É na medida em que "acabaram na terra" que as três personagens, Inês, Estela e Garcin, vão poder se liberar de suas idiossincrasias e alcançar juntos – "juntos" para sempre – essa compreensão da condição humana que resume a fórmula "o inferno são os outros", e essa resolução, "continuamos", que fecha a peça ao abrí-la. "INÊS [...] Terminado, nada mais: não vejo mais, não ouço mais. Pois é, suponho que tenha acabado na terra. Sem álibis. (*Ela se arrepia.*). Me sinto vazia. Agora, estou totalmente morta. Inteira aqui. (*Um tempo.*) Você dizia? Acho que você falava em me ajudar?"

Pensamos aqui nesses outros diálogos dos mortos evocados no capítulo III: *A Ilha dos Mortos,* texto inacabado de Strindberg, ou ainda a peça de um ato de Pirandello, intitulada *Na Saída,* em que dois mortos recentes, o Filósofo e o Homem Gordo, conservando uma aparência corporal, têm o tempo de um último olhar para trás e de uma breve meditação sobre a vida, suas armadilhas e suas ilusões. Para além de todo exotismo, esse desvio do diálogo moderno pelo domínio dos mortos instala no coração do dispositivo dramático a distância propícia ao dialogismo. De um modo explícito ou implícito, os mortos e os agonizantes estão muito presentes na cena moderna e contemporânea: nela introduzem o afastamento, o segundo plano, em síntese, esse espaço dialógico que permite colocar a questão do devir da espécie humana. *Entre Quatro Paredes, A Ilha dos Mortos, Na Saída* dizem respeito, efetivamente, à experiência *in vitro* sobre a condição humana. Diálogo dos mortos, *stricto sensu,* ou como o formula Heiner Müller, "diálogo com os mortos", trata-se de eleger uma forma de expressão que corresponda à dimensão retrospectiva do drama-da-vida.

O Homem – o enforcado – que abre *Orgia,* de Pasolini, evoca "a enorme sabedoria devida à morte". Como não reconhecer nessa fórmula um eco de Montaigne, ou, ainda, de Diderot, evocando a figura de Sêneca: "Não se pensa, não se fala com força a não ser do fundo do seu túmulo: é ali que é necessário se colocar, é dali que se deve dirigir aos homens."[32] Muito próxima do espírito do Prólogo da peça de Pasolini, está a Introdução das três *Peças de Guerra* de Edward Bond. Ali ouvimos a palavra do Monstro, esse morto de dupla potência, esse mais-do-que-morto, morto antes de ter nascido, arrancado do ventre de sua mãe durante o apocalipse nuclear, cuja pele, cabelos e roupas estão tostadas e que parece "talhado num pedaço de carvão".

O MONSTRO: Sozinhos entre as criaturas, sabemos que estamos de passagem entre a vida e a morte / E desejamos ensinar a cada nova consciência a ser profunda e clara como um oceano de cristal, através do qual poderemos ver o leito do oceano de uma margem à outra.
[...]
Agora vamos mostrar-lhes cenas da vida que não vivi / Se o que acontecer poderá sugerir aos seres humanos que tais coisas não acontecem, é porque vocês não leram as histórias de seus tempos.[33]

A fala do Monstro ao público dá o tom de um diálogo dramático misturado a diálogo filosófico. De um diálogo autenticamente dialógico, cujo acento não é posto em afrontamentos interpessoais, mas no seguinte questionamento: Que devir existe para uma espécie humana que não cessa de trabalhar em sua própria aniquilação – de Auschwitz a Hiroshima mais a catástrofe ecológica?

Da escrita de Brecht, os diálogos de Edward Bond herdaram a dimensão político-filosófica, dela expulsando violentamente a dialética otimista. Ambos os dramaturgos focalizam não a progressão do conflito, mas a estática dos comportamentos entre os homens – os *gestus*, diria Brecht. A diferença principal entre os dois escritores é mais filosófica do que dramatúrgica: o teatro de Bond se inscreve numa concepção trágica, que Brecht rejeita; visa suscitar um sobressalto ético face à catástrofe que ameaça

---

32 Denis Diderot, *Essais sur les règnes de Claude et de Néron*, II, 7, bibliotèque 10/18, 1972, p. 30. Ed. bras., *Ensaio Sobre os Reinados de Cláudio e Nero e os Escritos de Sêneca, Obras*, v. VIII, trad. J. Guinsburg e Newton Cunha, São Paulo: Perspectiva, 2016, p. 224. (Col. Textos 12.)
33 Edward Bond, *Rouge noir et ignorant*, em *Pièces de guerre, I-II*, Paris: L'Arche, 1994, p. 9, 11-12.

toda a humanidade, enquanto Brecht apela ao combate político, numa perspectiva revolucionária, por um mundo novo. É verdade também que ambos os teatros optam por uma abertura do diálogo dramático ao diálogo filosófico, por uma transformação profunda do primeiro pelo segundo. Do trabalho do questionamento filosófico no coração do diálogo, poder-se-ia encontrar, num e noutro autor, signos de concordância. Particularmente, o emprego muito frequente das parábolas e apólogos, modo ao mesmo tempo poético e popular de examinar o exercício da filosofia, como a fábula de Bond sobre a Mulher que transporta uma trouxa de roupa que ela considera como seu filho, uma resposta trágica à de Mãe Coragem.

MULHER: Eu também tive um filho.
MÃE: Ele sobreviveu?
MULHER: Sim (*mostra a trouxa de roupa*). Olhe.
MÃE: É isso o seu filho?
MULHER: Sim.
MÃE: Você o tem com você desde a guerra?
MULHER: Sim.
MÃE: Por que ele não cresceu?
MULHER: Ele cresceu, mas devagar / As bombas pararam o seu crescimento ou então eu não o alimentei como era preciso / Eu o amei, mas não foi suficiente.[34]

Bond não tem menos o sentido daquilo que Brecht chamava de "filosofia da rua". Em ambos os autores, o diálogo se inscreve mais na filiação platônica – mas um Platão marcado pela figura "cômico-séria" de Sócrates – do que na aristotélica e, sobretudo, na do neoaristotelismo da época clássica. Paralelamente a Claudel, que sonhava com um "teatro de pensamento", o autor de *A Compra do Latão* e dos *Diálogos de Exilados* procurou erigir, ao longo de seu itinerário, "um teatro filosófico no sentido [...] mais ingênuo do termo"[35]. A partir de então, o diálogo toma o aspecto de *controvérsia* ou de disputa, pondo em ação não os sábios, os especialistas, mas os seres mais ordinários, os mais imersos na massa:

O SECRETÁRIO (*subitamente*): E a paz, no que ela vai se tornar? Eu sou da Boêmia e gostaria de voltar quando possível.

---

34 Idem, *Grande paix, Pièces de guerre III*, Paris: L'Arche, 1994, p. 109.
35 B. Brecht, entrevista ao *Journal de Genève*, 17-18 de março de 1962.

O CAPELÃO: Veja só, você gostaria? Sim, a paz! ... No que se converte o buraco quando o *gruyère* está cheio deles?
O SECRETÁRIO: Eu diria que durante a guerra também há paz, ela tem seus momentos pacíficos, sem o quê ela não poderia se manter. (*Ouve-se o canhão.*)
O CAPELÃO: Agora eles enterram o grande capitão. É um momento histórico. / Coragem. Eles atingiram o olho de minha filha, para mim é um momento histórico.[36]

Diálogo de monólogos, diálogo dos mortos ou *com* os mortos, diálogo entremeado de diálogo filosófico são modalidades diversas do que chamo "diálogo das lonjuras", em oposição ao diálogo tradicional, que era um diálogo da proximidade do conflito. Esta última forma de diálogo tornou-se não pertinente numa sociedade moderna e contemporânea que produz a separação e seu complemento, a promiscuidade. A exigência dialógica conduz nossos autores a inverter as proporções do texto dramático: não mais o jogo das réplicas e das falas, com alguns raros momentos cruciais permitidos ao monólogo, mas, como o exprime com excelência Novarina, "monólogos com ilhotas de diálogos".

E se toda essa tendência do drama moderno e contemporâneo para um arranjo dialógico dos monólogos, inspirado sob certos aspectos pelo diálogo filosófico, não tivesse por objetivo principal senão a vontade de escapar definitivamente do caráter árido e descarnado do diálogo-vetor de intriga? Schiller, em sua correspondência com Goethe, nos leva a essa conclusão:

Fausto – eu quero dizer a peça –, a despeito de tudo o que ele contém de individualidade poética, não poderia subtrair-se à obrigação de ter um alcance simbólico, e é bem provável que seja assim que vós o concebeis. É impossível perder de vista, nem por um único instante, a dualidade antitética da natureza humana, assim como a tentativa impotente de conciliar o elemento divino e o elemento físico que compõem o homem e, pelo fato de que a ação dramática, na medida em que avança, assume fatalmente algo de rígido e de descarnado, resulta que o espírito não pode se comprazer com o assunto, sendo levado infalivelmente a elevar-se do assunto às ideias que ele recobre. Numa palavra, exige-se necessariamente que o vosso *Fausto* seja

---

[36] Idem, *Mère Courage et ses enfants*, em *Théâtre complet*, t. IV, Paris: L'Arche, 1975, p. 192-193, 197.

filosófico ao mesmo tempo que poético, e, de qualquer maneira que vós proponhais desenvolvê-lo, a própria natureza de vosso assunto vos constrangerá a tratá-lo filosoficamente, e será preciso, de bom grado ou forçosamente, que a imaginação se ponha docilmente a serviço de uma ideia racional.[37]

O SOBRE-DIÁLOGO

Peter Szondi trouxe à luz a preeminência, em Tchékhov, de um monólogo em forma de solilóquio: "o diálogo, em si, não tem peso, é uma espécie de fundo pálido sobre o qual ressaltam os monólogos travestidos de réplicas, como toques de cores em que se concentra o sentido do conjunto"[38]. O autor da *Teoria do Drama Moderno* poderia ter relacionado essa consideração com aquela da chamada "peça de conversação": a peça de conversação, ou o que resta do modelo aristotélico-hegeliano quando a ação e a relação inter-humana são dela retirados; o diálogo se transforma numa conversa sobre questões de atualidade, para não dizer sobre as condições meteorológicas. O teatro de Tchékhov, em sua própria concepção, não é estranho a essa peça de conversação que Szondi considera corretamente como uma degeneração "paródica" da forma dramática clássica. Com a diferença essencial que Tchékhov trata a superficialidade dramatúrgica da conversação como esse "fundo pálido" do qual fala Szondi, e que ele nos convida a descobrir em superposição de trocas interpessoais e insignificantes, os solilóquios dessas personagens – esses "toques de cor".

À primeira leitura de uma peça de Tchékhov corre-se o risco de se perceber apenas o fundo pálido dessa conversação, não forçosamente insípida, que parece preencher todo o espaço-tempo do teatro. Assim, neste extrato de *Tio Vânia*, em que toda a atenção dos espectadores e, sobretudo, toda a ciência

---

37 Johann Wolfgang von Goethe; Friedrich Schiller, *Correspondance, 1794-1805*, t. I, Paris: Gallimard, 1994, p. 395-396. Trad. bras., Claudia Cavalcante, *Correspondência (1794-1803) Entre Johann Wolfgang von Goethe e Friedrich Schiller*, São Paulo: Hedra, 2010.
38 Peter Szondie, *Théorie du drame moderne*, Belval: Circé, 2006, p. 33. (Coll. Penser Le Théatre.)

dos atores são necessários para nos fazer alcançar os dramas minúsculos que se intercalam numa conversa cujo principal assunto – a floresta – parece fazer mergulhar todo o resto – afetos, os destinos das personagens – na penumbra.

ELENA ANDREEVNA: Já me contaram que você gostava muito das florestas. Você pode evidentemente fazer muita coisa nesse domínio, mas isso não prejudica sua verdadeira vocação? Porque você é médico.
ASTROV: Só Deus sabe qual é a nossa verdadeira vocação.
ELENA ANDREEVNA: E isso lhe interessa?
ASTROV: Sim, é uma causa interessante.
VOINITZKI (*com ironia*): Muito!
ELENA ANDREEVNA (*para Astrov*): Você ainda é um homem jovem, parece ter… 36, 37 anos… e talvez não seja tão interessante quanto você quer dizer. A floresta, ainda e sempre a floresta. Acho que isso deve ser monótono.
SÔNIA: Não, é extremamente interessante. Mikhail Lvovitch todo ano planta novas florestas, e já lhe deram um diploma e uma medalha de bronze. Se vocês o tivessem ouvido, certamente estariam de acordo com ele. Ele diz que as florestas embelezam a terra, que elas ensinam o homem a compreender a beleza, que elas lhe dão o sentimento da grandeza. As florestas suavizam o clima. E no país onde o clima é doce, gasta-se menos força para lutar contra a natureza, e também o homem é mais doce, mais afetuoso. As pessoas dali são bonitas, sensíveis, flexíveis, o falar é elegante, seus gestos são graciosos. As artes e as ciências florescem, sua filosofia não é sombria e seus sentimentos pelas mulheres são plenos de nobreza…
VOINITZKI: Bravo, bravo, tudo isso é encantador, mas pouco convincente. (*para Astrov*) E você me permitirá, caro amigo, continuar a me aquecer com lenha e a construir hangares de madeira.
ASTROV: Você pode continuar a usar a turfa e construir hangares com pedra [...] (*a Elena Andreevna*) Não tenho razão, madame? É preciso ser um bárbaro para queimar na lareira toda essa beleza, para destruir o que não podemos criar. O homem é dotado de uma razão e de uma força criadora para multiplicar o que lhe foi dado, mas até aqui não criou, só fez destruir. Cada vez mais há menos florestas, e mais rios secam, a caça desapareceu, o clima é mais rude e a terra se empobrece dia após dia [...] Quando eu planto uma jovem bétula e vejo, em seguida, tornar-se coberta com folhas verdes balançando ao vento, meu coração se enche de orgulho. (*Percebendo o valete que lhe traz uma bandeja com um copo de vodka.*) Mas… (*ele bebe*) preciso ir embora. Tudo isso, no final das contas, é, provavelmente, uma paixão de maníaco. Tenho a honra de cumprimentá-lo! / (*Ele caminha em direção à casa.*)

SÔNIA (*pegando-lhe pelo braço e caminhando ao seu lado*): Então, quando o senhor vai voltar?
ASTROV: Não sei.
SÔNIA: Não antes de um mês, de novo?[39]

O que nos é escondido e, ao mesmo tempo, nos revela, desde o primeiro ato de *Tio Vânia*, essa floresta tchekhovsquiana de acentos fortemente ecológicos? Nada menos do que o essencial dos *microdramas* ou dos dramas latentes que animam a peça: a solidão desolada de Sônia, desesperadamente enamorada de Astrov; a do próprio Astrov, isolado em sua floresta íntima, e a de Elena Andreevna, prisioneira de seu casamento com Serebriakov; e, enfim, aquela radical de Voinitzki, mascarada pela ironia. Nos interstícios da conversa, descobrimos também que Elena e Astrov deixaram que se desenvolvesse entre eles um interesse amoroso que só pode permanecer estéril e torturá-los mais ainda... O *impressionismo dramático* – os toques de cor – não cessa de entrecortar o *continuum* adramático do diálogo-conversação. Nesse extrato de *Tio Vânia*, como em todo o teatro de Tchékhov, a pletora da conversa e o laconismo na expressão dos microdramas, sempre *infradramático*, constituem as duas faces de uma mesma dramaturgia. De um mesmo desvio do diálogo-conversação.

Quando se trata de revelar os dramas despercebidos da vida, o teatro e o romance procedem diferentemente. No romance moderno se falará, como nos anos 1960, como o farão Claude Mauriac e Nathalie Sarraute, de "subconversação". No teatro, nada é subterrâneo, tudo se traz à superfície, mesmo o monólogo interior se torna *exterior*[40]. Tal é a constatação que, num primeiro momento, afastou Nathalie Sarraute do teatro e, depois, num segundo momento, a levou a usar um subterfúgio, uma artimanha para implantar no diálogo dramático um equivalente à *subconversação* de seus romances.

Por longo tempo resistente à ideia de escrever para o teatro, e persuadida de que o teatro era um instrumento muito grosseiro para se chegar a regiões profundas, em se manifestam os famosos

---

39 Anton Tchekhov, *Oncle Vania*, em *Oeuvres*, t. I., p. 367-369.
40 Sobre as transposições no teatro do monólogo interior, ver Joseph Danan, *Le Théâtre da la pensée*, Rouen: Médianes, 1995.

tropismos sarrautianos, eles mesmos "dramas microscópicos", que exprimem o "inominado" e o "invisível", a autora de *Frutos Dourados* acabou, como todos sabemos, por ceder. Mas, a fim de não negar seu universo, ao aceitar escrever *O Silêncio* (1964), peça para rádio, Nathalie Sarraute desenvolveu uma estratégia, um método, uma *pedagogia* que permitiu ao ouvinte, e mais tarde ao espectador do seu teatro, de aceder por uma via específica, a essa dualidade de planos que caracteriza seus romances: "fora" e "dentro", conversação banal cotidiana e "dramas microscópicos insuspeitos" – os tropismos. Bastava para isso "revirar a luva"[41], a "subconversação", que no teatro se tornava a conversação, confundindo-se com esta última. "Assim, o interior se tornava exterior e um crítico, mais tarde, pôde justamente, para qualificar essa passagem do romance para o teatro, falar de "luva revirada"[42].

Percebe-se bem, na leitura de "Luva Revirada", que Sarraute quer, num primeiro momento, atrair o público, como também os leitores dos seus romances, pela simplicidade e o caráter familiar de um diálogo o mais cotidiano possível; isso para melhor atraí-lo, num segundo momento, ao que ela mesma denomina "fundo" e "profundezas" dos tropismos, para "movimentos interiores que deslizam rapidamente na soleira de nossa consciência". Como quando levantamos uma pedra e descobrimos embaixo dela a atividade incessante e frenética de um formigueiro. Prova de que se trata de pedagogia: a autora se contenta com aquilo que certos espectadores – ou leitores – só veem em seus textos como "conversas de salão".

Mesmo se esses aqui nem sempre percebam, o diálogo oferecido aos ouvintes e aos espectadores é um "diálogo irreal". Como aqui, no início de *Por um Sim ou Por um Não* (1982), no qual dois amigos, H1 e H2, partem à procura daquilo que interpôs entre eles uma distância:

H1: Ouça, eu queria lhe perguntar... é um pouco por isso que eu vim... eu queria saber... O que se passou? O que você tem contra mim?
H2: Nada... por quê?

---

41 Expressão francesa que significa mudar de opinião ou inverter o sentido, também título da peça de Sarraute. (N. da T.)
42 Nathalie Sarraute, "Le Gant retourné", em *Oeuvres complètes*, Paris: Gallimard, p. 1708. (Coll. Blibliotèque de la Pléiade.)

H1: Ah, eu não sei... Parece-me que você se afasta... nunca mais deu sinal... é sempre preciso que eu...
H2: Você sabe muito bem que eu raramente tomo a iniciativa, tenho medo de importunar.
H1: Mas comigo? Você sabe que eu lhe diria... Não é isso... não, sinto que há qualquer coisa...

H2 não demora a desalojar o tropismo culpável que vai sustentar toda a peça, inclusive o cômico, devido ao choque do cotidiano e da irrealidade.

H2: Pois bem, são apenas palavras.
H1: Palavras? Entre nós? Não me diga que haviam palavras... Não é possível... Eu me lembraria.
H2: Não, não palavras essas... outras palavras... não essas que se diz que "tivemos"... Não sei como elas vêm.
H1: Que palavras? Assim você me aborrece... me amola...
H2: Não, não estou te amolando... Mas eu disse.
H1: E então, o que vai acontecer? Você me diz que não é nada...
H2: Justamente, não é nada... E é por causa desse nada...
H1: Ah, chegamos lá... É por causa desse nada que você se afasta? Que você quis romper comigo?
H2 (*suspira*): Sim, é por causa disso. Você nunca irá compreender. Ninguém, além disso, vai compreender.
H1: Tente... eu não sou assim tão obtuso.
H2: Ah, sim, para isso você é. Aliás, todos vocês são.
H1: Então experimente... vamos ver...
H2: Pois bem, você me disse há algum tempo... você me disse... quando me gabei não sei mais do quê... de que sucesso... sim... risível... quando lhe falei, você me disse: "É justamente isso".
H1: Repete, por favor... não consigo entender.
H2 (*tomando coragem*): Você me disse: "É bem isso aí." Com esse suspense, essa entonação...[43]

Paradoxo do teatro de Sarraute: a linguagem é feita com "quase nada", não diz "quase nada" e, no entanto, todo o drama se encontra nessa linguagem, nesses rendilhados de palavras anódinas, de entonações, de silêncios que se abrem para abismos existenciais. A fim de manter esse procedimento paradoxal, esse desafio dramático, Sarraute deve conseguir transpor para o teatro um processo propriamente romanesco. O sucesso de

---

43 Idem, *Pour un oui ou pour un non*, em *Oeuvres complètes*, p. 1497-1499.

seu teatro parece provir do fato de que o diálogo teatral sarrautiano foi *midiatizado*, de alguma forma, por Nathalie Sarraute autora de romances. Só se poderá ver aí um efeito suplementar da romantização do drama.

Além dessa dualidade mitológica do fundo e da forma, da superfície e da profundidade, à qual Sarraute (que teoriza com outros a "subconversação") parece não ter renunciado, a invenção de uma conversa na qual se funde o "pré-diálogo" dos tropismos logo nos faz pensar em uma sobrecarga clandestina, em um sobreinvestimento do diálogo conversacional cotidiano. Em síntese, não um *sub*, mas um *sobrediálogo*, o qual se encontra saturado por aquilo que Sarraute designa como "subconversação". Vimos no extrato acima citado de *Tio Vânia* que essa prática do sobrediálogo já existe na obra de Tchékhov.

ELENA ANDREEVNA: E isso lhe interessa?
ASTROV: Sim, é uma causa interessante.
VÂNIA (*com ironia*): Muito!
ELENA ANDREEVNA (*para Astrov*): Você ainda é um homem jovem, parece ter... 36, 37 anos...
[...]
SÔNIA: [...] Então, quando você vai voltar?
ASTROV: Não sei.
SÔNIA: Não antes de um mês, de novo?

Na velocidade do relâmpago, as breves trocas entre Elena Andreevna e Astrov e Vânia, ou entre Vânia e Sônia, atravessam a floresta do diálogo-conversação e lhe trazem a luz violenta e instantânea de um conjunto de microdramas que seguem seu curso. Os elementos verbais que assinalam os microdramas não acabam por se afogar e se atolar de modo confuso no charco da "peça de conversação"; eles se incrustam de maneira precisa no todo do diálogo. De fato, tudo se passa na superfície, sobre um só plano, mas esse plano situa-se na intersecção do mais banal e do mais essencial para aquilo que é da vida da personagem. O *drama-da-vida* sob as aparências as mais anódinas.

Michel Vinaver, mestre em matéria de microconflitos, também pratica o sobrediálogo. Como repete desafiadoramente, ele sempre parte do "comum a todos", do ordinário, do mais banal da linguagem cotidiana. Esse material pletórico – que se apresenta como vasta coleta de trocas verbais nos aposentos da vida familiar, ou, com frequência, nos lugares de trabalho, no interior de uma empresa – o autor o trata como um *diálogo-material* a partir do qual elabora, num processo de montagem refinado extremamente, um sobrediálogo perfeitamente orquestrado. É assim que a pletora do linguajar se transforma em raridade. O que era *a priori* amorfo, insignificante, se converte em algo dinâmico e acede a "pontas de sentido".

À diferença de Sarraute, Vinaver afirma no início do jogo o sobrediálogo, quer dizer, o trabalho de *colagem* e de *montagem*. Ele não compartilha aparentemente esse cuidado pedagógico que leva Sarraute a dissimular do espectador, ao menos no começo, os abismos dos tropismos sob a aparência de um diálogo cotidiano. Ele não é mais um adepto da dialética de Sarraute entre superfície e profundidade, onde se encontra o "invisível" e o "inominado". Para ele, como para Tchékhov, tudo se apresenta, na chegada, sobre um só plano. O material verbal cotidiano está mais presente, mas ele foi tratado por uma série de procedimentos tendo em vista movimentar o que se apresentava como perfeitamente inerte no momento da colheita. Na linha de frente desses procedimentos, a estrutura musical das peças que, de um lado, conduz ao máximo o processo de repetição-variação no seio da própria linguagem, considerado como único vetor da "ação", e que, de outro lado, confere à obra inteira de Vinaver sua dimensão eminentemente polifônica.

A fim de impulsionar esse movimento, o escritor usa com frequência o recurso a uma descronologização dos elementos de uma "fábula" que se (des)constrói ela própria no decorrer da peça, assim como a uma escolha de heterotopia e de heterocronia – interpenetração de espaços e de tempos distintos – que instaura a polifonia. A esses procedimentos é preciso acrescentar ao menos dois outros, que não são contraditórios a não ser em aparência: a fragmentação, às vezes hiperfragmentação, e uma despontuação quase total, que dá fluidez e sublinha o caráter verbal da troca entre as personagens. O bom regime cênico do teatro de Vinaver é aquele que adota o ritmo da montagem respeitando o fluxo, a torrente, propriamente musical da língua. Esse regime, o escritor nos indica que é o da ironia, a "fricção irônica" entre as partes do texto – das "réplicas", caso se queira empregar o velho vocabulário – *a priori* estranhas ou mesmo refratárias entre si. Assim, por exemplo, em *A Procura de Emprego* (1973), uma fricção irônica de efeito cômico... Fage, executivo desempregado, sofre a perquirição de Wallace, que o submete a uma entrevista de emprego, e se esforça para explicar-lhe sua estratégia no caso de ser admitido pela Civa, uma sociedade que vende produtos de lazer; ao mesmo tempo, Fage vive a degradação de sua vida familiar com sua mulher, Louise, e sua filha, Nathalie.

NATHALIE: Papai se torna infernal.
LOUISE: Você não teria uma ideia para distrai-lo?
NATHALIE: Vou lhe comprar um revólver, ele parece tão infeliz.
WALLACE: Excelente, excelente.
FAGE: Mas tudo isso não é fazer de cada grupo de turistas uma microssociedade praticando autogestão.
LOUISE: O que você quer? Ele não foi feito para ficar em casa o dia todo.
FAGE: Mas minha ideia vai mais longe.
NATHALIE: E se eu lhe ensinasse a meditação búdica?
FAGE: Ouça-me introduzir o aleatório.
LOUISE: Meu querido ao invés de ficar girando como um urso que tal selecionar suas revistas?
FAGE: Cada excursão começa por um *brainstorm* na primeira noite de chegada ao hotel e o animador expõe as possíveis diferenças de viagem que podem combinar a Roma antiga os fiordes da Noruega o Soho *by night* o muro de Berlim há um número ilimitado de combinações cabe a você construir a sua.
NATHALIE: Papai olhe você se senta como numa sela em cavalo.
FAGE: Cada viagem será única e exprimirá a personalidade do grupo.
NATHALIE: Mas é preciso antes que eu ensine o princípio da respiração.
FAGE: Viagem aleatória fórmula-choque que imediatamente assinala a diferença com a fórmula das agências tradicionais.
WALLACE: Mas talvez você esteja esquecendo o problema das reservas.
LOUISE: Nesses mocassins imundos? Assim você não está apresentável, meu querido.[44]

Nenhuma outra peça como *A Procura de Emprego* se abre em trinta fragmentos, retomando em parte a estrutura das *Variações Diabelli*, de Beethoven, e ilustra melhor a opção do sobrediálogo. Se fosse tratado de um modo fabular tradicional,

---

44 Michel Vinaver, *La Demande d'emploi*, fragmento 11, Paris: L'Arche, 1973, p. 36-37. (Coll. Scène Ouverte.)

esse "drama" de um executivo em ruptura de vida profissional e em dificuldade na vida em família, não interessaria a ninguém. Seria um "tema ruim" por excelência. É o tratamento formal que torna apaixonante esse drama indireto, sincopado em cada trecho... Por exemplo, o clímax está ligado a um momento puramente anedótico. Fage explode literalmente quando sua mulher lhe deseja feliz aniversário: "FAGE (*gritando*): Eu disse que não quero seu bolo de aniversário. LOUISE: Meu querido ele foi comprado e vamos comê-lo. FAGE: Ah, sim? (*Joga o bolo com a bandeja no chão.*)." De maneira inversa, o desaparecimento de Fage, no fim da peça, é tratado de modo menor e quase anedótico: "LOUISE (*a Wallace*): Quando ele saiu de seu escritório ontem que horas eram?" Além do mais, Fage não desaparece verdadeiramente, pois no desenrolar descronológico da fábula, ele continua a falar e tomar parte no quarteto. Em suas últimas palavras, como executivo desempregado, está prestes a "seguir [uma] poeira" ("Sei que é preciso estar empregado e vou me empregar em seguir essa poeira): A operação poderia trazer um benefício nada negligenciável."

O jogo da montagem é o de lançar a mais crua luz sobre as contradições dos seres, sobre o fato de que eles são constituídos por elementos – blocos de linguagem – refratários entre si. O interesse de uma peça como *A Procura de Emprego* não está, como insisto, no assunto, definitivamente tão insignificante quanto o diálogo ambiente sobre o qual Vinaver gosta de trabalhar, mas na exploração das fissuras das personagens e *entre* as personagens. Fissuras que vão aumentar (outro ponto comum com a Sarraute dos tropismos) e se converter em grandes fendas. Placas tectônica em escala microscópica.

Numa das primeiras peças do autor, que se passa em Micenas, em maio de 1958, *Hotel Ifigênia*, trata-se de um tráfico de antiguidades e uma das personagens, o senhor Veluze, é um arqueólogo. No gesto de montagem de Vinaver existe, quanto à linguagem cotidiana, alguma coisa de arqueologia: tudo se passa como se ele liberasse, precavidamente, do sítio do linguajar cotidiano pequenos fragmentos semelhantes àqueles que os arqueólogos extraem da terra, para, num segundo momento, dispô-los aqui e ali na reconstituição arquitetônica. Salvo que Vinaver se preocupa muito pouco com a reconstituição da linguagem cotidiana. Antinaturalista, seu projeto é o de constituir um verdadeiro artefato, uma construção formal profundamente descontínua. Maneira de questionar a linguagem cotidiana e de lhe fazer confessar, sob a coação do movimento dramático, aquilo que ela dissimula. Sobre esse ponto, a dramaturgia de Vinaver reencontra o pensamento de Blanchot acerca da *descoberta* do cotidiano:

> O cotidiano: aquilo que há de mais difícil em se descobrir. / Numa primeira abordagem, o cotidiano é o que somos em primeiro lugar e com mais frequência no trabalho, nos lazeres, na vigília, no sono, na rua, na vida privada. Assim, o cotidiano somos nós mesmos, ordinariamente. Nesse estágio, consideramos o cotidiano como sem verdade própria: o *movimento* será então o de procurar fazer com que ele participe das diversas figuras do Verdadeiro, das grandes transformações históricas, do devir daquilo que se passa embaixo (mudanças econômicas e técnicas) e em cima (filosofia, poesia, política). Tratar-se-ia, consequentemente, de abrir o cotidiano para a história, ou ainda de reduzir seu setor privilegiado – a vida privada.[45]

Com toda evidência, Sarraute e Vinaver estão ambos ocupados em tirar a palavra cotidiana da clausura da "vida privada", e nem um nem outro *imita* o cotidiano. Para além de suas diferenças, possuem uma atitude em comum: fazer sua escrita concorrer com a língua do cotidiano; criar uma linguagem *artificial* que possa, por meio das partículas anódinas da fala cotidiana – e não pelo recurso de uma "ação exterior" – propagar as ondas de um movimento dramático singular. Teatro da palavra, cuja ação infinitesimal está completamente imersa na linguagem falada. Nesse sentido, os dois autores respondem à expectativa de Roland Barthes quando este último, a propósito de *Paolo Paoli,* de Adamov, anunciava que seria necessário contar, desde então, e lado do arsenal dramático e da famosa dupla ação/situação, com essa ideia na qual se fundem uma na outra ação e situação: a "situação de linguagem". "Eis aí" – escrevia Barthes – "uma realidade dramática que seria preciso bem concluir para ser admitida ao lado do velho arsenal das intrigas, ações, personagens,

---

[45] Maurice Blanchot, *L'Entretient infini*, Paris: Gallimard, 1969, p. 355. (Grifo do autor.)

conflitos e outros elementos do teatro clássico."[46] Aqui, o "ao lado" pode significar "em lugar de"...

A língua cotidiana, com a qual Sarraute e Vinaver formam suas "situações de linguagem", é a do "qualquer um", da abundância verbal. Kroetz, ao menos nos anos de 1970, procede ao inverso. Ele escolhe o laconismo, uma espécie de enxugamento e de redução do discurso cotidiano ambiente, do qual reteria sobretudo aquilo que Barthes chama os "sintagmas congelados", os "sintagmas mortos". O caminho não é menos antinaturalista do que aquele dos autores anteriormente citados. As pobres palavras que sobram se tornam armas ou escudos. Em lugar de abrir espaço para uma troca, elas isolam, emparedam cada um dos interlocutores. Quanto mais próximas são as personagens – marido e mulher, pais e filhos –, mais essa linguagem reificada as torna afastadas e estranhas umas para as outras. E como se trata de gente do campo, de operários, de empregados sem consciência de classe ou de pequenos burgueses – essas pessoas que Wilhelm Reich chamava de "homenzinhos" e que Kroetz designa como os "subprivilegiados" da sociedade de consumo –, os estereótipos inspirados pela publicidade, pela televisão e pelas revistas ilustradas que veiculam esses "pseudodiálogos" são os mais tristes e os mais mortíferos que se pode imaginar. Aqui, o sobrediálogo consiste em apresentar, sobre um fundo de mutismo, de impossibilidade de (se) falar, as mitologias que servem para substituir a vida das personagens. Logo no início de *Alta*, o jovem casal Heinz-Anni sonha nesse promontório onde acabam de instalá-los pela emissão televisiva cotidiana, sem pressentir ainda a terrível queda que os espera em sua realidade contidiana:

Na sala de estar, diante da televisão, Anni e Heinz. A transmissão acabou há pouco.
HEINZ: Acabou.
ANNI: Desligamos?
HEINZ: Claro, já vimos as notícias.
Ele se levanta, desliga a televisão e acende o lustre.
ANNI: Mais uma vez, estava bom.
Heinz faz sim com a cabeça. Um tempo.

[46] Roland Barthes, *Oeuvres complètes*, t. I, Paris: Ed. du Seuil, 1993, p. 607.

ANNI: O que é que eles fazem agora?
HEINZ: Quem?
ANNI: O que é que eles fazem depois da transmissão, eu gostaria de saber.
HEINZ: Por quê?
ANNI: Porque é uma transmissão ao vivo.
HEINZ (*sorri*): Justamente.
[...]
ANNI: Agora eles vão comer.
HEINZ: Num restaurante chique.
ANNI: Exatamente. Eles já reservaram uma mesa e todo o restaurante os espera, naturalmente. Quem esperar, sem a transmissão? E se o programa foi um sucesso, por isso eles são recebidos no restaurante.

Um tempo.

HEINZ: Mas não sozinhos.
ANNI: De jeito nenhum. Uma mesa grande num restaurante chique. Com muitos amigos e outras pessoas eles ficam até de manhãzinha e festejam o sucesso que foi. Eu gostaria de ir a Viena pelo menos uma vez.
HEINZ: Você gosta dele, do galã?
ANNI: Não é isso que eu quero dizer, mas outra coisa.
HEINZ: Porque aqueles dois, eles têm alguma coisa que se impõe e encanta. Nós nos esquecemos completamente. Isso é que é legal, que dá disposição.
ANNI (*sorri*): Exatamente.[47]

"Nós nos esquecemos completamente": o sobrediálogo de Kroetz, ou a maneira como, na esfera do "nós", que é a da despersonalização, a do anonimato absoluto, o "nós" esquece simplesmente de viver de outra forma que não seja por procuração.

Não se deveria concluir nesses desenvolvimentos sobre Tchékhov, Sarraute, Vinaver e Kroetz, que o diálogo seria o monopólio das dramaturgias do cotidiano. Para pegar um só exemplo entre tantos, o teatro de Werner Schwab situa-se nos antípodas de uma dramaturgia do cotidiano e do teatro dos quatro dramaturgos que acabo de citar. Nem por isso deixa de desenvolver uma dramaturgia do sobrediálogo, fundado sobre uma revirada da peça de conversação. Se tomarmos uma peça como *Excedente de Peso, Insignificante: Amorfo* (1991),

---

[47] Franz Xaver Kroetz, *Haute-Autriche: Meilleurs Souvenirs de Grado, Concert à la carte*, Paris: L'Arche, 1991, p. 9-10.

constatamos que o escritor bávaro se adapta sem dificuldade ao modelo da peça de conversação com sua linguagem cênica profundamente grotesca – sexual, escatológica, anfigúrica e baseada na deformação dos corpos e da linguagem – e a desvia em proveito de uma dramaturgia da parábola (a peça tem o subtítulo: *Uma Cena Europeia*) e da representação do sonho. No primeiro ato, entramos no fantasma coletivo antropofágico de alguns humildes cidadãos da sociedade de consumo que irão devorar, ainda vivo, diante de nossos olhos de espectadores, um belo e jovem casal, como vemos nas revistas populares. A peça se desenrola justamente "na sala de jantar de um estabelecimento que, ao mesmo tempo, nos lembra um café, uma cervejaria ou uma hospedaria do interior", "um pouco à parte, à esquerda, o belo casal está sentado a uma mesa (com toalha e flores) e bebe champanhe", rodeado pelas outras sete personagens – Jürgen, Porcelet, Lapinette, Karli, Herta, a Modelo e a Patroa – que logo vão ceder às suas pulsões canibalescas. Dispositivo ideal para um diálogo-conversação este híbrido de café, de cervejaria e de pousada. Diálogo-conversação desviado, na verdade, pelo jogo do sobrediálogo de Schwab, na forma de Parábola do Banquete para um século XX agonizante. Por isso conclui Jürgen, o Trofimov pervertido dessa peça e o conviva que mais discorre na soirée:

Vejam vocês, eis aí o que é o pecado original. É como se a gente fizesse um passeio no paraíso e em todos os lugares os leões e as gazelas se abraçassem, mas, repentinamente, nos deparamos com um buraco no chão, cheio de latas de cerveja, de restos de linguiça, de guardanapos de papel e de preservativos usados. E então todo o paraíso se transforma imediatamente num lugar de piquenique, só com gente do lugar.[48]

A vacuidade da conversação de bar, do drama de conversa em sua versão mais grotesca, mais miserável (ao longo da peça, essas personagens humildes exibem suas chagas recobertas por um verniz de suficiência: "HERTA [*bebendo*]: Minha natureza é a limpeza de uma sujeira [...] Eu estou acima de tudo. Morri na ocasião do meu nascimento na merda..."), encontra-se

---

[48] Werner Schwab, *Les Présidentes, excedente de poids, insignifiant: amorphe*, Paris: L'Arche, 1997, p. 109. (Coll. Scène Ouverte.)

metamorfoseada, pela linguagem de Schwab, pelo seu uso pessoal do sobrediálogo, num mergulho implacável – terrível, e com frequência desopilante – nos abismos da espécie humana.

UM NOVO ESPAÇO DIALÓGICO

O dialogismo (sempre no sentido de Bakhtin) dos dramas moderno e contemporâneo possui dimensões variáveis. Na verdade, recobre toda a distância existente entre o diálogo – geralmente discordante – consigo mesmo, ao qual atribuí o nome de "polílogo", e essa coralidade mais ou menos difusa, que foi tema do capítulo anterior. Coralidade "sem fronteiras", se poderia dizer, que não para de ganhar terreno. Coralização de um drama em que não haveria propriamente personagens providas de nomes, mas, em seu lugar, um jogo de vozes contraditórias. Muitas réplicas doravante são introduzidas apenas por um simples *travessão*, o que torna o interlocutor anônimo. Esse procedimento visa algumas vezes criar uma zona de indecisão, o que reforça o caráter enigmático da peça. Assim por exemplo, em *Atentados à Sua Vida*, de Martin Crimp, espécie de relato de vida difratado e labiríntico de uma jovem com identidade instável – Anne, Anny, Anya, Annie... – e sobretudo de uma jovem não apenas ausente de cena, mas também, como vimos no capítulo anterior, *ausente como personagem*. Ao longo da peça, um dispositivo de voz – algumas identificáveis (Papai, Mamãe), a maioria conservando seu anonimato – envolve essa ausência e produz as versões contraditórias da legenda de "Anne". Da forma em *Falta*, quatro vozes se entrecruzam – A, B, C, M – e Sarah Kane cuida de não desvelar a quem elas pertencem. Como em *The Waste Land*, o poema de Eliot que inspirou a peça, são vozes impossíveis de serem claramente identificadas. Vozes sexuadas e situadas na escala das idades ("Para mim", precisa Kane, "*A* sempre foi um homem de idade madura, *M* [...] uma mulher de idade madura, *B* [...] um homem mais jovem, e *C* [...] uma mulher jovem[49]"); vozes que se relacionam cer-

---

49 Sarah Kane, apud Graham Saunders, *Love Me or Kill Me: Sarah Kane et le théâtre*, Paris: L'Arche, 2004, p. 167.

tamente com o teatro íntimo do autor, mas vozes que, mesmo quando se chocam violentamente, recusam obstinadamente ligar-se à lógica do diálogo tradicional e do encadeamento das réplicas. Dispositivo coral que, para exprimir o sofrimento, a Paixão humana indivisa entre essas quatro vozes, pode ir, nos limites da linguagem, até o silêncio, ao monossílabo, ao grito ou à glossolalia de Artaud: "A: Você me abandonou; C: Não; M: Sim; B: Não; A: Sim; B: Não; C: Não; A: Sim; M: Sim. *C dá um breve grito de uma sílaba. Um tempo. C dá um breve grito de uma sílaba. B dá um breve grito de uma sílaba. M dá um breve grito de uma sílaba. C dá um breve grito de uma silaba.* M: Se você não falar, não posso lhe ajudar."[50]

Em Crimp ou em Kane, o apelo às vozes anônimas ou semianônimas, quer sejam essas vozes interiores ou exteriores, mais objetivas, põe um obstáculo a toda resolução monológica e relança o dialogismo. Dialogização que a obra de Heine Müller leva, com frequência, ao extremo. Leitora experta desse teatro, Florence Baillet nota que "Os diálogos de *A Missão*, que revisita o diálogo, radicalizando suas potencialidades dialógicas, nos obrigariam finalmente a conferir um outro sentido à tipografia utilizada para assinalar a forma dialogada."

Em lugar de indicar um encadeamento de réplicas, o retorno à linha, no início de cada discurso, seria a marca de um deslocamento ou de um passo de lado (como a progressão de um caranguejo). Segundo Heiner Müller, os diálogos pressupõem mostrar "a distância que separa os indivíduos entre si". Toda tentativa de síntese está ausente, assim como toda resolução monológica do conflito pelo aniquilamento de uma lógica em nome de outra. O travessão que indica a tomada de uma palavra se tornaria índice de uma diversidade de vozes, elas próprias compósitas.[51]

Maximalista, se nos referirmos ao estado geral das escritas dramáticas contemporâneas, a proposição convém, inversa e perfeitamente, ao teatro de Heiner Müller. Ela sublinha perfeitamente a vontade mülleriana de "redialogizar o diálogo", de nele

50 S. Kane, *Manque, L'Amour de Phèdre*, Paris: L'Arche, 1999, p. 46-47. (Coll. Scène Ouverte.)
51 Florence Baillet, Dialoguer: Um nouveau partage des voix, t. II, Mutations, *Études théâtrales*, Louvain-la-Neuve, n. 33, 2005, p. 136. Ver também, Sandrine Le Pors, *Le Théâtre des voix*, Rennes: Press Universitaires des Rennes, 2011.

instaurar mais distância – confronto de lonjuras – e espírito de contradição. Se considerarmos uma peça como *Mauser* (1970), que constitui uma resposta polêmica a *A Decisão*, percebe-se – já que os tempos mudaram e não são mais os do otimismo revolucionário – que o Coro do Partido Comunista não conduz *in fine*, como em Brecht, a aderir à sua própria morte, a do camarada que se tornou "inútil" (Müller) ou "prejudicial" (Brecht) à revolução. "A", como é nomeado o "camarada" em Müller, se cindi no fim da peça em "A" e "A'", mais exatamente em "A simples" e "A [Coro]", o primeiro regressando à integridade humana de "A", o segundo à absorção, à fagocitose de sua voz pelo Coro. Faltando alguns segundos para o intervalo, ouve-se "A" proclamar: "Eu me recuso. Não aceito minha morte"; e "A Coro" encerra a peça, abrindo o campo da discussão com um slogan bem conhecido: "MORTE AOS INIMIGOS DA REVOLUÇÃO."

Penetrando o diálogo, crivando-o literalmente, as vozes da coralidade alargam consideravelmente a visão das dramaturgias contemporâneas. Elas ouvem desde os menores, o indivíduo à escuta de suas vozes íntimas, até ao maior, a comunidade à qual ele pertence e que o constitui. A menos que se trate, como é muito frequente hoje, do sentimento da perda, do luto dessa comunidade. Exemplar a esse respeito é a reescritura e o alargamento por Jean-Luc Lagarce de sua peça *Apenas o Fim do Mundo* em sua última peça *O País Longínquo*.

O País Longínquo é tipicamente a peça desse *dialogismo das lonjuras*, de que fiz o fundamento deste capítulo. Aliás, o "segundo plano", está inscrito no próprio título da peça. Em *Apenas o Fim do Mundo*, entramos em relação com o drama familiar de um homem jovem, Luís, que vem anunciar à família a proximidade de sua própria morte, mas por fim não o faz, talvez por não encontrar "abertura". É de se notar que essa peça se distancia de toda regressão a uma proximidade e até mesmo à promiscuidade de uma dramaturgia doméstica ou familiar. Luís, com efeito, se situa desde o Prólogo de *Apenas o Fim do Mundo* num segundo plano definitivo: "Mais tarde, no ano seguinte / – eu ia morrer na minha volta –/ eu tenho perto de 34 anos agora e é nessa idade que morrerei." Mas a novidade radical de *País Longínquo* é de nos fazer passar de um drama da família para um drama de *todas as famílias* de uma vida – do drama-da-vida.

V. UMA NOVA PARTILHA DAS VOZES

O País Longínquo é bem o país das *lonjuras* dialógicas*: o da infinita dispersão de uma intimidade, de um falar-junto que se ancora na solidão de cada personagem e que multiplica as distâncias; aquele em que cada voz tende a se ampliar em uma rede polifônica e a tornar-se "um grupo, um coro, um bando". Não apenas Lagarce desloca e fragmenta ainda mais o curso da peça, como também introduz e interpola, naquilo que resta do texto inicial, novas personagens. Novas testemunhas, individuais ou coletivas – mas sempre singulares e plurais ao mesmo tempo – que vão relatar a vida extrafamiliar –, ou em "outras famílias" – do protagonista.

Entre as novas testemunhas da vida de Luís, existe "Um Garoto, todos os garotos" e "O Guerreiro, todos os guerreiros", pseudopersonagens "aglutinadas", vozes polifônicas da *coralidade*. Destas, "Longa Data", outra testemunha, um pouco mais individualizada, nos diz que, em encontros amigáveis e/ou sexuais de uma vida breve, elas formam: "Grupos, coros, bandos, vidas paralelas à própria vida. Todos aqueles com quem cruzamos na existência; alguns, com muito custo, e outros, como eu, eu também, que são guardados junto a você, que eles guardam junto a si, e que se tornam inteiramente nossa vida."[52]

E o círculo não para de crescer. Até incorporar personagens virtuais.

LUÍS: E ainda a multidão dos outros, essenciais, mal percebidos, aqueles que são todas as outras personagens de nossa vida. Todos aqueles que fazem a vida de um só homem. / E ainda cada um, religando-se à multidão das pessoas que novamente se cruzam, e assim ao infinito. / De um só homem, sem qualidade, sem história, todos os outros homens.[53]

Lagarce introduz a multidão em seu teatro, dentro do teatro. Por esse aspecto, é toda a *paisagem de uma vida*, a de Luís, protagonista "sem qualidades" de *País Longínquo*, toda essa rede

---

* No original, o nome da peça é *Le Pays lointain* (O País Longínquo), mas a palavra *lointain*, como empregada pelo autor, carrega consigo um outro significado, também presente em *lointain*, de segundo plano, de um pano de fundo que é trazido à cena. (N. da T.)

52 Jean-Luc Lagarce, *Le Pays lointain*, em *Théâtre complet*, t. IV, Besançon: Les Solitaires Intempestifs, 2002, p. 281.

53 Ibidem.

de conexões múltiplas que entra então no teatro e que alarga a cena. Dispersão de uma vida por intermédio do palco do teatro.

Se há um dramaturgo da diáspora das vozes e, ao mesmo tempo, do chamado ao seu reagrupamento e a uma reapropriação do espaço social, político, ontológico em que estão dispersas, é Armand Gatti. Nesse mesmo espírito de reescrita e de amplificação que acabo de mostrar em Lagarce, na passagem de *Apenas o Fim do Mundo* a *O País Longínquo*, é preciso relembrar aqui a intervenção de uma coralidade crítica, invertendo a fábula prevista pelo autor, quando Gatti transforma a *Paixão do General Franco* em *Paixão do General Franco Pelos Próprios Emigrantes*. Pontuando toda a peça, as vozes dos emigrantes proclamam seu "acordo divergente": "acordo apenas para continuar". E é preciso mencionar aqui, de novo, a criação por Gatti, ou melhor dizendo, a *geração*, notadamente em *Primeira Viagem em Língua Maia com Surrealistas a Bordo*, de uma "personagem grupal" (Grupo Che Guevara, Grupo Rogelia Cruz, Grupo Otto René Castillo) que tem vocação para se dividir em subgrupos (Subgrupo de tamborineiros, subgrupo vermelho etc.).

Crimp, Kane, Müller, Lagarce, Gatti e outros... A intervenção crescentemente massiva no teatro contemporâneo da coralidade pura ou de personagens de tipo "grupal", a pulverização das vozes, a passagem da peça, dialogada ou não, sob o crivo das vozes que nos lembram a questão recentemente trazida por Jean-Luc Nancy. Questão de comunidade e/ou da multidão em nosso mundo pós-totalitário e mundializado: "E o que é, pois, a multidão se a multiplicidade não vale mais como massa à espera de uma forma (formação, conformação, informação), mas vale, em suma, por si mesma, numa dispersão na qual não se saberia se é preciso nomeá-la disseminação (exuberância seminal) ou atomização (pulverização estéril)?"[54]

O novo dialogismo que se desenha no teatro contemporâneo (mas algumas de suas raízes penetram num passado mais longínquo, nessa "longa" duração do drama moderno que remonta à virada do século xx) inscreve-se resolutamente nessa interrogação fundamental – entre ontologia e política,

---

54 Jean-Luc Nancy, *La Communauté affrontée*, Paris: Galilée, 2001, p. 30. (Coll. La Philosophie en Effet.)

V. UMA NOVA PARTILHA DAS VOZES

entre o social e o íntimo – sobre o nosso "estar-junto" ou sobre o "estar-com". "Comunidade", diria Nancy, "daqueles que não têm comunidade." Quer ele tenha o aspecto do sobrediálogo, do diálogo de monólogos, do polílogo ou de outras formas mais heterogêneas, tal como a coralidade, este "outro diálogo" que não para de se manifestar nas escritas modernas e contemporâneas se apresenta como um diálogo profundamente heterogêneo. Uma outra "partilha de vozes" se desenha a favor desse novo dialogismo. O dramaturgo e ensaísta Jean-Christophe Bailly nos relata assim a origem do teatro na Grécia antiga: "Como vem o teatro, deriva ele da língua dos aedos e do ditirambo? O teatro é uma voz que se reparte em várias vozes. E uma voz que se reparte em várias vozes é uma voz que introduz espaços em suas partes. Esse espaço chama-se cena. Já é a invenção do teatro."[55]

Vinte e cinco séculos depois que a voz do aedo se estilhaçou, refazemos a conta dos pedaços e constatamos que, nos teatros moderno e contemporâneo, alguns desses pedaços não correspondem a personagens individuados. Incontestavelmente, nessa distribuição da voz do aedo, do rapsodo, subsiste *um resto*. Um resto, no próprio seio do texto dramático e da representação teatral moderna, da voz do rapsodo. É desse resto e dessa volta do rapsodo que se vai tratar no próximo capítulo.

---

[55] Jean-Christophe Bailly, Le Retour du mythe ou le travail de l'origine, *Cahiers du Lundi*, Paris, 28 de février de 1994, p. 36-37.

Capítulo VI
A Pulsão Rapsódica

Que limites existem para a heterogeneidade do texto teatral contemporâneo? A partir de que dose de elementos alógenos não se pode mais falar de forma dramática e nem mesmo de peça teatral? Em que momento pendemos para aquilo que Hans-Thies Lehmann chama de *pós-dramático*, e que, de minha parte, prefiro denominar (para afastar-me de qualquer equívoco trazido pela expressão "morte do drama") de teatro "para-" ou "extradramático?" Que grau de irregularidade e de afastamento da tradição do teatro dialogado as formas dramáticas moderna e contemporânea podem integrar sem se autodissolver? Pois a questão é justamente a de um impulso incoercível de irregularidade com a qual trabalha nossa dramaturgia. A mutação profunda da forma dramática, iniciada nos anos de 1880, parece ter-nos feito, há muito tempo, amnésicos às regras e às unidades. Até a própria noção de *unidade*, também, suplantada pelo disparate, pelo heterogêneo. Um dogma desmoronou: aquele segundo o qual a forma dramática não se manifestaria "de uma maneira inteligível a não ser com máxima unidade"[1].

---

1 Richard Wagner, *Oeuvres en prose*, t. IV, Paris: Librarie Ch. Delagrave, 1907, p. 230.

Wagner teria sido, entre os poetas da cena e do drama, o último defensor da unidade dramática. Sua reflexão, bastante aprofundada, o conduz a considerar que o romance – a substância do romance – é, do final da Idade Média à época moderna, o verdadeiro alimento do drama, e que mesmo Shakespeare não consegue conferir completamente a essa matéria romanesca sua condensação e unidade dramáticas, ou seja, que ele não chega a evitar uma certa fragmentação do agir ou das ações. Não mais, por outro lado, do que Goethe. Wagner só reconhece para o autor do *Fausto* – "nem um verdadeiro romance nem um verdadeiro drama, mas apenas um poema..." – um sucesso nesse domínio: *Ifigênia em Tauride*, mas porque esse assunto estava "pronto anteriormente". Excetuando-se essa criação "organicamente viva", o autor da *Tetralogia* considera que Goethe, cedendo à soberania do "romance burguês dramatizado", "não teria podido chegar a tal resultado com um outro [assunto] retirado da vida moderna e do romance". Daquilo que Wagner considera como uma constatação de fracasso, Goethe "foi obrigado a se perder no romance, de onde, no início de sua carreira dramática, ele se dirigira para o drama sob o impulso shakespeariano"[2]. Para se opor à romantização do drama, sob a dependência de um romance francês (naturalista, evidentemente!) "que se lançou na descrição a mais crua da vida contemporânea [...] aperfeiçoando a fealdade como obra de arte"[3], Wagner encontra e aplica a sua solução: o retorno ao mito. Não o mito grego ou o cristão, mas a "*saga nacional* dos povos da Europa moderna e, antes de tudo, a [dos povos] *germânicos*"[4]. Na concepção wagneriana, só o mito podia, ao realizar no seio do drama musical a síntese do épico e do lírico, reencontrar-se com aquela ação *ampla e orgânica* que caracteriza a tragédia grega: "O assunto de uma ação é a ideia de sua base; se essa ideia é grande, vasta e esgota a essência do homem num certo sentido, ela faz dessa ação um agir decisivo, único, indivisível, pois só existe uma ação desse gênero que nos revela um grande pensamento."[5] Ora, é forçoso constatar-se que o genial drama

---

2   Ibidem, p. 230-231.
3   Ibidem, p. 239.
4   Ibidem, p. 254. (É Wagner quem sublinha.)
5   Ibidem, p. 246.

musical wagneriano, ancorado nas lendas nacionais germânicas, nos fascina, tanto mais que permanece sem descendência, ao menos no plano dramático, e que o devir do drama moderno contorna cuidadosamente esse grande maciço isolado. Ao contrário, a romantização do drama segue o seu curso. Tendo a possibilidade de acabar com a ação unitária e orgânica.

FANTASMAS DE PEÇAS

A perda da unidade dramática não é apenas – ou nem sempre – o fruto de uma procura voluntária ou de uma romantização deliberada; ela também corresponde a uma pura e simples perda de modelos. Se a forma dramática pode parecer deserdada no século XX, é que ela não se reproduz de maneira idêntica a um modelo pré-fixado. O reino lamentável da "peça bem-feita" do século XIX – Scribe entre os autores, Sarcey entre os críticos – terá dado fim, por esclerose e na paródia, à ideia de uma forma canônica de teatro, de uma forma codificada a partir da qual os escritores não teriam que fazer mais nada além de propor variações pessoais. Não estamos mais nos preparativos sabiamente orquestrados e na "cena a ser feita", pressuposta como clímax de cada ato. A cena, a partir de então, é para ser *desfeita*. A peça, para ser *desconstruída*. Tudo se passa como se, a cada nova peça, o dramaturgo devesse reinventar a forma dramática em favor dessa única tentativa. Tentar isolar e definir essa força, essa energia, essa pulsão que está na origem, após mais de um século, da *reinvenção permanente* do drama, esse é precisamente o objeto deste capítulo.

"Reinvenção" cujo reconhecimento está muito longe, é preciso admitir, da unanimidade. Não falaria de uma certa crítica que, apressando-se em opor mecanicamente autores dramáticos (forçosamente à moda antiga) e "escritores de palco" (evidentemente inovadores), compromete toda possibilidade de uma abordagem mais séria da questão. Deter-me-ia, ao contrário, sobre as posições de Hans-Thies Lehmann, que aborda o problema sob um modo verdadeiramente teórico. Partindo da evidência da separação que se operou entre teatro e literatura dramática, ao menos com e depois de Artaud – e da constatação da chegada, sobretudo a partir de *Olhar do Surdo*, de Bob Wilson, de todo um teatro não dramático, fruto de hibridizações normalmente felizes entre o mimo, a dança, a música e textos não dramáticos –, Lehmann conclui apressadamente pela morte do drama e sua substituição por um "novo texto de teatro": "O novo texto de teatro", escreve ele, "é com frequência um texto em que 'se acaba com o dramático'". O crítico alemão considera que aquilo que ele chama de "modelo dramático" não corresponde mais à experiência do homem contemporâneo e, por isso, só nos oferece, nos dias hoje, uma imagem "obsoleta" dos conflitos sociais ou pessoais[6]. Na verdade, Lehmann retoma um antigo refrão hegeliano atualizado por Adorno: O drama está morto / como prova / Beckett lhe fez a autópsia. Isso teria acontecido, nos diz, em *Fim de Jogo*.

Os componentes do teatro aparecem após sua própria morte. A exposição, o núcleo da intriga, a ação, a peripécia e a catástrofe voltam, decompostas, para uma autópsia dramatúrgica: a catástrofe, por exemplo, é substituída pelo anúncio de que não há mais lenimento. Tais componentes ruíram, ao mesmo tempo que o sentido oferecido antes pelo teatro.[7]

Notemos que a morte da dramaturgia, aqui ressuscitada por Adorno – exposição, núcleo da intriga, peripécia, catástrofe e mesmo ação –, é um antigo cadáver aristotélico-hegeliano que há muito não se via sobre os palcos. Em todo caso, não depois desta crise do drama que Szondi analisa. Adorno permanece resistente à perspectiva de Szondi de uma "solução" para a crise do drama, e que seria teleológica e orientada principalmente pela via de um teatro épico de múltiplas facetas: Piscator, Brecht, Bruckner, Wilder...

Quanto a Lehmann, não poderia ser suspeito de referências dramatúrgicas obsoletas. Ele conhece perfeitamente o teatro contemporâneo, do qual é um dos melhores comentadores. Seu erro, a meu ver, é deixar-se ofuscar pelo que chama de "verdadeira contemporaneidade", é recusar-se a pôr em perspectiva o moderno e o contemporâneo, essa longa duração

---

6 Hans-Thies Lehmann, *Le Théâtre postdramatique*, Paris: L'Arche, 2002, p. 20.
7 Theodor W. Adorno, Pour comprende *Fin de partie*, *Notes sur la littérature*, Paris: Flammarion, 1984, p. 221-222.

sobre a qual se efetua a mudança de paradigma do drama, é de querer estabelecer o quadro de uma estética geral pós-dramática que se estenderia por todo o campo do teatro e faria desaparecer o drama para sempre. Quanto ao resto, Lehmann retoma com brilhantismo a intuição de Bernard Dort sobre a "representação emancipada", que aponta para certas condições e possibilidades de uma reinvenção da forma dramática sob a influência da encenação.

De modo definitivo, assistimos hoje a uma emancipação dos diferentes fatores da representação teatral. Uma concepção unitária do teatro, seja ela fundada sobre o texto ou sobre a cena, está em vias de se apagar. Deixa progressivamente lugar à ideia de uma polifonia, ou mesmo de uma competição entre as artes irmãs que contribuem para o fazer teatral [...] É preciso pensar, a partir de agora, a representação teatral enquanto jogo entre práticas irredutíveis uma à outra e no entanto conjugadas, enquanto momentos em que elas se afrontam e se interrogam, enquanto combate mútuo do qual o espectador é, no fim das contas, o juiz e o desafio.[8]

Incontestavelmente, a forma dramática moderna e contemporânea não poderia ser pensada como o cadinho no qual se restauraria a unidade do teatro. E isso pela razão fundamental de que ela está profundamente estilhaçada, fragmentada, de que ela foi parte de um incessante trabalho de desconstrução dos próprios autores, de que, se ainda existe um *corpo* do drama, este é um corpo desmembrado. Adorno não pode fazer a autópsia do drama moderno e contemporâneo pela simples razão de que esse corpo, ainda que vivo, está desmembrado e suspenso no vazio. A entrada do drama na modernidade é de fato concomitante ao advento da encenação moderna: o drama confessa sua incompletude, suas aberturas; ele clama pela cena. Com frequência, à força de didascálias – como em Ibsen, O'Neill ou Beckett, ou ainda em Diderot, seu precursor – ele se esforça por inscrever em si mesmo sua parte de vida, seu próprio devir cênico. Essa questão do devir cênico, e, sobretudo, da integração do jogo no drama, será abordado no próximo e último capítulo. Por hora, trata-se de não nos esquivarmos de outra questão – a da relativa evanescência do corpo

8 Bernard Dort, *Le Spectateur en dialogue*, Paris: POL, 1995, p. 273-274.

do drama moderno e contemporâneo, da ausência de marcas anatômicas fixas que permitam descrevê-lo genericamente e propor-lhe um modelo.

Para encontrar um início de resposta a essa questão, é útil remontar a uma das origens mais seguras de nossa modernidade teatral: as peças de Strindberg, como *Inferno*, esses "jogos de sonhos", sobre os quais George Steiner pôde escrever, para denegri-los: "essas peças-fantasmas são fantasmas de peças". Esqueçamos o aspecto polêmico do julgamento de Steiner e retenhamos a fórmula. Perguntemo-nos se a maior parte das obras mais notáveis de nossa modernidade e de nossa contemporaneidade não são, efetivamente, se comparadas com as do antigo paradigma – o drama-na-vida, ou esse drama absoluto do qual nos fala Szondi – "fantasmas de peças".

Em outros termos, como e sob o efeito de que princípio se efetua a liquidação da unidade dita "de ação"? Liquidação que arrasta consigo a clivagem do corpo do drama, a disjunção, a separação de suas partes, que perdem ao mesmo tempo o *status* de "partes" para se converter em "fragmentos" mais ou menos autônomos no seio de uma estrutura necessariamente frouxa?...

De fato, esse termo *fragmento* está mais para o singular do que para o plural, e num sentido totalmente diverso daquele de recorte interno de uma peça. Com Strindberg, e sob a influência em geral misturada de filósofos como Schopenhauer, Kierkegaard e Nietzsche, o drama interioriza essa novidade que, para retomar a fórmula do Desconhecido do *Caminho de Damasco*: "Não é o começo quando houvermos começado, não será o fim quando houvermos terminado. É um fragmento, a vida, sem começo nem fim! Eis por que é tão difícil penetrar em seus mistérios"[9]. Intuição de um homem "tomado como um peão no jogo do significante", de quem Lacan nos dá a razão teórica:

Um psicanalista deve assegurar-se dessa evidência, a de que o homem, desde antes de seu nascimento e para além de sua morte, é tomado pela cadeia simbólica que fundou a linhagem antes que a história seja ali bordada – romper com essa ideia de que ele está em seu próprio ser, em sua personalidade total, que ele é apreendido como um todo, mas à maneira

---

9   August Strindberg, *Le Chemin de Damas*, III, em *Théâtre complet*, t. III, Paris: L'Arche, 1983, p. 307.

de um pião, no jogo do significante [...], e que desde antes as regras lhe são transmitidas, por mais que ele termine por surpreendê-las.[10]

O drama-da-vida não poderia ser entendido em sua "globalidade" (se assim posso dizer) senão como fragmento, em seu próprio inacabamento. Portanto, o que desaparece com o advento do novo paradigma é, ao mesmo tempo, a concepção do drama como totalidade orgânica e a antiga boa medida do drama segundo Aristóteles e Hegel. A forma dramática escapa a toda medida e, particularmente, a essa posição mediana entre a forma épica e a forma lírica que lhe havia atribuído *A Poética* de Aristóteles – "o belo animal" – e a *Estética* de Hegel: "Pode-se dizer de modo geral que, do ponto de vista da amplitude, a poesia dramática ocupa o meio entre a epopeia, extensa, e a poesia lírica, contraída e condensada."[11] Daí em diante, a forma dramática mantém esse paradoxo de ser, ao mesmo tempo, "extensa" (a exemplo da poesia épica), e "contraída e condensada" (da mesma forma que a poesia lírica). Assim como comprova a fórmula da peça em um ato, tal como praticada por Maeterlinck, que não é (Szondi bem o mostra) uma peça reduzida, mas uma cena promovida ao estatuto de peça inteira. Em resumo, um fragmento.

Entramos numa era dramatúrgica em que *grande* e *pequeno* se confundem ou se combinam. As peças mais longas – os "monstros dramáticos" –, tais como *O Caminho de Damasco* ou *O Sapato de Cetim*, são também os mais clivados. Tendem a se apresentar como montagem, como "revista" de formas breves. Certamente, Brecht chegará a pôr na ordem do dia a noção de "grande forma" ("épica do teatro"), mas temos o direito de perguntar se não se trata aí de uma espécie de denegação, de lembrança criptografada de seu interesse pela forma pequena. Estruturadas como crônicas, decompostas em quadros amplamente autônomos, suas grandes peças, quer se trate de *Mãe Coragem* ou de *A Vida de Galileu*, continuam a olhar sob o ponto de vista da pequena forma e não se afastam fundamentalmente, em sua construção, de *Terror e Miséria do Terceiro Reich*, sequência de sainetes sobre os primeiros anos da Alemanha nazista.

---

10 Jacques Lacan, Situation de la psychanalyse em 1956, *Écrits II*, Paris: Éd. du Seuil, p. 19-20. (Coll. Points, n. 21.)
11 G.W. Hegel, *Esthétique, La Poésie*, t. II, Paris: Aubier-Montaigne, 1965, p. 336.

O oximoro – brevidade estendida, breve amplitude – se impõe como a figura do corpo improvável e fantasmático do drama. De Strindberg a Brecht, e passando por Claudel, as peças se tornam conjuntos de pequenas formas. Conjuntos de grande amplitude, tendo em vista o drama-da-vida. *A Ronda* (1900), de Arthur Schnitzler, debulha um rosário de pequenas formas, cada uma delas servindo para emoldurar uma relação sexual. Poder-se-ia também falar de um círculo vicioso que, a partir do encontro de uma prostituta com um soldado, se fecha no encontro que ocorre entre a mesma prostituta e um conde, tendo feito, no entretempo, a volta por diferentes tipos familiares e sociais (empregada doméstica, rapaz, poeta, jovem costureira, atriz etc.). Cada cena possui sua autonomia, mas o conjunto não deixa de propor uma versão forânea e derrisória do drama-da-vida.

Muito distante da superficialidade aparente de Schnitzler, o Claudel de *Sapato de Cetim* banca esta sua aposta: traçar o itinerário de toda uma vida – tratada como lenda, uma vida de santo –, interrompendo frequentemente o fluxo do relato com o intuito de recortar essa vida em quadros. De modo ainda mais violento do que Brecht, Claudel pratica uma verdadeira fragmentação da biografia de seus protagonistas fictícios ou que tenham existido, quer se trate de Rodrigo e de Prouhèze (em *O Sapato de Cetim*), quer de Cristóvão Colombo ou de Joana D'Arc em seus dramas musicais. Primeiramente, como em *A Ilha dos Mortos*, de Strindberg, a retrospecção absoluta, que corta o *continuum* biográfico e permite uma espécie de aproximação antológica:

Para compreender uma vida, assim como para compreender uma paisagem, é preciso escolher o ponto de vista e nada existe de melhor do que o ápice. O ápice da vida de Joana D'Arc é sua morte, a fogueira de Rouen [...] Assim, dizem, os moribundos veem, na última hora, desenrolar-se todos os eventos de sua vida, à qual a conclusão iminente confere um sentido definitivo.[12]

A primeira noção da escrita claudeliana é, portanto, a de instalar, face ao espectador, a *paisagem de uma vida* e, assim, permitir ao olhar passar "de um horizonte a outro, do termo ao

---

12 Paul Claudel, *Théâtre*, t. II, Paris: Gallimard, 1965, p. 1514. (Coll. Bibliotèque de la Pléiade.)

ponto de partida". Quanto à segunda, consiste em riscar essa paisagem, dividi-la em cenas breves – ultrabreves, no caso do oratório dramático *Joana D'Arc Entre as Chamas* (1934) – que aparecem e desaparecem como se fossem efeitos de um caleidoscópio. *Joana D'Arc*... cena IV, Joana Jogada às Feras; V, Joana no Pelourinho; VI, Os Reis, ou a Invenção do Jogo de Cartas; VII, Catarina e Margarida etc. *O Livro de Cristóvão Colombo*: Primeira Parte, Cena 10, A Vocação de Cristóvão Colombo; 11, Cristóvão Colombo no Fim do Mundo; 12, Cristóvão Colombo e Seus Credores; 13, Cristóvão Colombo Faz o Cerco ao Rei; 14, Isabela e Santiago etc.

Em suas peças tardias, o poeta e dramaturgo rompe com a escrita mais regular, mais ligada a uma crise limitada no tempo, em peças como *A Troca* (1900) ou *Partilha do Meio-Dia* (1905) e reencontra um pouco da amplitude e da selvageria de Rimbaud em *Cabeça de Ouro* (1889) e em *A Cidade* (1891) – princípios de interrupção e, além disso, de brevidade. Um tipo de escrita – sempre a "Paixão pelo homem" – que me será concedido dizer que aparenta-se mais aos gêneros do fim da Idade Média do que ao modelo aristotélico-hegeliano.

O TRANSBORDAMENTO

Pôr entre parênteses o modelo aristotélico não é um fenômeno novo na história do teatro após a Renascença. Já fiz alusão ao teatro isabelino, Shakespeare, e ao teatro do século de ouro que conheceram uma rejeição semelhante. Quanto ao jovem Molière, também ele experimentou os assaltos vivificantes de um "id" dramatúrgico medieval, que se recusava a desaparecer completamente face a um "superego" neoaristotélico. De fato, caso se acredite nos trabalhos antiquíssimos, e únicos em seu gênero, de Charles Magnin – *Origens do Teatro ou História do Gênio Dramático do Teatro Antigo no Século IV* (1838) –, o drama, em suas origens, era bem pouco aristotélico, e, sobretudo, não era *uniformemente dramático*. Magnin toma por alvo o "belo prefácio" de *Cromwell*. Ao mesmo tempo, atinge e faz balançar a estrutura histórico-teleológica do filósofo Hegel, e a teoria dos "gêneros" épico, lírico e dramático, que se presumem aparecerem em períodos sucessivos da humanidade.

No primeiro momento, ele semeia a dúvida: "Creio que essas divisões por épocas são mais engenhosas do que verdadeiras." Depois, embaralha tudo: "Todas as faculdades dos homens têm a mesma idade; o instinto mímico ou pitoresco não é maior e nem mais velho do que o instinto musical ou lírico; os ensaios poéticos experimentados sob essas três formas são contemporâneos." Para terminar, ele traz água a um certo moinho que não deixaremos de acionar no decorrer deste capítulo:

> A divisão da poesia em três gêneros é bastante cômoda em teoria; ela é até mesmo de fácil aplicação, desde que não se saia dos tempos em que os gêneros épico, lírico e dramático são bem separados como nos dias de hoje; mas um dos inconvenientes mais graves dessa divisão é a de não ser aplicável senão às literaturas clássicas e regulares, tais como as dos séculos de Péricles, de Augusto ou de Luís XIV. Quando se tem a fantasia de se estudar os tempos de anarquia poética, quer dizer, o começo e o fim de todas as literaturas, essa divisão, em lugar de ser um auxílio de um guia, se torna um embaraço e causa de erros. É próprio das origens, em todo gênero, apresentar todos os elementos em massa e confundidos. Nessas épocas concretas, todas as faculdades poéticas confinam e se tocam: todas as espécies de poesia se misturam. Nesse caos, é muito difícil abstrair-se inteiramente um gênero e isolá-lo dos gêneros vizinhos.[13]

Caso se faça simplesmente abstração do fato de que o que ele chama de "gênero" – épico, lírico, dramático – recobre antes o que nós denominamos "modo", não se tem a impressão de que o pensamento desse contemporâneo de Hugo é atualíssimo? A modernidade do drama não se inscreve precisamente num desses períodos de "anarquia poética" que Magnin evoca? Períodos simultaneamente de "fim" e de "começo", ou ainda de *recomeço permanente*, no qual o teatro se libera do jugo de sua forma canônica. O primeiro efeito dessa emancipação é a penetração, no seio do modo dramático, dos modos épico e lírico. Não se trata de síntese "dialética", à moda de Wagner e, sobretudo, de Hegel – constituindo o dramático, para este último, uma ultrapassagem do épico e do lírico. E também não desse devir épico

---

13 Charles Magnin, *Origines du théâtre*, Plan-de-la-Tour: Éd. D'Auhourd'hui, 1981, p. 12 (Coll. Les Introuvables.). Texto em conformidade com a Éd. Hachette, Paris, 1838, p. 12. Saliento que a contestação não se apoia em uma abordagem sócio-histórica da forma dramática, que subsiste em minha perspectiva, mas, sim, sobre o edifício hegeliano – bem como, de resto, no pensamento de Lukács, Szondi entre outros – enquanto teleológico e até mesmo escatológico.

do teatro – sempre a ultrapassagem – teorizado por Brecht. Uma nova relação toma o lugar: jogo de transbordamento incessante de uma instância – dramática, épica, lírica – para outra.

Sob esse ponto de vista, as reflexões cruzadas de Goethe e de Schiller – das quais Brecht extraiu seus argumentos em favor de seu teatro épico – são mais esclarecedoras. Em seu combate para "banir do drama a cópia trivial da natureza", Schiller dá graças ao esforço de Goethe para separar claramente o dramático do épico: "Os contrastes que vós traçais entre o rapsodo e o mimo, e entre seus públicos respectivos, parecem-me muito bem escolhidos para enlaçar as diferenças que separam esses dois gêneros poéticos." E acrescenta essa correção importante: "a tragédia, entendida em seu sentido eminente, sempre terá a tendência de elevar-se até o caráter épico, e só assim alcançará a dignidade poética"[14]. Em resumo, segundo Schiller, pode haver o rapsódico no drama, no sentido de uma oscilação entre os modos e o transbordamento mútuo desses modos entre si.

O que é verdadeiro para o modo épico na época de Goethe e de Schiller, torna-se igualmente verdadeiro para o modo lírico na virada do século xx. Confirma-o o aparecimento de dramaturgias poéticas – e, mais precisamente, a questão do *poema dramático* – de Mallarmé, Maeterlinck, Yeats, Pessoa, Valle-Inclán e, certamente, do Strindberg de *Inferno*. Para o autor de *Os Cegos*, "a peça de teatro deve, antes de tudo, ser um poema"[15]. Em *A Intrusa, Os Cegos, Interior*, a dramaturgia isenta as personagens de todo conflito, de toda relação interpessoal; ela se resume à espera palpitante, arrepiante, da revelação de uma catástrofe sempre anunciada. Tratando-se de Mallarmé, Szondi, em "Lições Sobre *Herodíade*", "modelo de todos os dramas poéticos do fim do século xix", acabará por render homenagem a seu projeto de uma dramaturgia subjetiva, lírica, "impressionista".

Propondo-se a pintar não a coisa, mas o efeito que ela produz sobre a subjetividade, Mallarmé dá um passo em direção à forma dramática.

---

14 J.W. von Goethe; F. Schiller *Goethe-Schiller: Correspondance, 1794-1805*, t. I, Paris: Gallimard, 1994, p. 506-507. Trad. bras., Claudia Cavalcante, *Correspondência (1794-1803) Entre Johann Wolfgang von Goethe e Friedrich Schiller*, São Paulo: Hedra, 2010.

15 Maurice P.M.B. Maeterlinck, *Introduction à une psychologie des songes et Autres Écrits*, Bruxelas: Labor, 1985, p. 155.

O eu épico que pintaria o objeto com a impassibilidade parnasiana é eliminado em proveito do sujeito lírico, tocado por um acontecimento. E, à diferença de um narrador épico, que não se situaria em lugar algum, o eu do monólogo lírico está ligado a uma situação, assim como as personagens do teatro tradicional. Ele se distingue pela passividade. O herói impressionista é passivo por definição...[16]

Notemos, entretanto, que aquilo que ele saúda aqui, no projeto de Mallarmé, particularmente o caráter passivo da personagem, Szondi não estava pronto para o reconhecer em Strindberg na época que em que publicou *Teoria do Drama Moderno* (1954). Devo lembrar que em sua crítica de *A Sonata dos Espectros*, opus 3, do teatro de câmara do mestre sueco, o teórico, ofuscado pela ideia de um devir épico do teatro, passa ao lado do essencial: a fragmentação do corpo do drama em três movimentos sucessivos, épico, dramático e lírico? Muito sensível ao caráter épico do primeiro ato, em que se vê o Diretor Hummel escrutar a fachada do imóvel e especular sobre as atitudes e mentalidades dos que ali habitam, ele constata que o autor ridiculariza e mata essa personagem onisciente no segundo ato, e sobre o qual repousa o princípio épico da peça. E acaba por condenar totalmente o terceiro ato, composto por uma confrontação de tipo lírico entre o Estudante e a Jovem moribunda, cujo princípio vital é atacado, ato que ele considera como "um fracasso, já que sem apoio épico".

Quinze anos depois, o mesmo Szondi, iluminado pelo exemplo de *Herodíade*, pôde rever sua crítica e creditar ao terceiro ato da peça de Strindberg esse mesmo "impressionismo" e mesmo subjetivismo que caracteriza o poema dramático de Mallarmé. Mas, em meados dos anos de 1950, o que sua análise não leva em conta, ou não chega a pensar, é a cisão do corpo do drama em três pedaços independentes, cuja dominante muda a cada vez: em primeiro lugar, o épico e o olhar; em seguida, o dramático e o (ensaio do) encontro catastrófico e mortal entre a Múmia e Hummel; enfim, o canto desesperado e extenuado das duas crianças, dos dois "herdeiros", que faz terminar a peça num lirismo sem restrições. Tratando-se do último ato da peça,

---

16 Peter Szondi, *Poésies et Poétiques de la modernité*, Lille: Presses Universitaires de Lille, 1982, p. 113.

VI. A PULSÃO RAPSÓDICA

o teórico ainda não percebeu o espaço considerável ocupado pelo *silêncio* – trazido pelo lirismo – no drama moderno. Um silêncio que nada tem de anedótico, que não se apresenta como simples pausa ou prolongamento da palavra. Um silêncio que, no drama, libera o espaço da intersubjetividade. Mais globalmente, o Szondi da *Teoria do Drama Moderno* passa ao largo da absoluta novidade de *A Sonata dos Espectros*, novidade com a qual Artaud saberá identificar-se muito bem: colocar lado a lado, numa mesma peça, por transbordamento ou invasão, e não por ultrapassagem, fragmentos dramáticos, épicos e líricos.

No correr do tempo, a ilusão de uma ultrapassagem teleológica do dramático pelo épico foi dissipada, e o apelo a uma forma dos inícios dos quais Magnin, de coexistência pura de momentos dramáticos, épicos e líricos, se fez cada vez mais fortemente perceptível. Peter Handke teria sido, no final do século XX, tanto em suas obras de ficção como em suas reflexões, um arauto dos mais convincentes. Em sua *História do Lápis*, assim como em suas conversas com Gamper, o escritor austríaco declara partir invariavelmente, qualquer que seja a obra em execução, de uma posição indiferente quanto aos "gêneros", romanesco ou dramático. Daí esses cavalgamentos, essas recuperações incessantes do épico pelo dramático, do dramático pelo lírico etc., que se efetuam no interior do poema dramático de Handke. *Sobre as Aldeias* é um excelente exemplo, no qual Gregor, uma espécie de peregrino moderno, meio Ulisses, meio Filho Pródigo, toma o caminho que passa "por povoados". Um périplo feito por meio de voltas que iluminará Nova com seu olhar regenerador. Dois monólogos de Nova, o segundo em forma de longa parábase, enquadram a peça. Em ambos os monólogos, fundem-se arte poética e arte de viver, segundo Peter Handke:

NOVA: [...] Sobretudo, tenha tempo e dê voltas. Deixe-se distrair. Dê férias a você mesmo, por assim dizer. Não negligencie a voz das árvores, de água nenhuma. Entre onde tiver vontade e se permita o sol. Esqueça a sua família, dê força a desconhecidos, se debruce sobre os detalhes, vá para onde não haja ninguém, cague para o drama do destino, desdenhe a infelicidade, acalme os conflitos com seu riso. Ponha as cores que queira, conserve seu direito e que o barulho das folhas lhe seja doce. Passe pelos povoados, eu o sigo.
[...]

NOVA: Sou apenas eu, originário de outro povoado, não muito diferente. Mas, estejam persuadidos, o espírito da nova era fala em mim e eis o que ele tem a dizer. Sim, o perigo existe: é graças a ele que posso falar como vou falar – na resistência. Escutem também meu poema dramático – é bom não mais esgueirar-se de seus sonhos, mas não acordem uns aos outros uivando como cães. Vocês não são bárbaros e nenhum de vocês é culpado; e em suas crises de desespero constataram que não são desesperados. Se fossem desesperados, estariam mortos. Não se pode renunciar; não se façam de solitários intempestivos...[17]

Em *Sobre as Aldeias*, se alternam o lirismo profundo de uma ode à natureza e situações propriamente dramáticas e conflituosas: "A Velha Senhora (*para Gregor*): Eu o conheço. Como antigamente, nas guerras de meninos, você pretendia que pudessem se reconciliar, e você quer a reconciliação. Mas também você não vai escapar do conflito. No povoado, corre o boato de que você quer um crédito sobre a propriedade dos seus pais...[18]" Prova de que, para Handke "tudo é um pouco emaranhado, as fronteiras entre drama, poema, relato: em meus últimos trabalhos, as fronteiras não estão mais nitidamente desenhadas, e eu me sinto capaz, ou exijo de mim mesmo, unir, naquilo que escrevo, a trama do poema ou a possibilidade do poema, o impulso lírico e também o elemento dramático..."[19]

Alguma coisa se deslocou entre Strindberg, que com suas "peças fantasmas" inventa essa estratégia do transbordamento, e Peter Handke: o entrelaçamento dos modos dramático, lírico e épico resultam mais estreitos, mais íntimos. A coexistência se estabelece talvez mais sobre um plano vertical, de transparência e de dialogismo entre um e outro do que sobre um plano horizontal da sucessão. O processo, em todo o caso, é irreversível, pois com ele se comprometem muitos autores. Assim Sarah Kane, justificando o projeto de *Falta*: "Eu queria descobrir em que medida podia produzir uma poesia satisfatória, continuando a me servir da forma dramática.[20]"

---

17 Peter Handke, *Par les villages*, Paris: Gallimard, 1983, p. 18 e 83. (Coll. Le Manteau d'Arlequin.)
18 Ibidem, p. 62.
19 Herbert Gramper; Peter Handke, *Espaces intermédiaires*, Paris: Christian Bourgois, 1992, p. 126.
20 Sarah Kan, em Graham Saunders, *Love Me or Kill Me, Sarah Kane et le théâtre*, Paris: L'Arche, 2004, p. 167.

VI. A PULSÃO RAPSÓDICA

Rompendo com a dialética hegeliana do dramático como ultrapassagem do épico e do lírico, o drama moderno e contemporâneo pratica a tensão dos três grandes modos poéticos. Sua divisa poderia ser a seguinte fórmula de Mallarmé: "Aliar, mas não confundir.[21]" A peça não se resume mais a uma "grande colisão dramática"; ao lado de momentos puramente dramáticos, baseado em conflitos interpessoais, há momentos épicos de puro olhar objetivo sobre o mundo, sobre a humanidade tomada em seu conjunto, e ainda outros momentos, líricos, de diálogo entre eu e eu, e entre eu e o mundo. O teatro amplia consideravelmente o seu registro. Abre-se a um mundo multiforme, no qual a investigação do contexto social e político – o pano de fundo dos dramas clássicos passa ao primeiro plano – pode costear a representação dos enfrentamentos inter-humanos assim como o mergulho no íntimo, no psiquismo dos seres. O drama decide liberar-se dos seus limites e dos seus constrangimentos. Faz-se concorrente do romance no que diz respeito a prestar contas do mundo em que vivemos. Já Diderot se lamentava da rigidez das regras e sonhava insuflar na forma dramática um pouco dessa liberdade que reinava no romance. Mais resoluto ainda, Zola se bateu, ao menos no plano teórico, para que o drama preenchesse o "atraso" que tinha em relação ao romance. Incontestavelmente, é na época do naturalismo – ou, para ampliar, na do cruzamento naturalismo-simbolismo – que o drama se pôs a querer captar seus panos de fundo, isto é, o meio dos naturalistas, o cosmo e as potências invisíveis dos simbolistas, que até então só interessavam ao romance e à poesia, e a conduzi-los ao primeiro-plano.

A um drama que se fechou em sua forma canônica, a um drama com perda total de abertura, sobrevém uma forma rapsódica, que pratica a alternância dos modos dramático, épico e lírico, permitindo ao drama retomar contato com o mundo. Tal é o processo regenerador que Bakhtin designa sob o nome de "romantização".

A "romantização" da literatura não significa a aplicação aos demais gêneros do cânone de um gênero que não é seu. Pois o romance não possui qualquer cânone! Por sua própria natureza, ele é acanônico,

---

21 Stéphane Mallarmé, *Revue indépendante*, n. 2, dec. 1886, t. I, p. 251.

completamente flexível. É um gênero que se procura eternamente, se analisa, reconsidera todas as suas formas adquiridas [...] Também a "romantização" dos demais gêneros não significa sua submissão a cânones que não são os seus. Ao contrário, trata-se de uma libertação de tudo o que é convencional, necrosado, pomposo, amorfo, de tudo o que freia a sua evolução e os transforma em estilização de formas decrépitas.[22]

A propósito da função emancipadora da romantização do drama, já dei alguns exemplos de Diderot, seu precursor, a Miller e O'Neill, passando por Ibsen, Tchékhov, Górki... Mas essa influência sem tutela continua ativa, mesmo hoje em dia. Penso, por exemplo, nas peças que Daniel Danis qualifica de "romances-ditos", notadamente *Terra Oceano*. Não se trata aqui, para o autor, de criar um gênero ou "subgênero" novo, como para o "jogo de sonho" de Strindberg, no qual nenhum "horizonte de espera" tem correspondência com o público de teatro. O objetivo, de preferência, é afirmar a presença constante do autor-narrador – que, como vimos no primeiro capítulo, abre as cenas ou as microcenas, assim como se inicia um capítulo de romance por um título – tanto quanto a alternância de cenas dialogadas e de récitas, algumas vezes bem longas, como a que evoca a razia que faz Gabriel, a criança enferma e destinada a uma morte próxima, sobre a despensa da casa.

Os dois homenzinhos temerários (Antoine e Dave) tinham escolhido ir juntos à cidade para acertar, de uma só vez, e rapidamente, suas comissões. Uma história de no máximo duas horas. Com um carro rápido, Antoine decidiu se atrasar, rodando como um pião em sua rota, e se enfiar num banco de neve, numa das partes da zona rural do deserto. Cinco horas depois...

Evaporadas: a caixa de biscoitos, a de chocolate, o pacotinho de doces, a caixa de leite, o resto da garrafa de vinho, o menininho de dez anos e meio, dormindo todo encolhido na escuridão, amarfanhado no meio do divã.

Espalhadas: as revistas de cinema, outras revistas, um velho exemplar de um catálogo da Canadian Tire de 1968, pertencente ao tio.

Antoine toma delicadamente o catálogo das mãos de Gabriel.

ANTOINE: Quando neva amorosamente sobre a terra já esbranquiçada do inverno, quando os pneus dos carros deixam rastros mordentes

---

22 Mikhaïl Bakhtin, Récit épique et roman, *Esthétique et Théorie du roman*, Paris: Gallimard, 1978, p. 472.

sob as luzes da cidade, revejo esses catálogos nos quais havia a promoção de artigos de automóveis sobre a capa decorada com flocos de neve.[23]

O RETORNO DO RAPSODO

No teatro, nos diz a tradição, o autor deve apagar-se completamente diante de suas personagens. Estar ausente. No romance, ao contrário, o autor é onipresente. Ele toma abertamente a seu encargo o fio do relato, ou delega essa tarefa a um narrador que irá decidir o encadeamento da ação, as descrições e os diálogos. Qual é a instância que, na forma dramática moderna e contemporânea, se insinua no concerto das personagens e regula todas essas operações de convergência, de montagem de elementos disparatados, que decorrem da romantização do drama? Que voz é essa, de qualquer forma *a mais,* que se faz ouvir não *sobre,* mas antes *ao lado* das personagens? Não a do autor, no sentido de *auctoritas.* A voz que se escuta em tantas peças modernas e contemporâneas, de Strindberg a Kane e Fosse, é uma voz inquieta, errática, imprevisível. E, com frequência, subversiva. Uma voz anterior à do autor. Voz que remonta à oralidade das origens. Voz do *rapsodo,* que retorna, que se imiscui na ficção.

A poética do teatro, de Aristóteles a Hegel, havia banido o rapsodo. À sua figura colou-se uma ideia de mescla, de mestiçagem, de impureza – alternar permanentemente representação e relato, mimese e diegese –, incompatível com a da tragédia. Ora, só podemos constatar que o rapsodo voltou com força. E sutilmente. Que disseminou sua presença no seio do corpo do drama. Diz Goethe do rapsodo na obra épica: "Nenhuma [personagem] pode tomar a palavra que não lhe tenha sido previamente dada." Mas não se dá a mesma coisa atualmente num contexto dramático? O rapsodo não preenche, nas obras dramáticas modernas e contemporâneas, essa mesma função distributiva da palavra? Invisível e, no entanto, onipresente, o rapsodo faz a cena com as personagens, ou até mesmo *conduz* a cena. Dessa outra partilha das vozes, mais ampla, mais generosa, dando à cena uma dimensão verdadeiramente pública, Victor

---

23 Daniel Danis, *Terre Océane*, Paris: L'Arche, 2006, p. 50.

Hugo tinha nostalgia, definindo assim o coro: "Ora, o que é o coro, essa estranha personagem colocada entre o espetáculo e o espectador, senão o poeta a completar a sua epopeia?"[24] Mas seria reduzir o alcance desse retorno do rapsodo se o confinarmos a um simples papel épico. A pulsão rapsódica que se manifesta na forma dramática após os anos de 1880 diz respeito a todo o corpo do drama. Assim como às fases dramáticas, líricas ou épicas.

Nesse sentido, vimos que o conceito de "sujeito épico" anteriormente forjado por Peter Szondi se mostrava interessante, mas insuficiente. Constatando a dissolução no drama moderno, da relação dialética objeto-sujeito do drama postulado por Hegel ("Essa objetividade que provém do sujeito, assim como essa subjetividade que consegue ser representada em sua realização e em sua validade objetiva"), o autor da *Teoria do Drama Moderno* põe em evidência o aparecimento no seio da forma dramática, de um "eu épico", que se acredita objetivar o mundo no qual ele evolui, e sobretudo o mundo sobre o qual ele exerce o seu olhar. Mas o que Szondi parece não conseguir visualizar, ao menos na época em que escreve o seu *Teoria do Drama Moderno*, é que esse sujeito épico possa ser igualmente um sujeito dramático e um sujeito lírico. Em resumo, um sujeito *rapsódico*. Sua análise tropeça, já o vimos, em *A Sonata dos Espectros*, de Strindberg. O que Szondi se recusa a ver é a dimensão plural, proteica de Hummel, que, na moldura do jogo de sonhos, pode estar ao mesmo tempo dentro e fora, sonhador e sonhado, observado e observador, narrador e personagem. À maneira de Agnes de *Sonho*, alguns anos antes, ele tem essa faculdade de desdobramento, que lhe permite ser, às vezes no mesmo instante, personagem e rapsodo. A essas duas figuras de Strindberg e, depois delas, a numerosas personagens ou impersonagens do teatro moderno e contemporâneo, poder-se-ia reconhecer a mesma faculdade que o Diretor de Cena de *Nossa Cidade*, peça de Thornton Wilder, atribuía a Emily, que volta para reviver o dia de seus doze anos: "Não apenas você irá vivê-lo, mas verá a si mesma vivendo-o".

---

24 Vitor Hugo, Préface de *Cromwell*, em *Théâtre*, t. I, Paris: Gallimard, 1963, p. 412. (Coll. Bibliotèque de la Pléiade.) (Trad. bras.: *Do Grotesco e do Sublime: Tradução do Prefácio de Cromwell*. São Paulo: Perspectiva, 2014, p. 19-20.)

Através da sua extrema plasticidade, o sujeito rapsódico insufla na obra dramática uma liberdade infinita. A pulsão rapsódica é, por definição, geradora da forma mais livre, o que não significa ausência de forma. Como delimitar então essa área da forma dramática na qual se exerce o princípio rapsódico? No quadro de uma pesquisa sobre o "diálogo dos gêneros", Philippe Lacoue-Labarthe e Jean-Luc Nancy, retomando e comentando certos textos dos irmãos Schlegel e de Nietzsche, estabeleceram que o diálogo platônico era o ancestral do romance[25]. Não se poderia ver um efeito da romantização da forma dramática nesse paradoxo de um diálogo do drama moderno e contemporâneo que se inscreveria mais na filiação de Platão do que na de Aristóteles? Em *A República*, Platão insiste sobre o gênero intermediário da arte rapsódica, compromisso entre mimese e diegese. Ora, bem parece que o teatro moderno e contemporâneo em seu conjunto esteja destinado a essa *mimese incompleta e contrariada*, a essa mimese sempre interrompida e cavalgada pela *diegese*. De Aristóteles a Hegel, a forma dramática é pensada sob as espécies de um conflito que vai até sua resolução e de um "belo animal", bem proporcionado, tendo começo, meio e fim, e cujas partes se encadeiam rigorosamente segundo o princípio de causalidade. A pulsão rapsódica mina esse modelo: tende a impor uma forma aberta, o drama-da-vida, que não tem começo nem fim, e cujas partes se sucedem sem, necessariamente, se encadear. Cabe ao espectador operar nessa descontinuidade, até mesmo nessa disjunção, e, como escreve Pasolini num outro contexto, reunir em seu espírito "os fragmentos de uma obra dispersa e incompleta"[26].

Se existe uma arte que, na história do teatro, apresentou-se toda ela rapsódica, foi a da Idade Média tardia, a dos mistérios, milagres e outras Paixões. Sabemos, aliás, que o período do fim do século XIX, incluindo aí Mallarmé, foi bastante sensível entre os homens de teatro assim como entre os pintores, à arte medieval e ao "mistério". E já insisti, nos capítulos precedentes, sobre a pregnância, em certas peças de Ibsen, de Strindberg ou dos expressionistas, do esquema, reinvestido por Mallarmé,

---

25 Philippe Lacoue-Labarthe; Jean-Luc Nancy, Le Dialogue des genres, *Poétique*, Paris, n. 21, 1975.
26 P.P. Pasolini, *Écrits corsaires*, Paris: Flammarion, 1976, p. 23.

da Paixão. Ora, a Paixão primitiva, mesmo antes da de Cristo, é a de Sócrates em *Fédon*. Desde então, estamos autorizados a nos perguntar se uma nova genealogia do drama moderno remontaria não mais a Aristóteles, mas a Platão. As teses de Walter Benjamin, tanto sobre o drama barroco alemão quanto sobre Brecht, nos encorajam nesse caminho. O filósofo-ensaísta nos indica o que ele chama de uma "vereda escarpada", "um caminho de contrabando", "via importante, mas mal sinalizada", passando "por Rosvita de Gandershein e pelos mistérios da Idade Média: por Gryphius e Calderón na época barroca. Ulteriormente, ela se mostra em Lenz e Grabb e, finalmente, em Strindberg". O autor de *Origem do Drama Barroco Alemão* associa estreitamente a secularização do drama religioso medieval no *Trauerspiel* à busca de um herói não trágico, que remonta a Platão, que "bem compreendera a essência não dramática desse homem superior entre todos, que é o sábio". "E ele o conduziu, em seus *Diálogos*", acrescenta ele, "ao seio do drama – no *Fédon*, até o limiar da representação da Paixão". Busca evidentemente em ruptura com o modelo da tragédia grega. "O Cristo medieval, que como o vemos nas ideias dos Padres da Igreja, também representava o sábio, é o herói não trágico por excelência. Mas a procura de um herói não trágico jamais deixou de existir no drama secular do Ocidente. Este aqui, frequentemente em desacordo com seus teóricos, se afastou, sem deixar de se renovar, da forma autêntica do trágico em seu aspecto grego."[27]

Tudo indica que esse "afastamento", essa via de desterritorialização da forma dramática, continua a ser largamente aberta hoje em dia, seguindo o devir rapsódico do teatro moderno e contemporâneo. Benjamin insiste sobre a dimensão lúdica e sobre a "forma híbrida", em que "se misturam o cômico e o horrível", que demarcam claramente o drama medieval secularizado da "irrevogabilidade do trágico"[28] antigo. Outros tantos sinais da presença do rapsodo.

---

27 Walter Benjamin, *Essais sur Brecht*, Paris: La Fabrique, 2003, p. 40-41.
28 Idem, *Origine du drame baroque allemand*, Paris: Flammarion, 1985, p. 262. (Coll. La Philosophie en effet.)

FIGURAS DO RAPSODO

A intervenção do princípio rapsódico no drama é bastante variável; ela se conjuga de várias maneiras. A mais evidente e a mais objetiva é a dos coros ou anunciadores, cujas falas ao público vão escandir o desenvolvimento da fábula, não sem nela introduzir algumas turbulências. A ressurgência do coro antigo, instância épico-lírica por excelência, é certamente, como indiquei no capítulo IV, a modalidade mais rara no teatro moderno e contemporâneo. Para que haja um coro, é preciso haver uníssono e, portanto, comunidade. Condições que encontramos reunidas em certas peças de Brecht, de Claudel e de Kateb Yacine. Bem mais frequentes são os anunciadores, portadores de nomes diversos – o Diretor de Teatro, o pregoeiro falador em Brecht; o Anunciador ou o Explicador em Claudel, que nesses teatros de dimensões épicas preenchem quatro funções: dirigir-se ao público, distribuir as palavras, gestual díctico, antecipação da ação.

O EXPLICADOR: Um albergue pobre em Valladolid. / (*E com efeito se vê na cena um pobre albergue em Valladolid*) Cristóvão Colombo! (*Entra Cristóvão Colombo.*). Ele é velho. Ele é pobre. Está doente. O homem que está com ele e discute é o proprietário do albergue. O velho traz o bridão de sua mula no braço. É seu único bem, e tem medo de que o roubem. A mula de Cristóvão Colombo! / (*Entra a mula de Cristóvão Colombo.*) / Ele tira sua bagagem miserável e depois a mula é posta num quarto ao lado. O que há no cofre? Livros, papéis, um retrato de mulher. Existe ainda alguma coisa que ele procura no fundo. / Correntes! / (*Cristóvão Colombo suspende as correntes e põe-se a rezar*) [...] – Cristóvão Colombo, Cristóvão Colombo! / Vem conosco! Vem conosco, Christóvão Colombo!
CRISTÓVÃO COLOMBO: Quem são vocês que me chamam?[29]

"Caros espectadores, apresentamos / – Calem-se, vocês ao fundo! / A de chapéu lá no fundo, a bela senhora! – gângsteres, o drama histórico..." Em Brecht – aqui, em *Arturo Ui* – a fala cômico-séria do Prólogo é claramente emprestada das formas populares do teatro de revista. Ela se prolonga em toda a rede de falas dirigidas ao espectador, sejam vocais, sejam por meio de cartazes e de projeções – os famosos painéis brechtianos.

29 Paul Claudel, *Théâtre*, t. II, p. 1132-1133.

A pulsão rapsódica trabalha, de um lado, para assentar o mimético sobre o diegético e, de outro, para assegurar o que Brecht e Benjamin chamaram de "literalização" da representação. O esforço consiste em mesclar "elementos formulados" a "elementos formais"[30]. Esclarecendo: um texto escrito se integra à imagem cênica e faz a legenda da representação. Mesmo não sendo tão explícito, esse cuidado de literalização se reencontra em Claudel, que prevê, em suas Notas para *O Sapato de Cetim*, que "as indicações de cena, quando forem pensadas e não atrapalharem o movimento, serão afixadas ou lidas pelo diretor ou pelos próprios atores"[31].

O que impressiona na intervenção do rapsodo é que ela é marginal, em relação a intervenção massiva das personagens, e, no entanto, decisiva não apenas quanto à condução do relato, mas também, e sobretudo, porque carrega um comentário sobre a ação, e assim convida o espectador a se interrogar, conforme o desejo brechtiano, sobre os "porquês" da ação. Aqui reencontramos a dimensão filosófica do drama-da-vida, que é, essencialmente, a do *ponto de vista,* e que só consegue se exprimir numa espécie de segundo grau da ação, de *retorno* à ação, aquilo que chamei de metadrama. Os alemães têm uma expressão para designar o que é visto de baixo, em contra-plongée de alguma maneira: o "ponto de vista da rã". No romance de Günter Grass intitulado *O Tambor*, é Oskar, o homenzinho que desde os sete anos se "recusa a crescer", que tem o ponto de vista da rã e cujo olhar reflete toda a violência e a barbárie da cena histórica. Aliás, o próprio Oskar – sobretudo por seu grito "vitricida" – é uma personagem relativamente assustadora, "relativamente" se comparada à personagem-ponto de vista chamada de forma bastante congruente de "O Monstro", que inaugura a trilogia das *Peças de Guerra* de Edward Bond, e que é propriamente terrificante. "O Monstro" é essa criatura grotesca, no sentido de Wolfgang Kaiser (quer dizer, mórbida), de preferência ao de Bakhtin, que simplesmente não nasceu, que foi vitrificado no ventre de sua mãe pela explosão atômica. Ora, é a ele que Bond confia a função rapsódica de introduzir as *Peças de Guerra* e de conduzir, ao longo da primeira peça,

---

30 W. Benjamin, *Essais sur Brecht*, p. 26.
31 P. Claudel, *Théâtre*, t. II, p. 663.

Vermelho, Negro e Ignorante, o relato dramático a fim de suscitar a indignação e estimular o questionamento do público. Já citei, no capítulo v, o prólogo de *Vermelho, Negro e Ignorante*. Eis aqui o epílogo:

O MONSTRO: Vocês nos mataram em nome da liberdade / A democracia não é o direito de voto, mas a liberdade de saber e o conhecimento baseado no fato de saber / Sua democracia é o meio de suprimir a verdade e de jogar a liberdade na prisão / Que liberdade me deram? Dois punhados de cinzas/ (*Ele joga as cinzas no chão.*) / Onde está aí a minha liberdade?[32]

É importante que o sentido filosófico, heurístico, do drama – esse cavalgamento da ficção pelo questionamento – não chegue ao espectador pelo alto, como numa peça de tese ou de mensagem, mas, ao contrário, de baixo, por intermédio da voz inaudita e trágica do Monstro de Bond ou através daquelas, quase *clownescas*, dos anunciadores e outros explicadores. Há, ao mesmo tempo, nessas vozes alguma coisa de incongruente e de imperativo – quase cominativo. A uma de suas figuras de rapsodo, Claudel deu o nome bastante significativo de O Irrepreensível. Como que para atestar que esse retorno do rapsodo ao seio da obra dramática é bem de natureza pulsional.

Mudança geral. A música imita o barulho de um tapete no qual se bate e que faz uma enorme poeira. / Enquanto se carrega o material da cena precedente, aparece, entre os maquinistas, O Irrepreensível, que os dirige e os empurra à maneira dos palhaços de circo.

O IRREPREENSÍVEL (*girando o metro da modista e agitando o tecido vermelho como um toureiro*): Vamos, roceiros, o público está impaciente! Mais rápido, estou pedindo! Hei, vamos, *pst*, presto! Retirem isso, se desvencilhem do estrado! / *Seus roceiros*, isso é teatro, eu esperava estar com minha roupa de cena, mas não tive a paciência de mofar nesse buraco em que o autor me meteu. Vinte vezes a camareira apareceu por uma porta que não era a minha e eu fico ali a galopar uma cadeira de balanço diante do espelho! / Desconfiam do meu ardor, conduzo as coisas muito rapidamente, num piscar de olhos estaríamos no fim e o público ficaria muito contente! / Eis aí por que o autor me deixa em segundo plano, alguém de quem

32 Edward Bond, *Rouge, noir et ignorant*, em *Pièces de guerre, I-II*, Paris: L'Arche, 1994, p. 46.

possa se servir em qualquer ocasião, com um monte de figurantes que fazem enorme barulho batendo os pés nos sótãos de sua imaginação e de quem ninguém nunca verá a figura. / Mas a mim não se contém muito facilmente; fujo como gás por debaixo da porta e explodo no meio da peça! / Atenção, vai começar, vou voar em meu cavalinho de sela (*faz o gesto de quem pedala uma bicicleta invisível a toda velocidade.*) / Não estamos mais em Cádiz, estamos agora na Serra Qualquercoisa...[33]

(*Golpe violento sobre uma grande caixa.*) Entendem? Rodrigo aos meus pés! Ele chega! Ele chega! Só tenho que me volatilizar. Abram um espacinho entre vocês para mim. Eu também estou curioso para saber se ele vai conseguir encontrar sua figura particular. Faça o favor de entrar, senhor Rodrigo![34]

De uma certa maneira, o pregoeiro brechtiano e o Explicador ou Irrepreensível de Claudel fazem o papel de condutores do jogo cênico, ressaltando o fato de que o drama-da-vida é um drama não de primeiro, mas de segundo grau, sempre prestes a ser novamente *jogado ou encenado*. O que será o caso não apenas no plano formal, mas igualmente no plano temático numa peça de Max Frisch, *Biografia, um Jogo* (1967), em que uma personagem, Kürmann, é convidada a "recomeçar sua vida" como uma figura de rapsodo, congruentemente designado pelo autor como Secretário. Reconhecemos nesse Secretário um dos múltiplos herdeiros do Doutor Hinkfuss, com papel de Pirandello, o condutor e rapsodo de *Esta Noite se Representa de Improviso*. Causador de desordens, rival do Autor (aliás, Pirandello), ele se lança, em resposta aos protestos de alguns "espectadores", "num prólogo involuntário", um longo discurso contra a autoridade do autor e favorável a um teatro amplamente improvisado, a partir de uma simples novela de Pirandello. Hinkfuss, que dividirá a cena com as personagens e dirigirá de fato o "improviso", reconhece no autor da novela a virtude de ter "compreendido que a obra do escritor termina no ponto exato em que ele acaba de escrever a última palavra. Responderá por essa obra diante do público de leitores e diante da crítica literária. Não pode nem deve responder perante o

---

33 Paul Claudel, *Le Soulier de satin*, em *Théâtre*, t. II, p. 730. Em sua "versão para a cena", Claudel teve a tendência para aplainar essa figura do Irrepreensível, reduzindo-o à proporção de um simples Anunciador.
34 Ibidem (Variantes, em *Notícias*), p. 1482.

público de espectadores e dos senhores críticos teatrais, que julgam sentados no teatro"[35]. O procedimento do teatro no teatro pode parecer já desgastado hoje em dia, mas não a intervenção rapsódica de Hinkfuss ao longo da peça, que, praticando, desafiadoramente, a interrupção, a antecipação, a retrospecção, a repetição-variação e, mais amplamente, a conversão do diegético em mimético e vice-versa, inverte literalmente o tempo da representação. Hinkfuss introduz, como veremos no próximo e último capítulo, o tempo da encenação dentro da representação.

No entanto, para sair desse textocentrismo que Hinkfuss recusa, existem outros caminhos além da hiperteatralidade convocada pelas dramaturgias de Pirandello ou a de Claudel e Brecht. Um desses caminhos, cada vez mais franqueado atualmente, é o do rapsodo hipostasiado em didascália. A didascália pode ser apenas uma voz surda e incerta que se confia – segundo a tradição – ao leitor, ao encenador, ao ator, ao cenógrafo, os quais a ouvirão mais ou menos – muito menos do que mais. Ela pode igualmente se transformar em uma voz sonora que, da cena ou de sua periferia, se dirige diretamente ao espectador. Nesse caso, a didascália – um certo tipo, menos funcional do que narrativo ou poético, de didascália – dá a palavra àquele que fará o papel de didascália. Sozinho ou em conjunto, a didascália [sendo emitida no palco por algum ou alguns atores] abre um *teatro de vozes* – vozes da romantização, vozes do comentário e do questionamento – que se intercala no diálogo entre as personagens e, algumas vezes, as substitui.

Talvez pelo fato de a utopia de um "teatro da leitura" que os anima, certos textos de Marguerite Duras a convocam a um tratamento semelhante. A didascália se divide então em vários interlocutores e dá lugar a esse teatro de vozes que acompanha ou algumas vezes suplanta o teatro de personagens. As quatro vozes – duas de mulheres, duas de homens – que compartilham o maior trecho de *Canção da Índia* (1972) podem ser consideradas como vozes de didascálias, mesmo que por vezes traiam a tentação de um devir-personagem. Aliás, Duras indica, a propósito

---

[35] Luigi Pirandello, *Ce soir on improvise*, em *Théâtre Complet*, t. II, Paris: Gallimard, p. 691. (Coll. Bibliothéque de la Pleiade, n. 324.) Ed. bras., Esta Noite se Representa de Improviso, em J. Guinsburg (trad. e org.), *Pirandello: Do Teatro no Teatro*, São Paulo: Perspectiva, 2009, p. 247. (Col. Textos 11.)

de uma intervenção da "Voz 1", *como lido*". De fato, essas vozes estão destinadas à rememoração e a seu complemento, o esquecimento, a amnésia. Em cena, a voz rapsódica de Duras deve situar-se bem aquém de toda encarnação. Nessa obra de múltiplas entradas e aplicações, subintitulada "texto teatro-filme", mas que é o resultado de uma encomenda para o teatro, as personagens saídas de um romance anterior "foram", explica o autor, "desalojadas do livro intitulado *Vice Consul* e projetadas em novas regiões narrativas"[36]. Anne-Marie Stretter e as demais personagens do romance terão, do que poderíamos qualificar como "anti-adaptação", apenas uma presença fantasmática. Serão, tão somente, como escreve Duras, "personagens evocadas", faladas por vozes que conjugam seus próprios amores (veleidades para serem promovidas elas próprias a personagens) com aquelas das personagens do romance rememorado. A voz rapsódica de Duras oblitera a "presença" da personagem de Duras.

voz 3: Quem está nesse hotel?
vox 4: A Índia branca. (*Silêncio.*)
voz 3 (*quase gritando*): E esse odor de morte de repente?
voz 4: Incenso.
[...]
voz 3: Ela queria tomar banho ao chegar?
voz 4: Sim, era tarde e o mar estava bravo. Era impossível nadar, mas apenas receber a ducha morna das ondas. Ela tomou banho com ele. (*Silêncio.*)
voz 3 (*medo*): Essas redes todas pelo mar?
voz 4: Contra os tubarões do Delta.
voz 3: Ah, sim... (*Silêncio.*)
voz 3: Onde ela está?
voz 4: Ela virá. (*Silêncio.*)
voz 4: Ela vem.
voz 3 (*hesitação, mais baixo, mais lentamente*): Ela estava parecida essa tarde...?
voz 4 (*Tempo.*): Sorridente. Vestida de branco. (*Silêncio.*)

As duas frases precedentes deveriam ser sentidas como aterradoras: o sorriso de Anne-Marie Stretter, o branco de seu vestido. Na luz verde, Anne--Marie Stretter chega. De modo efetivo, sorridente, vestida de branco.[37]

---

36 Marguerite Duras, *India Song: Texte théâtre film*, Paris: Gallimard, 1973, p. 9.
37 Ibidem, p. 126-128.

VI. A PULSÃO RAPSÓDICA

Num outro estilo de escrita, não se poderia encenar *À la renverse* (Ao Reverso), de Michel Vinaver, sem fazer ouvir a voz que narra as disputas entre a Bronzex S.A., empresa francesa de creme de bronzear, e a multinacional americana Sideral: "Vocês se lembram do tempo em que todas as mulheres queriam ficar bronzeadas dos pés à cabeça, em que os homens também se aglutinavam nas praias, passando suas quatro ou cinco semanas de férias permanecendo imóveis, deitados de costas..." A voz do rapsodo discorre ou prolonga, no registro narrativo, a forma dramática. Pode também, inversamente, interromper o dramático – quer dizer, a representação mimética direta – e alavancar o diegético. Estratégia que vimos no capítulo IV e que permite ao Pirandello de *Seis Personagens à Procura de um Autor* contornar a impossibilidade de representar o incesto ou a morte de uma criança, as duas "cenas" em torno das quais gira, no entanto, toda a peça.

Mas hoje, em que todos os códigos de pudor e toda censura parecem ter sido abolidos, que partido tirar da intervenção rapsódica de uma didascália? Talvez o efeito diametralmente oposto: uma possibilidade alternativa a essas tentativas frequentemente ridículas de *ilustrar* no palco – ao longo das dramaturgias de Bond, de Kane – as violências extremas presentes nos textos. A esses excessos miméticos pode responder o transbordamento da voz da personagem pela voz do rapsodo.

Graham lhe tira a blusa e contempla os seios.
GRAHAM: Agora não tem mais importância.
Chupa-lhe o seio direito. / Ela abre suas calças e lhe toca o pênis. / Eles se despem, entreolhando-se. / Ambos permanecem em pé, nus, um olhando o corpo do outro. / Se abraçam lentamente. / Fazem amor, de início lentamente, depois com mais força, mais rápido, como se fosse urgente, e cada um descobre que o ritmo do outro é o mesmo que o seu. Gozam ao mesmo tempo e ficam deitados, enlaçados, ele sempre nela. Um girassol surge repentinamente ao lado de suas cabeças e começa a crescer.
[...]
AS VOZES: Matem-nos.
Uma pausa. / Depois, um longo tiroteio. Graham protege Graça com seu corpo, segurando-lhe a cabeça. / Os tiros continuam, continuam, continuam. / A parede fica crivada de perfurações, blocos de gesso e tijolos caem dela. / A parede, forrada de sangue, acaba por ser demolida pelo

metralhamento. / Depois de alguns minutos, o tiroteio cessa. / Graham libera o rosto de Grace e o olha.
GRAHAM: Ninguém. Nada. Nunca.
Do chão surgem narcisos. / Eles desabrocham e toda a cena se torna amarela.[38]

Por duas vezes, na continuação dessas sequências de *Purificados*, de Sarah Kane, que não deixam de evocar a poesia ou a dramaturgia simbolistas, a eclosão do girassol e dos narcisos nos sugere que não se trata de didascálias prescritivas, mas de uma manifestação do rapsodo duplicada por um convite à didascália.

Mas a intervenção rapsódica, sem dúvida e mais frequente, permanece aquela da personagem desdobrada, da personagem testemunha de si mesmo, da personagem-rapsodo que abarca as duas funções ao mesmo tempo. A esse respeito, o Poeta de *Sonho*, de Strindberg, corresponde ao protótipo. Último encontro de uma Agnes cada vez mais desencantada da condição humana, ele se torna para ela uma espécie de companheiro que sabe manter-se à distância – menos atirado ou impulsivo do que o Oficial, menos conjugal do que o Advogado –, terminando por iniciá-lo nos pobres mistérios do drama da vida:

O MESTRE DE QUARENTENA (*coloca a mão na boca do Poeta*): Cale-se, cale-se.
O POETA: É o que dizem todos. E quando nos calamos, eles dizem: fala! Os homens são impossíveis!
AGNES (*avança na direção de Lina*): Confie-me suas infelicidades.
LINA: Não ouso dizê-las. Eles me bateriam.
O POETA: Aí está. É a vida. Por vezes, é realmente muito injusta, sou eu quem lhes diz...[39]

A personagem-rapsodo se apresenta frequentemente, num grau ou noutro, como uma personagem autobiográfica. Daí sua proximidade com o autor, do qual constitui uma emanação, permanecendo também, como vimos em Pirandello, uma instância independente e mesmo hostil, ou ao menos suscetível de uma verdadeira subversão. Da mesma maneira que identificamos um avatar do escritor Strindberg na figura de Poeta, a personagem

---

38 Sarah Kane, *Purifiés*, Paris: L'Arche, 1999, p. 28-29, 45. (Coll. Scène Ouverte.)
39 August Strindberg, *Songe*, em *Théâtre complet*, t. v, Paris: L'Arche, 1986, p. 335.

Passemar, da peça *Além da Borda* (1969) de Michel Vinaver, que conta a absorção de uma empresa francesa de papel higiênico por uma multinacional norte-americana, parece ter pouco a ver com o autor. No entanto, remete à juventude de Vinaver e ao seu início de carreira em uma grande empresa multinacional. A partitura de Passemar é dupla (a personagem-rapsodo se apresenta sempre como agente duplo); de um lado, mantém seu papel na hierarquia dirigente da empresa Ravoire e Dehaze; de outro, tem a função de narrador e, por suas intervenções no correr da peça, sobre tudo no início e no fim, se apresenta como o autor da peça e converte toda a ação em um tempo épico do já advindo e do memorável, do quase mítico ou do lendário:

A dança se concentra cada vez mais sobre Passemar, em quem os dançarinos batem, e o jogam ao chão, pisoteiam, levantam, jogam para o ar, esquartejam-no e depois desmembram-no, executando os atos mais grosseiros, depois remembram-no, e o depositam sobre a tampa da caixa como se o colocassem num trono.

[...]

PASSEMAR: É um pequeno divertimento mascarado muito livre à maneira de Aristófanes com o qual pensei que pudesse servir de prólogo a essa peça desde muito cedo se manifestava meu dom de escrever mas era preciso viver e agora era esse pequeno anúncio no *Le Figaro* [...] na Ravoire e Dehaze eles não conhecem minha atividade literária, para eles eu era um funcionário que fazia mais ou menos bem seu trabalho eu dependia e dependo de madame Alvarez...

[...] chego ao fim da minha peça e pouco a pouco acredito enfim que ela tenha encontrado seu eixo mas ela é um pouco abundante de um lado, e a deficiência é a idade do outro, é o comprimento e o número de personagens naturalmente não me oponho a certos cortes mas o que gostaria de manter é essa estrutura que confesso sem escrúpulos ter emprestado de Aristófanes [...] com o pequeno anúncio e a peça digamos que eu lance ao mesmo tempo duas garrafas ao mar.[40]

Passemar-Dioniso é ele próprio o avatar grotesco, aristofânico, de Vinaver. Há nele qualquer coisa de pulsional – pulsão

---

40 Michel Vinaver, *Par-dessus bord,* Paris: L'Arche, 1972, p. 14 e 162. (Coll. Scène Ouverte.)

rapsódica – que nos lembra o Irrepreensível de Claudel. Passemar não escreveu verdadeiramente a peça, mas – e isso é profundamente rapsódico – é ele quem lhe confere ritmo e a faz aceder, pelo cômico, à oralidade. Passemar está sempre hesitante: "creio que, enfim, me parece..." Faz desfilar ao longo da peça uma espécie de gaguejamento. Na ação de *Além da Borda*, ele recruta dançarinos para uma campanha de lançamento de um novo produto de Ravoire e Dehaze – "Mousse e Brujere". É Passemar que "conduz a dança", e essa circula entre os diferentes "teatros" que confrontam a peça: famílias divididas, estado--maior da empresa, quadros de funcionários, representantes, atacadistas e "Enfermaria" – esse lugar reservado aos *happenings* e onde todos esses "teatros" se misturam e se decompõem. E é ainda Passemar quem, na encenação de Christian Schiaretti, se lança em um estupefaciente *pas de deux* com o senhor Onde, aliás o erudito Georges Dumézil, que desenvolve imperturbavelmente, sobrepondo-se às desventuras comerciais e econômicas de Ravoire e Dehaze, seu curso, no Collège de France, sobre os confrontos, na época da Roma antiga, entre os Ases e os Vanes.

François Berreur escolheu para sua encenação de *Apenas o Fim do Mundo*, de Lagarce, inscrever o protagonista nessa linhagem da personagem-rapsodo à qual pertence Passemar. Desde o prólogo, deu à personagem de Luís – que acabara de anunciar à sua família sua morte, que está próxima, mas que renuncia, no final de um dia, escaramuças permanentes – uma dimensão exuberante, dançante, quase excêntrica, de qualquer maneira, dionisíaca. Luís é, ao mesmo tempo, narrador e personagem. Desde as primeiras palavras da peça, ele recusa o falso presente da mimese teatral e instaura um outro tempo. Um tempo mítico (Lagarce, à maneira de Duras, trabalha aqui para criar seu mito pessoal); um tempo em que se conjugam o passado da narração e o incoativo, o "em vias de se fazer" do teatro; um tempo que se abre sobre um espaço além da morte:

LUÍS: Mais tarde, no ano seguinte / – eu ia morrer, na minha volta – / tenho perto de 34 anos agora, e é nessa idade que morrerei / no ano seguinte, / muitos meses que esperava, sem nada fazer, a enganar, sem mais saber, muitos meses que eu esperava ter fim, / O ano seguinte, [...] / o ano seguinte, / Apesar de tudo / O medo / Correndo esse risco e sem esperança de sobreviver, / apesar de tudo /

o ano seguinte, / Decidi revê-los, voltar sobre meus passos, seguir minhas pegadas e fazer a viagem, / para anunciar, lentamente, com cuidado e precisão / – que aquilo em que creio – / lentamente, calmamente, com voz pausada [...], para anunciar, / dizer, / que minha morte está próxima e é irremediável.[41]

A figura do rapsodo conhece, no drama moderno e contemporâneo, múltiplas metamorfoses. Às vezes um pregoeiro, às vezes uma didascália sendo expressa por meio de um teatro de vozes, às vezes uma personagem-rapsodo, podendo ainda assumir um papel mais abstrato de "operador", no sentido de Mallarmé. Para este, o autor se projeta em "operador", quer dizer, para retomar uma fórmula de Alice Folco, em "alguém que sabe perceber as equações do real e reproduzi-las artificialmente (e não mimeticamente) no laboratório de sua obra"[42].

Se há um autor que nos permite entrar em seu laboratório, e cujas criações se efetuam mais *in vitro* do que *in vivo*, este é Samuel Beckett. Nada de faladores histriônicos ou de didascália [sendo expressa em cena]; a máquina teatral, posta a serviço do dispositivo dramático, assegura por si só a função rapsódica e toma o lugar do operador. Assim, em *Comédia* (1963), o Projetor: "*Três jarras idênticas* [...] *das quais saem três cabeças, o pescoço estreitamente tomado pelo gargalo. São aquelas, da esquerda para a direita, vistas do auditório, de F2, H e F1* [...] *A palavra lhes é extorquida por um projetor apontado apenas para seus rostos.*" Ora, esse Projetor – "Olho sem mais nada. Sem cérebro" – que "extorque as palavras", não é evidentemente um simples meio técnico de representação. Aliás, as personagens se dirigem a ele diretamente. "F2: Quando você apaga, eu me apago com você. Um dia você vai cansar e se apagar, o que será bom"; "H: E agora que você não é mais que... olho. Um olhar a mais. Sobre o meu rosto. Em eclipses."; "F1: Você se cansará de jogar comigo. Vai me cansar. Sim.[43]" Sobre o significado desse Projetor se poderá, assim como sobre Godot, fazer glosas infinitas. Mas é bem literalmente o "usurpador de palavras", o "olho sem cérebro" que nos

---

41 Jean-Luc Lagarce, *Théâtre complet*, t. III, Besançon: Les Solitaires Intempestifs, 2002, p. 207-208.
42 Alice Folco, *Dramaturgie de Mallarmé*, Sorbonne: Université Paris 3, 2006, p. 172. (tese)
43 Samuel Beckett, *Comédie et actes divers*, Paris: Minuit, 1972, p. 9, 35.

interessa aqui: esse poder exterior às personagens que agencia, de maneira dialógica, a polifonia das vozes.

"Usurpador de palavras", à sua maneira, o Escritor de *Susn*, de Achternbusch, que é apresentado como o companheiro de Susn e como o próprio Achternbusch ("Eu me chamo Achternbusch e escrevi antes. Posso escrever agora? SUSN: Simcertamente, simcertamente[44]") espreme literalmente Susn, as cinco Susn de idades diferentes de seus relatos fragmentados de vida. Em sua encenação, Hans-Peter Klaus havia instalado o ator que representava o Escritor na beira do palco – postura do rapsodo por excelência – e lhe havia munido com uma vara destinada a pegar todas as palavras – inclusive as "últimas" – de Susn. Retrato do Escritor como rapsodo impiedoso.

Em todos os exemplos que acabo de dar, salvo aqueles de personagens-rapsodos, o rapsodo intervém como um poder exterior às personagens. Convidado de última hora, intruso mal tolerado, ele se introduz no drama pelas bordas e por efração ou imiscuição. Mas o rapsodo não se mantém sempre nas bordas do drama. Ele chega mesmo – e é o caso de certos autores-atores trabalhando na oralidade – a tomar ou retomar, na representação, todo o lugar que, em um primeiro momento, a escrita parecia facultar às personagens. É assim que, num gigantesco polílogo, Dario Fo interpreta, por meio apenas de seu corpo de saltimbanco moderno, todas as vozes de seu *Mistério Bufo* (1969). Por exemplo, na sequência do "Massacre dos Inocentes", as vozes da Mulher, dos dois Soldados e da Mãe, além da voz coletiva, do Coro dos Vencidos.

A explicação dessa fagocitose de diferentes personagens é dada ao longo do espetáculo pelo rapsodo, aliás, Dario Fo.

A representação é feita por um só intérprete, e eu lhes explicarei em seguida por quê. Não é apenas por exibição, mas há uma razão de fundo real [...] Nós ensaiamos fazer a dois ["As Núpcias de Canaã"] e descobrimos que não funcionava. Pois todos os textos foram escritos para um só ator. Os saltimbancos trabalhavam quase sempre sós [...] Então, quando eu estiver desse lado do palco (*ele indica à esquerda*), serei o anjo, aristocrático, de belos gestos; quando estiver lá (*indica à direita*), serei o bêbado.[45]

---

44 Herbert Achternbusch, *Susn*, Paris: L'Arche, 1981, p. 41.
45 Dario Fo, *Mistero Buffo /Mystère-Bouffe*, ed. Bilíngue, Vérone: Bertoni, 1973, p. 32 e 63.

DISCORDÂNCIAS

"De todos esses movimentos esparsos, bem sei que se prepara um acordo, porque já estão bem unidos para discordar": é com essas palavras que uma experta em harmonia, Doña Música, se pronuncia em *O Sapato de Cetim*. Porta-voz mais ou menos designada por Claudel, Música põe aqui em evidência uma poética da *união na discórdia*. Poética rapsódica por excelência, que poderia ser reivindicada por uma maioria de autores do século XX e início do XXI. O princípio rapsódico não se limita à imiscuição do rapsodo entre as personagens; ele se estende, com toda a evidência, ao efeito dessa presença intrusiva: o despedaçamento do corpo de um drama, semelhante àquele de Dioniso, desmembrado e remembrado infinitamente. A pulsão rapsódica interrompe o curso da peça; ela corta ao vivo e, lá onde havia, na forma aristotélico-hegeliana e seu avatar, a "peça bem-feita", desenvolvimento orgânico, ela cria a decupagem ou quase a decepagem. À repartição em atos e cenas, que, bem longe de dividi-la, costurava a ação e lhe dava uma impressão de continuidade, substitui-se uma decupagem em quadros ou em outros elementos discretos, metodicamente espaçados uns em relação aos outros, desligados uns dos outros. Mas no mesmo movimento em que fragmenta (é preciso lembrar aqui que *rhaptein*, em grego antigo, significa "coser"?), o autor-rapsodo congrega, expondo as costuras, aquilo que acaba de rasgar, de pôr em pedaços. A esse respeito, todos os pontos de suspensão entre parênteses – [...] –, que Jean-Luc Lagarce semeia ao longo da maioria de suas peças, são as costuras visíveis de uma escrita profundamente rapsódica, respondendo ao princípio – grosseiro em aparência; sutil e moderno, na realidade – de uma ligação entre extremos do texto. Um texto que não é dado *a priori* como drama orgânico, como "belo animal", nem como resultado de uma montagem do tipo épico brechtiana. Um texto que é objeto de uma vivissecção, de um verdadeiro trabalho de Frankenstein – o autor talhando e cosendo ao vivo.

É assim que a presença do rapsodo no limite da invisibilidade, produz o "fantasma de peça". A denúncia de um tal gesto estético não deixou de se fazer entender desde os inícios do século XX. Lukács reprova essa "estética descritiva" de criar "quadros independentes que, do ponto de vista artístico, não têm mais unidade do que quadros dependurados num museu"[46]. (Tivesse ele pensado nos quatorze quadros dependurados nas igrejas e talvez houvesse melhor compreendido o retorno do drama em estações no teatro do fim do século XIX.) Com o mesmo espírito de reação, dois críticos alemães, Richard Hamann e Jost Hermann, consideram que o "impressionismo" de poetas dramáticos, tais como Hofmannsthal, arrastam uma "dissolução" da forma dramática: "em *A Morte de Ticiano*; [os] quadros se tornam de tal maneira independentes que se poderia publicá-los separadamente; eles nem mesmo cumprem o seu dever de resumir a ação, sendo tratados, como na época romântica, à maneira de interlúdios líricos"[47].

Combate de retaguarda esse de Lukács e de Hamann e de Hermann: de Strindberg a Koetz, Kane e Koltès, passando por Claudel, Brecht, Horváth ou Genet, os autores mais notáveis procedem não apenas por quadros autônomos, mas, sob a influência desse *daimon* que é o rapsodo, se esforçam por insuflar o máximo de irregularidade em suas peças e propor choques e entrechoques os mais inesperados entre os pedaços que eles aglomeram. Tratando-se da encenação de *Os Biombos*, Jean Genet faz essa recomendação a Roger Blin, que vale como reivindicação de uma dramaturgia rapsódica: "Cada uma das cenas de cada um dos quadros deve ser ajustada e encenada com o rigor de uma pequena peça, como se fosse uma totalidade. Impecavelmente. E sem que se pense que uma outra cena ou quadro deve seguir ou venha a ser encenado."[48]

Esse procedimento, que consiste em se trabalhar com o heterogêneo, o disparate e a independência das partes – em suma, em se propagar o "caos", como em Pirandello, ou a "desordem", da qual fala Beckett –, não tem nada a ver com um abandono ao deus-dará. Ao contrário, o autor-rapsodo, não mais abandonando sua obra ao duplo encadeamento cronológico e causal,

---

46 György Lukács, *Problèmes du réalisme*, Paris: L'Arche, 1975, p. 153. (Coll. Le Sens de la Marche.)
47 Richard Hamann; Jost Hermann, *Impressionismus*, Berlin-Est: Akademie, 1960, citado em P. Szondi, *Poésis et Poétiques de la modernité*, Lille: Presses Universitaires de Lille, 1982, p. 81. Nota-se de passagem o tom de Hamann e Hermann: "nem mesmo cumprem o seu dever...!"
48 Jean Genet, *Lettres à Roger Blin*, Paris: Gallimard, 1966, p. 30.

torna-se inteiramente responsável pela estrutura espaço-temporal, assim como pela composição geral dos diferentes motivos da obra. Nesse sentido, ele se torna "compositor" e deve fazer prova de um singular "espírito de construção". O que o Szondi tardio das "Lições Sobre Herodíade" compreendeu perfeitamente: "O poeta se faz compositor, a ordem dos elementos de sua obra é produzida por ele, enquanto a ordem cronológica é um dado das poesias épica e dramática tradicionais."[49]

No entanto, para o autor-rapsodo, compor significa, em grande medida, *decompor*. Tudo se passa como se o "fantasma da peça" se apegasse ao modelo aristotélico-hegeliano, à forma canônica do drama, e o drama-da-vida ao drama-na-vida, a fim de lhes fazer em pedaços. Para o Claudel de *Sapato de Cetim*, a cena é o mundo, mas um mundo em desordem, um mundo à beira do caos. "A ordem", nos confia o autor no prólogo da peça, "é o prazer da razão: mas a desordem é a delícia da imaginação." Claudel "chacoalha" o mundo como os deuses pagãos do *Livro de Cristóvão Colombo* "chacoalham". Para alcançar seu objetivo – o "teatro em estado de nascimento" –, "é preciso que tudo tenha um ar provisório, em andamento, às pressas, incoerente, improvisado no entusiasmo! Com sucessos, se possível, algumas vezes, pois mesmo na desordem é preciso evitar a monotonia". Claudel recorre, portanto, ao seu *daimon*, ao seu rapsodo, e é O Irrepreensível que já encontramos e "que escapa como um gás por debaixo da porta" e "explode no meio da peça".

Assim como se pode dizer, em *O Sapato de Cetim*, que a disposição das cenas não depende menos da verve de O Irrepreensível, também assim ocorre com a vontade de Hinkfuss em *Esta Noite se Representa de Improviso*. Procura de uma desordem "não monótona", feita de contrastes. Em suma, a união na discordância: alternância de cenas históricas e de cenas de fantasia, de cenas ligadas diretamente ao drama de amor estelar que se joga entre Rodriguez e Prouhèze, e de cenas completamente separadas da ação, essencialmente épico-líricas, tais como as de Santiago em "Sombra Dupla" ou em "A Lua". Toda em volteios e digressões, a arte rapsódica de Claudel parece conter um prazer maligno em relegar a ação e seus desenvolvimentos

---

49 Peter Szondi, *Poésies et Poétiques de la modernité*, p. 118.

para as margens do drama. Daí a longa cena de vacuidade e de bufonaria[50] na qual, tendo-se por fundo o mapa-múndi, Dom Fernando e Dom Leopoldo Augusto demonstram pedantismo, citando Quintiliano e se vangloriando de suas elevadas relações, mostrando suas pretensões de entrar para a Academia; só na coda dessa cena, cena que se poderia dizer inútil, mas que essencial à "desordem" rapsódica da obra, ficamos sabendo que Dom Fernando é o portador da famosa Carta a Rodrigo, carta que percorre o globo durante quinze anos sem jamais ser entregue a seu destinatário.

A razão ordenante termina por retomar seus direitos, mas num nível paradigmático e parabólico que sobrepuja a ação[51]. Nesse contexto, o menor se converte em maior e cenas que poderiam passar por simples intermédios, como as citadas anteriormente – que possuem valor de comentário da ação – se afirmam como tempos fortes do drama parabólico. Entre as várias partes de uma obra trabalhada pela pulsão rapsódica, não é mais preciso falar – insisto – de ligação, mas de desligamento, não de construção, mas de *desconstrução*, no sentido forte, filosófico, de dar a conhecer os alicerces ideológicos que sustentavam a forma canônica do drama. As cenas, os quadros, os "movimentos", os pedaços (Vinaver assim denomina os momentos diversos de *A Procura de Emprego*), todos esses novos recortes experimentados pelos autores não conhecem outro modo de congregação a não ser a *parataxe*, quer dizer, a simples justaposição. Desde então, não é mais como nos sugere o discurso de Claudel, a ação quem comanda, mas o ponto de vista do autor-*compositor*, uma espécie de princípio filosófico difuso: o *pensamento* da peça.

No limite, poder-se-ia dizer das peças de Valère Novarina que elas são feitas por intermédios, por "números", no sentido de atrações que se sucedem numa revista, perfeitamente independentes entre si e que só possuem como denominador comum trazer respostas ou ilustrar parcialmente uma questão filosófica, a qual pode ser formulada no título da obra, por exemplo em *Eu Sou*. Aliás, a peça mostra sua relação semiparódica com o diálogo filosófico.

50 Paul Claudel, *Théâtre*, t. II, p. 791-799.
51 Cf. meu ensaio *La Parabole, ou, L'Enfance du théâtre*, Belfort: Circé, 2002.

PRIMEIRO FILÓSOFO: O ser falta a tudo o que é e, no entanto, não há o nada na criação. Eu sou. E assim, todas as coisas são. Entretanto, o ser é aquilo que falta a tudo o que é.
SEGUNDO FILÓSOFO: Não a tudo o que é, mas a tudo o que nomeamos. Não há nada senão...
PRIMEIRO FILÓSOFO: Cale-se.
SEGUNDO FILÓSOFO: Nós não somos, nem nós nem essa matéria, nem esses plantações, nem essas calças, nem essas pessoas: é apenas o ser que passa por nós.
PRIMEIRO FILÓSOFO: Quando falamos, o que nos entende não é a mesma coisa que é por fim entendida?[52]

Se um fluxo atravessa a peça e subjaz o mosaico de pseudos diálogos filosóficos, de relatos de vida, de listas de nomes de personagens, de lugares e outras anotações cadastrais, não é outro senão fruto desse questionamento filosófico que impulsiona o autor desde o título escolhido. Quer se trate do drama de Claudel ou de Novarina, o movimento da obra não procede mais da ação que avança, conforme o princípio dialético hegeliano, mas do poder que tem o rapsodo de interromper a ação, de suspendê-la e, sobretudo, de ali interpolar, praticamente sem limites, todas as cenas paralelas, todas as digressões, todos os comentários que julgar oportunos. O rapsodo não tem a preocupação da forma; ele segue nessa substância que Gombrowicz chama "Informe", que é "mescla de todas as coisas, e fermento, desordem: impureza, acaso". *Anjos na América* (1992), o díptico de Tony Kushner, é, na opinião de um de seus tradutores, Gérard Wajcman, "uma peça que não se parece com nada".

Há de tudo e não importa o que em *Anjos na América*. De Shakespeare aos Irmãos Marx, de Brecht a *All That Jazz*, dos mórmons aos estúpidos, do céu à merda, do trágico ao carnavalesco, da comédia à epopeia... Como se Tony Kushner tivesse derrubado as paredes do teatro [...] *Anjos* é como a imagem da vida. Da desordem da vida. De nossas próprias vidas.[53]

Ao destino da América contemporânea em tempos da Aids, ao sonho americano esfarrapado, o dramaturgo responde por

---

52 Valère Novarina, *Je suis*, Paris: POL, 1991, p. 73-74.
53 Gérard Wajcman, Éditorial, *L'Avant-scène Théâtre, Angels in America*, n. 957, 1 nov. 1994.

um *melting pot* dramatúrgico no qual vem se misturar todo tipo de "teatros": o da vida política novaiorquina e suas intrigas – em torno de Roy M. Cohn, influente advogado – o de cenas familiares, o da sexualidade, o da doença e da morte etc. Tudo assombrado pela figura da condenada Ethel Rosenberg e sobrepujado pela presença de um Anjo do Apocalipse – e da morte – que se põe à cabeceira de Prior, doente acometido pela Aids.

PRIOR: Ó meu Deus, há alguma coisa no ar, uma coisa, uma coisa.
O ANJO: Eu, eu, eu sou a Águia da América, o grande pássaro de cabeça branca. / Principado continental. / LUMEN PHOSPHORE FLUOR VELAS! / Estendo as lâminas de aço de minhas asas, / À maneira de saudação, bem abertas diante de ti: / PRIOR WALTER / De alta linhagem, após muito tempo pronto para... /
PRIOR: Não, não estou pronto, não estou de modo algum pronto, eu tenho um monte de coisas a fazer, eu tenho...[54]

Outras escritas, longe de ser tão heteróclitas e feitas em *patchwork* como as três em torno das quais acabo de me deter aqui, não praticam menos a justaposição de cenas e de quadros. De fato, ao regime já extinto da concatenação das ações se substitui o do espaçamento de cenas ou de quadros mais ou menos autônomos, mais ou menos permutáveis, mais ou menos facultativos. Ora, essa maneira de decupagem rompe definitivamente com a concepção hegeliana do movimento dramático, concepção orgânica: um novo tipo de movimento se libera, que parte da situação estática de cada cena, de cada quadro, ou "pedaço" ou elemento e procede por *saltos*, os quais são concebidos a critério do montador, do operador. Em síntese, do rapsodo.

Brecht, aliás, teorizou, de modo notável, sobre esse avanço por saltos sucessivos, no célebre "quadro de Mahagonny": na "forma dramática do teatro", há uma cena após a outra e o respeito ao princípio segundo o qual *natura non facit saltus*; na "forma épica do teatro", ao contrário, "cada cena é por si", e o princípio é inverso – *facit saltus*.[55] Tal princípio inverso nem por isso, estamos cientes, é um privilégio de Brecht ou da

---

54 Tony Kushner, *"Angels in America", "Perestroïka"*, L'Avant-scène Théâtre, Paris, n. 987-988, 15 abr. 1996, p. 21.
55 Bertold Brecht, *Écris sur le théâtre*, t. II, p. 329.

"grande forma épica do teatro". Nós o vemos em peças pouco brechtianas, como as de Horváth ou de Kroetz, cujas (im)personagens, em lugar de fazerem saltos, são vítimas (como vimos no capítulo IV) de "saltos", quer dizer, de mudanças repentinas e involuntárias de orientação no curso de suas existências. No espaço da festa da cerveja de Munique, e em 117 cenas bem curtas, a existência de Casimiro e de Carolina vai ser estraçalhada. Tendo vindo para se divertir, esse jovem casal bastante modesto (Casimiro acaba de perder seu emprego) conhece, em alguns lances fortuitos, o afastamento e a separação definitiva. Tem-se a impressão, nesse jogo da (má) fortuna, que o autor-rapsodo ocupa ironicamente a função da personagem, e a cada novo número há um salto suplementar (no vazio) das personagens *Casimiro e Carolina* que se anuncia:

"Cena 40. O Pregoeiro. O homem com cabeça de buldogue – permitam-me apresentá-lo!" "Cena 41. Eis agora, Senhoras e Senhores, o sexto número de nosso programa, a apoteose: Juanita, a menina-gorila".

Nada da figura rapsódica de pregoeiro em *Alta Áustria*, de Kroetz, mas a mesma dinâmica, o mesmo movimento por saltos ou mudanças bruscas do tabuleiro da vida a um outro. Jogo forçosamente infeliz em que Heinz e Anni, os jovens esposos, escapam por pouco do divórcio, dos casos cotidianos da imprensa e assassinato, embora conhecendo o percurso, ou pelo menos o início de percursos, que leva a tudo isso inelutavelmente. *Alta Áustria* não se apresenta como drama orgânico, no qual a solidão a dois de Heiz e Anni e dos empregados, irmão e irmã de Casimiro e de Carolina, terminaria num conflito mortal a partir do momento em que uma se declara grávida e o outro recusa a perspectiva de ter um filho. *Alta Áustria*, mesmo se não lança mão de uma personagem como a do pregoeiro, não deixa de apresentar uma série de números espaçados entre si: a noite frente à televisão, a sequência do coito conjugal, a saída para o hotel (mais exatamente a parada para ir ao banheiro do hotel), o cálculo do orçamento familiar, a ida ao futebol etc. O rapsodo não se mostra; ele se contenta em montar e regular as operações. Montar e *mostrar*. Apontar o devir monstruoso da mais ordinária existência. Também aqui se exercita a pulsão rapsódica. Não visivelmente, de modo ostentatório, mas numa espécie de presença-ausência, de presença extremamente discreta da figura do rapsodo.

Resta perguntar, de um lado, se todo texto disparatado e que responde, digamos, à vulgata pós-moderna do *zapping das formas*, é rapsódico; e, de outro, se não existem obras que se constituam justamente em oposição ou a partir de uma postura de resistência a essa pulsão rapsódica que acabo de mostrar na obra de alguns dos dramaturgos essenciais da virada do século XX para o XXI.

A resposta a essa segunda questão é das mais simples: os autores dramáticos são legião entre os que continuam a escrever sob o regime do antigo paradigma, ou seja, dramas-na-vida. Sem me demorar em citar aqueles que o fazem deliberadamente, por fidelidade a uma certa concepção quase atemporal do ofício de escritor, e com o intuito de satisfazer as expectativas de um certo público, indicarei o caso de um escritor, Sartre, aquele do final do percurso teatral de *Os Sequestrados de Altona* ou de *As Troianas*. Ele experimentou, graças a seu interesse por Ibsen e sua admiração por Strindberg, o desejo de escrever conforme o novo paradigma do drama-da-vida, mas se perdeu no caminho. Ou não se encontrou o seu rapsodo... Ao longo de *Sequestrados de Altona*, Sartre hesita entre uma verdadeira dramaturgia da retrospecção – monodrama polifônico de Franz von Gerlach, criminoso de guerra e genocida, quase a despeito si mesmo – e o desenvolvimento, que enfim se impõe, de uma intriga de vaudevile e/ou melodrama em cinco atos, com sua mecânica e episódios convencionais: a cunhada, estrela de cinema, enamorando-se de Franz e abandonando um marido terno e muito sério; crise de ciúme de Leni, a irmã incestuosa de Franz etc. Henri Lefebvre havia flagrado muito bem o caráter regressivo do drama sartriano, assim como do drama de Camus, denunciando aí a herança de Bernstein e do melodrama[56]. O caso das *Troianas* (1965), última experiência teatral de Sartre, com ligações com a guerra do Vietnã, é ainda mais flagrante, ao menos se retivermos o programa dramatúrgico do autor, que era, em uma palavra, o de "dramatizar". Cada vez que as personagens de Eurípides expõem seus discursos e

---

56 Henri Lefebvre, Introduction à une sociologie du mélodrame, *Théâtre populaire*, n. 16, nov.-dez. 1955, p. 26-42.

sentenças, Sartre escolhe, em sua adaptação (como ele próprio confia a Bernard Pingaud), "marcar as oposições" e criar o "diálogo" no sentido que o termo possuía no século dezenove[57].

Quanto à primeira pergunta, a do "zapping das formas", é mais delicada. Ela reclama uma resposta claramente mais subjetiva. Eu a deixarei relativamente aberta, contentando-me em assinalar a minha suspeita face a uma certa moda atual pelo heterogêneo, que permanece superficial, não sendo conduzida por uma verdadeira pulsão rapsódica, nem por um projeto rapsódico. Assim como *Grande e Pequeno*, a primeira peça de Botho Strauss, me pareceu uma bela tentativa de *Stationendrama* moderno, *O Quarto e o Tempo* (1989) me pareceu uma rapsódia falsa, um *patchwork* de pastichos: após uma impressionante e auspiciosa primeira cena de neopirandellismo (à volta de Marie Steuber, a personagem livre e aleatória), na qual vacilam as categorias de tempo e de espaço, segue-se um triste e decepcionante desfile linear de esquetes "pós-modernos", em que se usam recursos satíricos de Courteline para um pseudorretorno à tragédia antiga. A diferença principal que faço entre a falsa rapsódia de *O Quarto e o Tempo* e a autêntica é que a pulsão rapsódica não poderia se deter, pois ela prossegue para além da peça no espírito do espectador. Ora, para além de *O Quarto e o Tempo*, obra não aberta mais sim fechada, trancada com duas voltas de chave, não existe *nada*. Abertamente antológica, a peça de Strauss propõe uma série limitada de revisitações a gêneros modernos ou burgueses, conduzidos ou não à paródia: hiperpirandellismo de uma Maria Steuber, espécie de Ersília dos fins dos anos 1880; uma longa cena de "esvaziamento" no quarto, habilmente dialogada, mas cujas personagens – a Jovem da rua, o Impaciente, o Homem sem Relógio, o Perfeito Desconhecido – só existem em seus próprios apagamentos, através do que poderiam ter vivido. ("MARIA STEUBER: Eu me lembro muito bem. Você sentiu a necessidade, na época, de dormir comigo. E todos os negócios parando [...] O HOMEM SEM RELÓGIO: Acho que você está errada. Nós nunca dormimos juntos. MARIA STEUBER: Nós não chegamos ao fim, é verdade, porque depois vagamos pela História"[58]); uma breve cena entre Maria

---

57 Cf. Jean-Paul Sartre, *Un Théâtre de situations*, Paris: Gallimard, 1992, p. 414-419.
58 Botho Strauss, *Visiteurs, La Chambre et le Temps*, Paris: L'Arche, 1989, p. 99.

Steuber e um certo Frank Arnold, que começa no estilo boulevard-intelectual – Maria Steuber aterrissando no apartamento, praticamente na cama de seu hóspede, terminando em visita à moda de Pasolini ("MARIA STEUBER: Você sabe que não tem um aspecto saudável? [...] FRANK ARNOLD: Você quer dizer – esse rosto? Essa velha máscara que se decompõe... essa infelicidade... você vê? MARIA STEUBER: Sim, tudo isso com prazer. FRANK ARNOLD: Venha... [59]"); uma troca entre intelectuais (a menos que não se trate de atores?), muita conversa entre Maria e Rodolfo sobre a *Medeia* de Eurípedes ("RODOLFO: Você devia fazer cursos de literatura. Para aprender a ler um drama. É evidentemente perigoso ler um drama, uma tragédia, quando se é incapaz de abordá-lo de maneira adequada. Numa tragédia, no conflito entre duas personagens ambas têm razão, caso contrário não seria uma tragédia. Todos aprendemos isso na escola"[60]); a cena curta e kitsch, tratada na forma de prosopopeia, em que Maria Steuber conversa, por causa do seu desespero e abandono com uma coluna antiga; o momento que chamo de courtelinesco por sua comicidade violenta, em que um certo Ansgar entra numa relação sadomasoquista com Maria, prometendo-lhe um "trabalhinho" que ela nega querer; na antecâmera de Maria, convertida em "Patroa", a aposta absurda – uma olhadela em Ionesco? – de três homens anônimos a respeito de um jogo na televisão cujo ganhador deve soprar as 250 velas de seu aniversário. Depois, as duas últimas cenas: a primeira, durante a qual Maria Steuber se despede do quarto e de seus ocupantes, Júlio e Olavo, essas duas figuras "meteorológicas" que, alternadamente, observam o mundo pela janela, ou o que resta dele; a segunda, na qual Maria Steuber retira seu véu de excêntrica e assume, num diálogo insignificante com seus colegas de escritório, a identidade de uma empregada, de uma mulher comum. Depois, *mais nada*.

Como num *travelling* de Godard, a rapsódia talvez seja um assunto de moral. Em *O Quarto e o Tempo*, a variedade das cenas, embora muito buscada, nunca promove uma variação. A separação entre os diferentes quadros não procede nem de um salto nem de uma mudança brusca, ou seja, de

---

[59] Ibidem, p. 109.
[60] Ibidem, p. 111.

um movimento rapsódico; ela apenas dá lugar a uma simples acumulação estática de esboços ditos "pós-modernos". Ocasião para os espectadores matarem o tempo, de frente para a sala.

Ora, quer se trate para não ir além de três exemplos entre dezena, de Brecht *Na Selva das Cidades* (1922), decidindo que o "último episódio não tem mais valor do que qualquer outro", de Beckett inscrevendo *Esperando Godot* ou *Fim de Jogo* numa circularidade pura, ou ainda de Danis, que em *Terra Oceano*, coloca em sequência uma cena de condolências em que Antoine e Dave guardam luto pelo pequeno Gabriel, depois uma outra em que Gabriel conhece um "sobressalto de vida", depois ainda outra em que ele expira, para terminar em um poema cósmico, evocando "um sol que ressurge / radioso de maio", quer se trate de uma ou de outra dessas proposições – e de muitas outras ainda –, a pulsão rapsódica contém essa propriedade descriminatória de tornar o drama *ilimitado*. E assim, de estendê-lo em drama-da-vida.

Capítulo VII
Do Jogo do Ator no Drama*

> *O verdadeiro poeta dramático é aquele que carrega um teatro dentro de si*
>
> Antoine Vitez
>
> Clov (implorando) – *Deixemos de representar.*
> Hamm – *Jamais.*

Não se poderia pensar o devir do drama a partir da década de 1880 sem levar-se em consideração o advento da encenação moderna, que é bem mais do que o *opsis* (a representação física da ação) e a *choregia* (organização do espetáculo ou sua gestão) aristotélicas reunidas. Naqueles anos, assistimos a uma dupla mudança de paradigma: as evoluções respectivas do texto e da encenação convergem para dar lugar a uma profunda mutação do drama e do teatro – definitivamente desatrelados – assim como de suas respectivas relações. De um lado, o drama descobre e começa a explorar sua incompletude fundamental; de

---

* O título original deste capítulo é *Du Jeu dans le drame*. Além dos significados tradicionais do conceito de jogo (de atividade lúdica e desinteressada, divertimento, competição, de aposta no aleatório, de exercício de fantasia intelectual e física, e ainda de peça dramática medieval em versos etc.), no âmbito teatral moderno o jogo corresponde à ação do ator ou comediante, ao seu desempenho físico e à interpretação psicológica de cada um, à criação de um ritual característico em cena, incluindo a própria demonstração de que o que se representa é um artifício, permitindo ao encenador comentar o sentido da peça. Tal polissemia traz uma certa variedade de sentidos que deve ser levada em consideração no contexto completo da frase. Por essas razões, encontraremos a palavra *jeu* traduzida, conforme o contexto em que é empregada, simples e diretamente como jogo, ou ainda como jogo do ator, jogo de interpretação, interpretação, encenação, jogo de cena, jogo de palco ou peça dramática de origem medieval, continuadora dos *ludi* romanos, nos quais o improviso do ator é marcante. (N. da T.)

outro, a encenação é promovida a instância de interpretação e o encenador-diretor a hermeneuta ou coautor da representação (Artaud o veria como autor único).

No início, o processo se apresenta diferentemente do lado naturalista e do lado simbolista, mas o resultado é praticamente o mesmo. Para Zola, Antoine ou Stanislávski, a ruptura se produz sob o signo bakhtiniano da romantização do drama: o cenário e a encenação são convidados a ocupar o lugar, aliás considerável, que as descrições e uma certa forma de narração exercem no romance. Para Lugné-Poe, Meierhold e certos autores simbolistas, a incompletude é ainda mais flagrante; ela se relaciona com o conceito wagneriano de *Gesamtkunstwerk* (obra de arte total), sendo o texto apenas um elemento – certamente essencial – na síntese das artes e no advento do drama como "arte total". Além do mais, não se deve esquecer que essa época de ruptura – a passagem ao século XX – se apresenta como um cruzamento em que o naturalismo e o simbolismo se mesclam e se conjugam desafiadoramente nas dramaturgias de Ibsen, de Strindberg, de Tchékhov ou nas de encenadores tais como Stanislávski, Reinhardt ou mesmo Antoine e Lugné-Poe.

A incompletude do drama moderno não é um estado de natureza; ela resulta de um trabalho de inscrição no texto do devir cênico da peça – o que nela solicita o teatro, ou mesmo o reinventa – por seu próprio autor. A instância autônoma "teatro" impõe-se no seio do drama. Esse trabalho e essa presença podem ser mais ou menos visíveis: indicações cênicas pletóricas – na linhagem de Diderot, o *romance didascálico* característico das peças de Ibsen ou de O'Neill – ou, ao contrário, quase ausentes, como em Bernhard ou Fosse. Tanto num caso como no outro, trata-se de produzir um texto o mais aberto e o mais lacunar possível. Um texto do qual Bernard Dort afirma que "toma o partido de seu próprio inacabamento".

INTRODUZIR O JOGO

Dort nota igualmente que "o cuidado da representação se inscreve no centro da obra de Pirandello"[1]. O que não significa

---

1 Bernard Dort, *Le Spectateur en dialogue*, p. 151.

que o texto de Pirandello se apresente como a partitura do espetáculo futuro, mas, antes, que o gesto inaugural do dramaturgo consiste em imergir o drama num *espaço de jogo-interpretativo* e de *pura teatralidade*. O teatro, que fundamentalmente é um jogo de interpretação, apreende o drama – se agarra ao drama – e ordena (ou desordena) seu desenrolar conforme as suas conveniências.

Nessa operação, é uma mentira que permite ao autor alcançar uma verdade maior. Hinkfuss, o condutor de *Esta Noite se Representa de Improviso*, amplamente evocada no capítulo anterior, mente com toda a evidência quando se apresenta como o "único responsável" do espetáculo e quando pretende que a peça é improvisada diante dos espectadores a partir de um "rolinho de poucas páginas [...] Quase nada. Uma novelinha, ou um pouco mais, dialogada apenas, aqui e ali, por um escritor não ignorado pelos senhores"[2]. Quanto à verdade maior, ela se prende àquilo que, nessa peça do ciclo do teatro sobre o teatro, escrito do começo ao fim e em progressão por Pirandello, o jogo do ator não para de interromper o drama, de cindi-lo, de fragmentá-lo e de relativizá-lo; em sumo, de *introduzir o jogo*, inclusive no sentido mecânico de "desvio", de "intervalo", no drama.

Para Caillois, a palavra "jogo" evoca "uma ideia de latitude, de facilidade de movimento, uma liberdade útil, mas não excessiva". De fato, o crítico distingue dois tipos de jogo: "O primeiro é estrita associação e perfeita relojoaria; o segundo, elasticidade e margem de movimento"[3]. Com relação à relojoaria da forma canônica do drama, o jogo de palco do drama moderno introduz precisamente essa margem de liberdade, de elasticidade, de movimento que Caillois atribui ao segundo tipo de jogo.

No drama moderno, o jogo de cena está no começo. A cena está no começo. Dort considera que ela "entra na concepção do texto", que ela é, não tanto como "realidade material", mas antes como "conceito", "uma das condições de escritura do texto"[4].

---

2   Luigi Pirandello, *Ce soir on improvise*, em *Théâtre Complet*, t. II, Paris: Gallimard, p. 689. (Coll. Bibliothéque de la Pleiade, n. 324.) Ed. bras., *Esta Noite se Representa de Improviso*, em J. Guinsburg (trad. e org.), *Pirandello: Do Teatro no Teatro*, São Paulo: Perspectiva, 2009, p. 245. (Col. Textos 11.)

3   Roger Caillois, *Les Jeux et les hommes: le masque et le vertige*, Paris: Gallimard, 1991, p. 14-15. (Coll. Essais, n. 184.)

4   B. Dort, op. cit., p. 252-253.

A tal ponto que o dramaturgo é levado a pensar o drama como uma ação cênica antes mesmo de considerá-lo uma ação propriamente dramática. A fábula (*mythos*) não é, apesar disso, reduzida a nada, como algumas vezes se pretende, mas a cena tem domínio sobre ela. Aqui, não se trata de opor (como propõe, em outro contexto, a teoria do pós-dramático de Richard Schechner) um teatro do jogo de cena (*game*), a um teatro da fábula (*story*)[5]; trata-se de constatar que o jogo se apodera da fábula, que ele submete, notadamente em Pirandello, a oscilações frequentes entre mimese e diegese, assim como entre as diversas operações de interrupção, de retrospecção, de antecipação, de repetição-variação e de optação, que contrariam os princípios aristotélico-hegelianos de unidade e de progressão dramáticas. Em última análise, o jogo insufla liberdade no drama, afastando dele todo *fabulismo* linear, toda ossificação da fábula. Convertida em base, em pedra angular da peça, o jogo de cena permite evitar todo retorno desse drama primário, unitário e orgânico, que se acredita advir pela primeira vez a cada representação, e que Szondi denomina "drama absoluto", e que eu chamo de drama-na-vida. Este último bate às portas, mas nós não as abrimos, ao menos inteiramente. Ele passa somente em pedaços, e desordenadamente. Verdadeira força de resistência, o jogo de cena vê-se investido dessa potência rapsódica que estira e desloca a forma dramática, permitindo a passagem do drama-na-vida ao drama-da-vida. Tendo como exemplo *O Jogo dos Papéis* de Pirandello (1918), muitas peças modernas e contemporâneas mereceriam o nome de "jogo", fazendo eco às obras de teatro medievais em que, segundo Wagner, "histórias inteiras, histórias de toda uma vida, eram representadas".

Mas voltemos a Hinkfuss, este duplo contestador de Pirandello. Por seu intermédio, mas para melhor driblá-la, o dramaturgo se apodera da utopia de um teatro livre do autor e restituído aos atores, de um teatro definitivamente devotado ao improviso. Seu objetivo não é o de sacrificar ao mito do retorno a um pretenso teatro das origens, um "teatro do jogo"[6], que

---

5   Cf. Richard Schechner et al, *Performance: Expérimentation et théorie du théâtre aux USA*, Montreuil-sous-Bois: Éditions Théâtrales, 2008.
6   Em sua grande diatribe contra o aristotelismo do teatro moderno e contemporâneo, Florence Dupont recorre a essa categoria de "teatro do jogo".▶

seria a pura e simples negação da fábula e do drama. Infinitamente mais sutil, sua intenção é emancipar o drama de todo texto centrismo. Hinkfuss, no início de *Esta Noite se Representa de Improviso*, e, mais ainda, o Diretor de *Seis Personagens à Procura de um Autor*, quando intima o Ponto a anotar estenograficamente as palavras das personagens, inverte o sentido do drama. Pirandello entende acabar, a seu modo, com o regime da "palavra soprada" e coincide, em certa medida, com o pensamento teatral de Artaud no comentário que Derrida faz a este:

> Embora só encontremos o seu rigoroso sistema em *O Teatro e Seu Duplo*, o protesto contra a letra fora desde sempre a preocupação principal de Artaud. Protesto contra a letra morta que se ausenta para longe do sopro e da carne [...] E mais tarde, projetando subtrair o teatro ao texto, ao ponto e ao domínio do logos primeiro, Artaud não entregará simplesmente a cena ao mutismo. Quererá voltar a nela situar, subordinar uma palavra que até aqui enorme, invasora, onipresente e cheia de si, palavra soprada, tinha pesado desmesuradamente sobre o espaço teatral.[7]

A partir de *Seis Personagens à Procura de um Autor*, o escritor teatral repudia essa palavra "cheia de si". Ele não tem mais, a se acreditar na discussão entre o Diretor e o Pai, vocação para "escrever" um texto a ser representado que, presume-se, O Ponto transmitirá aos atores, mas sim para "transcrever" um jogo de cena preexistente. Jogo de cena de essência fantasmática que as personagens viveram e que revivem em *loop*. Jogo-da-vida. Existem, que se compreenda bem, graus extremamente variados nessa emancipação do drama moderno e contemporâneo relativamente à tradição literária e à "palavra soprada". Incontestavelmente, o projeto de Artaud de "romper com a sujeição do teatro ao texto" e de "reencontrar uma espécie de linguagem única, a meio caminho entre o gesto e o pensamento" pode

---

▷ Ela escreve (p. 191) em seu livro *Aristote ou le Vampire du théâtre occidental*, Paris: Aubier, 2007: "'O teatro do jogo' ao contrário do teatro dramático, é uma performance cujo objetivo não é o de representar uma história, mas o de celebrar esse ritual que os romanos chamavam *ludi* (jogos)." Mais à frente retornarei a essa noção de performance.

7   Jacques Derrida, *L'Écriture et la Différence*, Paris: Ed. du Seuil, p. 281-282. (Coll. Points Essais, n. 100.) Trad. Bras.: *A Escritura e a Diferença*. Tradução de Maria Beatriz Marques Nizza da Silva; Pedro Leite Lopes e Pérola de Carvalho, São Paulo: Perspectiva, 2014, p. 277, 278.

parecer bastante estranho para a quase totalidade dos autores modernos e contemporâneos. A começar por Pirandello, que finge escrever – ou antes, transcrever – a peça no tempo da representação e faz desse fingimento o argumento de uma "comédia". Artaud recusa toda mentira e falsas aparências, aí incluída "a dualidade absurda que existe entre o encenador e o autor", e tem em vista "uma peça composta diretamente em cena, realizada"[8]. Sem dúvida, numerosos autores contemporâneos integraram em seus escritos certas exigências de Artaud, começando pela principal, que consiste em se esquivar do drama do livro e respeitar a vocação do teatro que é "arte da representação", "representação chamada impropriamente de espetáculo, com tudo o que essa denominação arrasta de pejorativo, de acessório, de efêmero e de exterior"[9].

Tanto em sua prática de escrita quanto em suas tomadas de posição, à margem de suas peças, os dramaturgos modernos buscam alargar sua concepção de drama até que ele recupere a noção de representação. Eles se esforçam por conferir às suas obras a dimensão de um *drama cênico* e, para fazê-lo, efetuam o trabalho de desconstrução, ou até mesmo de destruição, que se impõe: "Artaud", escreve Derrida, "quis a conflagração de uma cena em que o ponto fosse possível e o corpo estivesse às ordens de um texto estranho."[10] É pois uma *outra cena* que as dramaturgias modernas e contemporâneas procuram (re)inventar: uma cena que libere o corpo do império da palavra soprada.

Nesse caminho, Wagner foi um dos primeiros a dar à noção de drama moderno toda a sua extensão. Para o seu projeto de alçar o drama moderno à altura da tragédia grega, elabora uma concepção do drama como "obra de arte total", na qual se possa dar livre curso à "ronda" das "artes irmãs":

Assim, completando-se mutuamente em sua ronda alternada, as artes irmãs reunidas se farão ver e valer, tanto em conjunto quanto em dupla ou isoladamente, conforme a necessidade da ação dramática que, sozinha, dá a medida e a lei. Às vezes a pantomima plástica ouve os raciocínios desapaixonados do pensamento, às vezes a vontade do pensamento

---

8 Antonin Artaud, *Oeuvres*, E. Grossman (ed.), Paris: Gallimard, 2004, p. 527 e 573.
9 Idem, *Le Théâtre et son double, suivi de le Theatre de Seraphin*, Paris: Gallimard, 1964, p. 569. (Coll. Folio, n. 964.)
10 J. Derrida, op. cit., p. 262. Trad. bras., p. 258.

VII. DO JOGO DO ATOR NO DRAMA

decidido se desafoga na expressão imediata do gesto; às vezes a música será a única a exprimir o curso do sentimento, o *frisson* da emoção; mas às vezes também, num enlaçamento comum, todas elas elevarão a vontade do drama ao ato direto, poderoso. Pois haverá uma coisa para todos eles, para os três gêneros de arte reunidos, uma coisa que eles deverão querer para se tornarem liberados em seu poder, e isso é precisamente o Drama."[11]

A fim de não haver equívocos, é ainda Wagner quem se expressa visando ser preciso: "o *poeta* não se torna verdadeiramente homem a não ser passando pela carne e pelo sangue do *ator*".

É conhecida a réplica em forma de desafio de Mallarmé – embevecido por uma tal "coesão" e pela polifonia dessa arte total – ao gênio reformador de Wagner: "Ora, vai acontecer de o escritor tradicional de versos, aquele que se prende aos artifícios humildes e sagrados da palavra, tentar, conforme seu único recurso, rivalizar! Sim, com uma ópera sem acompanhamento nem canto, mas falada; agora, o livro tentará ser suficiente para entreabrir a cena interior e sussurrar os ecos."[12]

Assim se enuncia, ou se anuncia, a ideia cara ao poeta do advento do "mistério" moderno.

Alice Folco possui essa bela fórmula: "Mallarmé pensa ser necessário infundir teatro no drama."[13] Se o autor de *Crayonné au théâtre* (Esboçado no Teatro) recusa o "poema dramático" entendido como mistura dos gêneros poesia e drama, ele prega, ao contrário, o "poema cênico", que tome lugar numa cena verdadeira, tangível, ou que "se insira no livro". Pois sabemos bem, após os trabalhos de Bertrand Marchal sobre a estética de Mallarmé, que para este aqui "não se trata [...] de modo algum de jogar o livro contra o teatro", mas de considerá-los "como dois aspectos de uma mesma ideia"[14].

Brecht e Claudel – este último sobretudo na parte final de sua obra e, particularmente, graças à colaboração com Darius Milhaud para *O Livro de Cristóvão Colombo* – desenvolveram

---

11 Richard Wagner, *Oeuvres en prose*, t. III, Paris: Librairie Delagrave, 1928, p. 224-227.
12 Stéphane Mallarmé, *Oeuvres complètes*, t. II, Paris: Gallimard, 2003, p. 195. (Coll. Bibliotèque de la Pléiade.)
13 Alice Folco, *Dramaturgie de Mallarmé*, Paris: Sorbonne-Université Paris 3, 2006, p. 336. (Tese.)
14 Bertrand Marchal, *La Religion de Mallarmé*, Paris: José Corti, 1988, p. 531.

uma concepção do drama tão vasta e cênica quanto a de Wagner. Ambos, no entanto, denunciam o aspecto narcótico do drama musical wagneriano e elaboram uma estética em que as artes irmãs, em lugar de se fundirem, ora intervenham de modo discreto, separado (Claudel), ora lutem abertamente uma contra outra e assumam o papel da contradição (Brecht). Mas as críticas, muitas vezes violentas, de Mallarmé, Claudel e Brecht com relação à teoria e prática do mestre de Bayreuth, não poderiam apagar o fato indubitável de que Wagner foi o primeiro a querer religar, de modo atualizado, a concepção de um drama que, a exemplo do teatro grego antigo, abraçaria a cena e as diferentes artes cênicas. A partir de Wagner, poder-se-ia dizer que há drama e *drama*. O primeiro, definitivamente enfeudado numa concepção restrita e sufocante da literatura dramática. O segundo, resolutamente moderno, aberto às evoluções da encenação, lançando uma ponte em direção ao que Wagner chamava de "obra de arte do futuro".

Os exemplos abundam de dramaturgos modernos e contemporâneos que compartilham essa concepção ampliada de um drama cênico. Se Pirandello tem tendência, como observa Dort, a incluir a representação em seu texto, Genet afirma que o drama não existe a não ser representado: "O drama: quer dizer, o ato teatral no momento de sua representação..."[15] A fim de deter o processo da "palavra soprada", Genet desenvolve uma estratégia praticamente inversa à de Pirandello. Estratégia da antecipação: Archibald, o condutor do jogo de cena de *Negros*, corta ervas aos pés de Dibouf, afirmando que ele conhece antecipadamente o seu discurso: "Uma vez mais, queria que você soubesse que perde seu tempo. Seus argumentos são conhecidos. Você vai nos falar de razão, de conciliação; nós nos obstinaremos na desrazão, na recusa. Você vai falar de amor. Faça isso, porque as nossas réplicas estão previstas pelo texto."[16]

Compreende-se na leitura de *Como Encenar* As Criadas, *Como Encenar* O Balcão, *Para Encenar* Os Negros ou nas *Cartas a Roger Blin*, como o escritor não é avaro em recomendações – verdadeiras didascálias no sentido antigo do vocábulo – aos

---

15   Jean Genet, *Théâtre complet*, Paris: Gallimard, 2002, p. 883. (Coll. Bibliotèque de la Pléiade.)
16   Ibidem, p. 490.

seus atores ou encenadores. No entanto, a edição de *Os Biombos*, integrando os "Comentários" da quase totalidade dos dezesseis quadros da peça, marca uma etapa suplementar nessa imersão do drama no seio do "ato teatral no momento de sua representação". Notar, nos "Comentários do Décimo-Sexto Quadro", a indicação de que "todas as mulheres carregam uma sombrinha preta usada, rasgada e, caso se queira, parecendo uma teia de aranha", não difere da indicação cênica clássica. Mas mudamos de registro quando Genet faz preceder essa simples prescrição de um desenvolvimento a propósito de um quadro em que as mulheres devem chorar um morto, no qual ele indica com precisão que "Qualquer que seja a intensidade dramática que se queira dar a uma cena, os atores deverão interpretá-la de um modo clownesco: quero dizer que, apesar da seriedade das maldições pronunciadas pelas mulheres ou pela Mãe, o público deve saber que se trata de uma espécie de jogo."[17] Nessas poucas linhas de "comentário", assim como naquelas que se seguem – "Creio que a tragédia pode ser descrita assim: um enorme riso que corta um lamento e que reenvia ao rir original, quer dizer, ao pensamento da morte" –, a poética teatral genetiana transfigura a dramaturgia da peça. Genet introduz o jogo do ator no drama.

De seu texto *Biombos* (1961), desprovido dos "comentários", Genet talvez pudesse dizer o que Gombrowicz diz do texto de sua peça *O Casamento*: "*O Casamento* sem teatro é como um peixe fora d'água; minha peça não é apenas um drama escrito para a cena, mas tenta exprimir a essência mesma do aspecto teatral, aspecto que se libera da existência."[18] Sobre esse ponto, Beckett pensa em termos de jogo, ao escrever para o teatro, quando lhe ocorre duvidar se ainda escreve um drama, ao menos se se acredita em Roger Blin evocando *Fim de Jogo*:

Beckett me dizia: "Não existe absolutamente drama em *Fim de Jogo*, desde que Clov diz sua primeira réplica: 'Terminado, está terminado, vai terminar, talvez vá terminar. Os grãos se juntam aos grãos, um a um, e um dia, de repente, há um monte, um monte impossível' – nada mais acontece, há uma vaga agitação, há um monte de palavras, mas não existe drama."[19]

17 Ibidem, p. 609-610.
18 Witold Gombrowicz, *Journal*, t. I, 1953-1958, Paris: Gallimard, 1995, p. 144.
19 Roger Blin, *Souvenirs et Propos recueillis par Lynda Bellity Peskine*, Paris: Gallimard, 1986, p. 115.

Adepto, mais do que qualquer outro autor – salvo talvez Thomas Bernhard e Jon Fosse –, da repetição-variação, Beckett reduz ao máximo não o drama, como diz a Blin, mas a progressão dramática. Drama estático à maneira de Maeterlinck, *Fim de Jogo* se situa, como tantos outros escritos modernos e contemporâneos, no registro do infradramático. Mas a diferença com Maeterlinck é capital: em *A Intrusa* e *Os Cegos*, as personagens não saem do seu *status* de personagens, enquanto em *Fim de Jogo* e em outras peças de Beckett, elas se desdobram em *jogadores*. E isso em mais de um título: Hamm e Clov não se contentam, de arlequinada em arlequinada, em desenvolver sua cumplicidade antagônica de figuras clownescas; eles se entregam também a um outro tipo de jogo – do tipo *agôn* e não mais *mimicry*[20]: esse "fim de partida", ou partida sem fim, e, portanto, empatada, em que não restaria mais do que um rei (Hamm) e um peão adversário (Clov). Em Maeterlinck, existe ainda um presente ligado a uma progressão dramática, não importa o quão ínfima seja ela, que se prende à ascendência progressiva da morte sobre o grupo de personagens. Nada mais disso em Beckett; o único presente é aquele do jogo, e ele é inteiramente tributário da presença do ator-personagem na ação cênica. Quando Hamm, cego e paralítico, ordena a Clov, o manco, que empurre sua cadeira de rodas, estamos muito próximos de um jogo de cena medieval, entre a farsa e a moralidade. E quando, já no início de *A Última Gravação de Krapp*, Beckett desenvolve a pantomima de Krapp – que passa de um momento de imobilidade à exploração de seus bolsos, em seguinda de gavetas, de onde saem uma "bobina" e logo depois uma banana, que ele "acaricia", "descasca" e "mastiga meditativamente" etc. –, é todo um espaço-tempo de puro jogo que se abre diante de Krapp. Espaço-tempo a partir do qual pode começar o diálogo entre o Krapp de 69 anos e o Krapp gravado na fita magnética de 39 anos. Em resumo, o jogo com o passado.

Para encontrar sua ancoragem na cena do teatro, arte do presente e da presença, a retrospecção dramática faz apelo ao jogo de cena. Um jogo conduzido por uma grande quantidade de autores modernos e contemporâneos, mas que coube

---

20 Na tipologia de Roger Caillois, *agôn* corresponde ao jogo-competição e *mimicry* ao jogo-simulacro. Cf. a obra de Callois já citada, *Les Jeux et les Hommes*.

a Jean-Luc Lagarce ter dado, em *História de Amor* (*Últimos Capítulos*), peça de 1990, um nome significativo – atuar com antecipação: "A MULHER: Joguemos esse jogo que não gosto: joguemos 'antecipadamente'. Antes, portanto."[21]

Nesse modo de pôr em evidência o jogo de cena, há uma mensagem para o espectador, um convite secreto para que ele tome parte no jogo. Dessa solicitação, Peter Handke tirou *Insulto ao Público* (1966), uma das peças mais singulares do século XX. Peça que, de entrada no jogo, se apresenta como um prólogo, mas um prólogo que não será seguido por nenhum desenvolvimento dramático. Um simples prólogo, portanto, que, na tradição dos prólogos antigos, carrega uma poética teatral. Não uma poética da cena, mas antes uma poética da sala. Um discurso poético, e político, que não clama por qualquer "participação" dos espectadores. Que visa, de preferência, e num primeiro momento, a congelar o público, a proibir o processo interlocutório. Após ter lançado uma primeira salva de insultos, os atores, que chegam à frente da cena, vão proferir, diante do público, esse longo prólogo sem sequência, no qual desvelarão no fim, antes de abrir uma nova saraivada de injúrias, a função e a destinação verdadeiras. De fato, esse prólogo sem peça

não é o prólogo para uma outra peça, mas o prólogo do que vocês fizeram, do que vocês estão fazendo e do que vocês farão. Vocês foram o tema. Esta peça é o prólogo para o tema. Ela é o prólogo para suas práticas e costumes. Ela é o prólogo para suas ações. Ela é o prólogo para suas inatividades. Ela é o prólogo para vocês deitarem, sentarem, ficarem de pé, andarem. Ela é o prólogo para as brincadeiras e a seriedade de suas vidas. Ela é também o prólogo para suas futuras idas ao teatro. Ela é também o prólogo para todos os outros prólogos. Esta peça pertence ao teatro do mundo[22].

Peça propedêutica, de alguma maneira, da qual se poderá perguntar se ela assinala a morte do drama e abre a época daquilo que alguns chamam de pós-dramático – "Isso não é

---

21 Jean-Luc Lagarce, *Théâtre complet*, t. III, Besançon: Les Solitaires Intempestifs, 2002, p. 296.
22 Peter Handke, *Outrage au public et Autres Pièces parlées*, Paris: L'Arche, 1968, p. 45. (Coll. Scène Ouverte.) Trad. bras.: *Insulto ao Público*, em *Peter Handke: Peças Faladas*, Org., introd. E trad. de Sanir Signeu, São Paulo: Perspectiva, 2015, p. 116.

drama. Nenhuma ação que tenha ocorrido e outra parte é aqui encenada novamente"[23] – ou se, como acredito, ela constitui o aparecimento, uma introdução a um drama novo no qual se interpenetram o jogo e a consciência do jogo no espectador: "Esta noite jogamos. Demos um sentido ao nosso jogo, e o demos com intenção de *nonsense*. Nossas palavras tinham um segundo sentido e um sentido oculto. Vocês eram duplos. Vocês não eram o que vocês eram. Vocês não eram o que pareciam ser. Sob a aparência, havia outra coisa."[24]

Peter Handke parece ter sido o iniciador de um drama e de um teatro desprovido de ilusão. Enfim, de um drama liberado desse tempo ilusório de uma sucessão de presentes que correm em direção à catástrofe, de um tempo fechado em si mesmo, o tempo da sacrossanta progressão dramática: "Há apenas peças sem tempo, ou peças nas quais o tempo é tempo real; como os noventa minutos de um jogo de futebol, o qual tem apenas um tempo porque o tempo dos jogadores é o mesmo tempo dos espectadores."[25]

PARA ONDE LEVA O JOGO?

Pondo o jogo no interior do drama, o autor descobre e torna visível ao espectador as próprias raízes do ato teatral. Ele as "desvela", como teria dito Barthes a respeito do Bunraku. Ao longo da história do teatro ocidental, essa prática metateatral não para de se perpetuar. Basta lembrar de Shakespeare ou Calderón. Mas essa prática se intensifica consideravelmente com e após Pirandello. Com frequência, ela não constitui senão uma ornamentação, um sacrifício ao "pirandelismo" da moda[26]. Mas, por vezes, ela se revela essencial, quer dizer, consubstancial ao drama-da-vida. É bem assim o caso de Beckett, como nesse momento de frio humor em que Clov "aponta para a plateia" a sua luneta e vê uma "multidão em delírio", ou então naquele outro em que ele pergunta a Hamm: "Para que sirvo?" E Hamm

23 Ibidem, p. 29.
24 Ibidem, p. 40.
25 Ibidem, p. 42. Trad. bras., p. 113.
26 Como em Anouilh, por exemplo, em *La Répétition ou l'Amour puni* de 1947.

lhe responde: "Para me dar a réplica!" Entre os precursores do "absurdismo", notadamente os poloneses Witkiewicz e Gombrowicz, as ocorrências metateatrais são múltiplas no transcurso do diálogo. Edgar, de *A Galinha d'Água*, fazendo uma réplica, no início da peça, aos insultos da Galinha d'Água, diz: "Nada de injúria. Mesmo nas peças de teatro do absurdo, esse tipo de coisa é proibido." E o Pai de Edgar, no fim, dirige a seu filho este cumprimento envenenado: "Você vai ser um ator formidável, sobretudo para essas peças absurdas que agora se escrevem."[27] Tais réplicas, sabiamente destiladas ao longo da peça, são suscetíveis de fazer vacilar a consciência do espectador, de insinuar em sua percepção do drama a vertigem do jogo. Quer dizer, o metateatral tem no drama moderno o papel de embreagem do jogo. A primeira réplica de *Casamento*, de Gombrowicz, é perfeitamente eloquente a esse respeito. É pronunciada por Henri, o protagonista da peça, em torno do qual gravitam todas as outras personagens, e começa com essas palavras: "A cortina se abriu..."

O objetivo de Witkiewicz ou de Gombrowicz não é aquele, superficial, de dar uma piscadela para o espectador e de sacrificar-se a uma teatralidade redundante e histérica (que, antes, eu qualificaria de teatralismo), mas sim de pôr a nu o processo dramático total, quer dizer, *cênico*. Mas pôr a nu é correr o risco de desmistificar o ato teatral, e até mesmo de reduzi-lo a nada. Quanto a isso, o drama de Genet é uma grande empresa de denúncia – e, ao mesmo tempo, de celebração – desse simulacro que é o teatro. Num fragmento extraído de *Negros*, Village aborda resolutamente o problema da "evaporação" do ato teatral ao dirigir-se a Archibald, o condutor do jogo: "Mas o senhor só me oferece, a cada noite, um simulacro que se evapora duas horas depois." Todo o teatro de Genet consiste numa interrogação sobre o poder do teatro, que passa por uma crítica *sui generis* da ilusão teatral. É assim que o Grande Balcão não para de ser assediado e prometido à destruição por uma turba revoltada, mas sobretudo iconoclasta. Nesse sentido, Genet responde perfeitamente à expectativa de Adorno para quem a arte moderna está destinada "a virar para o exterior o seu vazio interior". Se o vocábulo

---

27 Stanislaw Witkiewicz, *La Poule d'eau*, t. III, Paris: L'Âge d'homme, 2001, p. 220.

ilusão (*in-lusio*) significa entrar no jogo, o drama moderno conduz de preferência o jogo da interrupção, da saída constante da ação, do distanciamento com a ação. O jogo abre um buraco no drama moderno e contemporâneo. Produz nele um vazio. Caillois atesta, aliás, que a função do jogo é a "de dispor algum vazio ou disponibilidade no coração da mais exata economia". Ora, o que é uma peça de Genet senão, conforme suas próprias palavras, "uma arquitetura de vazios e de palavras"? Num fragmento do segundo manuscrito de *Negros*, Genet indica: "Village derruba o catafalco. Neige, Village e Vertu permanecem estupefatos: o catafalco estava vazio." Neige propõe "recolocar tudo em ordem" e "estender o pano novamente", e Village diz que ele vai "tentar arrumá-lo". É então que Vertu entre ao público uma parte da estética de Genet: "Deixa isso, Village. Eu estava me sufocando. De qualquer maneira, eles nos viram, eles (*ela aponta para o público*). Agora eles sabem o que é o vazio."[28]

Para alcançar essa finalidade, é preciso ainda praticar o que Caillois chamaria de "corrupção" do jogo. Nesse caso, um jogo que vai mal – que se transforma *em drama*, justamente – pois um dos jogadores se deixa levar pelo jogo, toma o jogo a sério, esquece que está jogando e, talvez – quem sabe? – o toma por realidade. Essa me parece ser a mola principal de *As Criadas*. Num primeiro momento, Claire e Solange atuam como "Madame e Criada", em que a Criada assassina a sua própria patroa; mas ocorre, no fim da peça, que Claire impõe à sua irmã ir até o fim do jogo de atuação – quer dizer, além do jogo, além dos limites – e fazendo-lhe beber de verdade o chá de tília envenenado:

SOLANGE: Claire, você não vê como estou fraca? Como estou pálida?
CLAIRE: Você é covarde. Me obedeça. Nós estamos quase lá, Solange. Iremos até o fim. Você ficará sozinha para viver as nossas duas existências. Vai precisar de muita força. Na prisão ninguém vai saber que eu lhe acompanho [...] Solange, não temos um minuto a perder. Repita comigo.
SOLANGE: Fale, mas baixinho.
CLAIRE (*mecânica*): Madame deverá tomar seu chá de tília.
SOLANGE: Madame tomará seu chá de tília.
[...]

28 J. Genet, op. cit., p. 549-550.

CLAIRE (*se deita na cama de Madame*): Repito. Não me interrompa. Você me ouve? Me obedece? (*Solange faz que sim com a cabeça.*) Repito. Meu chá de tília!
SOLANGE: Mas, Madame...
CLAIRE: Bom. Continue.
SOLANGE: Mas madame, ele está frio.
CLAIRE: Eu o beberei assim mesmo. Me dá.
Solange traz a bandeja.[29]

O mesmo jogo fora dos limites em *O Balcão* (1956), em que Carmen suspeita do Chefe de Polícia, que se impacienta por ter enfim o seu túmulo, seu mausoléu na casa-bordel de ilusão, por "confundir sua vida com longos funerais", enquanto Irma se inquieta ao ver os revoltosos passarem além dos limites e sair do jogo:

O CHEFE DE POLÍCIA: A revolta é um jogo. Daqui você não pode mais ver nada do exterior, mas cada revoltoso joga. E ele gosta do jogo.
IRMA: Mas se, por exemplo, eles se deixam levar para fora do jogo? Quero dizer, se se deixam levar até destruir tudo e substituir tudo. Sim, sim, eu sei, sempre há o falso detalhe que lhe recorda que num dado momento, num certo lugar do drama, eles devem parar e mesmo recuar... Mas, e se levados pela paixão eles não reconheçam mais nada e pulem sem dúvida dentro...
O CHEFE DA POLÍCIA: Você quer dizer dentro da realidade?[30]

Irma parece aspirar a uma interrupção desse jogo que ela acha cada vez mais perigoso: "Você insiste sempre em continuar esse jogo?", pergunta ela ao Chefe de Polícia. "Você não está cansado?" Em lugar de acalmá-lo, o jogo exacerba o drama situado em sua própria borda. O jogo só existe como uma fronteira, além da qual as violências mais radicais estão prestes a se desencadear. "Manter o jogo", como diz Irma, significa expor-se a todos os desastres aos quais o jogo conduz, as quais o jogo nos conduz. Archibald, o condutor do jogo em *Negros*, conhece algo disso, e procura conter os bruscos desvios dos membros de sua trupe que ultrapassam os limites do jogo; multiplica assim os apelos à ordem:

ARCHIBALD: [...] Madame Auguste Neige (*Ela permanece empertigada.*) e então, e então, Madame. (*Encolerizado e gritando.*)

29 Ibidem, 163.
30 Ibidem, p. 304.

Cumprimente! (*Ela permanece empertigada.*) Eu lhe peço, Madame, cumprimente! (*Extremamente doce, quase pesaroso.*) Eu lhe peço, cumprimente, Madame, é um jogo (*Neige se inclina*)...
[...]
VILLAGE: Negros, vocês gritaram muito rápido e forte. (*Respira profundamente.*) Essa tarde, vai acontecer de novo.
ARCHIBALD: Você não tem o direito de mudar nada no cerimonial, salvo, naturalmente, se descobrir algum detalhe cruel que realçaria o arranjo.
VILLAGE: Em todo caso, posso fazer você se impacientar se esperar por muito tempo o assassinato.
ARCHIBALD: É a mim que é preciso obedecer. E ao texto que nós estabelecemos.
VILLAGE (*maliciosamente*): Mas eu permaneço livre para ir depressa ou lentamente na minha fala e no meu jogo. Posso me movimentar devagar? Posso prolongar ou multiplicar os suspiros?[31]

O drama não é apenas corrupção do jogo; é também – e Village nos dá uma ilustração disso – uma resistência à regra do jogo. Mas o jogo, jogo-da-vida, como metáfora do drama-da-vida, tem o poder de aniquilar aqueles que são peões sobre o tabuleiro fatal. É o caso, evidentemente, de Hamm e de Clov, que por nada no mundo renunciariam ao seu jogo de dominação-submissão, e que assim se encaminham para seu próprio fim: "Clov (*implorando*): Vamos parar de jogar./ Hamm: Nunca! (*um tempo*) Me ponha no meu caixão."

O jogo, nesse sentido, é o trágico – ou o tragicômico – vitalício da existência. Para Henrique IV da peça epônima de Pirandello, tudo começa por um jogo inocente, uma cavalgada marcada, infelizmente, por uma queda. O jovem e brilhante Di Nolli mergulha então na loucura e se toma pelo rei Henrique IV, excomungado pelo papa. Vinte anos depois do acidente, recebendo seus conhecidos e parentes próximos que lhe fazem uma visita, vestidos à moda do século XII, inclusive essa Matilde que ele tanto amou, o pseudo Henrique IV, vivendo recluso, lhes pede para implorar ao papa "livrá-lo dessa prisão, para que ele possa viver inteiramente essa pobre vida que é a sua, e da qual está excluído"[32], e terminará por revelar ter saído de sua loucura. Ou, antes, que sua loucura se tornou há tempos

---

31 Ibidem, p. 479, 484.
32 Luigi Pirandello, *Théâtre complet*, t. I, p. 1118-1119.

"consciente", que ele a vive, após oito anos, "com toda lucidez". Perante o grupo de seus visitantes, e sobretudo diante de Belcredi, seu rival no amor e que, mesmo antes do acidente, o tinha por louco, "Henrique IV" declara que prefere sua loucura agora fingida e consciente à loucura que eles "vivem na agitação, sem estar conscientes e sem ser dela espectadores". Mas confrontado com Frida, filha de Matilde e réplica de sua mãe vinte anos antes, o "prisioneiro" sucumbe sob o peso dessa vida que ele não viveu e recai na loucura inconsciente. Loucura assassina, pois se apodera de uma espada e a enterra no ventre de Belcredi. Mais uma vez, o jogo da loucura teria servido como revelador do trágico de uma vida não vivida, de uma vida no mal da existência.

Mas se existe uma peça nesse tipo de registro ainda mais pirandelliana, é *A Grande Magia* (1948), de Eduardo de Filippo. Por meio da personagem do enfadonho Calógero, homem ordinário em sua perfeição, espírito forte que pensa que "o pão é pão, o queijo é queijo", e que a "água do mar é salgada e amarga", e cuja jovem esposa procura passar bom tempo ao lado de um amante, o dramaturgo e comediógrafo napolitano realiza a fusão mais íntima do jogo e do drama. De uma ponta a outra, é o jogo que conduz o drama e que lhe serve de revelador. A peça tem início como um *vaudeville* ruim, prossegue como excelente comédia e termina no mais moderno trágico existencial. Para alcançar seus objetivos, o amante pagou a um mágico de última categoria para roubar sua amante sob o nariz do marido infeliz, fazendo-a "desaparecer". Mas eis que o "desaparecimento" amoroso, previsto para três quartos de hora, se converte em fuga e o marido reclama sua mulher de volta. O mágico então só tem como recurso uma dialética extravagante em que só existe o *jogo*. Ele dá ao infeliz Calógero uma pequena "caixa japonesa" que se presume conter sua esposa e coloca o marido enganado diante de uma alternativa: ou ele não tem confiança em sua mulher, e não vale a pena abrir a caixa, ou então ele tem confiança e abre a caixa, com a promessa de que a esposa sairá dela. De fato, Otto Marvuglia, o mágico, tomado de compaixão pelo pobre Calógero, arranca progressivamente o marido abandonado de sua própria realidade, graças a uma sutil mistura de retórica e de sugestão mental. Marvuglia hipostasia o vivido de sua vítima para apresentá-lo como um jogo, quer dizer, para retomar uma vez mais uma fórmula de Caillois – "um real mais real do que o real". Nesse jogo, cada um possui seu próprio mundo – Pirandello teria dito "sua verdade". Ao menos é a mensagem que Otto se esforça de passar para Calógero, que ele encontra em prantos:

OTTO (*se aproxima lentamente*): Não, não assim, senhor Di Spelta. O que o senhor acha que entendeu? Isso me preocupa de verdade; não pensava que o senhor tivesse entrado tão profundamente no jogo.
CALÓGERO (*desencorajado*): Que jogo?
OTTO (*com simplicidade*): Uma das experiências que estou apresentando ao público do hotel, aqui, no jardim, nesse momento... Eu, de posse do terceiro olho, nada fiz senão suspender em seu cérebro uma convenção atavicamente enraizada, o tempo, e daí introduzir em seus pensamentos imagens mnemônicas que lhe dão certas sensações tomadas como realidade e que não são senão ressurgências de sua consciência atávica.
CALÓGERO (*desconfiado*): Não entendi nada
[...]
OTTO: Eu disse a você porque traí meu segredo profissional: nesse momento eu estou fazendo meu exercício. (*Indicando o fundo do quarto.*) Olhe, todos os clientes do hotel assistem ao meu espetáculo. Você está convencido de que se encontra na minha casa, mas estamos no jardim do hotel Metrópole. Todas as sensações que você experimenta, todas as imagens que seus olhos percebem, sou eu quem as transmito, me servindo da sua memória atávica. Por exemplo, você está convencido de que procurou sua mulher em todos os lugares...
CALÓGERO: Eu vim aqui com um inspetor de polícia e dois guardas.
OTTO: É falso. Você crê que tenha feito isso. Você acredita até mesmo que está em minha casa, mas não é verdade. No fundo, durante esse passeio, você agiu como o teria feito qualquer um: por consciência atávica. Você aguenta a lei desse jogo, mas, na realidade, você não é o protagonista.[33]

Como de hábito, o aluno ultrapassa o mestre, ao menos quanto ao zelo. O mágico desejava anular o tempo do drama e persuadir Calógero de que sua mulher, na verdade descontente com seu amante e arrependida, ia reaparecer diante dele,

---

33 Eduardo de Filippo, *La Grande Magie*, em *L'Avant –scène Théâtre*, Paris, n. 1251-1252, 1 nov. 2008, p. 52-53.

e o golpe de mágica estaria concluído. Calógero vai esposar de corpo e alma a teoria do jogo de subterfúgios de Otto e levá-lo até o trágico. Até o seu próprio aniquilamento... Num de seus voos verbais, Otto desvelou para Calógero, numa parábola cruel, a verdade crua de seus "poderes" mágicos:

Passo a mão dentro da gaiola, pego um [dos canários] e me sirvo dele para um pequeno truque [...] Eu o ponho nessa outra gaiola e a mostro ao público. Senhoras e Senhores, eu a cubro com um pano, afasto-me quatro passos, dou um tiro de revólver. Imagine o público: "Ele desapareceu? Como ele fez? É um mágico." Mas o canário não desapareceu. Ele morreu. Ele morreu esmagado entre o fundo e o fundo falso. (*Ouve-se o "clic" da pequena gaiola.*) O tiro de revólver serve para dissimular o estalido da pequena gaiola de truque; depois, naturalmente, devo colocá-la em ordem e sabe o que encontro lá? Um mingau de ossinhos, de sangue e de plumas. (*Mostrando os canários.*) Olhe o público, ele não duvida de nada.[34]

Envelhecido, exausto, perdido, Calógero se torna, no final da peça, um desses inocentes canários.

Meus cabelos continuam grisalhos. O jogo ainda não acabou. (*Entretido.*) Quem sabe! Quem sabe quando tiver terminado eu voltarei com meus cabelos negros, e me sentirei um pouco ridículo! Quando se pensa nisso, existe de verdade com o que se tornar louco. Mas o triste é que esse jogo bem me poderia dar a sensação de velhice. O rosto cheio de rugas, a pele flácida, o lábio pendente! Que desgosto! [...] E se por um jogo colossal de ilusão... o mundo inteiro se transformasse numa gaiola enorme... Se ali se introduzisse uma mão monstruosa... fazendo desaparecer todos os homens... Quantos tiros de revólver, detonações, explosões... Quanto sangue... Toda essa poeira de ossos... Sem penas![35]

Como assinala Claire a Solange, em *As Criadas*, o jogo é a vida ("Só nos resta continuar esta vida, retomar o jogo"), e "o jogo é perigoso". Ele pode mesmo se tornar mortal quando Claire bebe o chá de tília com gardenal destinado a Madame contra o desejo de sua própria irmã. Longe de atenuar o drama e de arrastá-lo em direção a uma espécie de inocência "lúdica", o jogo endurece o drama e lhe dá toda uma dimensão de sacrifício.

---

34 Ibidem, p. 59.
35 Ibidem, p. 71-72.

A CERIMÔNIA

O jogo, quando conduzido com essa crueldade que preside o teatro de Jean Genet, assume um caráter cíclico, solene e quase sagrado, que tende a assimilar o desenvolvimento do drama ao de uma cerimônia. A peça rompe com todo desenvolvimento dialético para instalar-se numa certa circularidade. Mas uma circularidade feita de círculos constritores, destruidores.

Sabe-se que, para Jean Genet, falta definitivamente ao teatro ocidental esse rigor poético que alcançam os teatros orientais, e que tal rigor não poderia ser senão cerimonial: "Pois mesmo as mais belas peças ocidentais" conta ele a Jean-Jacques Pauvert "têm um ar de disfarce, de mascaradas, não de cerimônias." Para tentar remediar esse "disfarce", o escritor imagina, em *A Estranha Palavra de...*, um verdadeiro dispositivo de refundação do teatro ocidental. Sobre o terreno que fertilizam os mortos:

E o mimo fúnebre?/ E o Teatro no cemitério?/ Antes que se enterre o morto, que seja levado à frente da cena o cadáver em seu caixão; que os amigos, os inimigos e os curiosos se enfileirem na parte reservada ao público; que o mimo fúnebre que precedia o cortejo se desdobre, se multiplique; que ele se torne trupe teatral e que faça, diante do morto e do público, reviver e remorrer o morto; que em seguida se retome o caixão para levá-lo, em plena noite, até a cova; enfim, que o público se vá: a festa termina.[36]

Pela própria confissão de Genet, esse dispositivo, que se encontra em *Os Negros*, quando os Negros são reagrupados ao redor do catafalco, como veremos também em muitas peças contemporâneas, aproxima o teatro da cerimônia – "Claire [em *As Criadas*]: Dê um nome? Dê um nome para a coisa! A cerimônia?"[37] – e o afasta definitivamente do espetáculo:

A cerimônia [nota Baudrillard] tem o pressentimento do seu desenvolver e do seu final. Ela não tem espectadores. Onde há espetáculo, a cerimônia para, pois também ela é uma violência feita à representação. O espaço em que ela se move não é uma cena, um espaço de ilusão cênica; é um lugar de imanência e de desenvolvimento da regra [...] O destino, no sentido de uma forma inelutável e recorrente de

---
36 Jean Genet, *Théâtre complet*, p. 887-888.
37 Ibidem, p. 137.

desenvolvimento de signos e de aparências, tornou-se para nós uma forma estranha e inaceitável. Nós não queremos mais um destino. Nós queremos uma história. Ora, a cerimônia era a imagem de um destino.[38]

Na cerimônia, tal como a concebe Genet em sua parábola do teatro no cemitério, encontramos as principais características do drama-da-vida: interrupção (de acordo com um mestre de cerimônia-rapsodo tão fantasista quanto Archibald), retrospecção (pois se trata de um morto e de uma "cerimônia de adeus"), antecipação (a resolução do drama é sempre conhecida), optação (porque as personagens se exprimem quase constantemente no condicional [Solange e Claire sucessivamente adotam o discurso de Madame]) e, sobretudo, repetição-variação levada ao paroxismo. Pois o que se interpreta, com esse morto no centro do dispositivo teatral, é o mito do Eterno Retorno.

Resta trazer uma precisão quanto à conduta cerimonial do drama: ela não tem teatralmente valor e viabilidade a não ser além de todo espírito de seriedade e se a cerimônia for, por sua vez, *representada*, mal representada e até feita como trapaça, para iludir. Veremos que autores como Genet, Beckett, Ionesco, Gombrowicz, Achternbusch ou Bernhard sempre misturam um elemento de grotesco ao desenvolvimento aparentemente litúrgico dos acontecimentos.

Mas antes, para acontecer, a cerimônia pede uma forma de ser instalada. Entendamos: ela deve inscrever-se numa ordem cósmica... "Conduzir o jogo diante do mundo", tal é o projeto de Solange em *As Criadas*, projeto este que soa como uma declaração de guerra. A fórmula resume bem o teatro de Genet. Aparentemente confinado à esfera do doméstico, o drama ancilar das criadas não demora a se abrir para o Teatro do Mundo. A primeira vez é quando Solange confessa interpretar para o imóvel da frente. E a segunda é quando declara querer descer à rua "como Madame" e ali realizar a sua atuação. Em *Os Negros*, o condutor do jogo (ausente em *As Criadas*, com Solange e Clair assumindo tal função) se dirige frontalmente ao público, ao público real da representação, mas integrando sua própria caricatura – a Corte de Negros caracterizados de Brancos (Rainha, Juiz, Missionário...):

---

38 Jean Baudrillard, La Cérémonie du monde, *Traverses*, Paris, n. 21-22, mai 1981, p. 29-31.

ARCHIBALD: Silêncio! (*Para o público.*) Essa noite atuaremos para vocês. Mas a fim de que nas poltronas vocês se sintam confortáveis face ao drama que aqui se desenrola, a fim de que estejam seguros de que tal drama não corre o risco de penetrar em suas vidas preciosas, teremos a gentileza, familiar para vocês, de tornar a comunicação impossível. A distância que nos separa, original, nós a aumentaremos com nossos luxos, nossas maneiras, nossa insolência – pois também somos comediantes.[39]

Seria um total contrassenso confundir essa distância reivindicada por Archibald com o distanciamento brechtiano. Contrariamente ao *Verfremdungseffekt* (efeito de distanciamento) brechtiano, a distância em *Os Negros* não permite ao espectador introduzir-se nos detalhes da fábula, com o intuito de elaborar sua própria crítica dos comportamentos das personagens. Essa distância "original" visa apenas manter o espectador afastado, respeitoso, efetivamente, pelo luxo, às vezes grotesco, manifestado pela trupe dos Negros. É pelo efeito dessa distância particular, e particularmente descarada, que o jogo se transforma em cerimônia, e mesmo em *paródia de cerimônia*. Se a missa, aquela do luxo da Contrarreforma, pode ser considerada como uma cerimônia, então a dramaturgia cerimonial de Genet deve muito à missa. Aliás, o próprio escritor estabelece, pela voz do Chefe de Polícia de *O Balcão*, evocando, no bordel-ilusão, uma relação de concomitância entre drama e missa: "Neste suntuoso teatro, onde a cada minuto se atua um drama, como no mundo, dizem, se celebra uma missa..." A observação vai além da simples provocação. Missa e drama, Genet não tem a intenção, depois de Mallarmé, de esquecer que entre os dois existe a passarela do "mistério": "Quanto ao público, só viria ao teatro quem fosse capaz de um passeio noturno num cemitério, a fim de se confrontar com um mistério."[40]

Genet vai procurar o que precisa, tal como um ladrão, no próprio coração da liturgia da missa. A "Carta a Jean-Jacques Pauvert" sobre as *As Criadas* não é avara de referências à missa e de comparações entre missa e drama. O escritor fala de "recolhimento", de "comunhão", de "profusão de ornamentos e de símbolos". Logo cena e Ceia se juntam em seu espírito: "Numa

---

39 J. Genet, *Théâtre complet*, p. 481.
40 Ibidem, p. 885.

cena quase semelhante às nossas, sobre um estrado, tratar-se-ia de reconstituir o fim de uma refeição. A partir desse único dado, que mal reencontramos, o mais alto drama moderno exprimiu-se durante dois mil anos e todos os dias no sacrifício da missa."[41] Em seguida, uma observação essencial que merece um comentário: "Teatralmente, não conheço nada de mais eficaz do que a elevação." Com uma mistura de humor e de gravidade, Genet evoca esse momento em que "essa aparência aparece diante de nós, mas sob que forma, pois todas as cabeças estão inclinadas [...] ou esse outro momento da missa quando o padre, tendo com a pátena quebrado a hóstia para mostrá-la aos fiéis – não ao público – aos fiéis? Mas eles abaixam ainda a cabeça..." Ora, esse momento tem um nome no léxico da liturgia católica: chama-se *ostensão*, o que significa "mostrar", "expor", mas sobretudo "apresentar", no sentido forte de "tornar presente". Em que reencontramos esse presente do jogo que se substitui ao falso presente, já consumido pela catástrofe final, da progressão dramática. A ostensão me parece ser o ato fundador do teatro de Genet. Mas qual é o objeto dessa ostensão? Como na missa, uma *aparência*: "Mas, enfim, o drama? Se ele tem no autor sua fulgurante origem, cabe ao drama captar esse relâmpago e organizar, a partir da iluminação que mostra o vazio, uma arquitetura verbal, quer dizer, gramatical e cerimonial, indicando, sorrateiramente, que deste vazio se arranca uma aparência que mostra o vazio."[42]

É necessário precisar que Genet, que denuncia a "atitude intelectual fechada e submissa" dos fiéis em prece, convida o público do teatro, ao contrário, a reerguer a cabeça e olhar de frente não para o sol nem para a morte, mas essa aparência, esse simulacro que ambos conservam? Em proveito do teatro, ele só mobiliza a liturgia e o sacramento da eucaristia para plagiá-los, dessacralizá-los, profaná-los. É nesse sentido que se pode falar de uma paródia de cerimônia, de uma *anticerimônia*. O jogo, mais uma vez, joga sua parte, que consiste, após ter instalado a cerimônia, em perturbar, em desregular. É assim que do programa "em cada sessão, um cadáver fresco", se passa ao catafalco vazio. A todo momento, o ordenamento da cerimônia é vazado por seus próprios executantes. Archibald não consegue velar

41 Ibidem, p. 817.
42 Ibidem, p. 883.

pelo respeito da regra cerimonial: "Você não tem o direito de mudar nada no cerimonial, salvo, naturalmente, se descobrir algum detalhe cruel que realçaria o arranjo"; "Não é uma sessão de histeria coletiva, é uma cerimônia", "Negros, já estou irritado. Ou continuamos o simulacro, ou saímos." O jogo dos *Negros*, que se querem comediantes e não oficiantes, inflete o drama em direção ao grotesco, esse cômico-sério do qual fala Bakhtin.

Se existe um ponto em comum entre *O Rei Está Morrendo* (1962) de Ionesco e a peça de Genet, é, incontestavelmente, o lado grotesco, da paraliturgia e da anticerimônia. Ionesco jogaria antes com o sacramento da extrema-unção que com o da eucaristia. Em todo caso, o programa da cerimônia é aquele da agonia e da morte anunciada do rei Bérenger Primeiro:

MARGARIDA (*ao Rei*): Você vai morrer em uma hora e vinte cinco minutos.
O MÉDICO: Sim, Sire. Em uma hora, vinte e quatro minutos e cinquenta segundos.
O REI: Ó Maria, Maria.
MARGARIDA: Em uma hora, vinte e quatro minutos e um segundo. (*ao Rei*) Se prepara.
MARIA: Não ceda.
MARGARIDA (*a Maria*): Não tente mais distraí-lo. Não lhe estenda o braço. Ele já está na beira do precipício, você não pode mais retê-lo. O programa será executado ponto a ponto.
O GUARDA (*anunciando*): A cerimônia começa![43]

Bem entendido, a solenidade anunciada vai ser bastante perturbada, pervertida se deveria dizer, pela carga de derrisão da arte de Ionesco: esse Bérenger I que está morrendo é o homem mais ordinário, o mais medroso e o mais valetudinário que existe, "um rei de panos quentes"[44]. Isso não impede, para retomar uma indicação do autor quanto à tonalidade geral da peça, que esse *guignol* [teatro de fantoches] seja "trágico" e que esse rei de meia-tigela termine mesmo por morrer teatralmente e por desaparecer literalmente. Não sem ter tentado, como todo mortal, agarrar-se à vida.

---

43 Eugène Ionesco, *Le Roi se meurt*, em *Théâtre complet*, Paris: Gallimard, 1991, p. 757. (Coll. Bibliothèque de la Pléiade.)
44 No original, "roi à bouillotte". (N. da T.)

VII. DO JOGO DO ATOR NO DRAMA

Sob o impulso de outros autores de sua geração, Ionesco conduz um jogo duplo: trágico e cômico, sério e derrisório. Com efeito, encontra-se a mesma dualidade própria de oximoro – ritual bufão, liturgia grotesca, sagrado dessacralizado – em Witold Gombrowicz. O escritor polonês se apodera de um terceiro sacramento, o casamento, que ele vai distorcer tão alegremente quanto Genet o faz com a eucaristia, e Ionesco com a extrema-unção. No segundo ato de *Casamento*, a personagem do Pai, dirigindo-se a todos os que querem a sua coroa, trai por sua própria ênfase o caráter farsesco – mais uma vez, *farsa trágica* da cerimônia que se prepara:

Eu sei o que vocês estão prestes a cozinhar./ Eu não tenho necessidade desses meios,/ pois essa cerimônia será tão cerimoniosa,/ tão digna, tão virtuosa, tão majestosa,/ em sua majestosa majestade,/ que um joão--ninguém não ousará se lançar/ contra essa cerimônia cerimoniosa... Que soem as trombetas,/ pois meu filho, para maior glória de seu pai,/ deixa o seu celibato por meu ato real, sim,/ por um ato supremo; avante, avante,/ vamos. (*O conselho e a corte se levantam em fúria, gritando "avante, avante"*). O Pai: Parem, parem, porque é preciso refletir bem para que tudo se passe como se deve... Estou com coceira. Senhor Chanceler do meu reino, me coce. Onde está o manto de cerimônia? Que me vistam com o manto cerimonial, com o chapéu do grão-ducado e lhe seja pendurado a espada da justiça sagrada.[45]

Henrique, o filho, não é crédulo face a essa inflação real e cerimoniosa. Alguns instantes após a declaração tonitruante e ridícula de seu pai, ele confia a Jeannot, seu amigo e (talvez) seu duplo: "Ponha-me a espada da justiça. É uma farsa, mas que importa. O essencial é casar-me com Margot"[46]. Mas esse momento de lucidez de Henrique não muda em nada a ambivalência geral na qual se banha toda essa peça, em que o trágico e o sagrado, sistematicamente, se convertem em grotesco, em blasfêmia e vice-versa. Como observa Czeslaw Milosz, "tudo é ritual" em Gombrowicz. Resta que esse ritual, que, como em Genet, não é estranho à missa católica distorcida em "missa humanamente humana", mostra com evidência a "religião"

---

45 Witold Gombrowicz, *Le Mariage*, em *Théâtre*, Paris: Julliard, p. 123. (Coll. Les Lettres Nouvelles.)
46 Ibidem, p. 124.

propriamente idiossincrática do escritor. Gombrowicz deixa a Ivrogne o cuidado de revelar sua profissão de fé pessoal perante Henrique: "Eu vou mostrar-lhe de que religião eu sou padre. Entre nós, nosso Deus nasce de nós mesmos. E nossa Igreja não é do céu, mas da terra. Nossa religião não é do alto, mas do baixo. Nós mesmos criamos nosso Deus e é lá que começa a missa humanamente humana, inferior, oficiosa, sombria e cega, terrestre e selvagem, da qual sou padre."[47]

Não estamos longe da missa negra, e, ainda uma vez, dos sacramentos profanados, nesse jogo de sonho que, da cerimônia de casamento de Henrique, desliza sub-repticiamente até a derrubada do seu próprio pai, o Rei, provocada por Henrique mesmo, e depois em direção ao assassinato, também por Henrique, de Jeannot, seu melhor amigo.

Quando Gombrowicz, Genet, Ionesco – que recomenda que as réplicas de *O Rei Está Morrendo* sejam "ditas e jogadas como um ritual, com solenidade" – dão às suas peças uma forma cerimonial paródica, a finalidade é de confiscar, em proveito de suas respectivas dramaturgias, o próprio tempo cerimonial. Lembremo-nos, conforme Baudrillard, que a cerimônia "tem o pressentimento de seu desenrolar e de seu fim", que ela não propõe "uma história", mas "a imagem de um destino". O que corresponde, estreitamente, ao cenário do "Teatro no cemitério de Genet" – no qual se trata de "fazer reviver e remorrer o morto" –, e também ao canevás do *Rei Está Morrendo*, já evocado. A cerimônia é essa forma cursiva que permite encerrar no espaço-tempo o mais reduzido – a hora e meia consentida a Bérenger I por Margarida – o drama-da-vida por inteiro. Agonizando pública e cerimonialmente, esse soberano tão próximo de nós pode experimentar, e nos fazer provar, a vacuidade, o caráter fugaz, inapreensível, inconsistente, relativo e subjetivo do curso de uma vida:

O REI: [...] Eu vim ao mundo há cinco minutos, me casei há três minutos.
MARGARIDA: Isso dá duzentos e oitenta anos.
O REI: Eu subi ao trono há dois minutos e meio.
MARGARIDA: Há duzentos e setenta anos e três meses.
O REI: Não tive tempo de dizer "ufa"! Não tive tempo de conhecer a vida.[48]

---

47   Ibidem, p. 138.
48   E. Ionesco, op. cit., p. 764.

Face a essa desesperança, Maria, a esposa amante de Bérenger, propõe um remédio. Revivê-lo. "Lembre-se, eu imploro, daquela manhã de junho, à beira-mar, onde estávamos sozinhos, a alegria brilhava em você, lhe penetrava. Você teve essa alegria, você dizia que ela estava lá, inalterada, fecunda, inesgotável. Você dizia, você diz. Se ela está lá, está sempre. Reencontre-a. Em você mesmo, procure-a.[49]"

É assim que o jogo cerimonial, esse compromisso de teatro profano e de cerimônia sagrada, permite inventar, forjar um novo tempo de teatro. "Não há mais tempo"[50]: nessa fórmula de Margarida, a rainha má de *O Rei Está Morrendo*, é preciso entender que o tempo diegético não tem mais curso – não se trata mais do desenrolar, mas de remontar o tempo de uma vida – ou, ao menos, que ele é largamente sobredeterminado por "um outro tempo", que Genet evoca em *A Estranha Palavra d'*...:

Entre outras coisas, o teatro terá por finalidade nos fazer escapulir do tempo, que se diz histórico, mas que é teológico. Desde o início do acontecimento teatral, o tempo que vai escorrer não pertence a nenhum calendário repertoriado[...] um outro tempo, que cada espectador vive plenamente, se escoa então, e, não tendo nem começo nem fim, ele faz saltar as convenções históricas necessárias à vida social, de um só golpe ele também faz saltar as convenções sociais; e não é em proveito de alguma desordem, mas de uma liberação – estando o evento dramático suspenso, fora do tempo historicamente contado, sobre seu próprio tempo dramático –, é em proveito de uma liberação vertiginosa.[51]

Tempo ao revés de uma cerimônia de adeus, baseado na presença e sobre o presente incoativo do jogo, que encontramos em diversas peças modernas. Ora, essa cerimônia do adeus, que começa, nos lembremos, com o fragmento de Strindberg chamado *A Ilha dos Mortos*, no qual vemos um morto se destacar pouco a pouco de sua própria vida, não está forçosamente instalada no domínio do metafísico e da existência individual; ela também pode nutrir-se da própria substância da História. É o caso, seguramente, das peças de Genet, em que a cerimônia é sempre apresentada como um biombo que se interpõe entre o

---
49 Ibidem.
50 Ibidem, 757.
51 J. Genet, *Théâtre complet*, p. 880.

público e o movimento da Revolução, a qual, segundo o autor, não poderia ser teatralizada, mas apenas vivida. Da mesma forma, trata-se da paisagem de devastação pós-Auschwitz e pós-Hiroshima que circunscreve o refúgio de Hamm e de Clov. Mas, de modo ainda mais nítido, mais explícito, a História catastrófica do século xx pode inscrever-se numa dramaturgia de tipo cerimonial. É o que podemos constatar, no capítulo 3, a propósito de duas peças memoráveis do fim dos anos de 1970, *Ella*, de Achternbusch e *Antes da Reforma: Uma Comédia da Alma Alemã*, de Thomas Bernhard. Duas cerimônias de adeus tendo por alvo a Alemanha nazista e pós-nazista, às quais não falta a parte grotesca.

Na primeira dessas duas peças, Joseph, o filho de Ella, é ao mesmo tempo o oficiante e a vítima expiatória da cerimônia. Coberto com sua peruca feita de plumas de galinha e cingido com avental, ele prepara liturgicamente o café que ele mesmo consumirá no final da cerimônia, após tê-lo misturado com açúcar embebido em cianureto. Na segunda peça, o presidente do tribunal Rudolf Höller, em uniforme completo de *Oberstürmführer* ss[52], com quepe, revólver à cintura e botas negras, celebra, de modo bastante cerimonial, entre as duas irmãs (uma, a cúmplice incestuosa; outra, a deficiente silenciosamente hostil), o aniversário de Himmler. Cerimônia íntima e clandestina, acompanhada de libações de "champanhe alemão", o que diz muito sobre "a alma alemã", tal como a vê, ou a sonha em pesadelo, Bernhard. Numa peça como na outra, é a morte, ao mesmo tempo real e simbólica – verdadeiro desvio do sacrifício da missa –, que, dando o desfecho, oferece sentido à cerimônia. Morte da vítima Joseph, testemunho (da muda Ella) e mártir. Ou morte do carrasco Rudolf Höller. Ainda que o dito carrasco leve a atrocidade até apresentar-se ele próprio como vítima dos judeus: "As pessoas", diz ele, "recomeçaram a escavar o passado", "a judiaria incrustou-se em todos os lugares, está de novo em tudo e nos menores cantos"[53].

Num determinado momento, Rudolf Höller mostra sua desconfiança de Clara, acuada em sua cadeira de rodas: "Impiedosa,

---

52 Comandante de tropa de assalto da ss (*Schutzstaffel*, ou seja, da escolta ou esquadrão de proteção do Führer). (N. da T.)
53 Thomas Bernhard, *Avant la retraite*, Paris: L'Arche, 1987, p. 86-87.

de seu posto de observação ela nos olha e espera, até o dia em que irá nos atacar". Thomas Bernhard aproveita essa ocasião para desvendar ao público, por intermédio de Vera (tentando tranquilizar seu irmão), o impulso dramático de sua peça à moda de Genet:

VERA: É só um jogo, não é sério, não pode ser sério. É uma verdadeira comédia, às vezes a gente se esquece; por que justo hoje não haveríamos de representar essa comédia? Admiro Clara, ela representa o papel mais difícil. Nós apenas lhe damos a réplica. Ficando silenciosa, ela mantém a comédia em marcha.[54]

De fato, esse jogo cerimonial é tudo, menos inocente. Cortando como lâmina, geralmente mortal. Além disso, a Claire de *As Criadas* nos previnira a esse respeito numa réplica dirigida a Solange: "Quando terminarmos a cerimônia, vou proteger meu pescoço. É a mim que você visa por intermédio de Madame, sou eu quem está em perigo."[55]

A PERFORMANCE

Até que ponto a evolução da forma dramática, após mais de um século, pode avançar no sentido de um teatro da performance? Privilegiando a relação de tensão entre jogo e drama, afastei a perspectiva de um teatro dramático que se dissolveria pura e simplesmente nesse conjunto "pós-dramático" ou extradramático mal definido, que Richard Schechner, e depois Florence Dupont, designam como "teatro do jogo". Existe uma incompatibilidade insuperável entre o texto de uma peça de teatro, que tem vocação a ser reproduzido, e a performance, com seu caráter de evento único[56]. No entanto, também não escondi que a ideia artaudiana de unicidade do ato teatral continuava presente, como limite, como uma utopia concreta, no espírito de vários escritores de teatro. Para Artaud: "A poesia escrita vale uma vez mais ser destruída"; "Quando digo que não

---

54 Ibidem, p. 88-89.
55 J. Genet, *Théâtre complet*, p. 141.
56 Cf. Bernadette Bost; Josep Danan, L'Utopie de la performance, *Études théâtrales*, Louvain, n. 38-39, p. 117.

encenarei uma peça escrita", precisa ele, "quero dizer que não encenarei uma peça baseada na escrita e na palavra, que haverá nos espetáculos que montarei uma parte física preponderante que não poderia ser fixada e escrita na linguagem habitual das palavras; e que mesmo essa parte escrita e falada o será num sentido novo."[57] No palco, portanto, Artaud admite, ao lado das glossolalias e outras experiências paralinguísticas, uma parte de texto, mas considera que esse texto só se recarregue de energia e se torne reprodutível, "poeticamente eficaz", graças à ação cênica. Se, e somente se, o jogo cênico presidir ao nascimento do texto, então esse texto poderá alcançar a unicidade do puro presente e da pura presença do ato teatral. Não esse presente de fuga, ligado à progressão dramática, o qual não deixei, ao longo desta obra, de lembrar que teve seu ciclo concluído (Lagarce gostava de repetir que não conseguia acreditar no presente dramático: "não", confiava ele, "isso não ocorre, diante de mim, nesse momento"), mas um presente de ação cênica que é preciso bem qualificar de *performático*. De fato, quanto mais a forma dramática integrou, ao longo do século XX, seu princípio contrário, o épico, mais a ação dramática foi diferida no tempo, mediatizada por um relato, e fez mais apelo a este outro presente, ao *presente-performance*.

Passar, se posso dizer, do presente antigo ao presente novo do teatro é o processo que Dürrenmatt, em sua peça *Play Strindberg*, experimenta em *Dança da Morte*. Adaptação de um tipo muito particular, realizada por um autor em crise que decidiu não mais escrever "para" mas "com" o ator. Além dos cortes, tendo em vista tornar o texto mais dinâmico (e sobre os quais não me deterei nem farei julgamento), o essencial do trabalho de adaptação consiste em recortar a representação, tendo como exemplo uma luta de boxe em doze *rounds*, cada um deles pontuado por um toque de sino (aqui, pode-se pensar na teatralidade e na exterioridade dos signos da luta livre, segundo Barthes). O escritor suíço parece aqui se conformar ao mesmo tempo com o princípio do "combate de cérebros" de Strindberg

---

[57] Lettres sur le langage, *Oeuvres*, E. Grossman (ed.), Paris: Gallimard, p. 572. Texto citado e comentado por Marie-Isabelle Boula de Mareuil, Marion Chénetier-Alev, Céline Hersant, Sandrine Le Pors e Ariane Martinez em *Études théâtrales*, n. 38-39, p. 60-70.

e com a recomendação de Brecht, que pedia ao teatro "mais do bom esporte". Outro traço de uma influência brechtiana: no início de cada *round*, um dos protagonistas exercita a antecipação, princípio épico por excelência, e anuncia um título: "Edgar. Primeiro *round*. / Alice. Conversação antes de passar à mesa. *Toque do gongo*."; "Kurt. Terceiro *round*. / Alice. Síncopes. *Toque do gongo*"; "Kurt. Décimo primeiro *round* / Alice. Confissão de Kurt. *Toque do gongo*"[58] Todo o aspecto secundário da peça – releitura de um grande clássico da modernidade, ação convertida em épico – encontra-se não apenas compensado, mas se poderia dizer devolvido pelo aspecto agressivamente primário do jogo com caráter esportivo – além do mais, esporte de combate. Graças a essa passarela entre teatro e esporte, pode-se imaginar que, na vivência dos espectadores, o drama acederá a esse "tempo real, como nos noventa minutos de uma partida de futebol", que Peter Handke evocava em *Insulto ao Público*.

Mais uma vez, o jogo revela ser a chave dos dramas moderno e contemporâneo. Por sua vez, confrontado ao problema da adaptação de um texto – mais antigo e não dramático, pois se trata das *Ligações Perigosas* –, Heine Müller dá o testemunho de que apenas o desvio do jogo permitiu-lhe ajustar o dispositivo, tão engenhoso quanto lúdico, de sua adaptação: "O principal problema que tive escrevendo *Quarteto* foi o de encontrar uma forma dramática para um romance epistolar, e isso só foi possível passando pelo jogo: duas personagens interpretam os papéis de quatro."[59]

O jogo, em Müller, acontece com um espírito ao gosto de Genet, na beira de uma cova prestes a virar ossuário. Aliás, o "período" no qual a peça pretende se desenrolar – "Um salão antes da revolução francesa / um bunker depois da terceira guerra mundial" –, ele próprio baseado numa abertura, num intervalo entre História e pós-História, nos envia conjuntamente ao apogeu e ao crepúsculo da modernidade saída das Luzes. Quanto às "duas personagens [que] interpretam os papéis de quatro", designados como Merteuil e Valmont, carregam consigo os cadáveres falantes de seus parceiros Volanges e Tourvel, e

---

58 Friedrich Dürrenmatt, *Play Strindberg, Danse de mort d'après August Strindberg*, Paris: Gallimard, 1973. (Coll. Théâtre du Monde Entier.)
59 Heine Müller, *Guerre sans bataille*, Paris: L'Arche, 1996, p. 298.

eles mesmos estão destinados à morte, Merteuil por seu "câncer, meu amor", e Valmont por seu ato sacrificial do fim da peça. Enquanto ele interpreta Tourvel – a jovem fala por sua boca e anuncia que vai abrir suas veias com tesoura e "enfiar uma agulha em [suas] partes vergonhosas" –, Valmont bebe com prazer o vinho envenenado que Merteuil lhe serviu. Morte narcísica de um jogador que pretende levar seu jogo até uma perfeição mortal: "Vós não tendes necessidade de me dizer, Marquesa, que o vinho estava envenenado. Eu queria poder assistir à vossa morte, como assisto agora à minha. Aliás, eu dou prazer a mim mesmo. A masturbação continua com os versos. Espero que meu jogo não vos tenha importunado. Seria, para dizer a verdade, imperdoável."[60]

Desse ponto de vista, *Quarteto* poderia ser considerado como o estágio terminal dessa guerra de sexos iniciada por Strindberg. Mas enquanto os combatentes do sexo de *Senhorita Júlia* ou de *Credores* estão inteiramente engajados em sua luta de morte, os de *Quarteto* nos parecem perfeitamente desengajados. *Polidez exacerbada, de Valmont*: "Espero que meu jogo não vos tenha importunado." *Desligamentos metateatrais*, quando Valmont evoca sua estratégia de libertino: "Meus melhores artifícios farão de mim um bufão, assim como o teatro vazio faz do ator um bufão. Será preciso que eu mesmo me aplauda. O tigre no papel de cabotino"; "Nós deveríamos interpretar nossos papéis pelos tigres. Mais uma dentada, mais um golpe de garras? A arte dramática dos animais ferozes." *Efeitos cômicos infiltrados num contexto trágico*: a cena de sedução entre Valmont e Madame de Tourvel se joga de modo invertido: é Merteuil que tem o discurso de Valmont (Merteuil: Madame de Tourvel, meu coração está a vossos pés...), e Valmont é quem lhe responde (Valmont: Eu sonharia com eles, meu caro Valmont). *Entrada de palhaços*: num texto em que as didascálias estão reduzidas a quase nada, Müller insiste por três vezes com duas entradas e uma saída de Valmont. Ora, a primeira entrada segue-se a um longo monólogo de Merteuil, sozinha em cena, em que ela se dirige a seu antigo amante. A segunda entrada intervém quando Valmont vai proferir a resposta de Madame

---

60 Idem, *Quartett*, em *La Mission, suivi de Prométhée, Quartett, Vie de Gudling...*, Paris: Minuit, 1982, p. 149.

Tourvel ao discurso de sedução de Valmont, saído da boca de Merteuil. Quanto à saída, ela parece necessária pelo fato de que Merteuil vai assumir o papel de Valmont junto a uma Madame de Tourvel invisível.

Manifestamente, Müller serve-se – e *se* joga – da origem epistolar de seu material textual. Como se serve, inversamente, de seu devir teatral quando dessas duas pausas que ele manipula em seu texto:

Um tempo.
VALMONT: Creio que poderia me habituar a ser uma mulher, Marquesa.
MERTEUIL: Eu queria poder.
Um tempo.
VALMONT: Agora, o quê? Continuemos a jogar.
MERTEUIL: Jogar, nós? O que, continuamos?
[...]
MERTEUIL: Aniquilação da sobrinha.
Um tempo.
MERTEUIL: E se nós nos entredevorássemos, Valmont, para terminar antes que você esteja inteiramente infectado?[61]

Para bem medir a margem de liberdade que o jogo dá a Müller, é preciso voltar ao princípio de sua reescrita das *Ligações Perigosas*: quatro personagens em duas, dois atores para quatro discursos, quatro vozes. Alguma coisa se atua em cena que não tem mais nada de adaptação – palavra duplamente "soprada" –, mas que antes evoca variações extremamente livres e quase jazzísticas. Uma série de coros com mudanças de instrumentos. Linha de fuga pelo jogo de cena: devir-música do drama. Papéis "que interpretam novos papéis", diria Deleuze. A Impersonagem levada aos seus limites. Para seguir a metáfora de Müller, se poderia dizer que o jogo canceriza o drama. Do interior do texto, o jogo impõe seu ritmo, quer dizer, seu próprio presente – que é o de uma agonia, de uma lenta queda no ossuário comum – depois da Terceira Guerra Mundial, repetição, mais radical, da Segunda Guerra... O jogo de Müller assume um caráter último. Jogo de todos os desregramentos – do sexo e da

---

61 Ibidem, p. 142 e 146.

morte. Jogo, ele mesmo desregrado, no curso do qual Merteuil e Valmont não param de pilhar todos os códigos, todas as partilhas – homem/mulher; virtuoso/libertino; vivo/morto –, todos os paradigmas. Jogo-vertigem. Caillois falaria a esse respeito de uma "aliança da *mimicry* e do *ilinx*", ou seja, do simulacro e da vertigem, aliança que "abre a porta a uma explosão inexpiável, total, que, em suas formas mais claras, aparece como o contrário do jogo"[62].

Da aliança entre simulacro e vertigem, Caillois acrescenta que ela "é tão possante, tão irremediável, que pertence naturalmente à esfera do sagrado, fornecendo talvez um dos impulsos principais da mistura do espantoso e da fascinação que o define". Onde se encontra a cerimônia e, além dela, essa capacidade do jogo de cena de desviar o drama do previsível, até mesmo do possível, e arrastá-lo até esses espaços "de espanto e de fascinação" onde ele se torna pura crueldade.

De Edward Bond a Sarah Kane, passando por Werner Schwab, o teatro contemporâneo parece querer rivalizar, no que no que se refere ao espetáculo de horror, com o *Tiestes*, de Sêneca, ou o *Tito Andrônico*, de Shakeaspeare. Sem insistir no assunto, só se pode ser sacudido pela série de atos de violência extrema e de barbárie – massacres, torturas, estupros, enucleações (olho arrancado com um só dentada e engolido), desmembramento de seres humanos e canibalismo etc. – que balizam obras como *Peças de Guerra*, de Bond; *Ruínas*, de Kane; *Excedente de Peso, Insignificante: Amorfo*, de Schwab.

E, no entanto, esse horror, se o olharmos mais de perto, é o *antiespetáculo*. Pois o drama aqui faz parte do jogo, e de um jogo muito particular: *o jogo do injogável*. Nessas dramaturgias que recusam o naturalismo – não no sentido histórico mais comum de reprodução idêntica à realidade –, nessas dramaturgias que recusam qualquer recurso ao ilusionismo, os autores procuram colocar o próprio teatro em *estado de aporia*. Face a esses paroxismos da violência humana – como, de resto, nas relações sexuais com todas as suas variações –, ou se escolhe a via da ilustração, do "fingir", o que a desqualifica, ou se perde no caminho regressivo da pornografia e/ou do ato sacrificial

---

62 Roger Caillois, *Les Jeux et les hommes*, p. 153.

puro, diante de Abraão, diante do simbólico. Outra possibilidade, que poderíamos chamar de barthesiana, é aquela da "exterioridade dos signos", sendo excluída por se tratar de uma ação cênica que convida sem ambiguidade à performance. Kane confessava que ela levava seus amigos para ver *Falta* antes de ler o texto, porque a via mais como performance do que como peça. "Se a palavra 'performance' tem conotações sexuais, não é por acaso", ela acrescentava.

A palavra é bem escolhida: o *"visceral"* designa o corpo em sua profundidade não exteriorizável – salvo para torturá-lo e matá-lo. A parte do jogo dentro do drama consiste aqui em manifestar essa impossibilidade de exteriorizar os signos do visceral. De qualquer maneira, a "interdizer" o jogo, quer dizer, no sentido antigo do vocábulo, a "jogar [o jogo] num estado de espanto, numa perturbação tal que ele suspenda a faculdade de falar e de agir". Não é sem razão que Sarah Kane propõe em seus textos dois tipos de didascália, as clássicas, para serem representadas, e as outras para serem, de preferência, lidas em voz alta... Nos limites desta obra, meu objetivo não poderia ser o de trazer mais esclarecimentos sobre o que poderia ser a resposta apropriada dos atores e encenadores à proposição aporética do autor. Vou me contentar em trazer essa reflexão do encenador Thomas Thieme a propósito das peças de Schwab:

o que ele escreve é, com frequência, irrepresentável e ultrapassa as capacidades do teatro. Quando ele quer que os atores enfiem sanduíches no cu, isso soa muito bem, mas eu não gostaria de vê-lo [...] de outro lado, seria preciso conservar, de uma maneira ou de outra, essas passagens [...] Eis por que decidi não representá-las – o que seria uma pantomima ridícula –, mas quis colocá-las na boca de um ator para apenas serem ditas[63].

O jogo do injogável, esse jogo contra o jogo, esse antijogo, inscreve-se *a contrario* da tradição que parte de Diderot e de Lessing e se reencontra em Brecht (o *gestus*), e que recomenda que o autor "escreva toda a pantomima", que cada palavra tenha o seu gesto, contraditório ou não às palavras. Paradoxalmente, esses teatros contemporâneos que reivindicam a performance,

63 *Alternatives théâtrales*, n. 49, Bruxelles, octobre 1995, p. 37.

se completam cenicamente no poema, na linguagem. De resto, Thomas Thieme, antes de sua escolha em fazer dizer as didascálias, começa por prestar homenagem ao caráter poético da língua de Schwab: "Acho", diz nessa entrevista, "que ele é excepcional no que diz respeito à língua, e isso vale também para as didascálias."

Todavia, existe um outro caminho, aberto hoje por um Rodrigo García, e que consiste em propor não uma pantomima ligada diretamente às palavras, pode-se dizer nesse caso, ao *poema*, mas uma série de gestos, de ações físicas intervindo num ritmo regular, totalmente independente do conteúdo e do sentido do discurso dos atores. Apresentando a estrutura de sua peça *Vocês São Todos Filhos da Puta* (2001), o autor-encenador-performer fixa um protocolo da representação:

Primeira parte: Uma personagem, sempre a mesma, dirá todo o texto, composto de X fragmentos de diferentes durações. Ao fim de cada fragmento, um ator/atriz o beija/a beija na bochecha. Depois o outro (ele ou ela) dá-lhe um tapa. É inútil precisar que a única maneira de tudo isso funcionar é a seguinte: que o beijo seja verdadeiro, autêntico, e que o tapa também [...] Segunda parte: Um novo sujeito faz sua aparição em cena. Ele começa a dizer seu texto. Os dois indivíduos que até ali se beijaram e se bateram, se deslocam para fazer a mesma coisa com o novo. A cada vez que ele termina de pronunciar uma frase longa, é beijado e estapeado.[64]

Em sua didascália inicial, Rodrigo García fornece algumas precisões sobre o modo de administrar os tapas e beijos, preconizando que se jogue conforme as ordens desses dois tipos de ações físicas – ou dessa ação física em dois tempos –, de maneira a criar "surpresa", e, mais do que isso, ele nos dá a chave desse casal punição-recompensa. "Cada ação que realizamos, consciente ou inconscientemente, ao longo de toda uma vida" – sempre o drama-da-vida – "recebeu aprovação de uns e ataque de outros, quer dizer, o julgamento de um terceiro. E ninguém estava com a razão."

Qualquer julgamento que se possa fazer do ponto de vista expresso pelo autor, nos força a constatar que ele joga aqui

---

64 Rodrigo García, *Vous êtes tous des fils de pute*, Besançon: Les Solitaires Intempestifs, 2002, p. 5-7.

com a total dicotomia entre o texto – o poema – e o gesto. Uma dicotomia que, de resto, recobre outra: entre a ficção e não a realidade, mas a "verdade", a "autenticidade". Ao mesmo tempo que ela alcança seu objetivo mais evidente, o de tornar o espectador "interdito", a ação física autentica, marca com a chancela do presente e da presença (ou seja, da performance) essa ficção mais ou menos autobiográfica em duas partes (a primeira ao debulhar as lembranças de uma vida; a segunda, bem mais curta, listando todas as possibilidades da vida de cada ser e/ou de toda a humanidade): "Todos os lugares onde poderia ter vivido. Todos os lugares que mal conheço. Todos os lugares que eu gostaria de estar. Todos os lugares onde imaginei viver." A performance – entendamos como a série de ações físicas iterativas – percute o drama; ela o perfura, enfiando na carne das palavras a punção de uma violência, de uma compaixão, de um sofrimento. Desse fato, ela transforma o relato fragmentário do primeiro recitante e a nomenclatura do segundo numa Paixão – forma *princeps* do drama-da-vida.

O princípio da performance é que ela (des)loca o espectador na posição de um ator "interdito" e, devemos dizer, com frequência paralisado. A performance é esse lugar aporético do teatro no qual investem certos autores contemporâneos – Kane, numa parte de sua obra, e, notadamente García. Outros, como Bond e Müller, mantêm-se nas bordas. Mas todos trabalham por esse desejo de estabelecer o jogo na origem do drama, de restituir ao teatro seu caráter de evento único, e mesmo, como diz Claudel, de "advento". Sem dúvida, deve-se ver nessa busca por um drama performativo um eco de Artaud, mas ainda mais talvez deve-se reconhecer aí o efeito da verdadeira pergunta posta por Adorno: não "Pode-se ainda escrever poesia depois de Auschwitz?", mas sim "Se ainda se escrevem poemas – poemas dramáticos e poemas cênicos confundidos –, pode-se evitar que os horrores de Auschwitz e de Hiroshima estejam ali inscritos?"

Esse regime de crueldade e de terror que reina em não poucos escritos contemporâneos[65] – e para o qual já apontava, antes mesmo de Artaud, um autor nietzscheano como Strindberg – é, no fundo, o contrário mesmo daquele da violência

---

65 Cf. Myriam Revault d'Allonnes, *Ce que l'homme fait à l'homme*, Paris: Seuil, 1995.

espetacular. Ele tende a extirpar o espetáculo da representação. Para isso, ele deve terminar com essa dualidade – a da "palavra soprada" – em que há, num primeiro momento, o texto, a palavra, a personagem e, num segundo momento, a encenação, o jogo, o ator. A partir de agora, só há um tempo: aquele em que o jogo está na origem, inseparável da palavra assim como do *silêncio*, que dá carne e sopro à palavra.

POSSIBILIDADES PARA AS "POSSIBILIDADES"

Desde a minha introdução, insisti sobre o fato de que um mesmo paradigma unia o drama dos anos de 1880 e aquele de hoje. Nesse sentido, Strindberg pode ser visto como contemporâneo de Beckett e de Sarah Kane, e Ibsen de Lars Norén ou de Jon Fosse. Como escreve Agamben, trata-se de "seres contemporâneos não apenas de nosso século e do 'agora', mas ainda de suas figuras nos textos e nos documentos do passado"[66]. Dito isso, essa longa sequência, que corresponde à instalação e às evoluções do novo paradigma da forma dramática, o drama--da-vida, conhece, sob o impulso de todos os demais domínios da arte, da cultura e do pensamento, uma cesura importante: essa cesura pós-moderna no sentido de Lyotard, esse desencantamento do moderno que é, ao mesmo tempo, uma retomada crítica do moderno. E, disso, nenhuma problemática poderia dar conta melhor do que aquela do *trabalho do jogo no drama*.

Ora, se há uma questão que põe em relevo a cesura pós-moderna no drama, é a do possível. Ou antes, *dos* possíveis. Num ensaio anterior[67], procurei mostrar que uma das características do drama moderno era o de pensar de maneira nova a categoria aristotélica do possível e do "jogar o jogo dos possíveis", tornando-se o teatro, em certa medida, o lugar quase utópico no qual se fazem variar os comportamentos das personagens e o curso da vida. E isso não mecanicamente, emprestando ou esgotando os "possíveis" previamente contidos nesse "armário" do

---

[66] Giorgio Agamben, *Qu'est-ce que le contemporain?* Paris: Payot & Rivages, 2008, p. 41. (Coll. Rivage Poche/Petite Bibliotèque.)

[67] Jean-Pierre Sarrazac, *Critique du théâtre: De l'utopie au désenchantement*, Belfort: Circé, 2000, cap. 7.

qual Bergson zomba, mas sim, mais filosoficamente, liberando e examinando todas as virtualidades de uma situação concreta. Se teatros como o de Brecht e, mais perto de nós, o de Bond merecem ser qualificados de "filosóficos", é, em grande parte, porque se apresentam como modelos – como paradigmas – suscetíveis de variações quase ilimitadas. Bond declara com prazer que seu papel de escritor consiste em "criar estruturas teatrais que permitam às pessoas refazer suas vidas de maneira múltipla". Sua escrita, em *Peças de Guerra*, é tudo, menos descritiva e fatual: ela só põe em cena, a título de hipótese, um apocalipse nuclear e uma desumanização quase completa de nosso mundo, para insistir sobre as probabilidades, pequenas, é verdade, de uma reconstrução humana. Projeto que, embora reivindique o trágico, que precede o esgotamento do possível, não está tão afastado do de Brecht. Brecht, nós já vimos, escreve a fábula do jovem submetido, *Aquele que diz sim*, só para ser logo substituída por aquela do jovem que se emancipa, *Aquele que diz não*. Em Brecht, o jogo da contradição não é o signo de um ceticismo absoluto; ele se apoia sobre uma utopia concreta ligada ao marxismo: avaliar "os seres, os encontros, os atos representados não apenas segundo o que são, mas ainda conforme o que poderiam ser"[68]. Levar em conta, "além das ações que realmente foram feitas", aquelas que "poderiam ter sido feitas". Em resumo, nessa perspectiva na qual se encontram Brecht e Bond – assim como outros autores, só para tomar como exemplo dramaturgias diferentes, até mesmo opostas, como Gatti e Duras –, o teatro abre um espaço para onde o espectador é convidado a seguir menos o itinerário linear aparente da personagem do que suas linhas de fuga. Reencontramos aqui o princípio da optação, da "contrafactualidade", diria George Steiner, e que eu designei, em meu primeiro capítulo, como uma das operações essenciais do drama moderno. De fato, para levar os espectadores a "refazer *suas vidas* de maneira múltipla", duas operações dramatúrgicas se combinam: a retrospecção, largamente difundida depois de Ibsen, e a optação, quer dizer, a abertura aos possíveis-virtuais. A finalidade não é outra senão mudar, pôr em cena, de cabeça para baixo, o sentido da vida,

---

[68] Ernst Bloch, *Le Principe Espérance*, t. I, Paris: Gallimard, 1976, p. 489. (Coll. Bibliotèque de Philosophie.)

a fim de torná-la mais inteligível. Não se trata, evidentemente, de reinventar uma vida nova, encantada, mas de arranjar, por meio daquela que o drama nos expõe, uma possibilidade de *reparação*. Deixar o teatro jogar plenamente com sua faculdade de fabricar a "ucronia", esse "tempo liberado" que Genet invoca, esse tempo invertido, clamado por Maria em *O Rei Está Morrendo*: "Retorna tempo, retorna tempo; tempo, detém-te."

Será que passamos brutalmente dos tempos da utopia aos da contra-utopia? Hoje sempre se põe essa questão dos possíveis, num certo número de dramaturgias imediatamente contemporâneas, muito diferentemente da maneira como pôde ser posta por Brecht ou mesmo por Bond. A prática da optação e a multiplicação dos possíveis não tendem a desaparecer em autores como Barker ou Crimp; antes elas se tornariam irracionais, mas tomando um caminho totalmente diferente: não mais a abertura dos possíveis, mas seu fechamento, sua *exclusão*.

Esse desarranjo se produziu talvez com uma peça de Max Frisch, do qual se conhece o antibrechtismo latente: *Biografia, um Jogo* (1967). Tudo se passa como se o teatro de Frisch fizesse luto ao "Princípio Esperança" de Ernst Bloch e aos possíveis tais como Brecht os havia pensado. Num dispositivo *a priori* hiperbrechtiano, uma cena vazia, iluminada como se fosse para ensaios (o teatro "confessa que é teatro" e unicamente teatro), vai ter lugar, dirigido por um condutor de jogo sinistramente denominado "o Secretário", uma experiência que só o teatro permite: "O que é jogado é o que só é possível no jogo: a maneira como as coisas poderiam ter se passado diferentemente em uma vida." Pois se trata de permitir ao professor Kürmann ("o Homem que Escolhe") refazer sua vida, mudar certos dados e, principalmente, seu encontro com Antoinette, sete anos antes. Como escreve Frisch em suas "Observações": "A peça não dá a ilusão de que aquilo que se passa é uma realidade atual; ela reflete. Assim como no jogo de xadrez, quando reconstituímos os xeques decisivos de uma partida que perdemos, curiosos por saber se, onde e como poderíamos jogar de outra maneira."[69]

De fato, Kürmann, apesar de inicialmente desejoso de mudar profundamente o curso de sua vida, não irá modificá-la,

---

69 Max Frisch, *Biographie: um jeu*, Paris: Gallimard, 1970, p. 121. (Coll. Théâtre du Monde Entier.)

durante a experiência, a não ser detalhes ínfimos. E, no fim do jogo, o Secretário só pode constatar o enorme déficit que se abriu entre as esperanças de Kürmann e o balanço da operação:

Para lhe falar francamente, nós esperávamos outra coisa de um homem que tem a possibilidade de recomeçar tudo... esperávamos mais audácia [...] Não em relação a grandes coisas, talvez, mas em relação a outra coisa que você ainda não tivesse vivido. Ao menos, uma coisa diferente [...] Em lugar disso, o mesmo apartamento, a mesma história com Antoinette. Apenas sem o tapa. Ali você modificou. E depois, você entrou no partido, sem, no entanto, se tornar um outro homem. Depois, o que mais? Você segue, mais ou menos, um regime. É tudo o que você modificou. Valia a pena alterar todo esse mundo.[70]

Diagnóstico que o próprio sujeito da experiência, evocando suas relações com Antoinette, não hesita em confirmar numa confissão que o Secretário anotou e que lê publicamente: "Nós nos reduzimos um ao outro. Por quê? Como aconteceu de todas as nossas possibilidades se reduzirem. Nós só fizemos nos reduzir."[71] Kürmann, ou o anti-Galy Gay. Em seus comentários sobre *Um Homem É um Homem*, Brecht exibe sua intenção de pôr à prova as capacidades de um homem de se transformar e de mudar de identidade, conforme as circunstâncias. Frisch, embora afirmando que não pretende "provar nada", empreende uma tentativa de demonstração do contrário, e completa essa "observação" com as seguintes palavras: "Eu quis escrever uma comédia." Caso se trate de uma "comédia" – ao menos acrimoniosa –, só pode ser a da extinção da utopia dos possíveis. A esse respeito, Frisch não poderia escolher melhor protagonista e vítima de sua comédia do que o professor Kürmann, um intelectual burguês "de esquerda", especialista em etologia, ciência do comportamento. Visto sob o ângulo pós-moderno, a peça de Frisch transmuta o jogo dos possíveis da era das utopias – e das ucronias – mais ou menos concretas, para a era do desencantamento.

Max Frisch escolhe deliberadamente escrever uma comédia porque é o gênero que lhe parece apropriado para destruir o que ele considera como ilusório. Howard Barker reivindica

---

70 Ibidem, p. 100-101.
71 Ibidem, p. 116-117.

a renovação com o trágico – esse mesmo trágico que Brecht recusava categoricamente. Esse retorno do trágico é para ele um signo do nosso tempo. O dramaturgo inglês considera que a tragédia volta à atualidade a partir do momento em que não mais se confundem "esperança e conforto", quer dizer, *grosso modo*, aquilo que os defensores da modernidade chamavam "progresso". Quanto à sua produção dramática, Barker esclarece que suas peças são "ininterpretáveis" – "o que não quer dizer que sejam incompreensíveis" –, no sentido de que rompem com "toda estrutura moral consensual"[72]. "Arrastar o inconsciente à praça pública", se reconhecerá nessa bela fórmula de um arauto do moderno "teatro da catástrofe" a vontade de renovar com o trágico grego – ou com a ideia que nossa época faz daquele trágico –, trágico fundamentado na aporia e esgotamento do possível.

Com Barker, passamos de um teatro dos possíveis a um teatro das *Possibilidades* (título de uma de suas peças, de 1987). A diferença é grande, sobretudo se se toma como ponto de comparação uma peça de Brecht, *Terror e Miséria do Terceiro Reich*, composta, como *As Possibilidades*, de uma série de peças curtas e autônomas. A peça de Brecht se beneficia de uma ancoragem histórica precisa, a da tomada de poder da ideologia nazista sobre a consciência alemã, em todos os setores da sociedade e até na vida privada, no decorrer dos anos de 1930. Interessando-se pelos comportamentos sociais num momento histórico determinado – os *gestus* –, Brecht focaliza nossa atenção sobre tais momentos decisivos, alternativos, em que cidadãos resistem – ou, mais frequentemente, capitulam – face ao poder da ideologia nazi: dois esposos, pequeno-burgueses liberais, põem-se a suspeitar de seu próprio filho tê-los denunciado aos nazistas por propósitos insuficientemente "patrióticos" ("O Delator"); um intelectual, marido de uma judia, se resigna a vê-la se exilar, a fim de não ser, ele próprio, posto no índex em seu meio social ("A Mulher Judia").

Barker procede de maneira diferente. Como declarou, não são os comportamentos, em sua dimensão social, que ele tem em mira, mas o inconsciente. Um inconsciente brutal, "além do bem e do mal", carregando imagens de violação, de tortura,

---

[72] Howard Barker, *Argument pour um théâtre*, Besançon: Les Solitaires Intempestifs, 2006, p. 20.

toda uma litania de pensamentos bárbaros e de representações de atos cruéis. E isso na escala de toda a (des)humanidade. Da idade dos mitos – Judite e Holofornes – aos tempos atuais, passando por longínquas figuras históricas, tais como Alexandre, o Grande. Com um gosto pronunciado pelo anacronismo: obuses caem enquanto Alexandre discursa.

Brecht e Barker parecem compartilhar um mesmo gosto pela parábola, mas enquanto as de Brecht são situadas historicamente e abertas à ucronia, quer dizer, à correção, à reparação da História (assim o público é convidado a tentar mudar, na vida real, o curso dos acontecimentos), Barker, fiel à sua óptica trágica, nos apresenta as disposições absolutamente inevitáveis do homem de se afundar na mais completa desumanidade. Ainda que suas "possibilidades" sejam de fato o que hoje se chamaria de "oportunidades". Sempre a oportunidade de um contra todos: saciar seus desejos, ir ao fundo de suas pulsões, salvar sua pele. Cada personagem de Barker poderia retomar a triste constatação do Kürmann de Frisch: "Nossas possibilidades são reduzidas." Como o Oficial "filósofo" que deve destruir a cidade diante de três mulheres que vieram tentar dissuadi-lo:

Penso que quando me sinto sobre-humano, sobre-humano no último grau, é então que me desfaço de toda piedade e de toda responsabilidade, e reconheço que não há outras leis senão as da História, ou, para dizer mais simplesmente, tenho uma casa na capital e é preciso que a gente ganhe essa guerra, senão as possibilidades que tenho para pensar no conforto e na paz serão terrivelmente diminuídas.[73]

Quando se explora a peça de Howard Barker, descobre-se uma espécie de universo fractal em que o todo – um todo pulsional que remete a uma espécie humana definitivamente privada de super-ego – é idêntico a cada uma de suas mais pequenas partes, tal como esse Camponês gritando, diante de um Alexandre trêmulo, a verdade da espécie (*Algumas Hipóteses Sobre a Queda dos Imperadores*): "Existe um assassino em cada um de nós; Deus foi quem disse. Então, um será enforcado, outro chicoteado, um estrangeiro será cortado em pedaços em seu

---

[73] Howard Barker, *Les Possibilités*, em *Oeuvres choisies*, t. I, Montpellier: Maison Antoine Vitez, 2001, p. 130. (Coll. Éditions Théâtrales.)

salão, mas, bem, toda guerra contém pequenas guerras, como os ovos decorados de vossa Excelência."[74]

O jogo dos possíveis foi invertido. Ele instaurava o teatro como lugar onde "a vida se refaz". Ele se torna, em certas peças que hoje são escritas, num espaço em que a vida não cessa de se reduzir a hipóteses estreitas, por detrás das quais ela termina por se evaporar e desaparecer. A fragmentação das possibilidades corresponde, numa óptica pós-moderna, à exclusão dos possíveis. Assim, em *Atentados à Sua Vida*, de Martin Crimp, com a incerta entrada em jogo de Anne, a protagonista invisível da peça.

Na verdade, nós já encontramos Anne, se é que se trata da mesma da peça precedente de Crimp (*O Tratamento*, 1993). Personagem presente, embora muito problemática: desde a segunda cena, Simon, um homem, acredita reconhecer nela sua esposa, mas ela assegura não conhecê-lo. De fato, Anne rompeu as amarras com a conjugabilidade e não tem outro projeto em Nova York senão vender a um casal de produtores de cinema sua própria história que consiste na agressão por um homem (provavelmente seu marido) que a amarrou e amordaçou para lhe falar da "beleza do mundo":

ANNE: Eles querem que eu conte a minha história. Não é nada.
SIMON: Você não tem história. Que história? (*Ele lhe bate.*) Que história?
ANNE: Nada.
SIMON: Justamente. Então, o quê?
ANNE: Tudo o que posso me lembrar.[75]

No final do processo, Anne é constrangida a se tornar o que os produtores, o autor e o ator de renome que encontram para interpretar sua história querem que ela seja.

ANDREW: Você veio a nós com sua história, mas uma vez que você veio, sua história é também a nossa. Pois uma pessoa não tem uma história só para si. Espero que você tenha consciência disso, Anne.
ANNE: Escute, é minha história, eu *vivi* isso.
NICKY: Não é a ideia que eu tenho de Anne: passiva, humilhada, vítima? Ela *viveu*. Nós também não vivemos?[76]

---

74 Ibidem, p. 101.
75 Martin Crimp, *Le Traitement*, em *Atteintes à sa vie*, Paris: L'Arche, 2006, p. 53.
76 Ibidem, p. 30, 79.

Esse é o *"tratamento"*, ao término do qual Anne será duplamente roubada de sua existência. No cinema, a história de sua vida totalmente deformada, *"tratada"*. E de sua vida, simplesmente. De fato, Jennifer, que não suporta sua relação com Andrew, termina por matá-la com um tiro de revólver... O pequeno mundo do espetáculo, representado por Andrew, Jennifer e consortes, consegue o que não foi possível ser feito pelo Diretor de teatro e seu grupo em *Seis Personagens à Procura de um Autor*: reduzir o drama vivido por Anne a uma versão exterior, objetiva e monolítica. No final da peça de Pirandello, as personagens, embora escorraçadas do palco, permanecem suscetíveis de voltar na "forma de sonhos". De maneira oposta, o devir ficcional de Anne acabou por destruir, por aniquilar totalmente essa Anne real de quem Andrew dizia, porém, no momento de seu encontro: "Vou lhe dizer o que nos excita, Anne. É que você faz parte do aqui e agora. Você está *no* do instante presente e é *do* instanste presente. Você é *real*."[77] Em lugar de permitir à personagem "refazer sua vida", de se realizar de alguma maneira, a proliferação dos possíveis a desrealiza.

Admitindo a hipótese segundo a qual *O Tratamento* e *Atentados à Sua Vida* formariam um díptico ao redor da figura de Anne, a segunda peça marca uma etapa suplementar, sem dúvida definitiva, na anulação das possibilidades. Se a Anne de *Tratamento*, foragida circunstancial, morando ordinariamente com seu marido na avenida X, ainda era sociável, a Anne de *Atentados à Sua Vida* é a fugitiva radical. Ela escapa definitivamente a todos, personagens e espectadores, e ao dramaturgo, que se apresenta ele próprio como um "autor à procura de uma personagem", ao contrário de Pirandello. O que chamei, no capítulo precedente, de "relato de vida difratado" de Anne, nesse ponto a faz tão múltipla, plural, plástica, que ela se torna inexistente. A proliferação dos possíveis, no final de dezessete argumentos anarquicamente contraditórios que constituem a peça, acaba por produzir a não personagem, a não existência absoluta, forma pós-moderna e extrema do drama-da-vida. A multiplicidade das vozes anônimas que, tais como Eríneas, perseguem Anne emprestando-lhe identidades fantasmáticas – às vezes Anne, às

[77] Ibidem, p. 27.

vezes Annie ou Anny, terrorista, estrela de filme pornô, artista – não circunscreve senão uma ausência, menos ainda do que a sombra projetada de uma das "personagens" de Pirandello:

> Ela diz que não é uma verdadeira personagem como nos livros ou na televisão, mas uma não personagem, uma ausência, como ela mesma diz, de personagem. Uma ausência de personagem, o que isso quer mesmo dizer? Em seguida, ela quer ser terrorista, não é? Exatamente. Uma noite ela desce à cozinha e com olhos imensos e graves ela diz à sua Mamãe e ao seu Papai que quer ser terrorista. A expressão que eles fazem... Ela quer um quarto só para ela, um fuzil e uma lista de nomes. "Alvos." É bem isso, uma lista de alvos, como se diz, com suas fotos. Ela quer matar um por semana e depois voltar para o quarto e beber chá Earl Grey. É isso. Tem de ser Earl Grey, um por semana. Sua pobre Mamãe e seu pobre Papai estão horrorizados. Não sabem como fazer. Jamais compraram chá Earl Grey. Ela gostaria de agir como se fosse máquina, é isso? Às vezes ela passa dias inteiros fingindo ser uma televisão, ou um carro. Um carro ou uma televisão, uma pistola automática ou uma velha máquina de costura de pedal.[78]

Ali onde Barker nos impunha sua visão "trágica", reduzindo a ordem do possível a sinistras "possibilidades" de um modo desumanizado, Crimp joga o jogo pós-moderno de uma desconstrução extrema da ficção teatral, em que a extensão infinita das possibilidades explica essa impossibilidade de ser, de existir a que a espécie humana teria chegado atualmente. Crimp provoca a implosão dos constituintes do drama – fábula, personagem, diálogo – a fim de nos confrontar com a *hiper-realidade* na qual supomos viver. Como diz a epígrafe de Baudrillard a *Atentados à Sua Vida*: "Ninguém terá vivido as peripécias, mas todo o mundo terá captado a imagem."

---

[78] Ibidem, p. 149.

O Drama Fora dos Limites

Peter Szondi, cuja *Teria do Drama Moderno* foi para mim uma fonte de inspiração, constata que a "evolução da literatura dramática moderna afasta o drama de si próprio". Ao término de minha obra, sou tentado a retornar à sua proposição e afirmar que o drama *não deixou*, entre os anos de 1880 e hoje, *de se afastar de si mesmo*. O interesse do conceito de "*drama-da-vida*" é precisamente o de abraçar esse trabalho constante de emancipação de uma forma dramática sempre pronto a se liberar dos constrangimentos do "*drama-na-vida*". Se os dramas moderno e contemporâneo são uma "*forma aberta*", é preciso entender essa abertura em seu sentido máximo de forma extravasada. O drama se desenvolve fora de seus próprios limites, *no exterior de si mesmo*, por cruzamentos e hibridizações sucessivas. O drama moderno e contemporâneo se dá inteiramente em linhas de fuga; está sujeito a uma desterritorialização permanente. Sob o efeito da pulsão rapsódica, ele integra, sem cuidado de síntese, elementos líricos, épicos e discursivos. E, em consequência da separação teatro/forma dramática e do fim do textocentrismo, ele pode dar lugar a formas de expressão extratextuais, tais como a dança, o circo, o vídeo e outras novas tecnologias.

Já assinalei que minha escolha pelo termo "rapsódico" vinha, em parte, do fato de que em música a rapsódia era a "forma mais livre, mas não ausência de forma". Qual é, pois, no campo do drama-da-vida, essa tensão que se estabelece entre forma e o informe? Como apreender essa tendência que se poderia chamar teratológica – por oposição ao eugenismo aristotélico (o "belo animal", o "ser vivo") –, essa tendência a um devir-monstro da forma dramática?

A verdade é que não se saberia fixar os contornos ou descrever a anatomia de peças como *O Caminho de Damasco, Seis Personagens à Procura de um Autor, Sonho de Outono* ou *O País Longínquo*. O novo corpo do drama escapa totalmente ao modelo do "belo animal" e a toda semelhança com um "ser vivo". Não se destaca tampouco como *physis*, mas como *anti-physis*. Corpos cujas partes, em vez de serem soldadas e formar um todo orgânico, estão como que suspensas no vazio. Se quiséssemos representar esse novo corpo do drama, só poderia ser como *exoscópio* (para retomar o neologismo criado por Lacan, e que evoca, a propósito do estágio do espelho, os corpos fragmentados em membros disjuntos e em órgãos traçados em exoscópio pintados por Hieronymus Bosch).

Em resumo, o drama encontra-se em constante perda de identidade. Quero dizer que se torna estranho a si mesmo. O erro daqueles que professam a obsolescência do drama é justamente de permanecerem presos a essa concepção caduca do drama que consiste em ligar-se exclusivamente ao *mythos* aristotélico ou à grande "colisão dramática" de Hegel-Lukács. Em todos os lugares em que se desvela um afastamento dessa tradição, Hans-Thies Lehmann vê surgir o pós-dramático. E Florence Dupont erige seu "teatro do jogo" neolatino como linha de defesa contra um pretenso complô dos aristotélicos de todos os tempos, inclusive do nosso. Os dois eminentes professores se transformam assim em guardiães zelosos e involuntários do templo do "drama absoluto" szondiano ou daquilo que chamo de "drama-na-vida".

A essa concepção fixista do drama, convém substituir por uma concepção evolutiva. Lehmann deveria admitir que os microconflitos suplantaram definitivamente a grande colisão dramática. E Dupont, que o jogo não é hoje o antônimo do drama, mas seu mais seguro aliado. Nesse novo paradigma do drama, não se trata mais de desenvolver e de levar a termo a ação deste ou daquele personagem ou grupo de personagens, mas de se perguntar sobre a existência mesma do homem – afetiva, social, ética, política, metafísica. O drama-da-vida é o drama do homem. A morte de Deus arrastou consigo o que os filósofos chamam de "a morte do homem". Ela eclipsou o sujeito segundo Descartes ou segundo Kant. Sujeito do qual Michel Foucault nos lembrou de ter sido uma invenção recente e que talvez seu fim estivesse próximo. A rigor, não há crise do drama, mas do homem. Em sua extrema plasticidade, o drama em mutação abraça essa crise. Dos anos de 1880 até hoje, os dramaturgos – e nisso se mantiveram como que primos dos filósofos – desenharam "o rosto de areia" do homem do século XX, e puseram em cena o que Foucault chamou de "desaparecimento do homem". Esse processo de desconstrução, que pus sob o signo da *impersonagem*, é ininterrompido. De Strindberg, com sua personagem estranha ou desconhecida para si mesma, ou de Pirandello, inventor de personagens virtuais, a Fosse e Crimp, praticando o esfumar ou o apagamento do rosto e da própria presença da personagem, até a "desmontagem" do indivíduo em Brecht... Paixão do homem, diria Mallarmé. Submissão a um processo da Figura do homem.

"Um drama é o que chamo de um drama". A forma lapidar de Heiner Müller vai bem além da simples gracejo. Ela adquire valor de axioma. Ela nos faz entender a última palavra do rapsodo.

Submetido à pulsão rapsódica, o drama não para de se perder; e entretanto ele subsiste. Resta um núcleo, uma parte infrangível, que faz com que o drama continue a existir e a justificar esse nome de drama. Algo que eu definiria como *o encontro catastrófico com o outro*, sendo, em alguns casos, *o outro consigo mesmo*. Encontro que tem lugar em cena e diante de um público. Definição mínima, sem dúvida, mas apropriada para acolher as infinitas variações desta forma única: o drama-da-vida.

* * *

"Todas as peças se comunicam entre si." Desta simples e genial descoberta de Marguerite Duras – genial porque nos diz onde se encontra o gênio do teatro – fiz o princípio de meu ensaio. Efetivamente, no livro que aqui termina, todas as peças – de Ibsen e Tchékhov a Kane e Lagarce – são colocadas em situação de se comunicarem entre elas. Eu tentei convidá-las a uma espécie de colóquio. Elas "trocam ideia", como se diz, sobre os seus desafios comuns – quanto à fábula, à personagem, ao diálogo etc. – e, ao mesmo tempo, cada uma delas nos faz ver o gesto singular que é o seu em resposta aos desafios comuns. Tomando extratos de mais de 120 peças de cerca de cinquenta autores, costurando-os uns nos outros, pretendi constituir uma espécie de texto-monstro que testemunha o devir da forma dramática. Com o intuito de reunir todos esses fragmentos e dar sentido a essa reunião, entreguei-me à operação mais característica dos dramas moderno e contemporâneo: a repetição-variação. Aqui, pois, só fiz conservar o lugar do rapsodo.

Índice de Autores Dramáticos e das Peças

Achternbusch, Herbert (1938-) 127-129, 143, 188, 272, 305, 312
   Ella 127-128, 143, 312
   Susn 188, 272
Adamov, Arthur (1908-1970) 61, 138-139, 182-185, 230.
   Paolo Paoli 61, 230
   Se o Verão Voltar 61, 138-139, 182-183
Anouilh, Jean (1910-1987) 162, 296
   Antígone 162
Artaud, Antonin (1896-1948) XVIII, 76, 136, 183, 185, 188, 235, 243, 253, 286, 289-290, 313-314, 321.

Bailly, Jean-Christophe (1949-) 239
Barker, Howard (1946-) 324-327, 330.
Beckett, Samuel (1906-1989) XVII-XIX, 10, 24, 35-36, 43-44, 53, 59-60, 69, 75-76, 124-127, 136, 143, 145, 160, 186-187, 189, 204, 206-207, 208, 210, 244-245, 271, 274, 283, 293-294, 296, 305, 322
   Aquela Vez 43, 125-126, 127, 188, 208-209
   Comédia 271
   Dias Felizes 36, 75
   Eh!Joe 208
   Esperando Godot XVII, 36, 60, 283
   Eu Não 208
   Fim de Jogo 15, 36, 59-60, 75, 125-126, 145, 244, 283, 293-294
   Solo 43, 126
   Última Gravação de Krapp 24, 39, 126, 206, 186, 188, 294
Benn, Gottfried (1886-1956) 112
Bernhard, Thomas (1931-1989) 37, 101, 130-131, 286, 305, 312-313.
   Antes da Reforma 130-131, 312-313
   Ignorante e o Louco, O 37
Bernstein, Henry (1876-1953) 280
Bond, Edward (1934-) 9, 32-33, 101, 218-219, 262-263, 267, 318, 312, 323-324
   Peças de Guerra 218, 262, 318, 323
   Vermelho, Negro e Ignorante 218, 236
Brecht, Bertolt (1898-1956) XVI, XVII, XIX-XXII, 8-10, 13, 20-21, 25-27, 30-33, 38-39, 46-47, 49-50, 69-71, 105, 112, 114-119, 121-123, 145, 148, 162, 178-183, 187, 218-219, 236, 244, 247-248, 251, 260-262, 265, 273-274, 277-279, 283, 291, 295, 315, 319, 323-327, 333
   Alma Boa de Setsuan, A 187
   Aquele Que Diz Sim, Aquele Que Diz Não 32, 34, 323

Baal 112-113, 115
Decisão, A 162, 236
Mãe Coragem e Seus Filhos 50, 116, 247
Na Selva das Cidades 283
Resistível Ascenção de Arturo Ui, A 25-26, 31-32, 261
Terror e Miséria do Terceiro Reich 118-119, 247, 326
Um Homem é um Homem 181, 325
Vida de Galileu, A 50, 116-117, 247
Bruckner, Ferdinand (1891-1958) 20, 244

Claudel, Paul (1868-1955) 13, 23, 57, 79, 145, 148, 162, 172, 187, 219, 244, 248, 261-265, 270, 273-277, 291, 295, 321
Cabeça de Ouro 172, 249
Cidade, A 172, 249
Joana D'Arc Entre as Chamas 23-24, 249
Livro de Cristóvão Colombo, O 23, 162, 137, 249, 275, 291
Partilha do Meio-Dia 249
Sapato de Cetim, O 13, 247-248, 262, 273, 275
Troca, A 249
Cormann, Enzo (1953-) 142, 215-216
Revolta dos Anjos, A 142
Crimp, Martin (1956-) 142, 144, 147, 243-235, 238, 324, 328, 330, 333
Atentados à Sua Vida 143, 147, 328-330, 334
Tratamento, O 328-329

Danis, Daniel (1962-) XVII, 15, 27, 210-212, 256-257, 283
Cinzas de Pedras 15, 211
Terra Oceano 27, 256-257, 283
Deutsch, Michel (1948-) 123
Duras, Marguerite (1914-1996) XXII, 33-34, 97-98, 265-266, 270, 323, 333
Agatha 33, 34
Canção da Índia 265-266
Destruir, Diz Ela 34, 98
Doença da Morte, A 98
Música, A 97, 98
Música Segunda, A 97, 98
Dürrenmatt, Friedrich (1921-1990) 97, 314
Play Strindberg 97, 314

Fassbinder, Rainer Wainer (1945-1982) 70

Filippo, Eduardo de (1900-1984) 301-302
Grande Magia, A 301-302
Fleisser, Marieluise (1901-1974) 60
Fo, Dario (1926-2016) 207, 272
Mistério Bufo 272
Fosse, Jon (1959-) XVII, XXII, 37, 77-78, 98-101, 139-140, 155, 160-161, 188, 206-207, 257, 286, 294, 322, 333.
E Jamais Nos Separaremos 78, 98-99
Sonho de Outono 160
Um Dia de Verão 77, 99, 188, 206
Frisch, Max (1911-1991) 264, 324-325, 327
Biografia, um Jogo 264, 324

García Lorca, Federico (1898-1936) 50, 131, 206
Casa de Bernarda Alba, A 50
García, Rodrigo (1964-) 147, 320-321
Vocês São Todos Filhos da Puta 320
Gatti, Armand (1924-2017) 32-33, 170-171, 238, 323
Paixão do General Franco Pelos Próprios Emigrantes, A 171
Primeira Viagem em Língua Maia Com Surrealistas à Bordo 171, 238
Vida Imaginária do Lixeiro Augusto G., A 32-33
Genet, Jean (1910-1986) 36, 128-130, 147, 155, 171, 195, 274, 292-293, 297-298, 304-311, 313, 315, 324
Balcão, O 292, 299, 306
Biombos, Os 274, 293
Criadas, As 37, 292, 298, 303-306, 313
Negros, Os 128-129, 291, 297-299, 304-306, 308
Goering, Reinhard (1887-1936) 165-166, 171
Batalha Naval 165-166.
Goll, Yvan (1891-1950) 79, 191
Gombrowicz, Witold (1904-1969) 136-137, 209-210, 212, 277, 293, 297, 305, 309-310
Casamento, O 136-137, 209, 212, 293, 297, 309
Goncourt, os (Edmond de, 1822-1896; Jules de, 1830-1870) 82, 149-151
Górki, Maxim (1868-1936) 83, 86, 87, 172, 256
Ralé 47, 83, 85, 172
Groupov, Le (coletivo fundado em 1980) 162, 170-171

Ruanda 94 162, 168-170
Guiche, Gustave (1860-1935), 93

Hamsun, Knut (1859-1952), 67
Handke, Peter (1942-) 253-254, 295-296, 315
 Insulto ao Público 295, 315
 Sobre as Aldeias 253-254
Hauptmann, Gerhart (1862-1946) xx, 116
 Tecelões, Os 116
Hochhuth, Rolf (1931-) 48
Hofmannsthal, Hugo von (1874-1929) 104, 274
 Jederman (Todo Mundo) 104
 Morte de Ticiano, A 274
Horváth, Ödön von (1901-1938) 67-71, 115, 124, 206, 274, 279
 Casimiro e Carolina, 67, 142, 279

Ibsen, Henrik (1828-1906) xvi, xvii, xx, xxii, 18-20, 35, 38, 61-62, 65-67, 71, 73, 87-90, 103-106, 149, 155, 175-176, 198, 200, 203-206, 213, 245, 256, 259, 280, 286, 322-323, 334
 Brand 38, 103-105
 Espectros, Os 66, 87-90
 John Gabriel Borkman 18-19, 35, 61-62, 73, 213
 Peer Gynt 38, 104
 Quando Despertamos de Entre os Mortos 65, 203
 Rosmersholm, 176, 201.
Ionesco, Eugène (1909-1994) 160, 167, 171, 185, 287, 305, 308-310
 Cadeiras, As 160
 Rei Está Morrendo, O 308-311, 324
 Rinoceronte, O 167

Kaiser, Georg (1878-1945) 103, 109, 114, 205
 Da Aurora à Meia-Noite 109, 111
Kane, Sarah (1971-1999) xvii, xxii-xxiii, 101-102, 127-128, 155, 176, 183-184, 193, 195, 234-235, 238, 254, 257, 267-268, 274, 318-319, 321-322, 334.
 4:48 Psicose 127-128, 176, 183-184
 Falta 234-235, 254, 319
 Purificados 193, 268
 Ruínas 101-102, 318
Kantor, Tadeusz (1915-1990) 155
Keene, Daniel (1955-) 155-156, 206-207
 Portadoras de Luz 206-207
Kipphardt, Heinar (1922-1982) 48
Koltès, Bernard-Marie (1948-1989) 26, 103-104, 112-113, 142, 194, 216, 274
 Na Solidão dos Campos de Algodão 216-217
 Noite Antes da Floresta, A 217
 Roberto Zucco 26, 103-104, 112-113, 194, 217
Kroetz, Franz Xaver (1946-) 67-71, 104, 110-112, 114-115, 121-123, 231-232, 279
 Alta Áustria 68-69, 122-123, 232, 279
 Carne Envenenada, A 110
 Terras Mortas 104, 111-112
Kushner, Tony (1956-) 277-278
 Anjos na América 277-278

Lagarce, Jean-Luc (1957-1995) xvii, xxiii, 27-28, 58, 73-74, 131-132, 213-214, 236-238, 270-271, 273, 295, 314, 334
 Apenas o Fim do Mundo 74, 131, 214, 236, 238, 270
 Aqui ou Acolá 213-214
 Estava em Minha Casa e Esperava Que a Chuva Viesse 131
 História de Amor (Últimos Capítulos 295
 Nós, os Heróis 28
 País Longínquo, O 73-74, 131, 236-238, 332
Lania, Léo (1896-1961) 47
Lavedan, Henri (1859-1940) 93
Levin, Hanokh (1943-1999) 102-103
 Uma Empresa Trabalhosa 102-103

Maeterlinck, Maurice (1862-1949) xx, 10-14, 20, 37, 42, 47, 49, 53, 80, 83, 87, 155, 160, 163-166, 175, 198-201, 203-204, 206, 247, 215, 294
 Cegos, Os 37, 47, 87, 163-164, 199, 203, 251, 294
 Interior 11-12, 37, 49-50, 163-164, 172, 251
 Intrusa, A 37, 47, 87, 163-165, 175, 203, 215, 294
 Princesa Maleina, A 80
Mallarmé, Stéphane (1842-1898) 56-57, 73, 79-81, 96, 161, 185, 188, 205, 251-252, 255, 259, 271, 291-292, 306, 333.
 Herodíade 80, 251-252, 255
 Igitur 161
Michel, Georges (1926-2011) 166

Passeio de Domingo, O 166
Miller, Arthur (1915-2005) XVI, 85, 87, 256
  Morte de um Caixeiro Viajante, A 85
Minyana, Philippe (1946-) 143
  Inventários 143
  Quartos 143
Müller, Heiner (1929-1995) XIII, XIX-XX, 13, 76, 115, 119, 121, 196, 217, 235-236, 238, 315-317, 321, 333.
  Germânia 3, Fantasmas Junto ao Morto 119
  Germânia, Morte em Berlim 119
  Hamlet-Máquina 196
  Mauser 236
  Missão, A 235, 316
  Quarteto 315-316

Norén, Lars (1944-) 100-101, 322
  Força de Matar, A 100-101
  Sangue 101
Novarina, Valère (1947-) 42, 44, 160, 176, 185, 212-213, 220, 276-277
  Drama da Vida, O 44, 185
  Eu Sou, 176, 213, 276-277

O Neill, Eugene (1888-1953) 76, 85-87, 91, 201, 204-205, 211, 245, 256, 286
  Electra Fica Bem de Luto 85, 205
  Estranho Interlúdio 85-86, 204, 211
  Longa Jornada Noite Adentro 85-86

Pasolini, Pier Paolo (1922-1975) 133, 137-138, 217-218, 259, 282
  Calderón 137
  Orgia 133, 217
Pessoa, Fernando (1888-1935) 251
Pinter, Harold (1930-2008) 148
  Terra de Ninguém 148
Pirandello, Luigi (1867-1936) XV, XVII, XXII, 1-10, 16, 20, 29-30, 32-33, 38, 49-50, 57-58, 61, 65, 67, 136, 141, 145-146, 149, 152-155, 176-177, 186, 217, 264-265, 267-268, 274, 286-290, 292, 296, 300, 302, 329-330, 333
  Esta Noite se Representa de Improviso 7, 264-265, 275, 287, 289
  Henrique IV 7, 300
  Jogo dos Papéis, O 288
  Na Saída 141, 217

Nunca se Sabe de Tudo 153-154
  Seis Personagens à Procura de um Autor 1-2, 4-7,14-16, 29-30, 146, 153, 175-177, 267, 289, 329, 332
  Sonho (Mas Talvez Não) 154
  Vestir os Nus 7, 16, 29-30, 50, 57-58, 65, 67, 154, 186-187
  Volúpia da Honra, A 175
Piscator, Erwin (1893-1966) 20, 47-49, 116, 244

Sarraute, Nathalie (1900-1999) 160, 223-227, 229-232
  Isma 160
  Por um Sim ou Por um Não 160, 224-225
  Silêncio, O 224
Sartre, Jean-Paul (1905-1980) 20, 50-51, 141-142, 149, 151, 166, 195, 204, 206, 217, 280-281
  Entre Quatro Paredes 50-51, 141-142, 204, 271
  Sequestrados de Altona, Os 50-51, 204, 280
  Troianas, As 280
Schnitzler, Arthur (1862-1931) 248
  Ronda, A 248
Schwab, Werner (1958-1993) 232-234, 318-320
  Excedente de Peso, Insignificante: Amorfo 232-233, 318.
Sperr, Martin (1944-2002) 70
Stein, Gertrude (1874-1946) 74
Strauss, Botho (1944-) 104, 109-110, 281
  Grande e Pequeno 104, 109-110, 281
  Quarto e o Tempo, O 109, 281
Strindberg, August (1849-1912) XVI-XIX, XXII-XXIII, 7-8, 10-13, 15-17, 20, 22-23, 33, 35-36, 38, 41, 58-59, 61, 63-65, 67, 71-72, 74-76, 79, 81, 93-95, 97-98, 100, 102-104, 106-109, 114, 124-126, 134-136, 139-140, 149-153, 155, 157-159, 161, 175-176, 178, 185-187, 189, 191, 193, 197-198, 200, 205-206, 217, 246, 248, 251-252, 254, 256-260, 268, 274, 280, 286, 311, 314, 316, 321-322, 333
  Caminho de Damasco, O XVIII, 11, 13, 22, 38, 71-73, 79, 81, 104, 106-108, 114, 134-135, 151, 158, 175, 183, 187, 189-191, 206, 210, 246-247, 332
  Casa Queimada, A 16-17, 72, 158-159

Credores 11, 93-95, 100, 151-152, 316
Dança da Morte, A 96-97, 100, 151, 314-315
Fora da Lei, O 15, 93
Ilha dos Mortos, A 22, 64, 124, 217, 248, 311
Mais Forte, A 12, 93-94
Pai 151, 158
Pária, 12, 93-94
Pelicano, O 96
Senhorita Júlia 7, 15, 93-94, 149-151, 159, 197, 316
Sonata dos Espectros, A 8, 16, 58-59, 63-64, 71, 178, 252-253
Sonho, O 8, 13, 16, 35, 38, 65, 71, 75, 134-136, 139-140, 161, 177, 187, 258, 268
Tempestade 96

Tchékhov, Anton (1860-1904) XVI-XVII, XXII-XXIII, 38, 53, 55-58, 61, 87, 90-92, 121, 157-158, 172-173, 175-176, 186, 198, 201-203, 205-206, 213, 221, 223, 226-227, 232, 256, 286, 334
Gaivota, A 55
Ivanov 55
Jardim das Cerejeiras, O 47, 172-173, 186, 201-203
Platonov 56, 157, 172, 176
Tio Vânia 55, 221, 223, 226
Três Irmãs, As 55-56, 65, 90-92, 186
Toller, Ernst (1893-1939) 109, 111
Die Wandlung (Transformação, A) 109
Hinkemann 111

Valle-Inclán, Ramón María del (1866-1936) 251
Vinaver, Michel (1927-) 121, 173-175, 188, 206-207, 210-211, 226-232, 267, 269, 276
À la renverse (Ao Reverso) 173-174, 267
Além da Borda 269
Procura de Emprego, A 228-229, 276
Hotel Ifigênia 121, 229
King 188, 206-207, 210-211.
Vitrac, Roger (1899-1952) 136

Wagner, Richard (1813-1883) XX, 81-83, 92, 115, 241-242, 250, 288, 290-292
Wedekind, Frank (1864-1918) 191-192, 195
Caixa de Pandora, A 191
Weiss, Peter (1916-1982) 48, 168-169, 171
Interrogatório, O 48, 168-169
Wilder, Thornton Niven (1897-1975) 20, 244, 285
Nossa Cidade 258
Witkiewicz, Stanislaw Ignacy (1885-1939) 39, 59, 136, 297
Galinha d'Água, A 39, 59, 136, 297

Yacine, Kateb (1929-1989) 162, 169, 261
Homem Com Sandálias de Borracha, O 162
Yeats, William Butler (1865-1939) 251

TEATRO NA ESTUDOS
últimos lançamentos

A Terra de Cinzas e Diamantes
Eugenio Barba (E235)

A Ostra e a Pérola
Adriana Dantas de Mariz (E237)

A Crítica de um Teatro Crítico
Rosangela Patriota (E240)

O Teatro no Cruzamento de Culturas
Patrice Pavis (E247)

Eisenstein Ultrateatral
Vanessa Teixeira de Oliveira (E249)

Teatro em Foco
Sábato Magaldi (E252)

*A Arte do Ator entre os
Séculos XVI e XVIII*
Ana Portich (E254)

O Teatro no Século XVIII
Renata S. Junqueira e Maria Gloria C. Mazzi (orgs.) (E256)

A Gargalhada de Ulisses
Cleise Furtado Mendes (E258)

Dramaturgia da Memória no Teatro-Dança
Lícia Maria Morais Sánchez (E259)

A Cena em Ensaios
Béatrice Picon-Vallin (E260)

Teatro da Morte
Tadeusz Kantor (E262)

Escritura Política no Texto Teatral
Hans-Thies Lehmann (E263)

Na Cena do Dr. Dapertutto
Maria Thais (E267)

A Cinética do Invisível
Matteo Bonfitto (E268)

Luigi Pirandello:

Um Teatro para Marta Abba
Martha Ribeiro (E275)

Teatralidades Contemporâneas
Sílvia Fernandes (E277)

Conversas sobre a Formação do Ator
Jacques Lassalle e Jean-Loup Rivière (E278)

A Encenação Contemporânea
Patrice Pavis (E279)

As Redes dos Oprimidos
Tristan Castro-Pozo (E283)

O Espaço da Tragédia
Gilson Motta (E290)

A Cena Contaminada
José Tonezzi (E291)

A Gênese da Vertigem
Antonio Araújo (E294)

A Fragmentação da Personagem no Texto Teatral
Maria Lúcia Levy Candeias (E297)

Alquimistas do Palco: Os Laboratórios Teatrais na Europa
Mirella Schino (E299)

Palavras Praticadas: O Percurso Artístico de Jerzy Grotowski, 1959-1974
Tatiana Motta Lima (E300)

Persona Performática: Alteridade e Experiência na Obra de Renato Cohen
Ana Goldenstein Carvalhaes (E301)

Como Parar de Atuar
Harold Guskin (E303)

Metalinguagem e Teatro: A Obra de Jorge Andrade
Catarina Sant Anna (E304)